Inhaltsverzeichnis

Vorwort

Die Einsicht in die Bedeutung von Schulpraktika im Rahmen des Lehramtsstudiums hat zu einer beträchtlichen Ausweitung schulpraktischer Studien geführt. Der Hauptgrund für diese Entwicklung ist die Erkenntnis, dass die Bereitschaft und Fähigkeit vieler Lehrerinnen und Lehrer, Theorie und Praxis aufeinander zu beziehen, nur unzureichend entwickelt ist. Durch die Ausweitung der Praxisphasen bereits während des Universitätsstudiums sowie deren zugleich theoriefundierte und praxisorientierte Vorbereitung und Auswertung an den Hochschulen soll dieses Defizit der deutschen Lehrerbildung beseitigt werden.

Zum Schulpraktikum liegt inzwischen eine ganze Reihe von Forschungsbeiträgen zu unterschiedlichen Aspekten dieses Praktikums vor, durch die das Bild der universitären Praxisphasen wesentlich differenzierter geworden ist. Daneben gibt es Publikationen, die die Studierenden dadurch auf ihr Praktikum vorbereiten wollen, dass sie ihnen eine mehr oder minder differenzierte Theorie der Schule und des Unterrichts an die Hand geben. Schließlich kursieren an den meisten Hochschulen Ratgeber oder Leitfäden, die vor allem praktische Hinweise zur Vorbereitung, Organisation und Durchführung der Praktika bieten. Überblickt man diese Literatur, so lässt sich in ihr dieselbe Kluft zwischen Theorie und Praxis erkennen, die sie zu überbrücken verspricht: Die praxisorientierten Empfehlungen sind zu wenig theoretisch fundiert, die theoretischen Studien genügen dem Bedürfnis der Studierenden nach praktischer Orientierungshilfe nicht hinreichend, und die z. T. eindrucksvollen Beiträge zur Erforschung der schulpraktischen Studien und ihrer Wirkungen beschränken sich naturgemäß auf einzelne Aspekte des Praktikums und werden diesem dadurch in seinem Aspektreichtum nicht gerecht. Wir versuchen mit dem vorliegenden Band, sowohl Spezialisierungstendenzen zu entgehen als auch theoretischen und praktischen Ansprüchen gerecht zu werden. Denn wir sind der Auffassung, dass die Praktika ihrem Bildungsauftrag innerhalb des universitären Studiums nur gerecht werden können, wenn sie dazu beitragen, Theorie und Praxis enger aufeinander zu beziehen. Vor allem drei Überlegungen stehen hinter unserem Konzept:

Erstens: Die im Studium erworbenen Theoriekenntnisse lassen sich nicht einfach auf die Praxis „anwenden". Vielmehr bedarf es eines hohen Maßes an Urteilskraft, um das Allgemeine (den Begriff, das Gesetz, die Regel, das Prinzip, die Theorie, das Modell) auf eine Schul- und Unterrichtspraxis zu beziehen, die immer eine spezifische Praxis ist und sich deshalb durch allgemeine Kategorien nie vollständig erfassen lässt. Die Ausbildung dieser Urteilskraft kann zwar durch die Reflexion von Praxisbeispielen in Lehrveranstaltungen vorbereitet werden, ist jedoch auf intensive und nie abzuschließende Übungen in der Praxis selbst angewiesen, weil diese nur dort authentisch erfahrbar ist. Im Schulpraktikum sollten die Studierenden einen ersten Schritt zur Entwicklung ihrer Urteilskraft tun.

Zweitens: Die Annäherung an die Besonderheit der pädagogischen Praxis verlangt nicht nur die theoretische Fundierung, sondern auch die Bereitschaft, sich von dieser Praxis etwas sagen zu lassen und das eigene Vorverständnis von Schule und Unterricht an der Praxis zu überprüfen. Auch für diese ständige Aufgabe kann und soll das Praktikum eine Basis legen.

Drittens: Die ministeriellen Vorgaben für die Schulpraktika unterscheiden sich von Bundesland zu Bundesland. Und auch innerhalb eines Landes weisen Intensität und Qualität der Vorbereitung, Begleitung und Auswertung der Praktika von Hochschule zu Hochschule erhebliche Unterschiede auf. Beide sind in hohem Maße abhängig vom inhaltlichen Studienangebot, von der Zahl der Lehramtsstudenten an der Universität und an den einzelnen Instituten sowie von der Zahl der für die pädagogischen Studienanteile und die Praktikumsbetreuung vorhandenen Stellen. Folglich sind die Voraussetzungen für eine qualitativ hochwertige Betreuung der Praktikanten an einer kleinen Hochschule oder in einem kleinen Studienfach nicht mit der an einer großen Universität zu vergleichen. Um diesen unterschiedlichen landesrechtlichen und universitären Voraussetzungen Rechnung zu tragen, haben wir uns um eine Zusammenstellung von Anregungen für eine konstruktive und selbstreflexive Auseinandersetzung mit Schule und Unterricht bemüht, der sowohl die Studierenden, die mit noch sehr geringen fachwissenschaftlichen und pädagogischen Theoriekenntnissen im ersten Studienjahr ihr Orientierungspraktikum absolvieren, als auch die Studenten, die im Haupt- bzw. Magister-Studium auf erweiterter Theoriegrundlage ihr Hauptpraktikum oder ihre Fachpraktika zu absolvieren haben, diejenigen Hilfen entnehmen können, die sie auf ihrem Ausbildungsstand für ihr Praktikum benötigen.

Die ersten Hilfen werden durch das Einleitungskapitel (Kap. 1) angeboten, in dem sich die Studierenden über Ziele und Funktionen des Schulpraktikums informieren können.

Es folgt im ersten Hauptteil des Bandes ein auf einer gemeinsamen Theoriebasis beruhendes, aber nach Differenziertheit und Komplexität gestuftes Gerüst von Gesichtspunkten für die Vorbereitung des Praktikums, die Erkundung der Praktikumsschule und die Beobachtung, Beurteilung und Planung von Unterricht (Kap. 2). Die allgemeinen Gesichtspunkte (Kategorien) sind im Sinne bestmöglicher Eingängigkeit und Handhabbarkeit jeweils in Form von Fragen konkretisiert, die von den Praktikanten auf ihrem jeweiligen Kompetenzniveau zu beantworten sind. Durch ihre Abstufung ermöglichen sie eine fast voraussetzungslose Reflexion von Schule und Unterricht bis hin zu einem höchst differenzierten und komplexen Zugriff, wie er als Ideal von allen Lehrern angestrebt werden sollte.

Diese Spannweite wird dadurch ermöglicht, dass die Fragen nicht nur theorie-fundiert sind, sondern die sie leitende Theorie selbst abbilden. Auf diese Weise wird auch Studienanfängern, die selbst noch über keine ausreichenden schul- und unterrichtstheoretischen Kenntnisse verfügen, ein systematischer Zugriff auf Schule und Unterricht im Rahmen ihres Orientierungspraktikums möglich. Weiter fortgeschrittene Studierende können dagegen auf einer höheren Niveau-stufe die Theoriehaltigkeit, Differenziertheit und Komplexität ihrer Reflexion steigern.

Das Kategoriensystem und die sie konkretisierenden Fragen werden im zweiten Teil des Bandes durch drei Kapitel ergänzt, in denen

- methodologische Grundlagen für die Erkundung und Beobachtung von Schu-le und Unterricht gelegt werden (Kap. 3)
- die theoretische Basis des Kategoriensystems eigens ausgewiesen und erläu-tert wird (Kap. 4)
- die Beziehung von Theoriestudium und Schulpraxis reflektiert wird (Kap. 5).

Auch diese drei Kapitel münden ihrerseits wiederum in konkrete Fragen zur Analyse und Planung von Unterricht ein.

Den dritten Teil des Bandes bilden Kapitel zu Sonderformen des Praktikums, wie sie in einigen Bundesländern im Rahmen des Lehramtsstudiums vorgesehen sind, nämlich

- zum Fachpraktikum (Kap. 6)
- zum Auslandspraktikum (Kap. 7)
- zum Außerschulischen Praktikum (Kap. 8).

Der Band endet mit Anregungen zur Selbstreflexion während und nach Ab-schluss des Praktikums (Kap. 9).

Abschließend sei erwähnt, dass dieser Band, der den Studierenden helfen soll, pädagogische Theorie und schulische Praxis aufeinander zu beziehen, nicht von reinen Theoretikern verfasst worden ist: Wir haben eigene Unterrichtserfahrung an der Schule; wir versuchen schon in den universitären Lehrveranstaltungen, die dort behandelten Theorien so weit wie möglich auf die Praxis von Schule und Unterricht zu beziehen; wir sind in der Betreuung von Schulpraktika unter-schiedlicher Formen tätig; und wir haben das vorliegende Konzept für die Vorbe-reitung, Durchführung und Auswertung von Schulpraktika selbst erprobt und mehrfach modifiziert.

Dabei hat sich auch der Versuch bewährt, unsere Studierenden durch eine direk-te Ansprache in den Texten so weit wie möglich in unsere Überlegungen einzube-ziehen. Wir haben deshalb auch hier an dieser für wissenschaftliche Publikatio-nen ungewöhnlichen Form festgehalten und hoffen, dass die damit verbundenen Ziele, nicht nur die Lesbarkeit der Texte zu verbessern, sondern auch die persönlichen Interessen unserer Leser an schulpädagogischen und didaktischen Fragen zu stärken, wenigstens näherungsweise erreicht werden.

Bedanken möchten wir uns bei Frau Birgitt Schultz für die gewohnt kompetente Vorbereitung des Manuskripts für den Druck.

Köln, im Oktober 2005   Klaus Beyer
                                                                Rainer Wisbert
                                                                Wilfried Plöger
                                                        Klaus-Ulrich Wasmuth
                                                                 Elmar Anhalt

KLAUS BEYER / RAINER WISBERT

1. Ziele und Funktionen des Schulpraktikums

Liebe Studierende,

Umfang und Intensität der Schulpraktika sind in allen Lehramtsstudiengängen der Bundesrepublik in den letzten Jahren erheblich verstärkt worden. Früher hatten schulpraktische Studien an den Universitäten eine eher nachgeordnete Bedeutung, weil man weithin der Auffassung war, dass die Qualifizierung für die pädagogische Praxis einen systematisch bedingten Aufbau erfordere: Zunächst sei eine möglichst gründliche *wissenschaftliche Bildung* an der Hochschule erforderlich, auf der dann die *berufsbezogene Ausbildung* in der 2. Phase der Lehrerbildung[1] am Studienseminar aufbauen könne. Aufgrund dieser Konzeption erfolgte die Lehrerbildung in zwei kaum aufeinander bezogenen Teilen: Das Studium der einzelnen wissenschaftlichen Disziplinen an den Universitäten nahm in der Regel kaum Rücksicht auf die spätere Berufstätigkeit der Studierenden, was sich schon daran ablesen lässt, dass bis heute die meisten Lehrveranstaltungen undifferenziert für unterschiedliche Ausbildungsgänge (Lehramt, Magister, Diplom) angeboten und durchgeführt werden. Die Repräsentanten der Referendarausbildungsinstitutionen betrachteten dieses wissenschaftliche Studium als keine geeignete Basis für den Unterricht und entwickelten deshalb ihre eigenen, an der Schulpraxis orientierten Berufsausbildungskonzepte.

In den letzten Jahren hat sich nun die Einsicht verbreitet, dass die beiden Phasen der Lehrerbildung trotz unterschiedlicher Funktionen stärker aufeinander bezogen werden sollten. Als Mittel einer besseren Verzahnung gelten vor allem extensivere und intensivere fachdidaktische Studien und verlängerte und besser betreute schulpraktische Phasen bereits innerhalb des Studiums.

Die von Ihnen zu absolvierenden Schulpraktika sollten Sie deshalb vor allem als Gelegenheit verstehen, eine Brücke zu schlagen zwischen Ihrem Theoriestudium und Ihrer künftigen beruflichen Tätigkeit an einer Schule. Im folgenden wollen wir Ihnen die wichtigsten Funktionen vorstellen, die Ihr Praktikum im Hinblick auf diesen Brückenschlag übernehmen kann:

1.1 Perspektivenerweiterung und Berufsfelderkundung

> „Wir sollen etwas erkunden, was wir seit langem kennen. Wir waren doch viele Jahre in der Schule und kennen die Schulwelt aus eigener Erfahrung. Keine Berufswelt ist uns so vertraut, keine kennen wir so gut aus eigenem Erleben wie die des Lehrers. Praktika während des Universitätsstudiums mögen deshalb z. B. für Medizin- oder Architekturstudierende durchaus angebracht sein, nicht aber für Lehramtsstudentinnen und -studenten."

So oder ähnlich argumentieren viele von Ihnen vor Beginn Ihres ersten Schulpraktikums. Und zunächst scheint sich Ihr Argument, bereits hinreichend mit
der Welt der Schule vertraut zu sein, zu bestätigen, insbesondere dann, wenn Sie
Ihr Praktikum an Ihrer eigenen Schule absolvieren: Sie durchwandern die altbe-
kannten Flure und sehen Ihnen vertraute Schülerarbeiten an den Wänden hän-
gen. Auf dem Schulhof, in der Sporthalle und in der Aula werden Sie sich vielleicht an das eine oder andere Erlebnis aus Ihrer Schulzeit erinnern. Hier hat sich
dieses, dort jenes ereignet. Sie sehen die Klassen-, Kurs- und Fachräume, in denen Sie selbst unterrichtet wurden. Und Sie erkennen manchen Schüler wieder
und sicherlich auch eine Vielzahl der Lehrenden.

Und doch sehen Sie dies alles nun mit ganz anderen Augen. Sie werden überrascht sein, wie viel Neues Sie in der vermutlich so wohlvertrauten Welt entdek-
ken werden, in welch einem anderen Licht Ihnen vieles erscheint. Dieser Eindruck kommt in vielen Praktikumsberichten, insbesondere in Berichten zum ersten, orientierenden Praktikum zum Ausdruck. So schreibt z. B. die Praktikantin
Julia S. vom Niederrhein:

> „Ich war ja anfangs recht skeptisch, ob es überhaupt Sinn macht, schon so früh im
> Studium wieder in meine Herkunftsschule zurückzukehren und dort ein Praktikum
> zu absolvieren. Einerseits dachte ich, ein noch nicht genügend fundiertes erzie-
> hungswissenschaftliches und fachliches Wissen zu besitzen, um Unterricht kompe-
> tent beurteilen zu können; und andererseits schien mir der Schulalltag aus meiner
> langjährigen und erst vor kurzem abgeschlossenen Schulzeit hinlänglich bekannt zu
> sein. Doch diese Einschätzungen, so stellte ich rasch fest, erwiesen sich als falsch.
> Ich hatte das Gefühl, plötzlich hinter die Kulissen meiner alten Schule zu blicken
> und die Zusammenhänge ganz neu zu erleben."

Wie ist ein solches Überraschtsein zu erklären? In dem Zitat klingt es schon an:
Sie sehen die Dinge nun aus einer neuen Perspektive, im Lichte Ihrer wissenschaftlichen Studien, mit den Augen einer Person, die sich für den Lehrerberuf
entschieden hat, also aus einer, wie es in der Forschung heißt, professionsorien-
tierten Perspektive. Die Anbahnung dieses Perspektivenwechsels ist eine zentrale Aufgabe Ihres Schulpraktikums: Sie müssen lernen, Schule und Unterricht aus
der Lehrerperspektive zu betrachten und eine Vorstellung von der Komplexität
dieser Perspektive zu gewinnen, die immer viele Gesichtspunkte gleichzeitig berücksichtigen muss, z. B. die Struktur und Spezifik der jeweiligen Schule, die Situation der eigenen Fächer an der Schule, die curricularen Vorgaben für den Unterricht und vieles mehr.

Bei Ihrer veränderten Sicht auf Schule und Unterricht darf es sich allerdings
nicht nur um einen bloßen Perspektiven*wechsel* handeln. Denn zu einem guten
Lehrer, einer guten Lehrerin gehört v. a. die Fähigkeit, sich in die Situation der

Schülerinnen und Schüler, in ihre spezifischen Voraussetzungen, Interessen, Wünsche, Bedürfnisse und Befindlichkeiten hineinzuversetzen und deren Perspektive auf den Unterricht zu verstehen.

Darüber gibt Ihnen das Schulpraktikum Gelegenheit, Ihre Einblicke in das Berufsfeld und die Berufstätigkeit von Lehrerinnen und Lehrern mit Ihrem Vorverständnis von Schule und Unterricht zu vergleichen. Sie können prüfen, ob sich Ihre Erwartungen an die Schule (z. B. an die Schulorganisation und innerschulische Prozesse, an den Unterrichtsalltag, an das Verhältnis von Lehrenden und Lernenden, an die Wahrnehmung des schulischen Bildungsauftrags durch die Fächer, an die Aufgaben, Freiheiten, Belastungen von Lehrern und Schülern) bestätigen oder ob Sie Ihr eigenes Bild von Schule und Unterricht korrigieren müssen.

Das Praktikum hat also erstens die Aufgabe, die eigene Sicht von Schule und Unterricht um neue Perspektiven zu ergänzen und das eigene künftige Berufsfeld genauer zu erkunden.

1.2 Ausbildung der Fähigkeit, Theorie und Praxis in Beziehung zu setzen

Vor allem Vertreter der Universität sehen die Gefahr, dass die Ausweitung der Praxisphasen zu einer Vernachlässigung der wissenschaftlichen Studien führen könne:

> Gründliche Fachkenntnisse seien das unverzichtbare Fundament für jeden Lehrer. Ohne Souveränität im eigenen Fach könne man weder echte Autorität bei den Schülern besitzen noch den Bildungsauftrag der Schule erfüllen. Zudem sei nur derjenige in der Lage, variabel und situationsangemessen zu unterrichten, der flexibel aus einem großen Wissensfundus schöpfen könne. Deshalb dürften die Praxisstudien nicht die Qualität der wissenschaftlichen Studien beeinträchtigen.

Gegen eine solche Argumentation ist zunächst nichts einzuwenden. Sie vernachlässigt allerdings die Tatsache, dass sich die Bedeutung von Theorie für die Praxis erst in der Praxis erweist. Und sie unterschlägt zweitens die Erkenntnis, dass die Praxis nicht in einseitiger Weise von der Theorie abhängig ist, sondern ihrerseits Anforderungen an die Theorie stellt. Insofern sind die im Lehramtsstudium gewonnenen theoretischen Einsichten immer von den Anforderungen der Schul- und Unterrichtspraxis her zu reflektieren so wie die Praxis in der Schule immer mit Hilfe theoretischer Einsichten aufgeklärt und verbessert werden muss. Gefordert ist deshalb die möglichst gut entwickelte Fähigkeit der künftigen Lehrerinnen und Lehrer, Theorie und Praxis aufeinander zu beziehen. Die Neugestaltung und Intensivierung der Praxisphasen im Universitätsstudium hat vor allem die Aufgabe, zur Elaborierung dieser Fähigkeit beizutragen.

Dazu ist es erforderlich, die Grenzen zu überschreiten, die dem Theoriestudium in der Universität gesetzt sind: Durch das Praktikum öffnet sich die Lehrerbildung wenigstens phasenweise für die schulische Wirklichkeit, für die sie zu qualifizieren beabsichtigt. Die theoretische Auseinandersetzung mit Schule und Unterricht wird durch die Begegnung mit der Wirklichkeit selbst ergänzt, die Sie nun nicht mehr wie in Ihrem Theoriestudium lediglich als *hypothetisches Konstrukt* reflektieren können, sondern die für Sie *konkret erlebbar* wird: So können Sie z. B. die Auswirkungen familiärer Bedingungen (der Berufstätigkeit beider Eltern, der Schichtarbeit, der Alleinerziehung durch einen Elternteil, des Sozialstatus der Familie. des elterlichen Erziehungsstils etc.) besser einzuschätzen lernen, als dies allein aus Lehrbüchern möglich ist.

Analoges gilt für die Kenntnis derjenigen, um die es im Unterricht geht: die Schülerinnen und Schüler. Das Bild, das Sie sich aufgrund psychologischer und sozialisationstheoretischer Studien von Schülern machen, kann im Schulpraktikum dadurch differenziert, erweitert und gegebenenfalls korrigiert werden, dass Sie unmittelbar erleben können,

- wie die Schüler und Schülerinnen sich untereinander und gegenüber ihren Lehrern verhalten
- wie sie sprechen und denken
- wie sie streiten und Streit schlichten
- wie sie lernen und sich ablenken lassen
- welche Ängste sie entwickeln und wie sie damit umgehen
- wodurch sie sich begeistern lassen und was sie langweilt
- worin sie sich unterscheiden und was ihnen gemeinsam ist.

Auf diese Weise können Sie im konkreten Erleben von Schule und Unterricht ein konkreteres Verständnis von Kindern und Jugendlichen gewinnen, als dies durch theoretisches Studieren möglich ist.

Dabei werden Sie schnell erleben, dass der Schulalltag viel zu individuell und viel zu komplex ist, als dass er sich durch wissenschaftliche Theorie vollständig erfassen ließe. Sie können im Praktikum ein Gespür dafür entwickeln, dass auch die beste und komplexeste Theorie immer nur einen verkürzten Zugriff auf Praxis darstellt. Dies liegt zum einen daran, dass jede Theorie Ergebnis einer ganz bestimmten Perspektive auf die Wirklichkeit ist und die Wirklichkeit insofern immer nur perspektivisch erfassen kann. Deshalb reicht zur Reflexion von Schule und Unterricht *eine* wissenschaftliche Theorie oder *ein* wissenschaftliches Modell niemals aus. Vielmehr gilt es, die Schulwirklichkeit aus unterschiedlichsten theoretischen Perspektiven zu betrachten und diese Perspektiven unter dem Ziel der bestmöglichen Erfassung und Gestaltung von Schule und Unterricht in Beziehung zu setzen.

Die zweite Ursache für die Defizite der Theorie gegenüber der Praxis liegt in der mehr oder minder großen Abstraktheit von Theorien. D. h.: Je allgemeiner eine Theorie ist, desto weniger kann sie die konkreten Merkmale und Bedingungen der einzelnen Situation erfassen, die sie zu erfassen vorgibt. Diese Differenz von pädagogischer Theorie und schulischer Praxis können Sie sich zwar im Studium theoretisch klarmachen, konkret erfahrbar wird sie aber erst in der unmittelbaren Begegnung mit der schulischen Wirklichkeit, wie sie im Praktikum stattfindet.

Die Abstraktheit von Theorien hat eine weitere Konsequenz: Sie erlaubt keine unmittelbare „Anwendung" einer Theorie im Sinne der Befolgung technologischer Regeln. Dies liegt daran, dass die in einer Theorie vorfindbaren allgemeinen Aussagen keine Bestimmungen darüber enthalten können, wann und wie sie für die Praxis unter den konkreten und jeweils einmaligen Bedingungen einer Situation nutzbar zu machen sind. Sie müssen deshalb in jeder Situation selbst reflektieren, welche Theorien Ihnen in welcher Weise für das Verstehen, die Analyse, die Beurteilung und die Gestaltung von Schule und Unterricht hilfreich sein können. Die dafür erforderliche Urteilskraft können Sie nur in der Begegnung mit konkreter schulischer Wirklichkeit ausbilden. Die Schulpraktika geben erste Gelegenheiten zur Anbahnung dieser Fähigkeit, deren Ausbildung eine das ganze Berufsleben umfassende und nie zum Abschluss gelangende Aufgabe für jeden Lehrer darstellt.

Ihre Urteilskraft kann sich im Praktikum ferner dadurch steigern, dass Sie direkte Einsichten in die Anforderungen, die Möglichkeiten und die Grenzen schulischer Praxis, in Erfolge und Misserfolge, in funktionale und dysfunktionale Bedingungen erhalten. Sie können erfahren, dass nicht alle Ziele erreichbar sind, dass nicht alle Mittel immer in derselben Weise zu wirken brauchen, dass sich dieselben Bedingungen unterschiedlich auswirken können, dass dysfunktionale Bedingungen nicht so leicht veränderbar sein können, wie Sie sich dies in der Theorie vielleicht vorgestellt haben mögen. Auf diese Weise können Sie vor einem technologischen Didaktik-Verständnis bewahrt werden, das aus einem bloß theoretischen Studium resultieren könnte.

Bei Ihrer theoriegeleiteten Reflexion von Schule und Unterricht sollten Sie sich allerdings bewusst sein, dass die theoretischen Einsichten, die Sie im Studium gewonnen haben, von Ihnen immer in subjektiver Weise rezipiert, verarbeitet und mit Ihren individuellen Erfahrungen vermittelt worden sind. Das Ergebnis dieses Vermittlungsprozesses ist Ihre höchst persönliche subjektive pädagogische Theorie. Das Schulpraktikum gibt Ihnen Gelegenheit, sich dieser Theorie bewusst zu werden und sie zur Welt der Schule und zu deren Bildungsauftrag in Beziehung zu setzen. Auf diese Weise können Sie Ihr persönliches Konzept schulischer Wirklichkeit konkretisieren, erweitern oder auch korrigieren.

Indem Sie in Ihrem Praktikum versuchen, einerseits einzelne wissenschaftliche Theorien sowie Ihre eigene, mit wissenschaftlichen Erkenntnissen durchsetzte, pädagogische Theorie von den Anforderungen der Praxis her und andererseits Praxis aus theoretischer Sicht zu reflektieren, tragen Sie am besten zu einem Prozess persönlicher Bildung bei, der für jede Lehrerin und jeden Lehrer selbstverständlich sein und das ganze Berufsleben hindurch anhalten sollte. Im Rahmen dieses Prozesses können Sie neue Einsichten sowohl hinsichtlich des Erklärungs- und Gebrauchswerts schulpädagogischer Theorien als auch im Hinblick auf von Ihnen noch zu schließende Theoriedefizite gewinnen. Denn Praxis wirft immer auch neue theoretische Fragen auf und kann so Anstöße zu neuen Studien geben. Insofern kann Ihr Schulpraktikum auch auf Ihr weiteres Studium ausstrahlen, das Sie im Horizont Ihrer Erfahrungen wesentlich gezielter planen und gestalten können. Dies gilt nicht nur für Ihre erziehungswissenschaftlichen, sondern auch für Ihre fachwissenschaftlichen Studien. Auch diese können Sie aufgrund Ihrer Praxiserfahrungen wesentlich gezielter betreiben, wenn Sie die Studieninhalte unter der Frage nach ihrer Bedeutung für die Unterrichtspraxis auswählen und immer auch schon auf ihre Umsetzbarkeit im Unterricht hin reflektieren.

Auf diese Weise kann das Praktikum einen neuen Bezugspunkt für Ihr Studium entstehen lassen: Durch die komplexen Anforderungen der Praxis unterläuft es die Spezialisierungstendenzen des modernen Wissenschaftsbetriebs, der stets in der Gefahr steht, das Ganze aus dem Blick zu verlieren oder interdisziplinäre Zusammenhänge zu vernachlässigen. Es vermittelt Ihnen einen Gesamteindruck von Schule und Unterricht, ermöglicht damit die Einordnung einzelner Phänomene und Theorien und gibt Ihnen einen Maßstab für deren Beurteilung an die Hand, einen Maßstab, den Sie nicht in der *Distanz zur Praxis*, sondern nur durch *Beteiligung an der Praxis* gewinnen können.

Andererseits sollten Sie den Stellenwert Ihres Praktikums nicht überschätzen. Gerade bei Studienanfängern ist eine solche Fehleinschätzung nicht selten zu beobachten. Das Praktikum ist ein wichtiges Element der Lehrerbildung, aber es repräsentiert die Welt der Schule nur in einem sehr eng begrenzten Maße und ermöglicht nur erste Einblicke in und erste Erfahrungen mit Schule und Unterricht. Deshalb sollten Sie Ihre Urteile über Schule und Unterricht mit der gebotenen Vorsicht fällen.

1.3 Überprüfung der Berufswahl

Abgesehen von dem bisher angesprochenen Brückenschlag von der Theorie zur Praxis und von der Praxis wieder zurück zur Theorie kommt dem Praktikum eine für Ihre weitere Lebensplanung besonders bedeutsame Funktion zu: Sie können überprüfen, ob der Beruf des Lehrers wirklich Ihren Vorstellungen entspricht, ob Sie glauben, für ihn geeignet zu sein und den spezifischen Belastungen, die gerade heute mit diesem Beruf verbunden sind, zurechtzukommen. Im eigenen Unterricht können Sie prüfen, ob es Ihnen gelingt, einen persönlichen Zugang zu den Schülerinnen und Schülern zu finden, ein konstruktives Verhältnis zu ihnen aufzubauen und sich mit der Lehrerrolle zu identifizieren. Und Sie können sich die Frage vorlegen, ob Ihnen der pädagogische Umgang mit Heranwachsenden und die Übernahme der großen Verantwortung sowie der vielfältigen Aufgaben des Lehrers so viel Freude machen, dass Sie sich vorstellen können, diese Tätigkeit Ihr berufliches Leben lang auszuüben. Durch das Schulpraktikum erhalten Sie demnach die Chance, Ihre Motivation und Ihre Eignung für die Tätigkeit als Lehrerin oder Lehrer und damit Ihre Berufswahlentscheidung schon zu einem relativ frühen Ausbildungszeitpunkt und nicht erst nach Abschluss Ihres Studiums in der Referendarzeit zu überprüfen.

Anmerkung

[1] Wir haben um der besseren Lesbarkeit willen nur gelegentlich Rollen (v. a. Praktikant, Student, Lehrer, Schüler) in der femininen und maskulinen Form bezeichnet; statt dessen benutzen wir die Rollenbegriffe in der Regel in funktionaler Bedeutung.

RAINER WISBERT

2. Das Orientierungspraktikum (Allgemeines Schulpraktikum)

2.1 Organisation und Vorbereitung des Orientierungspraktikums[1]

2.1.1 Der Ort des Praktikums im Rahmen der schulpraktischen Studien

In den verschiedenen Ländern der Bundesrepublik sind unterschiedliche Organisationsmodelle schulpraktischer Studien entwickelt worden. In einigen Bundesländern wird ein Praxissemester in der Mitte des Lehramtsstudiums favorisiert, in anderen wird eine Aufteilung der Aufgaben auf verschiedene Praktikumsformen vorgenommen, die dann in unterschiedlichen Studienphasen zu absolvieren sind. Dabei wird zwischen einem Orientierungspraktikum bzw. einem allgemeinen Schulpraktikum, das im Grund- oder Bachelor-Studium durchzuführen ist, einem Fachpraktikum sowie einem außerschulischen Praktikum unterschieden, die beide im Haupt- oder Master-Studium vorgesehen sind. Darüber hinaus wird an den meisten Universitäten die Möglichkeit angeboten, die verschiedenen Praktika auch im Ausland zu absolvieren.

Unabhängig von diesen unterschiedlichen Organisationsformen schulpraktischer Studien lassen sich allgemeine, landesübergreifende Funktionen und Abläufe des ersten Praktikums bzw. der ersten Praktikumsphase erkennen. Wichtig ist uns dabei der Hinweis, dass das Orientierungspraktikum (bzw. die erste Phase im Praxissemester) als Fundament aller schulpraktischen Studien anzusehen ist: Es darf nicht als eine isolierte Veranstaltung der ersten Studienphase verstanden werden, sondern es soll eine Grundlage legen, auf der die weiteren Praktika aufbauen können. Wir fühlen uns demnach dem *Prinzip der Einheit und Kontinuität der Praktika* verpflichtet. Es gibt nur einen gemeinsamen Bildungsauftrag aller Praktika, der sich jedoch in den verschiedenen Studienphasen und Praktikumsformen in unterschiedlicher Weise entfaltet. Dem ersten Praktikum kommt von daher eine grundlegende Bedeutung zu.

Im folgenden sollen zunächst

- praktische Hinweise zur Auswahl der Praktikumsschule und zur Anmeldung zum Praktikum gegeben
- Möglichkeiten der Vorbereitung auf das Praktikum angesprochen
- Anforderungen an die Schul- und Unterrichtserkundungsaufgaben thematisiert und
- Fragen zum Aufbau eines Praktikumsberichtes beantwortet werden.

2.1.2 Auswahl der Praktikumsschule

Was für Sie die richtige Praktikumsschule ist, hängt zunächst einmal von der Art Ihres Lehramtsstudiums, von Ihren allgemeinen pädagogischen Vorstellungen und von Ihrer gewählten Fächerkombination ab. In der Regel sollte das Orientierungspraktikum an der Schulform durchgeführt werden, auf die Ihr Studium ausgerichtet ist. Wenn Sie sich auf das Lehramt an Grund-, Haupt-, Realschulen, Gymnasien, Gesamtschulen und/oder Berufskollegs vorbereiten, dann sollten Sie auch Ihr Praktikum an der entsprechenden Schulform absolvieren. Studierende, die sich in einem Studium für das Lehramt für Sonderpädagogik befinden, sollten ihr Orientierungspraktikum entweder an Sonderschulen (mit der entsprechenden sonderpädagogischen Fachrichtung Ihres Studiums) oder an Schulen der anderen Schulformen (möglichst mit einem Ihrer sonderpädagogischen Fachrichtung entsprechenden zusätzlichen Schwerpunkt) durchführen. Sollten Sie sich allerdings noch unsicher sein, welcher Lehramtsstudiengang für Sie der richtige ist, so ist es durchaus sinnvoll, das erste Praktikum zu nutzen, um zusätzliche Informationen und Erfahrungen zu sammeln und möglicherweise in dieser grundlegenden Frage größere Klarheit zu bekommen. In diesen Fällen bietet es sich an, das Orientierungspraktikum in einer Schulform zu absolvieren, die für Sie eine Alternative darstellen könnte.

Großer Beliebtheit erfreuen sich bei unseren Praktikantinnen und Praktikanten Reformschulen, Freie Schulen, Schulen in kirchlicher Trägerschaft und Schulen mit einem charakteristischen Schulprofil, wie überhaupt die Tendenz zumindest bei einem Teil unserer Studierenden zu beobachten ist, Erfahrungen an ihnen bislang unbekannten Schulformen oder Schultypen zu sammeln. Die Mehrheit der Lehramtsstudierenden an der Universität Köln hat ihre eigene Schulzeit an städtischen oder staatlichen Regelschulen verbracht und ist nun zu einem überraschend hohen Prozentsatz interessiert, alternative Schulmodelle kennenzulernen. Die Nachfrage nach Praktika an Montessori-, Peter-Petersen-, Freinet-, Don-Bosco- oder Waldorfschulen, an bilingualen Gymnasien oder Europaschulen, an katholischen oder evangelischen Reformschulen, an Abendrealschulen oder Abendgymnasien oder an der Odenwaldschule oder der Schule Schloss Salem ist bei unsereren Studierenden relativ groß. Wir begrüßen an der Universität Köln ausdrücklich solche Bemühungen, das Orientierungspraktikum mit der Möglichkeit zu verbinden, neue Erfahrungen zu gewinnen, unterstützen doch gerade diese Praktika den Prozess der Perspektivenerweiterung der Studierenden, bereichern ihre Berufswelterkundung und führen möglicherweise auch zur Klärung der eigenen Berufsentscheidung. Auch Praktika an Schulen, die sich mit ihrem Schulprogramm explizit einer der großen pädagogischen oder geistigen Grundrichtungen verpflichtet fühlen (wie Comenius-, Herder-, Pestalozzi-, Humboldt-, Albert-Schweitzer-, Geschwister-Scholl-, Janusz-Korczak-Schulen) werden von uns genauso begrüßt wie Praktika von ehemaligen Gymnasialschülern an Gesamtschulen und umgekehrt.

Wichtig für die Wahl Ihrer Praktikumsschule ist die Frage, ob die von Ihnen studierten Fächer oder Fachrichtungen an dieser Schule angeboten werden. Auch wenn es sinnvoll ist, im Orientierungspraktikum die Hospitationen nicht auf die eigenen Fächer zu beschränken, zumal wenn Sie sich mit Ihrer Fächerwahl noch nicht ganz sicher fühlen, so sollten Sie doch grundsätzlich die Möglichkeit haben, Fachunterricht in Ihren Studienfächern zu besuchen und auch selbst einige Stunden in Ihren Fächern zu geben. Sie sollten also auch Informationen zum Fächerangebot einholen. Denn nicht an allen Grundschulen wird Englisch unterrichtet, nicht an allen Realschulen Französisch, nicht an allen Gymnasien und Gesamtschulen Spanisch, Italienisch, Niederländisch, Russisch, Pädagogik oder Praktische Philosophie. Im sonderpädagogischen Bereich existiert eine Vielzahl an Förderungsformen wie Schulen für Geistigbehinderte, für Lernbehinderte, für Sprachbehinderte usw., die Sie bei der Wahl Ihrer Praktikumsschule berücksichtigen sollten. Zudem werden an den übrigen Schulen einzelne sonderpädagogische Schwerpunkte gesetzt. Auch im berufsbildenden Bereich gibt es eine Vielzahl an Fachrichtungen wie Berufs-, Fach-, Berufsfach-, Höhere Berufsfach- und Fachoberschulen mit verschiedenen Ausbildungs- und Studiengängen.

Die Art der Betreuung der Praktikanten ist zudem von Schule zu Schule recht unterschiedlich. Manche Schulen betrachten die Aufgabe, Praktikanten zu betreuen, eher als lästige Pflicht und kümmern sich nur wenig oder mitunter gar nicht um Sie. An anderen Schulen sind eigens Personen mit der Aufgabe der Praktikumsgestaltung betraut. An solchen Schulen steht Ihnen ein ständiger Ansprechpartner (eine Praktikumsmentorin oder ein Praktikumsmentor) zur Verfügung, der Sie berät und betreut, gemeinsam mit Ihnen Ihr Praktikum organisiert, vor allem den Kontakt zu den Fachlehrern herstellt und alle während des Praktikums entstehenden Fragen zu klären hilft. All diese Unterstützungen und Hilfen sind für das Gelingen gerade des ersten Praktikums nicht unwesentlich. Sie sollten also die jeweilige Art der Betreuung bei der Wahl einer Praktikumsschule mit berücksichtigen.

Wir haben hier in der Kölner Region ein Gymnasium, welches die Praktikumsbetreuung vorbildlich organisiert hat. Die Schule hat eine eigene pädagogische Leiterin, deren Hauptaufgabe es ist, Praktikantinnen und Praktikanten sowie Referendarinnen und Referendare zu betreuen und zu beraten. Sie arbeitet eng mit dem Praktikumszentrum der Universität Köln und den Ausbildungsseminaren zusammen, erstellt in Zusammenarbeit mit der Schulleitung und den Fachkollegen für die Praktikanten und Referendare den Stundenplan, führt mit ihnen „Supervisionsgespräche", Gespräche über deren eigene, persönliche Entwicklung genauso wie über konkrete methodische und didaktische Fragen, psychologische, soziologische und allgemeinpädagogische Probleme und die Berufsrolle des Lehrers. Am Ende des Praktikums und der Referendarzeit führt sie Evaluationen durch, bei denen sie nicht nur von den Praktikanten und Referendaren selbst, sondern auch von Schülern, Schulleitung, Fachlehrern und den das Praktikum begleitenden Universitätsdozenten sowie Fach- und Seminarleitern Rückmeldungen einholt und auswertet. Darüber hinaus ist sie den Praktikanten und Referendaren behilflich, bei der Erstellung von Portfolios, also von 'Sammelmappen', die deren Selbstbildungsgang dokumentieren. Ferner bietet sie ihnen an, in einem informellen Nachmittagsunterricht zusätzliche Unterrichtserfahrungen zu sammeln. Schließlich schafft sie die organisatorischen Voraussetzungen für Gruppenhospitationen und Supervisionsgespräche und leitet diese Gruppen. Auch regt sie an, zu zweit in Unterrichtsstunden zu hospitieren, sie zu besprechen (also sog. „Tandems" zu bilden) und sich wechselseitig im eigenen Unterricht zu besuchen und somit sukzessive die Fähigkeit zur Supervision einzuüben.

Zunächst einmal liegt es für Sie nahe, sich eine Praktikumsschule in Ihrer Universitätsstadt zu suchen. Bedenken sollten Sie dabei allerdings, dass die meisten Universitätsstädte aus Kapazitätsgründen damit überfordert sind. Die Universität Köln hat in jedem Semester über 3000 Praktika zu organisieren, eine Aufgabe, welche die Stadtschulen allein nicht bewältigen können. Stellen Sie sich also darauf ein, Ihr Praktikum in den umliegenden Regionen oder an Ihrer Herkunftsschule zu absolvieren. Für ein Praktikum an der Heimatschule sprechen mitunter auch pragmatische oder ökonomische Gründe. Mögliche Bedenken, dass Praktikumserfahrungen an der Herkunftsschule kaum einen Perpektivenwechsel provozieren, haben sich nach unserer Kenntnis nicht bestätigt: Nahezu alle Praktikanten schrieben in ihren Berichten, dass sie überrascht gewesen seien, wie leicht es ihnen gefallen sei, ihre 'alte Schule' mit 'neuen Augen' zu sehen.

2.1.3 Information, Anmeldung und Tätigkeitsfelder

An den Hochschulen und Universitäten Deutschlands bestehen unterschiedliche Informationsmöglichkeiten zum Orientierungspraktikum. In der Regel liegt die Organisation des Orientierungspraktikums in der Verantwortung der jeweiligen pädagogischen bzw. erziehungswissenschaftlichen Seminare. Manche Seminare veröffentlichen Listen mit Angaben zu Praktikumsschulen. In vielen Universitäten beteiligen sich außerdem die Lehrerbildungszentren, Praktikumszentren, Praktikumsbüros oder ähnliche Einrichtungen an der Beratung der Studierenden und sind bei der Auswahl der Praktikumsschulen behilflich. In manchen Bundesländern und an manchen Universitäten besteht die Möglichkeit einer Online-Information und Online-Anmeldung zu den Praktika.

Schließlich können Sie sich auch selbst einen Überblick über die Praktikumsschulen im Internet verschaffen. Auf den Homepages der Schulen finden Sie Informationen zu den Profilen und Schwerpunkten der Schulen. Zum Beispiel erfahren Sie dort, welche Sprachen angeboten werden, und Sie bekommen Hinweise zu unterrichtlichen, außerunterrichtlichen und sonderpädagogischen

Schwerpunkten. Einige Schulen machen auch Angaben, wie viele Praktikums-
stellen angeboten werden und wie viele noch frei sind.

Im allgemeinen umfasst das Orientierungspraktikum folgende Aufgaben:

1. Die Teilnahme am gesamten Schulleben, insbesondere auch:
   - die Teilnahme an außerschulischen Veranstaltungen (Schulfeiern, Sporttagen usw.)
   - die Teilnahme an sonstigen schulischen Veranstaltungen wie z. B. Elternabenden
2. Die Schulerkundung
   - durch Beobachtung, Gespräche, Interviews, Studien usw.
3. Die Unterrichtserkundung
   - durch Unterrichtsbeobachtung, Gespräche, Interviews, Studien usw.
   - durch eigenen Unterricht (Allerdings bedarf es hierzu der Zustimmung der Praktikumsschule.)
4. Die Teilnahme an Betreuungsveranstaltungen (der Mentoren und Fachlehrer) und an Treffen der Praktikantengruppe einer Schule
5. Führung eines Praktikumstagebuches und/oder anderer Formen und Verfahren der Dokumentation [narrative und Wortprotokolle, Erhebungsverfahren quantitativer Daten (Strichlisten, Schätzskalen etc.), Aufzeichnung mit audiovisuellen Mitteln, graphische Dokumentationsverfahren etc.]
6. Die Erstellung eines Praktikums- oder praktischen Forschungsberichtes.

Bitte bedenken Sie noch folgende rechtlichen Regelungen zu den Praxisphasen:
Mit der Anmeldung zum Praktikum verpflichten Sie sich, über die Ihnen durch
das Praktikum bekannt gewordenen personenbezogenen Daten Verschwiegen-
heit zu bewahren und die Bestimmungen des Datenschutzes zu beachten. Während des Praktikums liegen das Weisungsrecht und die Aufsichtspflicht bei der
Schulleitung und den von ihr beauftragten Ausbildungslehrerinnen bzw. -lehrern
und Mentorinnen bzw. Mentoren. Alle Tätigkeiten müssen Sie deshalb mit diesen Lehrerinnen bzw. Lehrern an der Praktikumsschule abstimmen. Entsprechende Regelungen gelten im übrigen auch für das außerschulische Praktikum.
Die Leitung der Schule bzw. der außerschulischen Institution bescheinigt Ihnen
zum Schluss die ordnungsgemäße Teilnahme am Praktikum.

2.1.4 Vorbereitung auf das Praktikum

Die pädagogischen oder erziehungswissenschaftlichen Seminare oder Institute
oder Fachbereiche an den Hochschulen oder Universitäten bieten im Grundstu-
dium allgemeine und spezielle Veranstaltungen zur Vorbereitung auf das Orientierungspraktikum an. Nähere Hinweise finden Sie im Vorlesungsverzeichnis
und im kommentierten Vorlesungsverzeichnis.

Darüber hinaus sind immer auch eigene Literaturstudien notwendig. Es ist für
Sie wichtig, sich selbständig in pädagogische und erziehungswissenschaftliche
Werke einzuarbeiten und sich einen pädagogischen Horizont zu bilden. Gerade

in den ersten Semestern sollten Sie Ihr Selbststudium möglichst breit anlegen und auch den eigenen Interessen und Fragestellungen nachgehen.

Zudem ist es auch sinnvoll, sich schon vor Beginn des Praktikums mit der eigenen Schulzeit und den eigenen Erfahrungen in Schule und Unterricht auseinanderzusetzen. Welche Lehrerinnen und Lehrer sind Ihnen gut in Erinnerung? Was waren Ihre Lieblingsfächer? An welche Ereignisse werden Sie sich vermutlich noch bis ins Alter erinnern können? Welche Beziehungen hatten Sie zu Ihren Mitschülern / Mitschülerinnen? Welchen Gesamteindruck von Schule haben Sie gewonnen?

Ferner sollten Sie sich Ihr eigenes Vorverständnis und Vorwissen von Schule und Unterricht bewusst machen. Legen Sie sich schon vor Beginn des Praktikums folgende und ähnliche Grundfragen zur Klärung der eigenen Vorstellungen einmal vor:

- Was sind die Hauptstärken und Hauptschwächen der Gegenwartsschule?
- Wie sind die Stärken und Schwächen zu erklären?
- Was ist nach Ihrer Meinung der Auftrag von Schule heute?
- Was sind die spezifischen Aufgaben von Grund-, Haupt-, Real-, Gesamtschule, Gymnasium und Berufskollegs sowie Sonderschulen?
- Welche Bedingungen müssen erfüllt sein, damit man von einer guten Schule sprechen kann?
- Was zeichnet nach Ihrer Meinung gute Lehrerinnen / Lehrer aus?
- Was sind die Hauptmängel im Unterricht heute?
- Wie sind die Mängel zu erklären?

Schließlich sollten Sie nach Ihren Motiven für die Wahl Ihres Studiums fragen und Ihre Erwartungen an das Lehramtsstudium und das Orientierungspraktikum klären:

- Warum erscheint Ihnen das Lehramtsstudium reizvoll?
- Was interessiert Sie insbesondere am Lehrerberuf: die Sache, der Umgang mit Menschen, das persönliche Beraten und Helfen oder Möglichkeiten, das Schulleben mitzugestalten, sich an der Schulentwicklung zu beteiligen oder berufspolitische Interessen zu vertreten?
- Welchen Stellenwert haben sekundäre Motive (z. B. Arbeitszeit und Beamtenstatus) bei Ihrer Berufswahlentscheidung?

Zugegebenermaßen, viele dieser Fragen sind nicht leicht zu beantworten, manche vielleicht nie abschließend zu klären. Sie werden sich im Verlauf Ihres Studiums und Berufslebens solche oder ähnliche Fragen vermutlich immer wieder neu stellen und sicherlich einige in unterschiedlichen Lebensphasen, auch vor dem Hintergrund neuer Erfahrungen, anders beantworten. Das Schulpraktikum scheint eine gute Gelegenheit zu sein, sich diese für den eigenen Lebens- und Berufsweg so wichtigen Grundfragen zu stellen. Wo drängen sich solche Fragen stärker auf als im Zusammenhang schulpraktischer Studien!

Nehmen Sie sich also viel Zeit für alle diese Vorklärungen! Nehmen Sie schon die Vorbereitung auf das Schulpraktikum ernst! Denn die bildende Wirkung des Praktikums hängt nicht zuletzt auch von der Intensität der Vorbereitung ab.

Anmerkung

[1] Wichtige Anstöße zur Entwicklung des folgenden Konzepts zum Orientierungspraktikum verdanke ich den Mitgliedern verschiedener Kommissionen und Arbeitskreise zur Reform der Lehrerbildung an der Universität zu Köln (insb. C. Allemann-Ghionda, K. Beyer, U. Frost, B. Manuwald, G. Mertens, W. Pape, W. Plöger, W. Schneider), einem Arbeitskreis der Praktikumsmanagerinnen und -manager an den Universitäten des Landes Nordrhein-Westfalen (insb. B. Gehler) und einer Tagung zur „Zukunft der Lehrerbildung" der Evangelischen Akademie Loccum vom 14. bis 16. März 2003.

RAINER WISBERT

2.2 Schulerkundung im Orientierungspraktikum

2.2.1 Phasen der Schulerkundung

Jede Schule hat eine spezifische Geschichte, befindet sich an einem bestimmten Ort, hat eine bestimmte Größe, ein eigenes Bildungsverständnis, einen bestimmten Ruf und setzt unterschiedliche Schwerpunkte. Zudem herrschen in jeder Schule eine eigene Atmosphäre und eine eigene Art der Beziehung der Beteiligten. Zugleich finden in jeder Schule auch übergreifende nationale wie internationale Entwicklungen ihren Niederschlag. Denken Sie nur an die Demokratisierungsforderungen und die europäische Einigungsbewegung nach 1945 oder an die vergleichenden internationalen Schuluntersuchungen (PISA-Studie etc.) des letzten Jahrzehnts.

Jede Einzelschule ist gleichsam ein vielgestaltiger Mikrokosmos, in dem sich allgemeine Entwicklungen auf besondere Weise widerspiegeln. Ihn zu lesen, bedarf es vielfältiger theoretischer wie praktischer Studien.

Die Aufgabe der Schulerkundung im Orientierungspraktikum kann es nur sein, die wichtigsten übergreifenden Entwicklungstendenzen in spezifischer konkreter Ausgestaltung an Ihrer Praktikumsschule in Erfahrung zu bringen und im Lichte Ihrer bisherigen erziehungswissenschaftlichen Studien sowie persönlicher pädagogischer Vorstellungen zu diskutieren, um, wie gesagt, das spätere Berufsfeld zu erkunden und zu üben, Theorie und Praxis in Beziehung zu setzen, und nicht zuletzt auch die eigene Berufswahlentscheidung zu überprüfen.

Dass Sie sich selbst dieses Bild erarbeiten, dass Sie anhand konkreter anschaulicher Beispiele Ihre Vorstellungen und Erwartungen überprüfen, verstärkt die Aufforderung an Sie, sich mit der Welt der Schule und dem Lehrersein heute sowie mit der eigenen Studien- und Berufswahl auseinanderzusetzen. Deutlich werden sollen Ihnen die große Verantwortung und die vielfältigen Aufgaben des Lehrers heute, und das Orientierungspraktikum soll Ihnen einen Anstoß geben, sich bewusst und entschieden in ein Verhältnis zur Welt der Schule heute und zu deren Bildungsauftrag zu setzen.

1. Die erste Phase

Die ersten beiden Tage an der Praktikumsschule dienen der Orientierung und Eingewöhnung, und es sollen nur recht grobe Gesamtbeobachtungen durchgeführt werden. Im übrigen überlassen Sie sich ruhig Ihren Wahrnehmungen. Vieles wird Sie an Ihre alte Schulzeit erinnern, und doch ist die gesamte Situation für Sie vollkommen neu. Ihre neue Rolle lässt Sie Schule und Unterricht aus einer anderen Perspektive wahrnehmen, als Sie sie früher als Schülerin oder Schüler wahrgenommen haben. Lassen Sie sich auf diese neue Sichtweise und diese neuen Erfahrungen ein und versuchen Sie, Ihre ersten Eindrücke stichwortartig im Praktikumstagebuch festzuhalten.

In neuen Situationen ist man häufig besonders sensibel, Atmosphären und Stimmungen wahrzunehmen, und gerade die ersten Eindrücke sind von besonderer Intensität und Aussagekraft.

Versuchen Sie daneben bereits mit der Mentorin bzw. dem Mentor zu sprechen und nach Möglichkeit schon gemeinsam einen Stundenplan für Unterrichtsbesuche zu erstellen. Zudem sollten Sie mit den Fachlehrerinnen bzw. Fachlehrern erste Besuchstermine für die nächsten Tage vereinbaren.

Auch wäre es günstig, schon früh mit anderen Praktikantinnen und Praktikanten an Ihrer Schule Kontakt aufzunehmen und gemeinsame Unterrichtsbesuche zu verabreden. Planen Sie ebenfalls einen regelmäßigen Erfahrungsaustausch über den gemeinsam besuchten Unterricht, am besten unmittelbar im Anschluss an die Stunden. Sinnvoll wäre es, wenn auch der Mentor, die Fachlehrer und die Schüler an dem einen oder anderen Nachgespräch teilnehmen könnten.

Am Ende der ersten Phase sollte auf jeden Fall Ihr Stundenplan für Ihre Unterrichtsbesuche (täglich drei bis vier Stunden) in der ersten Zeit feststehen.

2. Die zweite Phase

Vom dritten bis zum fünften Tag können Sie schon zu gezielteren Schulerkundungen übergehen. Es dürfte aber unserer Meinung nach wenig sinnvoll sein, schon in dieser Phase Detailuntersuchungen anzustellen. Vielmehr gilt es, den Blick auf das Ganze zu schulen und die Hauptdimension von Schule zu erfassen. Sie können in dieser zweiten Phase folgende Fragen an Ihre Praktikumsschule zu beantworten versuchen:

- Wie sind Standort und Einzugsgebiet der Schule zu charakterisieren?
- Wann ist die Schule gegründet worden?
- Wie groß ist die Schule (Zahl der Schülerinnen und Schüler sowie der Lehrerinnen und Lehrer)?
- Welche religiösen Zugehörigkeiten gibt es an der Schule?
- Welche Fächer werden in der differenzierten Mittel- und Oberstufe angeboten?
- Welche Förderkurse bestehen für bestimmte Schülergruppen?
- Was sind die wichtigsten Aufgabenfelder der Lehrerinnen und Lehrer?
- Welche Angebote werden den Schülerinnen und Schülern gemacht, eigene Interessen und Begabungen (die eigene Persönlichkeit) zu entfalten?

Tragen Sie die Ergebnisse dieser ersten gezielten Schulerkundung in Ihr Praktikumstagebuch ein.

3. Die dritte Phase

Vom sechsten Tag an bis zum Ende des Schulpraktikums sind dann holistische Erfassungen und Detailanalysen zu kombinieren. Zum einen ist es auch in dieser Phase noch sinnvoll zu versuchen, Schule ganzheitlich zu erkunden. Wir halten den Blick aufs Ganze für notwendig und wichtig, und ein solches ganzheitliches pädagogisches Sehen sollte stets geübt werden. Versuchen Sie zum Beispiel immer wieder, Ihren Gesamteindruck von der Praktikumsschule in wenige Worte (auch Metaphern) zu fassen.

Zum anderen sollten Sie in der dritten Phase detailliertere Schulerkundungen durchführen und im Praktikumstagebuch festhalten.

Wir haben dazu einen Fragenkatalog für Sie entwickelt, in dem wir versuchen, die vielfältigen Aspekte, die Schule bestimmen, auf zentrale Fragen zu reduzieren. Nehmen Sie sich an jedem Praktikumstag nur wenige Aspekte vor, suchen Sie Ihre Praktikumsschule danach zu erkunden und diskutieren Sie sie kritisch im Lichte Ihrer Erfahrungen. Alle Einzelfragen brauchen Sie natürlich nicht zu beantworten. Setzen Sie vielmehr individuelle Schwerpunkte. Verlieren Sie jedoch bei diesen detaillierten Schulerkundungen nicht die Hauptaspekte aus dem Blick.

2.2.2 Fragenkatalog zur Schulerkundung

1. Frage nach Standort und Gestalt der Schule

Jede Schule befindet sich an einem bestimmten Ort und hat eine bestimmte Gestalt, und mit Lage und Gestalt sind spezifische Aufgaben und Probleme verbunden. So hat etwa eine Vorstadtschule andere Aufgaben zu erfüllen als eine Schule in einer kleinen Gemeinde auf dem Land oder eine Innenstadtschule, möglicherweise noch an einem sozialen Brennpunkt. Versuchen Sie also die spezifische Lage Ihrer Praktikumsschule zu charakterisieren, erkunden Sie dazu die Umgebung der Schule, bringen Sie die Einzugsgebiete der Schülerschaft in Erfahrung und bestimmen Sie die Schulen in der Nähe! Auch Gestalt und Größe sind wichtige Bestimmungsgrößen einer Schule. Fragen Sie nach der Gesamtschülerzahl und der Zahl der Schülerinnen und -schüler in den verschiedenen Stufen! Schenken Sie Ihre Aufmerksamkeit auch der Architektur der Schule! Welche Lern- und Sozialerfahrungen werden Ihrer Meinung nach hierdurch möglich? Begehen Sie Fachräume, Bibliotheken, Aula, Sportstätten, den Schulhof usw. und fragen Sie, ob es die Raumgestaltung zu ermöglichen vermag, die Bildungsaufträge sowie die Bedürfnisse der Schülerinnen und Schüler nach Geborgenheit, Identifikation und Selbstentfaltung zu erfüllen.

2. Frage zur Geschichte der Schule

Viele Phänomene der Gegenwartsschule lassen sich nur von der Geschichte her verstehen. Denn die Institution Schule, so wie sie sich heute darstellt, ist das Resultat politischer, gesellschaftlicher, kultureller und theologisch-philosophischer sowie wissenschaftlicher Entwicklungen. Das gilt, wie gesagt, auch für jede einzelne Schule. Erkundigen Sie sich deswegen nach dem Gründungsjahr Ihrer Praktikumsschule, nach den Motiven zur Gründung und den damaligen gesellschaftlichen wie bildungspolitischen Konstellationen. Sodann sind die Hauptstationen der Entwicklung Ihrer Schule, insbesondere nach 1945, von Bedeutung. Wie und wann wurden die Demokratisierungsforderungen umgesetzt? Zu welchem Schultyp gehörte die Schule bis zur Reformphase der siebziger Jahre? An welchem Einheitsschulmodell orientiert sich eine Gesamtschule? In welcher Form wurde die „Vereinbarung zur Neugestaltung der gymnasialen Oberstufe" von 1972 durchgeführt? Welche neuen Fächer wurden eingeführt? Welche Erfahrungen wurden mit der Oberstufenreform gesammelt? Welchen Niederschlag finden die Entwicklungen und Debatten der letzten Jahre wie z. B. die europäische Einigungsbewegung, die Debatten über interkulturelle Fragen, die ökologische Bewegung und Schulqualitätsentwicklungen im Anschluss an die PISA-Studie in Ihrer Praktikumsschule? Fragen Sie zur Erforschung der Schulgeschichte Mentoren und Lehrer, erkundigen Sie sich nach Schulchroniken, Festschriften und Schulreden und studieren Sie allgemeine Schriften zur Geschichte der Schule, insbesondere nach 1945. Erste Hinweise auf Standardwerke finden Sie im Literaturverzeichnis.

3. Frage zur Schülerschaft an der Schule

Die gesamte Schülerschaft einer Schule unterscheidet sich nach Alter, Geschlecht, Muttersprache, sozialer Herkunft, Religionszugehörigkeit und Nationalität. Auch die Lernverläufe und Bildungsfortschritte der Schülerinnen und Schüler sind recht unterschiedlich. Mit all diesen Verschiedenheiten sind spezifische Aufgaben und Aufträge für die Schule verbunden. Heute ist es vor allem wichtig, folgende Fragen zu beantworten: Wie viele Schülerinnen und Schüler befinden sich an der Schule, die in einer Familie aufwachsen, die eine andere als die deutsche Sprache spricht? Um welche Muttersprache handelt es sich? Wie viele Schülerinnen und Schüler wachsen zweisprachig auf? Welche religiöse Zugehörigkeiten gibt es an der Schule? Gibt es für diese Gruppierungen an der Schule besondere Regelungen? An welchen Leitvorstellungen orientiert sich die Regelung interkultureller Fragen an der Schule? Existieren zur Förderung besondere Kurse und Projekte? Zudem ist zu fragen: Wie wird das Zusammenleben von Schülern mit unterschiedlicher sozialer Herkunft an der Schule gefördert? An welchen Grundwerten und Grundnormen orientiert sich die Sozialerziehung der Schülerinnen und Schüler? Bestehen Möglichkeiten, soziale Konflikte und

Probleme (z. B. soziale Angst) zu thematisieren? Ferner: Werden systematisch Diagnosen von Lernständen und Lerndefiziten durchgeführt? Werden außerhalb des regulären Unterrichts Kurse zur Verbesserung einzelner Lerndefizite durchgeführt? Existieren Lernwerkstätten? Gibt es spezifische Förderungen von hochbegabten Schülerinnen und Schülern? Schließlich: Wie groß sind die Anteile von Mädchen und Jungen an der Schule, in den verschiedenen Jahrgangsstufen und in den unterschiedlichen Fächern? Lassen sich spezifische Bevorzugungen oder Benachteiligungen von Mädchen und Jungen in den verschiedenen Bereichen erkennen? An welchen Weiblichkeits- und Männlichkeitsvorstellungen orientieren sich die Bildungs- und Förderangebote im Schulleben?

4. Frage zur Lehrerschaft an der Schule

Auch das Kollegium einer Schule unterscheidet sich nach Alter, Geschlecht, facultas docendi, Lehrerfahrung, Beförderungsstufe und Aufgabenfeld sowie wissenschaftlicher Qualifikation. Diese verschiedenen Hinsichten bieten eine Fülle von Möglichkeiten zur Untersuchung der Binnendifferenzierung eines Lehrerkollegiums an einer Schule. Vor allem aber erscheint uns die Erfassung der verschiedenen Aufgabenfelder von Lehrerinnen und Lehrern im Orientierungspraktikum wichtig zu sein. Denn gerade das Praktikum bietet eine gute Möglichkeit zur anschaulichen Erkundung der Vielfalt der Berufsaufgaben. So hat der Lehrer neben den Tätigkeiten, die in direktem Zusammenhang mit dem Unterrichten stehen (wie Vorbereitung, Materialbeschaffung, Absprachen mit Kollegen, Nachbereitung, Klassenarbeits- bzw. Klausurvorbereitung und Korrekturen) noch Lerndiagnosen durchzuführen, Schüler und Eltern zu beraten, an Konferenzen teilzunehmen, das Klassen-, Kurs- und Schulleben mitzugestalten, sich an der Weiterentwicklung von Curricula und an der Schulentwicklung zu beteiligen sowie sich in fachwissenschaftlicher und pädagogischer Hinsicht fortzubilden etc., etc. Suchen Sie mit einzelnen Lehrerinnen oder Lehrern, möglichst in Ihren Fächern, ins Gespräch zu kommen und erkundigen Sie sich z. B., wie viel Zeit die einzelnen Aufgaben in Anspruch nehmen, welche Aufgaben Freude machen und welche eher als Belastung empfunden werden und an welchem Lehrerleitbild sie sich orientieren.

5. Frage nach dem allgemeinen Bildungsverständnis der Schule

Zudem orientiert sich jede Schule an einem eigenen allgemeinen Bildungsauftrag, der sich aus den verbindlichen staatlichen Vorgaben und den schulform- wie standortspezifischen Schwerpunktsetzungen ergibt. Suchen Sie diesen allgemeinen zentralen Bildungsauftrag, dem sich Ihre Praktikumsschule verpflichtet fühlt und der die vielfältigen Einzelaktivitäten der Schule an einem gemeinsamen Ziel ausrichtet und damit auch verantwortbar macht, in Erfahrung zu bringen! Fragen Sie dazu nach der Organisationsform der Schule (also, ob es sich um eine staatliche Regelschule, eine selbständige Schule, eine Schule in freier Trägerschaft oder eine Modellschule handelt), studieren Sie dazu das Schulprogramm, lesen Sie die Homepage der Schule, suchen Sie nach Hinweisen beim Schulnamen und in der Schulgeschichte und erkundigen Sie sich bei den Lehrkräften, vor allem bei denjenigen, die an der Erstellung des Schulprogramms selbst beteiligt waren. Versuchen Sie vor allem Antworten auf folgende Fragen zu bekommen:

- Wie wird die zentrale Idee der Förderung von Selbstbestimmungsfähigkeit der Schülerinnen und Schüler näher bestimmt?
- Welcher Wert wird auf eine politische, eine wissenschaftliche, eine kulturelle und eine soziale Bildung gelegt?
- Welchen Stellenwert hat die Orientierung an Bildungsstandards? Welche Bedeutung wird der Grundbildung (einschließlich der Förderung instrumenteller Kenntnisse und Fertigkeiten) beigemessen?

Und fragen Sie, wie Ihre Praktikumsschule versucht, diesem selbst gestellten Bildungsauftrag nachzukommen, etwa, welche Fächer, vor allem Sprachen, und Kurse angeboten werden, welche außerunterrichtlichen Förderungsschwerpunkte gesetzt werden, mit welchen anderen Institutionen die Schule eng zusammenarbeitet, worauf bei den Schülerinnen und Schülern besonderer Wert gelegt wird, welche Themenschwerpunkte sich bei Schulveranstaltungen, auf Schulfesten und Schulfeiern erkennen lassen?

6. Frage nach Besonderheiten

Schließlich sollten Sie sich Notizen machen zu Besonderheiten an Ihrer Praktikumsschule und im Unterricht: Was fiel Ihnen besonders auf? Was hat Sie überrascht? Was hat Sie besonders beeindruckt? Welche Erwartungen erfüllten sich nicht? Die pädagogische Praxis lässt sich mit Hilfe allgemeiner Theorien und Schemata nie vollständig erfassen. Auch Antizipationen erfüllen sich nie vollständig. Denn die Welt pädagogischer Praxis ist letztlich eine Welt des Individuellen, die sich nie vollständig vom Allgemeinen her bestimmen lässt. Immer steckt die Praxis voller Überraschungen!

KLAUS BEYER

2.3 Erkundung des Unterrichts

Neben der Erkundung Ihrer Praktikumsschule und des in ihr stattfindenden Schullebens sind unterrichtliche Studien die zweite Hauptaufgabe in Ihrem Orientierungspraktikum. Sie bestehen zum einem in der Teilnahme am Unterricht in Form der Hospitation, zum anderen in eigenem Unterricht.[1]

2.3.1 Hospitation im Unterricht

(1) Zunächst sollten Sie in Ihrem Orientierungspraktikum (Allgemeinen Schulpraktikum) als Hospitant am Unterricht von Klassen und Kursen unterschiedlicher Schulstufen in möglichst vielen Unterrichtsfächern teilnehmen. Durch diese Variation erhalten Sie Gelegenheit, sich einen ersten Überblick über das Fächerspektrum an Ihrer Schule, den Zusammenhang der Fächer, aber auch deren Unterschiedlichkeit zu verschaffen. Dies ist wichtig, damit Sie die *Spezifik*, den *Stellenwert* und die *Funktion* Ihrer eigenen Fächer im Rahmen des schulischen Bildungsangebots abzuschätzen lernen.

(2) Durch Ihre Hospitationen erhalten Sie die Gelegenheit, die Ihnen aus Ihrer Schulzeit vertraute Schülerperspektive auf Unterricht durch die Perspektive zu ergänzen, die ein Lehrer bei der Planung, Durchführung und Auswertung seines Unterrichts einnehmen muss. Sie werden aus Ihren bisherigen Studien an der Hochschule bereits wissen und schon in der ersten Stunde, an der Sie teilnehmen, erfahren, dass Ihnen damit kein einfacher Perspektivenwechsel der Art abverlangt wird, dass Sie lediglich die Ihnen vertraute Schülerperspektive nun durch die Lehrerperspektive zu ersetzen hätten. Vielmehr liegt das zentrale Spezifikum der Lehrerperspektive als einer pädagogischen Perspektive darin, dass sie die Perspektive der Schüler, an die sich der Unterricht richtet, immer mit zu erfassen versuchen muss. Es ist deshalb sinnvoll, wenn Sie den von Ihnen erlebten Unterricht nicht nur im Hinblick auf die Aktivitäten des Lehrers verfolgen, sondern sich immer auch fragen, wie dieser Unterricht aus der Sicht der betroffenen Schüler zu beurteilen ist.

(3) Da Unterricht ein äußerst komplexes Geschehen ist, müssen die Beobachtung und Beurteilung von Unterricht dieser Komplexität so weit wie möglich Rechnung tragen. Um dies leisten zu können, ist ein langer Lernprozess mit vielfältigen Erfahrungen erforderlich. Wir schlagen Ihnen deshalb im folgenden eine in der Komplexität abgestufte Einübung in die Unterrichtsbeobachtung vor:

2.3.1.1 Perspektiven für eine erste, eher globale Wahrnehmung von Unterricht

(1) Ihre Beobachtung von Unterricht sollte mit einer Phase (2–3 Tage) beginnen, in der Sie den Unterricht zunächst eher ganzheitlich auf sich wirken lassen, ohne sich schon gezielt auf einzelne Beobachtungsgesichtspunkte (Kategorien) zu konzentrieren, und nur das registrieren, was Ihnen besonders auffällt. Diese ersten Eindrücke sollten Sie schriftlich festhalten, in Gesprächen mit anderen Hospitanten und dem einen oder anderen Fachlehrer erörtern sowie mit Eindrücken aus anderen Unterrichtsstunden vergleichen. Auf diese Weise können Sie ein erstes Verständnis von Gemeinsamkeiten und Unterschieden von Unterricht gewinnen.

(2) Wir wissen natürlich nicht, welcher Unterricht Ihnen in Ihrem Praktikum begegnen und was Ihnen an diesem Unterricht auffallen wird. Aber es werden zumeist Eindrücke sein, die sich auf solche Merkmale von Unterricht beziehen, die Sie erfassen können, auch wenn Sie noch nicht über ein ausdifferenziertes Kategoriensystem zur Beobachtung, Analyse und Beurteilung von Unterricht verfügen. Dabei kann es sich um Besonderheiten der einzelnen Stunde, aber auch um Beobachtungen handeln, wie sie in jedem Unterricht gemacht werden können; es kann sich um einzelne Details des Unterrichts handeln, aber auch um eher ganzheitliche Eindrücke, z. B.

- zur Atmosphäre und zum Klima, in dem der Unterricht stattfindet
- zum Art der Interaktion, die im Unterricht anzutreffen ist
- zur Systematik des Unterrichtsaufbaus
- zum Anspruchsniveau des Unterrichts
- zum Ausmaß der Konzentration der Schüler auf den Unterricht
- zum Engagement aller Beteiligten
- zur Selbständigkeit, die den Schülern zugestanden wird und ihnen möglich ist
- zum Erfolg des Unterrichts.

(3) Zum Abschluss dieser Phase sollten Sie in Ihrem Praktikumstagebuch zwei Stunden möglichst genau in ihrem Ablauf protokollieren und Ihren Gesamteindruck stichwortartig notieren.

2.3.1.2 Einübung in die systematische Unterrichtbeobachtung anhand noch nicht ausdifferenzierter Kategorien

(1) Nach der kurzen Eingangsphase mit noch sehr globalen und eher zufälligen Eindrücken sollten Sie versuchen, Unterricht zunehmend systematischer zu beobachten, zu analysieren und zu beurteilen. „Systematischer" meint, dass Sie die Merkmale fokussieren, die für jeden Unterricht konstitutiv sind. Wichtig im Hinblick auf die angestrebte Systematik sind Ihre Fragen und Antworten insbesondere zu folgenden Kategorien:

a) Was weiß ich bzw. kann ich über die *äußeren Bedingungen* des Unterrichts, die *Lerngruppe* und den *inhaltlichen Kontext* des Unterrichts erfahren?

b) Welche *Ziele* leiten den Unterricht?

c) Welche *Inhalte* werden im Unterricht behandelt?

d) Welche *didaktischen Prinzipien* (z. B. Bezug zur Lebenspraxis, Bezug zur Wissenschaft, Problembezug) werden berücksichtigt?

e) Welche *Sozial-, Interaktions-, Arbeits- und Denkformen* (z. B. Gruppenarbeit, Diskussion, Fallstudie, induktives Denken) kommen zum Einsatz?

f) Welche *Medien* werden genutzt?

g) Wie ist der Unterricht *gegliedert*?

h) Wie und durch wen wird der Unterricht *gesteuert*?

i) Welche *Hausaufgaben* werden gestellt? Wie und durch wen wird der *Lernerfolg* überprüft?

k) Welche Beobachtungen lassen sich aus *sozialpsychologischer Sicht* zum Unterricht machen?

(2) Die genannten Kategorien werden im weiteren Verlauf dieses Kapitels (2.3.1.3) ausdifferenziert und in einem gesonderten Kapitel erläutert (4). Falls Sie Fragen zum Verständnis einzelner Kategorien haben, können Sie diese Präzisierungen zu Rate ziehen.

(3) Wir empfehlen Ihnen aber, bei Ihrer Unterrichtsbeobachtung zunächst noch auf die später vorgenommenen Differenzierungen zu verzichten, und nur Feststellungen zu den Hauptkategorien a) bis k) zu treffen.

(4) Zudem sollten Sie Ihre Beobachtungen zunächst auf einzelne Kategorien konzentrieren. Ihre Feststellungen sollten Sie im Praxistagebuch stichwortartig protokollieren.

(5) Manche Fragen (z. B. zu den Zielen des Unterrichts) können von Ihnen nicht allein aufgrund von Beobachtungen beantwortet werden, sondern verlangen Interpretationen der beobachteten Phänomene. Diese können durch Erkundigungen beim Fachlehrer erleichtert werden.

(6) Bei der Auswertung Ihrer Beobachtungen in den einzelnen Kategorien wird Ihnen mehrfach aufgefallen sein, dass Sie durch die kategoriengeleitete Beobachtung veranlasst wurden, Ereignisse und Prozesse isoliert zu betrachten, die im Unterricht selbst so isoliert nicht auftreten. Sie werden festgestellt haben, dass es Zusammenhänge zwischen Ihren Beobachtungen in den einzelnen Kategorien gibt, z. B. zwischen den Bedingungen in der Lerngruppe und den Unterrichtszielen. Deshalb sollten Sie im nächsten Schritt versuchen, Beziehungen zwischen Ihren Beobachtungen in einzelnen Kategorien z. B. anhand der folgenden Fragen herzustellen:

● In welchem Verhältnis stehen die Inhalte (c) des Unterrichts zu den angestrebten Unterrichtszielen (b)?

- In welcher Beziehung stehen die Hausaufgaben (i) zu den Zielen (b) des Unterrichts?
- Entsprechen die gewählten Ziele (b) der Leistungsfähigkeit der Schüler (a)?
- Nach welchen didaktischen Prinzipien (d) erfolgt die Steuerung des Unterrichts (h)?

(7) Mit solchen Feststellungen über Beziehungen zwischen dem, was Sie in unterschiedlichen Kategorien ermittelt haben, sind Sie bereits auf dem Weg zu einer komplexeren Erfassung von Unterricht.

(8) Die erforderliche Komplexitätserweiterung sollte langfristig nicht bloß durch Ihre eher zufälligen Feststellungen über Zusammenhänge zwischen einzelnen Komponenten des Unterrichts, sondern wiederum in möglichst systematischer Weise erfolgen. Die Systematik ergibt sich dadurch, dass Sie die Informationen und Beobachtungen in den einzelnen Kategorien planmäßig zu Ihren Feststellungen in allen anderen Kategorien in Beziehung setzen. Weil die Komplexität mit jeder weiteren zu berücksichtigenden Kategorie enorm zunimmt, sollten Sie sich im Orientierungspraktikum jedoch im wesentlichen damit begnügen, sich *in exemplarischer Weise* in die systematische Unterrichtsbeobachtung einzuüben. Dies kann dadurch geschehen, dass Sie für zwei Unterrichtsstunden paarweise Beziehungen zwischen *ausgewählten* Kategorien herstellen, z. B. zwischen

- den Bedingungen (a) und den Unterrichtszielen (b)
- den Bedingungen (a) und den Unterrichtsinhalten (c)
- den Bedingungen (a) und den Unterrichtsprinzipien (d)
- den Bedingungen (a) und den Schülerarbeitsformen (e)
- den Unterrichtszielen (b) und den Unterrichtsinhalten (c)
- den Unterrichtszielen (b) und den Unterrichtsprinzipien (d)
- den Unterrichtszielen (b) und den Schülerarbeitsformen (e)
- den Unterrichtsinhalten (c) und den Unterrichtsprinzipien (d)
- den Unterrichtsinhalten (c) und den Schülerarbeitsformen (e)
- den Unterrichtsprinzipien (d) und den Schülerarbeitsformen (e).

Die Ergebnisse Ihrer Reflexion auf Zusammenhänge zwischen den einzelnen Kategorien sollten Sie stichpunktartig in Ihrem Praktikumstagebuch festhalten.

(9) Zum Abschluss dieser Phase sollten Sie versuchen, Beziehungen nicht nur zwischen jeweils zwei, sondern zwischen möglichst vielen (allen) ausgewählten Kategorien herzustellen und auch die bisher vernachlässigten Kategorien (f, g, h, i, k) einzubeziehen. Die Ergebnisse dieses Versuchs tragen Sie bitte wiederum in Ihr Praxistagebuch ein!

Wir sind sicher, dass Sie anhand der bisher berücksichtigten Kategorien einen ersten Zugang zu einer komplexeren und systematischeren Beobachtung von Unterricht gewonnen haben. Allerdings haben Sie bisher mit noch recht allgemeinen Kategorien gearbeitet, die einer weiteren Differenzierung bedürfen.

2.3.1.3 Differenzierte kategoriengeleitete Beobachtung des Unterrichts

(1) Im Folgenden haben wir für Sie einen Fragenkatalog entwickelt, der es Ihnen ermöglichen soll, Unterricht differenziert zu beobachten und zu analysieren. Allerdings kann es nicht das Ziel des Orientierungspraktikums sein, alle unten aufgeführten Beobachtungsmöglichkeiten zu realisieren. Dazu bedarf es langjähriger theoretischer wie praktischer Studien und eines vielfältigen und intensiven Wechselspiels zwischen beiden.

(2) Der Fragenkatalog soll Ihnen vielmehr

- einen Überblick über die verschiedenen Beobachtungskategorien geben
- Anstöße geben, ganz allmählich die Komplexität und Differenziertheit Ihrer Unterrichtsbeobachtungen zu steigern
- eine Grundlage für die Planung Ihres eigenen Unterrichts liefern.

(3) Aufgrund der Differenziertheit des folgenden Katalogs empfehlen wir Ihnen, sich bei Ihren Hospitationen zunächst immer nur auf *einige* Ihnen besonders wichtig erscheinende *Aspekte innerhalb einer Kategorie* zu konzentrieren und diese Aspekte kritisch-konstruktiv, d. h. auch auf Alternativen hin, zu reflektieren.

(4) Bei der Beobachtung, Analyse, Beurteilung und Bewertung von Unterricht sind unseres Erachtens folgende Kategorien von vorrangiger Bedeutung:[2]

a) Informationen über die äußeren Bedingungen des Unterrichts, die Lerngruppe und den inhaltlichen Kontext

- Unter welchen äußeren Bedingungen (z. B. Schulform, Jahrgangsstufe, Schülerzahl, Grund- bzw. Leistungskurs, Klassenraum, Verfügbarkeit von Medien, etc.) findet der Unterricht statt?
- Über welche Vorkenntnisse und Fähigkeiten verfügen die Schüler?
- In welchen Ausmaß sind die Schüler zu selbständigem Arbeiten in der Lage?
- Handelt es sich um eine eher leistungshomogene oder eine eher leistungsheterogene Lerngruppe?
- Wie viele Schüler stammen aus sozial benachteiligten Verhältnissen (Familien, Heimen)?
- Wie viele Schüler mit einer Herkunft aus anderen Kulturen (Zahl, Herkunftsland, Beherrschung der deutschen Sprache) gibt es? Wie wirkt sich dies auf den Unterricht aus?
- Gibt es Schüler mit besonderen Verhaltensauffälligkeiten oder Lern-/ Leistungsproblemen?
- Welche Untergliederungen der Lerngruppe (z. B. Freundschaften, Cliquen) sind festzustellen?
- In welchem inhaltlichen Kontext (Kursthema, Reihenthema, Zusammenhang mit bereits behandelten Inhalten und nachfolgenden Inhalten) steht die Stunde oder die Reihe?

- Welche Lehrplanvorgaben / Vorgaben des schulinternen Curriculums sind zu beachten?
- Welche situativen Bedingungen (z. B. neu zusammengestellte Klasse, 6. Stunde bei hochsommerlichen Temperaturen, Stunde im Anschluss an eine mehrstündige Klausur) sind gegeben?

b) Ziele der Stunde

- Welche inhaltlichen Unterrichtsziele (z. B. Kenntnis, Verständnis, Problemlösung) werden angestrebt? In welchem Zusammenhang stehen sie?
- Welche formalen Unterrichtsziele (z. B. Methodenkenntnis, Methodenbeherrschung) werden angestrebt? In welchem Zusammenhang stehen sie mit den inhaltlichen Zielen?
- Welche primär erzieherischen Ziele (z. B. Steigerung von Selbständigkeit, Selbstbewusstsein, Aufrichtigkeit, Motivation, Sorgfalt, Ausdauer, Konzentration, Solidarität) werden angestrebt?
- Werden die Ziele im Unterricht erläutert und begründet? Wie lassen sie sich begründen?
- Welchen Abstraktionsgrad weisen die Ziele auf? Wie werden sie konkretisiert?
- In welchem Verhältnis stehen kognitive, soziale, emotionale, moralische, ästhetische, pragmatische Ziele zueinander?
- Welche übergeordneten Bildungsziele werden angestrebt?
- Wie hoch ist das Anforderungsniveau?
- Werden die Unterrichtsziele erreicht (Anhaltspunkte, vermutete Gründe für das Nichterreichen)?
- Auf welchen alternativen Wegen hätten die Ziele evt. erreicht werden können?

c) Inhalte des Unterrichts

- Welche Inhalte werden behandelt?
- Wird die Behandlung der Inhalte im Unterricht begründet? Wie würden Sie sie begründen?
- Welche allgemeinen Einsichten, Regeln, Prinzipien sollen (können) anhand der Inhalte gewonnen werden?
- Welche Bedeutung haben die Inhalte für das gegenwärtige und künftige Leben der Schüler?
- Welche Bedeutung haben die behandelten Inhalte für die Tradierung kultureller Errungenschaften?
- Sind die Inhalte den Schülern zugänglich zu machen (Welchen Schwierigkeitsgrad weisen sie auf? Wie vertraut sind die Schüler mit den Inhalten? Welche inhaltlichen Anknüpfungsmöglichkeiten bestehen? Welche Motivationskraft besitzen die Inhalte?)? Welcher Zugang wird gewählt?
- Welche subjektiven Konstruktionen der Schüler fließen in den Unterricht ein? Wie werden sie verarbeitet?
- Bieten die Inhalte für Schülerinnen und Schüler mit einem anderen kulturellen Hintergrund besondere Schwierigkeiten?

- Welche alternativen Inhalte wären bei gleicher Zielsetzung denkbar gewesen?

d) didaktische Prinzipien

- Inwiefern leistet der Unterricht einen Beitrag zum Allgemeinbildungsauftrag des Unterrichts? (Prinzip „Allgemeinbildung")
- Ist im Unterricht das Bemühen um die Herstellung eines lernförderliches Unterrichtsklimas erkennbar? (Prinzip „Lernförderliches Klima")
- Versucht der Unterricht, den (kognitiven, emotionalen, motivationalen, sozialen, motorischen) Voraussetzungen auf Seiten der Schüler gerecht zu werden? (Prinzip „Schülerangemessenheit des Unterrichts")
- Nimmt der Unterricht Bezug auf die nähere und weitere Lebenswelt der Schüler? Knüpft er an Erfahrungen der Lernenden an? (Prinzipien „Lebensweltbezug", „Erfahrungsbezug")
- Ist der Unterricht auf die Lösung von Problemen ausgerichtet? (Prinzip „Problembezug")
- Versucht der Unterricht, Grundlagen für kompetentes Handeln der Schüler zu legen? (Prinzip „Handlungsbezug")
- Nimmt der Unterricht Bezug auf wissenschaftliche Erkenntnisse und Verfahren? (Prinzip „Wissenschaftsbezug")
- Wird im Unterricht versucht, die Werturteilsfähigkeit der Schüler zu fördern? (Prinzip „Wertbezug")
- Wird versucht, die Selbsttätigkeit der Lernenden im Unterricht zu aktivieren? (Prinzip „Selbsttätigkeit")
- Werden allgemeinen Einsichten (Begriffe, Prinzipien, Zusammenhänge, Regeln, Einstellungen, etc.) an den behandelten Inhalten herausgearbeitet? (Prinzip „exemplarisches Lehren und Lernen")
- Zeichnet sich der Unterricht durch Strukturiertheit und das Bemühen um Transparenz aus? (Prinzipien „Strukturiertheit" und „Transparenz")
- Wird der Versuch unternommen, den angestrebten Erfolg des Unterrichts festzustellen? (Prinzipien „Erfolgsorientierung" und „Erfolgskontrolle")

e) Sozial-, Interaktions-, Arbeits- und Denkformen

- In welchen Sozialformen (Frontalunterricht, Gruppenunterricht, Team-Teaching, Partnerarbeit, Einzelarbeit) vollzieht sich der Unterricht?
- In welchen Interaktionsformen (z. B. Lehrervortrag, Schülerreferat, Gespräch, Diskussion) vollzieht sich der Unterricht?
- In welchen Schülerarbeitsformen (z. B. Fallstudie, Planspiel, Rollenspiel, Projekt, Analyse, Interpretation, Darstellung, Erklärung, Experiment) vollzieht sich der Unterricht?
- In welchen Denkformen vollzieht sich der Unterricht (z. B. induktives, deduktives, divergierendes, konvergierendes, analytisches, synthetisches, vergleichendes, beurteilendes, bewertendes, dialektisches, hypothetisches Denken)?
- Werden die Entscheidungen über die Sozial-, Interaktions-, Arbeits- und Denkformen begründet? Wie lassen sie sich begründen?

- Als wie selbstständig erweisen sich die Lernenden in ihrer Arbeit?
- Als wie effizient erweisen sich die verschiedenen Sozial-, Interaktions-, Denk- und Schülerarbeitsformen?

f) Medien

- Welche Medien und Hilfsmittel (z. B. Lehrbuch, Arbeitsbuch, Arbeitsblätter, Kopien aus Büchern und Zeitschriften, Lexika, Atlanten, Tafel, Tageslichtprojektor, Dias, Videofilm, Mikroskop, Taschenrechner, Computer) kommen zum Einsatz?
- Welche Funktionen (z. B. Strukturierung des Unterrichtsprozesses, Präsentation von Materialien wie Texten, Statistiken, Modellen, Sammlung von Schülerbeiträgen, Ordnung von Schülerbeiträgen, Sicherung von Unterrichtsergebnissen) übernehmen die Medien?
- Werden Tafelbilder oder Folien im Unterricht gemeinsam mit den Schülerinnen und Schülern erstellt oder werden bzw. sind sie vom Lehrer allein angefertigt?
- Wird der Medieneinsatz begründet? Wie lässt er sich begründen?
- Als wie effizient erweist sich der Medieneinsatz?
- Als wie selbstständig erweisen sich die Lernenden im Umgang mit den Medien?

g) Gliederung des Unterrichts

- Wie ist der Unterricht (die Unterrichtsreihe, die Stunde) gegliedert? Weist er eine klare inhaltliche und zeitliche Strukturierung auf?
- Welche einzelnen Phasen (z. B. Einstieg, Erarbeitung, Ergebnissicherung, Einordnung, Anwendung, Übung, Metareflexion, Ausblick) des Unterrichts sind erkennbar?
- Wird der Aufbau des Unterrichts den Lernenden erklärt und begründet?
- Wird den Lernenden die Funktion der Stunde innerhalb der Unterrichtsreihe verdeutlicht?
- Wird explizit der Bezug zu vorangegangenen und kommenden Stunden hergestellt?
- Werden die Lernenden an der Planung des Unterrichts beteiligt bzw. wie hätten sie daran beteiligt werden können?
- Erweist sich die Gliederung als zweckmäßig? Welche Alternativen hätten sich angeboten?

h) Steuerung des Unterrichts

- Wie und in welchem Ausmaß steuert der Lehrer den Unterrichtsablauf (z. B. durch Fragen, Instruktionen, Demonstrationen, Impulse, Schweigen)?
- Wie straff bzw. locker erfolgt die Steuerung durch den Lehrer?
- Sind die Darstellungen und Erklärungen des Lehrers klar, strukturiert und schülergemäß?
- Wie und in welchem Ausmaß steuern die Schüler den Unterrichtsablauf (z. B. durch Impulse, Anregungen, Initiativen, Fragen, Einwände, Problematisierungen, Kritik, Ablenkungsversuche, Passivität)?
- Welche Freiräume eröffnet der Lehrer für Initiativen und Mitgestaltungsmöglichkeiten der Schüler?

- Besteht eine ausgewogene Balance zwischen Zielstrebigkeit und Flexibilität der Steuerung?

- Versucht der Lehrer, die Selbsttätigkeit der Schüler und ihre Interaktion untereinander anzuregen?

- Werden vom Lehrer eher offene oder eher engmaschige Fragen gestellt?

- Wie verhält sich der Lehrer nach einer von ihm selbst gestellten Frage?

- Wie verhält sich der Lehrer nach einer von einem Schüler gestellten Frage?

- Wie verhält sich der Lehrer nach einem Schülerbeitrag? (Gibt er sachbezogene, differenzierte, gerechte Rückmeldungen? Fragt er nach Begründungen für gegebene Antworten? Versucht er, Ursachen für fehlerhafte Antworten offen zu legen? Versucht er, Schülerantworten für die Weiterführung des Unterrichts zu nutzen? Vermeidet er das „Zurechtbiegen" von Schülerbeiträgen im Hinblick auf die eigene Planung?)

- Erkennt der Lehrer auftretende Lernschwierigkeiten? Gibt er bei Lernproblemen angemessene Hilfen?

- Trägt die Unterrichtsgestaltung unterschiedlichen Voraussetzungen auf Seiten der Schüler durch eine Differenzierung oder Individualisierung des Lernprozesses Rechnung?

- Versucht der Lehrer, möglichst alle Schüler am Unterrichtsgespräch zu beteiligen, oder orientiert er sich erkennbar an einer bestimmten Schülergruppe?

- Wie reagiert der Lehrer auf Verstöße von Schülern gegen Verhaltensstandards im Unterricht?

i) Hausaufgaben / Lernerfolgskontrolle

- Werden die letzten Hausaufgaben kontrolliert und für den Fortgang des Unterrichts genutzt?

- Welche neuen Hausaufgaben werden gestellt?

- Welche Funktionen kommt den Hausaufgaben zu (z. B. Wiederholung des Unterrichtsstoffes, Einübung von Kompetenzen, Kontrolle des Lernerfolgs, Vorbereitung des weiteren Unterrichts)?

- Welches Anforderungsniveau (quantitativ, qualitativ) haben die Hausaufgaben?

- Welcher Kompetenzbereich wird überprüft (z. B. Fakten-, Modell-, Theoriekenntnis, Verständnis, Methodenkompetenz, Urteilskompetenz, Transferfähigkeit, Planungskompetenz, Organisationskompetenz, Entscheidungskompetenz, Handlungskompetenz)?

- Verlangen die Aufgaben auch den Rückgriff auf früher Gelerntes?

- Welche sonstigen Lernerfolgskontrollen (z. B. Beantwortung von Fragen, Tests, Klausuren) finden statt? Welche Alternativen hätten sich für die Hausaufgaben und Lernerfolgskontrollen angeboten?

- Werden Ziele und Möglichkeiten der Lernerfolgsüberprüfung schon frühzeitig in der Planung der Unterrichtsreihe berücksichtigt?

- Werden die formellen Lernerfolgsüberprüfungen (z. B. Klausuren) und die mit ihr verbundenen Leistungserwartungen frühzeitig angekündigt?

- In welchem Verhältnis stehen die Aufgaben zu den Zielen des Unterrichts? Decken sie die zentralen Ziele des vorangegangenen Unterrichts ab? Wie lassen sich die gestellten Aufgaben begründen?

- Welches Anforderungsniveau (Abstraktionsniveau, Differenziertheit, Komplexität, Schwierigkeit, erforderliche Selbständigkeit) haben die Lernerfolgskontrollen?

- Durch wen erfolgt die Kontrolle (z. B. Selbstkontrolle der Schüler, wechselseitige Kontrolle der Schüler untereinander, Kontrolle durch den Lehrer)?

- Welche Beurteilungskriterien werden angelegt? Werden sie offen gelegt und begründet?

- Werden die Lernenden an der Festlegung der Kriterien und an der Beurteilung beteiligt?

- Zu welchen Ergebnissen führt die Lernerfolgskontrolle? Werden die Unterrichtsziele erreicht (Anhaltspunkte, Gründe für das Nichterreichen)?

- Welche interindividuellen Unterschiede sind im Hinblick auf das Erreichen der Ziele erkennbar? Wie sind die Unterschiede erklärbar? Auf welchen alternativen Wegen hätten die Ziele evtl. in einem breiterem und höheren Maße erreicht werden können?

- Stehen Ergebnisse des Unterrichts und Unterrichtsaufwand in einem vernünftigen Verhältnis zueinander? Auf welchen alternativen Wegen hätten die Ziele evtl. ökonomischer erreicht werden können?

- Werden die Ergebnisse der Leistungskontrollen zeitnah mitgeteilt?

- In welcher Form (z. B. Ziffernnote, erreichte Punktzahl, differenzierter Kommentar) werden die Ergebnisse den Lernenden mitgeteilt?

- Inwieweit gibt die Lernerfolgsbeurteilung den Lernenden Hinweise für ihr weiteres Lernen?

- Wie reagieren die Lernenden auf die Lernerfolgsbeurteilung?

- Welche Konsequenzen werden von den Schülern für ihr weiteres Lernen und vom Lehrer für die Fortsetzung des Unterrichts aus dem Ergebnis der Lernerfolgsüberprüfung gezogen?

k) sozialpsychologische Aspekte

- In welchem zwischenmenschlichen Klima (z. B. harmonisch, entspannt, gereizt) findet der Unterricht statt? In welcher emotionalen Verfassung (z. B. locker, ausgeglichen, ängstlich, aggressiv) befinden sich die einzelnen am Unterricht beteiligten Personen?

- Wird der Lehrer von den Schülern als Autorität (z. B. aufgrund seiner fachlichen und didaktisch-methodischen Kompetenz, seiner Ausstrahlung, Gerechtigkeit, Glaubwürdigkeit, Offenheit, Toleranz) respektiert?

- Besitzt der Lehrer den erforderlichen pädagogischen Takt (v. a. Empathie, Freundlichkeit, Verständnis, Hilfsbereitschaft) im Umgang mit seinen Schülern? Respektiert er die Schüler in ihrer Individualität?

- Vermittelt der Lehrer den Schülern Vertrauen in ihre Leistungsfähigkeit? Erkennt er Leistungen in angemessener Weise an?

- Scheint der Unterricht das Interesse der Schüler zu finden? Arbeiten die Lernenden engagiert mit? Sind Motivationsprobleme erkennbar? Versucht der Lehrer, die Schüler zu motivieren?
- Inwieweit finden individuelle Interessen und Stärken der Schüler Berücksichtigung?
- Löst der Unterricht emotionale Reaktionen bei den Schülern aus?
- Sind im Unterrichtsverlauf Phasen symmetrischer Kommunikation zwischen Schülern und Lehrer oder zumindest Bemühungen darum zu erkennen?
- Ist der Lehrer für Rückmeldungen (auch kritische Rückmeldungen) der Schüler offen?
- Welche Beziehungen der Schülerinnen und Schüler untereinander (z. B. Freundschaften, Rivalitäten) sind erkennbar? Wie wirken sie sich auf den Unterricht aus? Wie reagiert der Lehrer darauf?
- Wie wirkt sich das Verhältnis, das in der Lerngruppe zwischen Jungen und Mädchen besteht, auf den Unterricht aus?
- Inwieweit wirkt sich die Zugehörigkeit zu unterschiedlichen Kulturen auf den Unterricht aus?
- Inwieweit ist kooperatives und solidarisches Verhalten der Schüler untereinander erkennbar?
- Welche Konflikte werden erkennbar? Wie wird mit ihnen umgegangen?

(5) Wenn Sie es sich zutrauen, können Sie zum Abschluss Ihrer Hospitationen die Komplexität Ihrer Feststellungen nochmals steigern, indem Sie analog zu 2.3.1.2 (8) und (9) den zweifellos anspruchsvollen Versuch wagen, Beziehungen zwischen möglichst vielen (allen) Kategorien herzustellen. Vorab ein Trost für den zu erwartenden Fall, dass dieser Versuch nur bedingt gelingt: Eine derart komplexe Sicht von Unterricht erfordert eine große Routine, die dem Beobachter hilft, bei seinen Feststellungen Wichtiges von eher Unwichtigem zu unterscheiden und die neuralgischen Punkte zu finden, die für den Erfolg bzw. Misserfolg einer Stunde entscheidend sind. Diese Routine kann Ihnen erst nach und nach zuwachsen. Auch wenn Sie deshalb aller Voraussicht nach mit dem Ergebnis dieses letzten Versuchs unzufrieden sein werden, sollten Sie dennoch Ihre Feststellungen, Erfahrungen und die aufgetretenen Probleme in Ihrem Praxistagebuch notieren. Diese Notizen und die dabei stattfindenden Reflexionen können Ihnen helfen, sich Klarheit darüber zu verschaffen, wie weit Sie Ihre Fähigkeit zur Beobachtung, Analyse und Beurteilung von Unterricht bereits ausgebildet haben, aber auch darüber, wo derzeit noch Ihre Grenzen liegen.

2.3.2 Eigener Unterricht

Bei Ihren Hospitationen haben Sie Unterricht bei verschiedenen Fachlehrerinnen und Fachlehrern, in verschiedenen Jahrgangsstufen und zu verschiedenen Themen erlebt. Da Sie in der zweiten Hälfte des Praktikums selbst unterrichten sollen, empfiehlt sich schon frühzeitig während der Hospitationsphase die Über-

legung, bei welchem Lehrer, in welchem Fach, in welcher Klasse, zu welchem
Thema Sie gern selbst Unterricht erteilen würden. Für Ihre ersten Unterrichtsversuche ist es besonders wichtig, dass Sie einen persönlichen Zugang zu den
Schülerinnen und Schülern finden und sich die erforderliche Kompetenz für die
Behandlung des Themas zuschreiben. Dann können Sie halbwegs sicher sein,
dass Sie nicht mit Problemen konfrontiert werden, deren Lösung selbst routinier-
ten Lehrern Schwierigkeiten machen könnte. Deshalb sollten Sie rechtzeitig Absprachen mit einzelnen Lehrern über eigene Unterrichtsversuche treffen. Dies
ist auch deshalb sinnvoll, weil sich so der Lehrer überlegen kann, zu welchem
Zeitpunkt und zu welchem Thema er Ihnen eine oder mehrere Stunden für den
von Ihnen zu planenden und durchzuführenden Unterricht zur Verfügung stellen
kann. Zudem erhalten Sie durch eine frühzeitige Vereinbarung nicht nur die nötige Vorbereitungszeit für Ihren eigenen Unterricht, sondern vermutlich auch die
Gelegenheit, bis dahin (weiter) am Unterricht dieser Klasse oder dieses Kurses
teilzunehmen, so dass Ihr Unterricht als ganz normale Stunde in den laufenden
Unterricht integriert werden kann.

2.3.2.1 Planung des Unterrichts

(1) Für Ihren eigenen Unterricht bildet Ihre bisherige Einübung in eine möglichst systematische und differenzierte Unterrichtsbeobachtung eine gute
Grundlage. Denn diejenigen Kategorien und Aspekte, anhand derer Sie den Unterricht beobachtet haben, sind in gleichem Maße bei der Planung, Analyse und
Durchführung des eigenen Unterrichts zu beachten.

(2) Zunächst sollten Sie sich möglichst genau mit den äußeren Bedingungen vertraut machen, unter denen Sie unterrichten werden.

(3) Im nächsten Schritt sollten Sie das genaue Thema der Stunde und die Erwartungen abklären, die der Fachlehrer an Ihren Unterricht hat.

(4) Sobald Klasse, Thema und Erwartungen des Fachlehrers für Ihren Unterrichtsversuch feststehen, sollten Sie sich über Hospitationen ein Bild der Schüler
zu machen versuchen, die Sie unterrichten werden, falls dies nicht ohnehin schon
während der Hospitation geschehen ist.

(5) Danach können Sie mit der eigentlichen Planung beginnen, die nicht nur die
Vorgaben des Fachlehrers beachten, sondern auch eigene Ideen enthalten sollte.
In Ihrer Stundenplanung sollten Sie die Ihnen aus der Unterrichtsbeobachtung
bereits vertrauten Kategorien und deren Zusammenhang beachten. Alle von Ihnen getroffenen Entscheidungen sollten Sie begründen und daraufhin überprüfen, ob sie miteinander verträglich sind und ein auf die konkreten Unterrichtsbedingungen abgestimmtes und in sich stimmiges Unterrichtskonzept ergeben.

(6) Bei Ihrer Planung sollten Sie immer bedenken, dass Unterrichtsanalyse und
Unterrichtsplanung zwar denselben Kategorien unterliegen, sich im übrigen

aber erheblich unterscheiden: Bei Ihrer Hospitation hatten Sie Unterricht als einen *realiter* ablaufenden Prozess zu beobachten, zu analysieren und zu beurteilen. Sie konnten z. B. erleben, wie die Schüler auf die Aktionen des Lehrers und umgekehrt der Lehrer auf Aktivitäten der Schüler *tatsächlich* reagierten. Anders stellt sich die Aufgabe bei der Planung von Unterricht dar. Sie müssen Unterricht als einen Prozess entwerfen, dessen Ausgangspunkt Sie nur ausschnittsweise kennen können. Insbesondere die psychischen (v. a. die kognitiven, emotionalen, motivationalen) Voraussetzungen auf Seiten der Schüler sind nur schwer diagnostizierbar. Schwer abzuschätzen ist zudem, wie die Schüler auf Ihren Unterricht (z. B. das Thema, die ausgewählten Unterrichtsmethoden und Medien, Ihre Art der Interaktion und der Steuerung des Unterrichts) reagieren werden. Unterricht ist ein hochkomplexer Prozess, in dem sich unterschiedliche Teilprozesse wechselseitig beeinflussen und der deshalb eine nicht voraussehbare Eigendynamik gewinnen kann. Dies nicht nur bei Ihren Hospitationen zu registrieren, sondern im eigenen Unterricht zu erleben, kann Sie zwar zunächst irritieren, Sie aber gerade dadurch vor dem Irrtum bewahren, man brauche Unterricht nur gründlich genug zu planen, um erfolgreich unterrichten zu können. Unterrichten ist eben keine Technologie, bei der man nur vorgegebene Regeln sachgemäß anwenden muss, um zum gewünschten Ergebnis zu kommen. Deshalb sollten Sie sich immer bewusst sein, dass der von Ihnen zu erstellende Plan nichts als ein *hypothetisches Konstrukt* (nach dem Motto: „So könnte der Unterricht vielleicht verlaufen") sein kann. Diese nicht früh genug zu gewinnende Einsicht verlangt Ihnen eine quasi-experimentelle Grundhaltung ab, in der Sie einen Plan entwerfen, von dem Sie glauben, dass er in seinen zentralen Bestandteilen realisierbar sein sollte, in der Sie aber zugleich darauf gefasst sind, diesen Plan im Unterrichtsverlauf variieren zu müssen. Um eine ausreichende Variabilität zu gewinnen, sollten Sie in Ihre Planung immer schon Alternativen einbauen, auf die Sie erforderlichenfalls zurückgreifen können. Diese Variabilität gebietet nicht nur Ihre Absicht, erfolgreich zu unterrichten, sondern vor allem die Achtung vor dem Schüler, den Sie als Subjekt seines eigenen Lernprozesses zu respektieren haben. Dies heißt, dass Sie Ihre Planung so offen gestalten müssen, dass sich die Schüler mit ihren unterschiedlichen Vorkenntnissen, Motiven, Einstellungen möglichst gut in Ihren Unterricht einbringen können.

(7) Im folgenden geben wir Ihnen einige Hinweise, wie Sie im Respekt vor der Persönlichkeit Ihrer Schüler, im Bewusstsein des bloß hypothetischen Charakters Ihrer Planung und auf der Basis der erforderlichen experimentellen Grundhaltung bei der Vorbereitung Ihres Unterrichts vorgehen könnten:

● Zunächst sollten Sie sich um ein angemessenes eigenes Verständnis des Unterrichtsthemas und der Funktion des Themas im Unterrichtskontext bemühen (Warum wurde es ausgewählt? Was können und was sollen die Schüler an diesem Thema lernen? Welche höherwertigeren Ziele lassen sich dadurch anstreben?)

- Ferner sollten Sie überlegen, wie die Schüler das Thema verstehen könnten und was sie daran interessieren dürfte.

- Dann sollten Sie in möglichst großer Breite inhaltliche Aspekte zusammenstellen, die für die sachgerechte Behandlung des Themas und die mit dem Thema verbundene Zielsetzung wichtig sind sowie für die Schüler interessant und bedeutsam sein könnten.

- Die so aufgebaute Komplexität bedarf der Reduktion anhand der Fragen, welche inhaltlichen Aspekte
  - für das Erreichen der Unterrichtsziele unverzichtbar sind
  - im Hinblick auf die Ziele funktional äquivalent sind und deshalb wechselseitig ersetzt werden können
  - den Schülern (z. B. aufgrund ihrer Vorkenntnisse, ihrer Lebenserfahrungen, ihrer Interessen) am besten zugänglich gemacht werden können
  - für den künftigen Unterricht und für das außerschulische Leben der Schüler besonders bedeutsam sind.

- Stehen die Unterrichtsziele und das inhaltliche Spektrum für Ihren Unterricht (zumindest vorläufig) fest, sollten Sie überlegen, welche didaktischen Prinzipien für die zielorientierte Behandlung des Themas eine besondere Bedeutung haben und wie sich diese Prinzipien in angemessener Weise berücksichtigen lassen.

- Die letzte Überlegung leitet bereits über zu der Frage, wie Sie Ihr Konzept von Zielen, Inhalten und Prinzipien methodisch (über geeignete Sozial-, Interaktions-, Denk- und Schülerarbeitsformen sowie über leistungsfähige Medien) so aufbereiten können, dass die Schüler
  - die Thematik der Unterrichtseinheit und deren Bedeutung für ihre eigene Entwicklung verstehen
  - begreifen, was an dem Thema aus welchen Gründen gelernt werden soll
  - die erforderlichen Lernprozesse vollziehen können
  - das Gelernte internalisieren und mit bereits Gelerntem verknüpfen können
  - zum Transfer des Gelernten auf andere Anwendungsbereiche fähig werden.

- Zu entscheiden ist ferner, woran die Schüler im Unterricht deutlich werden lassen sollen, dass sie das zu Lernende auch tatsächlich gelernt haben.

- Sind diese Entscheidungen gefallen, sollten Sie einen möglichen Unterrichtsverlauf (Bausteine, Phasen, Zeitplanung) skizzieren, der zusammen mit den eingeplanten Alternativen den zentralen Zielen und Prinzipien des Unterrichts so weit wie möglich Rechnung trägt.

- Als Abschluss Ihres Unterrichts sollten Sie eine Phase der Metareflexion einplanen, in der die wichtigsten Ergebnisse und deren Genese noch einmal rekonstruiert und auf ihre Bedeutung hin reflektiert werden.

- Nachdem Sie Ihr Unterrichtskonzept erstellt haben, sollten Sie dieses noch einmal kritisch daraufhin überprüfen,
  - ob die für jeden Unterricht bedeutsamen Kategorien in ihren wichtigsten Aspekten berücksichtigt worden sind.
  - ob die von Ihnen im Rahmen der Unterrichtsplanung getroffenen Entscheidungen miteinander, mit den obersten Bildungszielen und mit den Unterrichtsbedingungen kompatibel sind

- oder ob noch Widersprüchlichkeiten, Unverträglichkeiten oder Ungereimtheiten zu erkennen sind und wie sich diese beheben lassen.
- Ihr Planungskonzept sollten Sie schriftlich fixieren, mit anderen Praktikanten oder Referendaren sowie dem zuständigen Fachlehrer besprechen und aufgrund der Gespräche erforderlichenfalls modifizieren.
- Ihre endgültige Planung sollten Sie stichpunktartig in einem schriftlichen Unterrichtsentwurf festhalten.

2.3.2.2 Durchführung des Unterrichts

(1) Bei der Durchführung Ihres Unterrichts sollten Sie sich selbstverständlich zunächst an Ihrem Entwurf orientieren, dabei aber die erforderliche Offenheit und Variabilität beweisen, um auf Lernprobleme, Bedürfnisse, Initiativen von Schülern eingehen zu können.

(2) Im Verlauf des Unterrichts müssen Sie dessen tatsächlichen Verlauf beobachten und auf eintretende Abweichungen von Ihrem Plan hin reflektieren. Während Sie sich bei der Vorbereitung Ihres Unterrichts und bei dessen abschließender Auswertung vom jeweiligen Fachlehrer und ggf. von anderen Praktikanten beraten lassen können, kann Ihnen die unterrichtsimmanente Reflexion ebenso wenig jemand abnehmen wie die Entscheidungen, die Sie aufgrund Ihrer Reflexion zu treffen haben. Damit sehen Sie sich alleingelassen mit einer der wohl schwierigsten Aufgaben des Lehrers: Sie müssen in einer Situation, die u. a. gekennzeichnet ist durch hohe Komplexität, Gleichzeitigkeit verschiedener funktionaler und dysfunktionaler Prozesse, partielle Intransparenz, Entscheidungsdruck und Zeitnot den bisherigen Unterrichtsverlauf beurteilen und Entscheidungen über Ihr weiteres Vorgehen treffen. Und dies müssen Sie anders als bei Ihren Hospitationen, in denen Sie das Unterrichtsgeschehen von außen mit der nötigen Distanz und Gelassenheit ohne eigene Verantwortung betrachten konnten, als jemand leisten, der in den Unterrichtsprozess involviert ist, von diesem emotional mehr oder minder stark betroffen wird, für diesen Verantwortung trägt. Um diese ständige Aufgabe qualifiziert leisten zu können, benötigen Sie die Fähigkeit, zwei Prozesse zu koordinieren: den Unterricht zu steuern und ihn gleichzeitig kritisch und konstruktiv zu reflektieren. Dafür ist eine gehörige Portion fachlicher und didaktisch-methodischer Souveränität Voraussetzung, die Ihnen erst den Freiraum für die erforderlichen Reflexionen verschafft. Beides, souveränes unterrichtliches Handeln und handlungsbegleitende Reflexion, können nur im Handeln selbst gelernt werden. Ihr eigener Unterricht im Rahmen des Orientierungspraktikums gibt Ihnen Gelegenheit, die Schwierigkeit dieser Aufgabe zu ermessen und erste Bewältigungsversuche zu unternehmen.

(3) Der Erfolg Ihres Unterrichts wird in nicht geringem Maße davon abhängen, ob es Ihnen gelingt, ein kooperatives Verhältnis zu den Schülern aufzubauen. Diese kennen sehr genau die Position und Rolle von Praktikanten innerhalb des

Schulsystems. Versuchen Sie deshalb besser nicht, so zu tun, als seien Sie in der Position eines mit gewissen Machtmitteln ausgestatteten Fachlehrers! Die Schüler werden Ihnen diese Rolle nicht abnehmen und könnten versuchen, Ihnen zu zeigen, dass sie am längeren Hebel sitzen und ohne ihr Mitwirken der Unterricht zum Scheitern verurteilt ist.

(4) Vermeiden Sie auf der anderen Seite alle Versuche, ein kumpelhaftes Verhältnis zu den Schülern aufzubauen oder sich bei diesen anzubiedern! Die Schüler kennen genau die Differenz von Lehrer- und Schülerrolle und könnten in unberechenbarer Weise auf einen Versuch reagieren, diese Differenz aufzuheben.

(5) Versuchen Sie statt dessen lieber, die Schüler für Ihr Thema zu interessieren und ihnen durch Ihr Auftreten zu beweisen, dass Ihnen an einem konstruktiven Lehrer-Schüler-Verhältnis liegt! In aller Regel sind diese dann bereit, Ihnen in Ihrem Unterricht zu helfen, weil sie genau wissen, dass Sie sich ebenso wie die Schüler selbst in der Rolle eines Lernenden befinden, der auf Hilfe angewiesen ist.

(6) Sie sollten sich bemühen, die eine oder andere Stunde im Beisein anderer Praktikanten oder auch von Referendaren zu halten, von denen Sie dann im Anschluss an Ihren Unterricht eine Rückmeldung erbitten können (vgl. 2.3.2.3).

(7) Mindestens in einer Stunde sollten Sie allein ohne Anwesenheit Dritter, auch ohne Gegenwart des Fachlehrers, unterrichten. Dadurch ergibt sich eine völlig andere Situation, weil Sie sich nun nicht mehr unter der Aufsicht des Fachlehrers befinden, in dessen Gegenwart die Schüler sich an die bei ihm übliche Disziplin halten werden. Allein auf sich gestellt, kommt es dagegen auf Ihre Fähigkeit an, mit den Schülern so zu kooperieren, dass erfolgreicher Unterricht möglich wird. Die Erfahrung, ob Ihnen dies gelingt, ist ein wichtiges Element des Orientierungspraktikums und ein zentrales Kriterium der Überprüfung Ihrer Berufswahlentscheidung.

2.3.2.3 Auswertung des Unterrichts

(1) Nach Beendigung Ihre Unterrichts ist erneut eine Phase intensiver Reflexion erforderlich, in der Sie diesen einer sorgfältigen Analyse und Beurteilung unterziehen. Auch für diese Reflexion können Sie dieselben Kategorien heranziehen, unter denen Sie Unterricht bei Ihren Hospitationen beobachtet und Ihren eigenen Unterricht geplant haben.

(2) Die Kritik Ihres eigenen Unterrichts dürfte Ihnen schwerer fallen als die Kritik fremden Unterrichts, wie Sie sie im Zuge Ihrer Hospitationen versucht haben. Denn wenn Sie Ihren eigenen Unterricht beurteilen wollen, urteilen Sie nicht als Außenstehender in sicherer Distanz zum Unterrichtsgeschehen, sondern als ein an diesem Geschehen unmittelbar Beteiligter und für den Unterricht Hauptverantwortlicher. Das heißt, dass Sie sich selbst in Ihre Kritik miteinbezie-

hen müssen. Dies setzt neben der unverzichtbaren Bereitschaft zur Selbstkritik ein Mindestmaß an Distanz zu sich selbst voraus. Diese herzustellen, muss nach und nach gelernt werden, indem man versucht, den eigenen Unterricht gleichsam aus der Sicht eines neutralen Beobachters zu analysieren und zu beurteilen. Das Orientierungspraktikum verschafft Ihnen erste Gelegenheiten, sich in die distanzierte Beurteilung des eigenen Unterrichts einzuüben.

(3) Im Rahmen Ihrer Reflexion sollten Sie den tatsächlichen Verlauf des Unterrichts mit Ihrem Plan vergleichen und sich ggf. nach Gründen für aufgetretene Abweichungen fragen. Sie sollten reflektieren, was Ihnen bereits als gelungen gilt und was Sie noch für verbesserungsbedürftig halten. Ihre eigene Beurteilung sollten Sie möglichst mit dem Urteil anderer Praktikanten oder von Referendaren vergleichen. Diese besitzen als Außenstehende die Distanz, die Sie erst allmählich gewinnen müssen. Indem Sie deren Urteile nachvollziehen, können Sie Ihre eigene Distanz erweitern und u. U. zusätzliche Perspektiven auf Ihren Unterricht gewinnen.

(4) Falls der Fachlehrer an Ihrem Unterricht teilgenommen hat, sollten Sie ihm Ihre Analyse und Beurteilung des Unterrichts erläutern und ihn unbedingt nach seiner Einschätzung und nach Verbesserungsmöglichkeiten für Ihren künftigen Unterricht fragen. Gerade durch Gespräche mit erfahrenen Lehrern können Sie neue Perspektiven auf den Unterricht kennenlernen und auf typische Fehler von Anfängern aufmerksam gemacht werden.

(5) Die intensive Reflexion Ihres eigenen Unterrichts ermöglicht Ihnen ein Lernen, das im Rahmen theoretischer Studien nicht möglich ist, aber als das effektivste Lernen überhaupt gilt: das Lernen aus eigenen Erfahrungen. Deshalb sollten Sie in Ihrem Praktikum unbedingt jede Gelegenheit zu eigenem Unterricht nutzen.

(6) Wirkliche Bildungsfunktion kommt Ihren in den Hospitationen und in den Unterrichtsversuchen gemachten Erfahrungen aber erst dadurch zu, dass sie von Ihnen unter der Frage reflektiert werden, welche Konsequenzen sich aus ihnen für Ihr Verständnis von Unterricht und für Ihre Selbsteinschätzung im Hinblick auf Ihren künftigen Lehrerberuf ergeben.

Anmerkung

[1] Das folgende Konzept einer nach Differenziertheit abgestuften Beobachtung, Beurteilung und Planung von Unterricht basiert ganz überwiegend auf dem von mir entworfenen Kategoriensystem, das als Anhang zum „Konzept zur Gestaltung der Praxisphasen im Lehramtsstudium" der Gesellschaft für Fachdidaktik Pädagogik (GFDP) veröffentlicht worden ist (www.fachdidaktik-paedagogik.de) sowie auf eigenen Vorarbeiten zu einem „Leitfaden zum Orientierungspraktikum", den ein Arbeitskreis des Pädagogischen Seminars der Universität zu Köln für die Philosophische Fakultät zu erarbeiten hatte. Die gegenüber dem GFDP-Konzept und dem eigenen Entwurf vorgenommenen Änderungen und Kürzungen

sind u. a. auf Diskussionen mit den Mitarbeitern dieses Arbeitskreises (C. Allemann-Ghionda, U. Frost, G. Mertens, W. Schneider, R. Wisbert), insbesondere aber auf hilfreiche Gespräche mit dem Kollegen Wilfried Plöger zurückzuführen.

[2] Da die Kategorien in einem engen strukturellen Zusammenhang stehen, müssen auch die Fragen zu Einzelaspekten der verschiedenen Kategorien diesen Zusammenhang wiederspiegeln. Dies wird dadurch erreicht, dass jeweils unter einer Kategorie Verbindungen zu anderen Kategorien hergestellt werden, was zwangsläufig zu einer gewissen Redundanz führt. Diese ist gewollt, weil dadurch sichergestellt werden soll, dass durch die Beobachtung von Einzelaspekten der Gesamtzusammenhang des Unterrichts nicht aus dem Blick gerät.

KLAUS BEYER / RAINER WISBERT

2.4 Abschließende Reflexionen und Hinweise zum Praktikumsbericht

Am Ende Ihres ersten Versuchs, Schule und Unterricht in ihrer Ganzheit zu erfassen, und damit auch Ihrer ersten Schritte, den Blick des Pädagogen in sich zu entwickeln, stellen sich Fragen nach Ihren eigenen Erfahrungen in diesem 'Versuch'. In der Begegnung mit Praxis im Schulpraktikum erfahren Sie nämlich nicht nur etwas über die Berufswelt des Lehrers, sondern immer auch etwas über sich selbst, Ihr eigenes Ich, Ihre Begabungen und Berufserwartungen. Denn lebendige konkrete Beispiele fordern gleichsam den Beobachter auf, Stellung zu nehmen, sich des eigenen Standpunktes bewusst zu werden, und befördern auf diese Weise den Selbsterkenntnisprozess.

Legen Sie sich abschließend folgende Fragen zur Selbstklärung vor: Haben die gemachten Erfahrungen Sie bestärkt in Ihrer Studien- und Berufswahlentscheidung? Welche Aufgaben und Tätigkeitsfelder des Lehrers erscheinen Ihnen reizvoll? Welche Aspekte des Lehrerberufs sagen Ihnen eher nicht zu? Hat sich Ihr Bild von Schule aufgrund Ihrer Erfahrungen verändert? An welcher Schulform und an welchem Schultyp möchten Sie später gern unterrichten? Welchen Gestaltungen und Schwerpunktsetzungen an Ihrer Praktikumsschule können Sie zustimmen, welchen eher nicht? Usw.

Auch Ihre eigenen Vorstellungen zu Schule und Unterricht werden Ihnen sicherlich in Ihrer Begegnung mit Praxis bewusster. Legen Sie sich am Ende des Schulpraktikums auch folgende Fragen nochmals explizit vor: Welche 'pädagogischen Ziele' sollte die Schule verfolgen? Wie sollte ein 'idealer Lehrer' beschaffen sein? Wie sollte Ihrer Meinung nach die 'Schule der Zukunft' aussehen? Was bedeuten 'Erziehung' und 'Bildung' in der Schule? Worin besteht für Sie 'pädagogische Verantwortung'?

Was hat mich im Verlaufe meiner Hospitationen und meines eigenen Unterrichts am meisten überrascht? Inwiefern hat sich mein Verständnis des Unterrichts durch das Praktikum bestätigt oder verändert? Welche neuen Einsichten habe ich durch die Hospitationen und den eigenen Unterricht gewonnen? Verstehe ich den Bildungsauftrag des Unterrichts jetzt besser als vor Beginn des Praktikums? Worin bestehen für mich jetzt die Hauptziele des Unterrichts? Welche Konzepte und Ausformungen des Unterrichts an der Praktikumsschule finden meine Zustimmung, welche halte ich eher für problematisch? Hat sich durch das Praktikum meine Sicht der Anforderungen an einen guten Unterricht geändert?

Und: Wie glauben Sie sich in Zukunft bilden zu müssen, um diesen selbstgesteckten Zielen näher zu kommen? Idealiter sollte am Ende Ihrer Reflexionen ein Bildungsentschluss stehen.

Diese Reflexionen lenken also Ihre praktischen Studien zurück zu den theoretischen Studien und schlagen gleichsam eine Brücke zurück zur Universität. Nicht zuletzt kann und soll das Praktikum Ihnen auch Anstöße geben zu einer bewussteren Gestaltung Ihrer fach- wie erziehungswissenschaftlichen Studien.

In aller Regel ist von Ihnen am Ende des Orientierungspraktikums ein Praktikumsbericht über Ihre Erfahrungen in den drei Erfahrungsfeldern des Praktikums (Schule, Unterrichtshospitation und eigener Unterricht) anzufertigen. Das von Ihnen geführte Praktikumstagebuch sollte dafür eine geeignete Grundlage bilden. Der Bericht sollte folgende Bestandteile enthalten:

1. Deckblatt (Name der Hochschule, Institut, Titel: „Bericht über das Orientierungspraktikum", Ihren Namen und Ihre Anschrift, Ihre Studienfächer, Ihre Semesterzahl, das Abgabedatum)

2. Inhaltsverzeichnis

3. Angaben zur Schule (Name, Anschrift, Schulform, Ansprechpartner / Mentor), zum Zeitraum (Beginn, Ende) des Praktikums, zu den Unterrichtshospitationen und zu eigenen Unterrichtsversuchen

4. Bericht über die Schulerkundung mit Erörterung pädagogisch besonders bedeutsamer Aspekte

5. Bericht über die kategoriengeleitete Unterrichtsbeobachtung, -analyse und -beurteilung mit Vertiefung in zwei Schwerpunkten

6. Erfahrungsbericht über den eigenen Unterricht

7. Abschließende Reflexionen zum Praktikum (s. Kap. 10)

8. Literaturverzeichnis

9. Erklärung über die selbständige Abfassung des Praktikumsberichts.

Für Ihren Praktikumsbericht sollten Sie die üblichen Anforderungen an Textgestaltung, Zitierung, bibliographische Angaben beachten.

In dem Bericht sollten Sie (unter Anonymisierung personenbezogener Angaben) versuchen, Ihre Erfahrungen in der Schul- und Unterrichtspraxis darzustellen, zu erläutern und möglichst im Rückgriff auf erste fach- und erziehungswissenschaftliche Studien kritisch zu würdigen. Erst durch die ernsthafte Auseinandersetzung mit Ihren Erfahrungen unter der Frage, wie diese Ihr Selbstverständnis als Lehrer(in) beeinflussen, kann das Praktikum den beabsichtigten Fortschritt in Ihrem Bildungsprozess bewirken. Zugleich können diese praxisbezogenen Reflexionen eine Basis bilden, auf der Sie sinnvoll nach Konsequenzen Ihres Praktikums für die folgenden Theoriestudien innerhalb Ihres Lehramtsstudiums fragen können.

Literatur

Aebli, H.: Zwölf Grundformen des Lehrens. Eine allgemeine Didaktik auf psychologischer Grundlage. Stuttgart 1983.

Allemann-Ghionda, C.: Schule, Bildung und Pluralität: Sechs Fallstudien im europäischen Vergleich. Bern / Frankfurt a. M. 1999.

Backes-Haase, A. (Hg.): Theorie-Praxis-Verzahnung in der beruflichen und gymnasialen Lehrerbildung: das neu eingeführte Praxissemester. Baltmannsweiler 2004.

Bennack, J.: Schulpraktika im Lehramtsstudium. In: Bildung und Erziehung 42, H. 3, 1989, S. 331–346.

Bennack, J.: Der Erwerb pädagogischer Handlungskompetenz – Schulpraktische Studien. In: Bildung und Erziehung 49, H. 2, 1996, S. 233–244.

Beyer, K. (Hg.): Planungshilfen für den Fachunterricht. Die Praxisbedeutung der wichtigsten allgemein-didaktischen Konzeptionen (mit Beiträgen von E. Terhart, W. Plöger, W. Klafki, K. Schaller, K. Reich, L. Huber, L. Wigger). Baltmannsweiler 2004.

Blömeke, S. / Reinhold, P. / Tulodziecki, G. / Wildt, J. (Hg.): Handbuch Lehrerbildung. Kempten 2004.

Bovet, G. / Huwendiek, V. (Hg.): Leitfaden Unterrichtspraxis. Pädagogik und Psychologie für den Lehrerberuf. Berlin [4]2004.

Buck, G.: Hermeneutik und Bildung. München 1981.

Führ, C. / Furck, C.-L. (Hg.): Handbuch der deutschen Bildungsgeschichte. Bd. VI/1945 bis zur Gegenwart. 1. Teilband. Bundesrepublik Deutschland. München 1998.

Grimm, A. (Hg.): Die Zukunft der Lehrerbildung (Loccumer Protokolle 11/03). Rehburg-Loccum 2004.

Grzesik, J.: Effektiv lernen durch guten Unterricht. Optimierung des Lernens im Unterricht durch systemgerechte Formen der Zusammenarbeit zwischen Lehrern und Schülern. Bad Heilbrunn / Obb. 2002.

Humboldt, W. v.: Werke in fünf Bänden. Flitner, A. / Giel, K. (Hg). Darmstadt 1960ff.

Kiper, H.: Einführung in die Schulpädagogik. Weinheim / Basel 2001.

Klafki, W.: Studien zur Bildungstheorie und Didaktik. Weinheim / Basel 1975.

Klafki, W.: Neue Studien zur Bildungstheorie und Didaktik. Beiträge zur kritisch-konstruktiven Didaktik. Weinheim [4]1994.

Klafki, W.: Neue Studien zur Bildungstheorie und Didaktik. Zeitgemäße Allgemeinbildung und kritisch-konstruktive Didaktik. Weinheim / Basel [5]1996.

Kraul, M.: Das deutsche Gymnasium 1780–1980. Frankfurt a. M. 1984.

Kron, F. W.: Grundwissen Didaktik. München / Basel [3]2000.

Martial, I. v. / Bennack, J.: Einführung in schulpraktische Studien. Baltmannsweiler [7]2001.

Martial, I. v. / Bennack, J.: Einführung in schulpraktische Studien. Vorbereitung auf Schule und Unterricht. Baltmannsweiler [6]2000.

Meyer, M. A. / Plöger, W. (Hg.): Allgemeine Didaktik, Fachdidaktik und Fachunterricht. Weinheim / Basel 1994.

Peterßen, W. H.: Handbuch Unterrichtsplanung. Grundfragen, Modelle, Stufen, Dimensionen. München [9]2000.

Peterßen, W. H.: Lehrbuch Allgemeine Didaktik. München [6]2001.

Plöger, W.: Allgemeine Didaktik und Fachdidaktik. München 1999.

Reich, K.: Konstruktivistische Didaktik. Neuwied 2002.

Schulz, W.: Unterricht. Analyse und Planung. In: Heimann, P. / Otto, G. / Schulz, W.: Unterricht. Analyse und Planung. Hannover 1965, S. 13–47.

Wittenbruch, W.: Schulpraktikum. Ein Arbeitsbuch. Mit Beiträgen von R. Biermann / W. Werres. Stuttgart / Berlin / Köln / Mainz 1985.

Wulf, Chr.: Einführung in die Anthropologie der Erziehung. Weinheim / Basel 2001.

ELMAR ANHALT

3. Formen der Erkundung und Beobachtung im Schulpraktikum

3.1 Einleitung

In diesem Kapitel werden Formen der Erkundung und Beobachtung von Unterricht und Schule beschrieben. Es bietet Ihnen die Möglichkeit, diese Formen kennenzulernen und methodisch auszugestalten. Dazu tragen folgende grundlegende Feststellungen bei:

(a) Der Begriff „Erkundung" ist der *umfassendere* Begriff. Zur Erkundung zählen alle Aktivitäten, mit denen Sie versuchen, sich ein möglichst genaues Bild von Ihrer Praktikumsschule und dem in ihr stattfindenden Unterricht zu verschaffen. Je mehr Erkundungen unterschiedlicher Form Sie versuchen, desto genauer dürfte Ihre Kenntnis der Praktikumsschule und des Unterrichts und damit die Basis dafür werden, Theorie und Praxis so aufeinander zu beziehen, dass sich dadurch Ihr eigenes Verständnis von Schule und Unterricht verbessert. Der Begriff „Beobachtung" ist der *engere* Begriff. Er bezeichnet eine spezifische Art der Erkundung von Unterricht und Schule. In diesem Kapitel steht diese Art der Erkundung im Mittelpunkt. Sie sollten sie allerdings immer im Zusammenhang mit anderen Arten der Erkundung betrachten.

(b) Begreifen Sie das Praktikum als eine Chance, Ihre *eigene Sicht* auf Unterricht und Schule zu ergänzen, zu differenzieren und evtl. zu modifizieren. Denn niemand kann sich durch eine andere Person ersetzen lasen, wenn es darum geht, sich ein eigenes Bild vom Unterricht und der Schule zu machen bzw. sich ein eigenes Urteil zu bilden. Jeder sieht immer nur mit seinen eigenen Augen. Eine andere Person sieht anders und Anderes und beurteilt das Gesehene anders.

(c) Das Erkunden und Beobachten von Unterricht und Schule widerfährt Ihnen *nicht passiv.* Es handelt sich nicht um ein bloß passives Aufnehmen von Informationen. Sie beeinflussen Ihre Erkundungen und Beobachtungen vielmehr *aktiv,* indem Sie bewusst oder unbewusst auswählen, worauf Sie Ihre Aufmerksamkeit lenken bzw. was Sie unbeachtet lassen. Aktiv sind Sie auch, wenn Sie das Erkundete bzw. Beobachtete nachträglich prüfen, es mit eigenen Erfahrungen verknüpfen, es vor dem Hintergrund eigenen Wissens vergleichen, beurteilen und bewerten. Es ist daher wichtig, dass Sie wissen, worauf Sie achten können und sollten, wenn Sie Unterricht und Schule erkunden und beobachten.

(d) Wahrnehmungen sind ebenso *vergänglich* wie die Situationen, in denen sie vollzogen werden. Das gilt auch für das Wahrgenommene. Unsere Erinnerung an das Wahrgenommene trügt uns häufig. Aus diesem Grunde ist es wichtig, dass Sie Ihre Erinnerungen stützen, indem Sie Ihre Wahrnehmungen *aufzeichnen*, d. h. sie z. B. schriftlich festhalten. Diese Aufzeichnungen sind von Dauer und können von Ihnen zu einem späteren Zeitpunkt verwendet werden. Sie stützen Ihre Erinnerung an die ursprüngliche Situation.

(e) Ihre Wahrnehmung und die Art, wie Sie mit dem Wahrgenommenen weiter verfahren, lassen sich nicht in zwei unabhängige und getrennt voneinander bestehende Phasen aufteilen. Es ist also nicht so, dass Sie in einem ersten Schritt Material „sammeln" könnten, das Sie zu einem späteren Zeitpunkt losgelöst von der ursprünglichen Situation *weiterverarbeiten* könnten. Weiterverarbeiten können Sie lediglich Ihre Erinnerungen und Aufzeichnungen. Letztere können Sie z. B. einer Prüfung unterziehen, indem Sie sich fragen, ob sie sorgfältig und detailliert genug angefertigt wurden bzw. ob sie zeigen, dass Ihre Aufmerksamkeit gelegentlich abschweift oder auf einem gewählten Schwerpunkt fokussiert bleibt. Beachten Sie dabei, dass dies *Reflexionen* auf Ihre Aufzeichnungen und Ihre Erinnerungen, aber nicht auf Ihre ursprünglichen Wahrnehmungen sind. Letztere sind nämlich vergangen und liegen nicht mehr in der ursprünglichen, sondern immer nur in einer durch Ihre Erinnerung gebrochenen Form vor. Es ist daher wichtig, dass Sie bereits die Wahrnehmung *methodisch* so ausgestalten, dass sie spätere Reflexionen effektiv *vorbereitet*. Wer sich z. B. um ein Höchstmaß an Konzentration bei der Wahrnehmung des Unterrichts bemüht und seine Aufzeichnungen systematisch vorbereitet und anfertigt, dürfte Vorteile bei der Erinnerung haben und eine genauere Reflexion durchführen können.

(f) Die Informationen, die Sie „sammeln", sind immer *selektiv.* Das gilt sowohl für Informationen, die Sie durch Ihre Wahrnehmung erhalten, als auch für Informationen, die Sie durch Erkundung und Beobachtung gewinnen. Im Unterschied zu eher unsystematischen Selektionen im Alltag können Sie die Selektionen in Ihren Erkundungen und Beobachtungen im Schulpraktikum jedoch weitestgehend *selbst steuern.* Der Erfolg des Praktikums hängt demnach fundamental von Ihrer Kenntnis unterschiedlicher Erkundungs- und Beobachtungsformen sowie Ihrer Fähigkeit ab, diese sachgerecht einzusetzen und miteinander zu verknüpfen. In diesem Kapitel soll dazu eine Grundlage gelegt werden.

(g) Zu diesem Zweck können Sie zunächst zwei Zugriffsweisen auf Unterricht und Schule unterscheiden: einen eher spontanen bzw. *unsystematischen* und einen mehr methodisch kontrollierten bzw. *systematischen* Zugriff. Der systematische Zugriff wird in diesem Kapitel weiter unterschieden in drei Varianten der methodisch kontrollierten Beobachtung von Unterricht und Schule, nämlich in den

- phänomenologischen Zugriff
- kasuistischen Zugriff und
- systemischen Zugriff.

(h) Erkundungen und Beobachtungen können den Unterricht und die Schule immer nur in spezifischen *Reduktionen* erfassen. Niemals ist es möglich, den „ganzen" Unterricht bzw. die „ganze" Schule in den Blick zu nehmen. Aus diesem Grunde ist die Erkundung und Beobachtung *ergänzungsbedürftig*. Ergänzen sollten Sie einzelne Erkundungen und Beobachtungen aber nicht nur durch weitere Verfahren der Informationsgewinnung von der gleichen Art, sondern auch durch die Gewinnung von Zusatzinformationen durch andere Verfahren. Wenn Sie z. B. den Unterricht beobachtet haben, dann sollten Sie z. B. auch Dokumente auswerten oder Gespräche mit Lehrern führen, um weitere Kenntnisse zu erlangen.

(i) Alle Kenntnisse, die Sie aufgrund Ihrer Erkundungen und Beobachtungen gewinnen und mit Aufzeichnungen festhalten bzw. an die Sie sich erinnern, bilden die Grundlage für Ihre *Beurteilungen* und *Bewertungen*. Sie können sich anhand Ihrer Aufzeichnungen und Erinnerungen z. B. fragen, ob die Praktikumsschule aus Ihrer Sicht sinnvoll organisiert ist. Oder Sie können den Verlauf und die Ergebnisse des Unterrichts einer kritischen Würdigung unterziehen. Sie können auch Alternativen überlegen zu dem, was Sie im Unterricht und in der Schule vorgefunden haben. Viele Urteile werden Sie bereits während der Erkundungs- und Beobachtungsphasen fällen. Sie sollten sich aber auch die Zeit nehmen, ein das Praktikum abschließendes und möglichst umfassendes Urteil über den Beruf des Lehrers zu fällen. Dieses Urteil wird selbstverständlich nur Ihren aktuellen Stand des Wissens widerspiegeln können. Darin sollten aber alle Kenntnisse einfließen, die Sie im Praktikum erworben haben.

3.2 Zugriffsweisen auf Unterricht und Schule

3.2.1 Der spontane bzw. unsystematische Zugriff

Zu Beginn des Praktikums werden Sie versuchen, sich einen ersten Eindruck von Ihrer Schule und dem in ihr stattfindenden Unterricht zu verschaffen. Dabei sollten Sie möglichst spontan sein und allem, was Ihnen auffällt, Ihre Aufmerksamkeit widmen. Vieles wird Sie überraschen, weil es Ihren Erwartungen nicht entspricht. Anderes wird Ihnen vertraut sein, weil Sie es aus Ihrer Schulzeit so oder ähnlich kennen, insbesondere dann, wenn Sie das Praktikum an der Schule absolvieren, die Sie als Schüler besucht haben. Wenn jemand Sie bittet, Ihre Eindrücke zu schildern, dann werden Sie auf Ausdrücke zurückgreifen, die Ihnen vertraut sind. Das werden in erster Linie Ausdrücke der Alltagssprache sein. Auch das ist ein Indiz für Ihren spontanen Zugriff.

Bei Ihren Versuchen, Unterricht und Schule möglichst spontan zur Kenntnis zu nehmen, sollte Ihnen immer bewusst sein, dass Ihr Bild, das Sie auf diese Weise von Unterricht und Schule gewinnen, diese in einer spezifischen, subjektiv verkürzten Form erfasst: Sie konstruieren sich Ihre eigene schulische und unterrichtliche Wirklichkeit. Und Ihre Konstruktion unterscheidet sich von den Konstruktionen derselben Wirklichkeit durch andere Personen.

Ihre spontanen Konstruktionen zeichnen ein Bild des Unterrichts und der Schule, in dem viele Eindrücke assoziativ miteinander verknüpft sind, während andere unverbunden nebeneinander stehen. Dies zeigt: Die Konstruktionen entbehren der Systematik. Das ist normal zu Beginn des Praktikums. Dabei dürfen Sie es aber nicht bewenden lassen, sondern Sie sollten möglichst rasch nach der ersten spontanen Phase um eine systematische Erfassung von Unterricht und Schule bemüht sein.

3.2.2 Der methodisch kontrollierte bzw. systematische Zugriff

Nachdem Sie den Unterricht und die Schule in einer ersten Phase eher spontan und unsystematisch erkundet bzw. beobachtet haben, werden viele von Ihnen das Bedürfnis nach einem systematischen Zugriff verspüren, Ihre Kenntnisse in einer systematischen Form zu erwerben und in Ihren Schilderungen auch theoretische Begriffe zu verwenden. Die Möglichkeiten, den Unterricht und die Schule zu erkunden und zu beobachten, sind schließlich sehr begrenzt, wenn man bloß auf das Wissen zurückgreifen kann, das man außerhalb der Universität erworben hat. Viele von Ihnen äußern daher den Wunsch, im Studium Fachbegriffe und Methoden der Erkundung bzw. Beobachtung kennen zu lernen, um diese im Praktikum anwenden zu können. Im Folgenden stellen wir Ihnen Zugriffsweisen vor, die diesem Wunsch entsprechen.

3.2.2.1 Der phänomenologische Zugriff

Der phänomenologische Zugriff zielt darauf, Unterricht und Schule so zur Kenntnis zu nehmen, wie sie sich einem unbefangenen Betrachter zeigen. Sie sollen in ihrer Besonderheit erfasst und ernst genommen werden. Damit dies gelingen kann, sollten Sie bei diesem Zugriff nicht versuchen, Ihre Beobachtungen bereits unter bestimmten theoretischen Perspektiven einzuordnen. Dies sollte Ihnen insbesondere im Orientierungspraktikum relativ leicht fallen, da Sie zu Beginn Ihres Studiums noch relativ geringe Kenntnisse schulpädagogischer Theorien haben dürften, die Sie verleiten könnten, Schule und Unterricht aus der Sicht dieser Theorien zu erfassen. Sie sollten deshalb das tun, was jeder von uns tut, wenn er mit einem für ihn neuen Phänomen konfrontiert wird: Er wird dieses Phänomen aufmerksam in seiner Eigenart, in seinem Verlauf und in seinen Wirkungen zu erfassen und in Alltagsworten zu beschreiben versuchen.

Sehen Sie deshalb möglichst genau und aufmerksam hin. Notieren Sie alles, was Ihnen auffällt: Wenn Sie z. B. von der Architektur der Schule beeindruckt sind, notieren Sie dies. Wenn Sie den Eindruck haben, dass eine Aufgabe, die der Lehrer stellt, von vielen Schülern nicht verstanden worden ist, dann schreiben Sie es auf. Meinen Sie, dass der Lehrer den Schülern auf eine besonders gelungene Weise geholfen hat, ein Lernproblem zu überwinden, sollten Sie es ebenfalls festhalten. Wenn Sie das Gefühl haben, die Atmosphäre verändere sich, dann vermerken Sie auch dies.

Durch eine solchermaßen auf die Erfassung eines konkreten Phänomens konzentrierte Beobachtung können Sie einen *eigenen* Eindruck Ihrer Praktikumsschule oder einer bestimmten Unterrichtsstunde gewinnen. Lassen Sie deshalb die Phänomene, denen Sie begegnen so, wie sie sich *für Sie* darstellen, auf sich wirken.

Vielleicht bietet sich Ihnen die Gelegenheit, mit dem einen oder anderen Lehrer über Ihre Eindrücke zu sprechen. Dabei sollten Sie jedoch beachten, dass es sich dabei lediglich um Ihre persönlichen Eindrücke von Phänomenen handelt. Aus diesem Grunde sollten sie sich davor hüten, Ihre Eindrücke zu verallgemeinern zu einem Urteil über *die* Schule oder *den* Unterricht.

Lassen Sie sich Ihren eigenen Eindruck aber auch nicht nehmen! Wenn z. B. ein Lehrer meint, Sie hätten nicht richtig hingesehen, dann sollte Sie das nicht dazu veranlassen, Ihren Eindruck sofort zu verwerfen. Sie hatten schließlich einen Grund, die Phänomene so und nicht anders in den Blick zu nehmen. Deshalb sollten Sie diesem Grund nachgehen.

Dies können Sie tun, indem Sie Ihre Erinnerungen und Aufzeichnungen in der Absicht überprüfen, ihnen zugrunde liegende Kategorien aufzudecken. Welche Kategorien sind zum Einsatz gekommen? Haben Sie sich z. B. von der Kategorie „Schülerorientierung" leiten lassen? Vielleicht hat der Lehrer recht und Sie haben tatsächlich unpassende Kategorien angewandt. Möglich ist aber auch, dass Ihre Kategorien etwas zu zeigen vermögen, was dem Lehrer entgangen ist. Das können Sie aber nur herausfinden, wenn Sie die Kategorien ausfindig machen, die Ihre Erkundung und Beobachtung geleitet haben.

3.2.2.2 Der kasuistische Zugriff

Beim kasuistischen Zugriff gehen Sie dagegen von Kategorien aus, unter denen Sie Unterricht und Schule erkunden bzw. beobachten. Sie verwenden gezielt eine oder mehrere Kategorien, um unter ihnen Unterricht oder Schule zu erkunden bzw. zu beobachten. Sie wissen z. B. schon, was Sie unter der Kategorie „Leistungsorientiertes Schulklima" verstehen, und Sie betrachten den Unterricht dann genau unter diesem Gesichtspunkt.

Kategorien sind die als Wissensschema gespeicherten Merkmalsverbindungen, die Ihrem Begriff eines Sachverhalts entsprechen. Das bedeutet, dass die kategoriale Strukturierung der Wahrnehmung von dem Schema abhängt, über das Sie bereits verfügen. Mit Kategorien strukturieren Sie Ihre Wahrnehmung. Wenn Sie den Unterricht z. B. gemäß der Kategorie „Anspruchsniveau" beobachten, dann konzentrieren Sie sich auf die Merkmale, die dieser Kategorie entsprechen.

Die kategoriale Strukturierung der Wahrnehmung kann auf zweifache Weise vorgenommen werden: (a) Zum einen können Sie, um bei dem zuletzt genannten Beispiel zu bleiben, eine Unterrichtsstunde gezielt unter der Perspektive „Anspruchsniveau" beobachten. Sie gehen dann von dieser Kategorie aus und betrachten alles, was Sie registrieren, aus der Perspektive dieser Kategorie. Die gleiche Kategorie können Sie dann in weiteren Stunden heranziehen und anschließend die Stunden unter der Perspektive „Anspruchsniveau" vergleichen. Weitere Stunden könnten Sie z. B. unter der Kategorie „Anschaulichkeit" beobachten. (b) Zum anderen können Sie den umgekehrten Weg beschreiten, indem Sie vom Wahrnehmungsobjekt ausgehen und sich bei Ihren Beobachtungen fragen, unter welchen Kategorien sich Ihre Praktikumsschule oder eine von Ihnen beobachtete Unterrichtseinheit sinnvoller Weise kategorisieren lässt. So könnten Sie sich z. B. anlässlich der Beobachtung, dass ein Lehrer im Unterricht sehr eng begrenzte Fragen stellt, zu der Überlegung veranlasst sehen, ob sich dieses Phänomen unter der Kategorie „Steuerung des Unterrichts" einordnen lässt. Möglicherweise kämen Sie aber auch auf den Gedanken, die engen Fragen der Kategorie „Selbsttätigkeit der Schüler" zuzuordnen.

Beide Weisen der kategorialen Strukturierung werden in der Kasuistik als „Fall von …"-Bestimmungen bezeichnet. Bei (a) leitet die vorab bekannte Kategorie die Erkundung und Beobachtung. Bei (b) versuchen Sie, das Erkundete bzw. Beobachtete unter bekannte Kategorien zu bringen.

Die kasuistische Art der Erkundung und Beobachtung ist Ihnen somit nicht wirklich neu. Denn Sie haben Unterricht und Schule immer schon unter ausgewählten Kategorien erfasst. So haben Sie z. B. schon als Schüler eine relativ differenzierte Vorstellung vom Ablauf einer Diskussion im Unterricht gewonnen. Sie erwarten etwa, dass ihr ein bestimmtes Thema zugrundeliegt, dass sich mehrere Schüler an der Interaktion beteiligen, dass dabei verschiedene Standpunkte vertreten und diese mit Argumenten gerechtfertigt werden. Wenn Sie nun im Praktikum Unterricht beobachten, dann orientieren Sie sich an Ihrer Vorstellung, indem Sie sich mehr oder weniger bewusst fragen, ob es sich bei der Interaktion um eine Diskussion handelt. Mit anderen Worten: Sie strukturieren den Unterricht nach dem Schema „Diskussion": Sind alle Merkmale gegeben, ist die Interaktion der Kategorie „Diskussion" zuzuordnen. Fehlt jedoch ein Merkmal (werden z. B. in der Interaktion keine kontroversen Standpunkte erkennbar), verbietet sich die Kategorisierung der Interaktion als eines „Falles von Diskussion".

Ihre Fähigkeit zur Kategorisierung hängt demnach von der Verfügbarkeit eines hinreichend differenzierten Schemas ab. Ein Schema ist hinreichend differenziert, wenn es alle konstitutiven Merkmale und deren Beziehungen zueinander umfasst. Die Aufgabe Ihrer *wissenschaftlichen Studien* im Lehramtsstudium ist es, die Ihnen bereits vertrauten Kategorien daraufhin zu überprüfen, ob sie hinreichend bestimmt sind. Durch Lehrveranstaltungen und die eigenständige Verarbeitung schulpädagogischer Theorien und Modelle können Sie sich mit den für Unterricht und Schule konstitutiven Kategorien und deren Bestimmung vertraut machen und so die Ihnen bisher verfügbaren Kategorien erforderlichenfalls modifizieren, ergänzen, differenzieren und in ein theoriefundiertes schulpädagogisches Kategoriensystem integrieren. Ihre Aufgabe im *Schulpraktikum* besteht darin, sich in die multiperspektivische Kategorisierung einzuüben, indem sie nach und nach Unterricht und Schule unter immer mehr und immer mehr differenzierten Kategorien zu erfassen.

3.2.2.3 Der systemische Zugriff

Der systemische Zugriff ist auf die Perspektivität des Unterrichts und der Schule gerichtet. Wenn Sie diesen Zugriff wählen, dann müssen Sie die Perspektiven in den Blick nehmen, von denen aus Lehrer und Schüler und alle anderen in der Schule interagierenden Personen eine Situation erfassen. Diese Perspektiven werden aber nicht einzeln für sich in den Blick genommen. Sie sollen von Ihnen vielmehr in ihren wechselseitigen Beziehungen erfasst werden. Das bedeutet, Sie sollen z. B. nicht isoliert einen Schüler betrachten und anschließend auf den Lehrer schauen, um zu sehen, wie dieser auf das reagiert, was der Schüler gemacht hat. Dieses Nacheinander wird im systemischen Zugriff als ein gleichzeitiges Miteinander betrachtet. Denn der Schüler sagt oder tut etwas in Voraussicht auf die Reaktion des Lehrers. Und der Lehrer agiert in Voraussicht auf die Antwort des Schülers.

Durch eine kategoriengeleitete Beobachtung des Unterrichts und der Schule wird dieser komplexe Zusammenhang kontrolliert reduziert. Der systemische Zugriff hilft Ihnen, diese Reduktion kontrolliert zu öffnen. Dazu ist ein Perspektivenwechsel erforderlich. Sie sollten nun auf den *Kommunikationsfluss* achten und den Beiträgen Beachtung schenken, mit denen Lehrer und Schüler diesen Fluss gemeinsam strukturieren.

Dies tun sie z. B., indem sie ihre Beiträge zu einem Thema unter *sachlichen* Aspekten auswählen. Fragen Sie sich deshalb z. B. nicht nur, welche Sachaspekte eines Themas im Vordergrund stehen und welche vernachlässigt werden, sondern auch, was mögliche Gründe dafür sein könnten. Oder achten Sie darauf, ob die Kommunikation vom Thema abweicht, wie dies häufig in Diskussionen zu beobachten ist, und wodurch diese Abweichung ausgelöst sein könnte. Prüfen Sie, an welchem Sachaspekt eines Kommunikationsbeitrages der Lehrer und die Mitschüler anknüpfen. Oder verfolgen Sie die sachlichen Reduktionen, die in den Reaktionen auf vorhergegangene Kommunikationsbeiträge vorgenommen werden.

Ein weiterer Auswahlgesichtspunkt ist die *zeitliche* Ordnung der Kommunikation. Lehrer und Schüler formulieren ihre Beiträge zu einem Thema so, dass sie aufeinander Bezug nehmen. Dazu müssen die Beiträge nacheinander erfolgen. Achten Sie deshalb darauf, ob ein Unterrichtsgespräch geordnet verläuft, d. h. ob die einzelnen Beiträge geordnet nacheinander vorgetragen werden und auf die vorhergehenden Beiträge Bezug nehmen, oder ob mehrere Schüler gleichzeitig oder ohne Bezug aufeinander reden.

Der dritte Auswahlgesichtspunkt ist die *soziale* Ordnung der Kommunikation. Da in einer Unterrichtsstunde selten alle zu Wort kommen, wird der Kommunikationsfluss häufig von wenigen Personen beeinflusst. Einen dominanten Einfluss übt gewöhnlich der Lehrer aus. Von den Schülern gibt es meistens einige, die sich besonders engagiert zeigen. Das muss nicht immer zu sachdienlichen Beiträgen führen. Häufig beeinflussen gerade die Schüler die Kommunikation, die unangemessene und störende Bemerkungen machen. Achten Sie deshalb darauf, wer die Kommunikation beeinflusst, d. h. ob einige Schüler gar nichts sagen und ob andere Schüler besonders stark auf sich aufmerksam machen. Vielleicht schließt der Lehrer absichtlich einen Schüler aus der Kommunikation aus, vielleicht bemüht er sich auch vergebens, stille Schüler zur Teilnahme an der Kommunikation zu bewegen.

Die Kommunikationsbeiträge bringen die *Erwartungen* zum Ausdruck, die Lehrer und Schüler in die Kommunikation einbringen (z. B. die Erwartung des Lehrers an die Schüler, sich an einer Diskussion zu beteiligen), und sind oft Ergebnisse von Erwartungserwartungen: So antwortet z. B. eine Schülerin auf eine bestimmte Frage eines Lehrers, weil sie erwartet, dass der Lehrer diese Antwort erwartet. Oder: Eine Lehrerin erwartet von den Schülern, dass sie eine bestimmte Leistung erbringen, und die Schüler erwarten, dass die Lehrerin dies von ihnen erwartet. Achten Sie bei Ihrer Erfassung des Unterrichts deshalb auch darauf, welche Erwartungen in den einzelnen Kommunikationsbeiträgen erkennbar sind. Zwischen Schülern gehegte Erwartungserwartungen bestimmen manchmal das Verhalten eines Schülers gegenüber dem Lehrer. So kann das ablehnende und aufsässige Verhalten eines 14jährigen Schülers gegenüber dem Lehrer damit zusammenhängen, dass dieser Schüler erwartet, dass seine Mitschüler von ihm erwarten, dass er die Rolle des „coolen" Rebellen fortsetzt.

Kommunikationsbeiträge bewegen sich zwischen den Polen Zustimmung bzw. Ablehnung. Auch ein ablehnender Beitrag beeinflusst den Kommunikationsfluss. Schenken Sie deshalb besonders den Augenblicken Beachtung, in denen die Zustimmung oder Ablehnung von Kommunikationsbeiträgen erfolgt. Wie reagiert ein Schüler auf eine Aufforderung des Lehrers? Wie geht ein Lehrer auf Kritik an seinem Unterricht ein? Wie reagiert er, wenn sich immer nur die gleichen Schüler auf seine Fragen melden? Was tut er, wenn ein Schüler seine Mitarbeit einstellt?

Zustimmung oder Ablehnung in der laufenden Kommunikation beziehen sich im Unterricht nicht nur auf das Gesagte. Ein Lehrer kann z. B. auch die *Gestik* oder *Mimik* eines Schülers als einen Zustimmung oder Ablehnung signalisierenden Beitrag zur laufenden Kommunikation verstehen und aufgreifen. Wenn Sie den Unterricht systemisch beobachten, dann sollten Sie auch darauf achten, welche Einflüsse die nicht-verbale Kommunikation auf den Unterrichtsprozess hat.

Im Mittelpunkt der systemischen Beobachtung steht die Frage, *wie* es zur Fortsetzung der Kommunikation kommt. Achten Sie unter dieser Perspektive besonders auf die „Anschlüsse" zwischen einzelnen Kommunikationsbeiträgen. Wie beginnt die unterrichtliche Kommunikation? Wie reagieren die Beteiligten auf diesen Beginn? Schließen Lehrer und Schüler an die vorhergegangenen Beiträge an? Wie tun sie es? Warum tun sie es auf diese Art? Welche Gründe sind dafür anzunehmen, dass sie es nicht tun? Wie und durch wen wird der Kommunikationsprozess beendet? Warum wird er auf diese Weise und nicht anders beendet? Wie reagieren die Beteiligten auf die Beendigung?

Mit diesen und ähnlichen Fragen zielen Sie auf die Veränderungen im unterrichtlichen Kommunikationsprozess und auf die jeweiligen Reaktionen auf eine Veränderung. Sie werden dadurch auf die Tatsache aufmerksam, dass durch die Kommunikationsbeiträge der Teilnehmer ständig Veränderungen produziert werden, auf die weitere Kommunikationsbeiträge reagieren müssen. Durch diese kommt es zu neuen Veränderungen, auf die die beteiligten Personen wiederum reagieren müssen. Indem Sie auf diesen Zusammenhang blicken, erfassen Sie den Kommunikationsfluss, wie er sich durch die Beiträge des Lehrers und der Schüler konstituiert.

Dies ist nicht vorhersagbar. Man weiß daher nie im voraus, wer sich an der Kommunikation beteiligen und welchen Beitrag er formulieren wird. Aus diesem Grunde kann kein Kategoriensystem (auch nicht unser in Kapitel 2 vorgestelltes Kategoriensystem) der Unberechenbarkeit und Einzigartigkeit des unterrichtlichen Kommunikationsprozesses als eines nicht vorhersehbaren, weil keinen festen Regeln unterliegenden Flusses von Kommunikationsbeiträgen hinreichend gerecht werden.

Der systemische Zugriff erlaubt, eine weitere Perspektive einzunehmen. Mit ihm ist es nämlich möglich, nicht nur die Strukturierung der Kommunikation durch die Beiträge der beobachteten Personen zu erfassen, sondern darüber hinaus auch die Perspektiven, die die Erkundung bzw. Beobachtung leiten, zu berücksichtigen. Dadurch können die Verkürzungen, die durch die einzelnen Perspektiven erfolgen, deutlich werden. Und indem die verschiedenen Zugriffsweisen aufeinander bezogen werden, kann die Komplexität der Erfassung von Phänomenen erheblich gesteigert werden. Sie sollten sich deshalb immer auch über die Leistungsfähigkeit und Grenzen der Perspektiven Gedanken machen, unter denen Sie Unterricht und Schule erkunden, und sich bemühen, diese zueinander in Beziehung zu setzen. Indem Sie die Reduktionen aufdecken, erkennen Sie die Lücken, die jede Perspektive mit sich bringt.

3.3 Beobachterperspektiven

Bislang standen die Kennzeichen der drei Zugriffsweisen im Mittelpunkt der Darstellung. Wir haben Ihnen zu zeigen versucht, was Sie beachten sollten, wenn Sie versuchen, Erkundungen und Beobachtungen des Unterrichts und der Schule methodisch kontrolliert vorzunehmen. Nun möchten wir Sie noch auf die Perspektiven aufmerksam machen, von denen aus Sie ihren Zugriff wählen können.

Bei Ihren Beobachtungen sollten Sie sich immer im Klaren darüber sein, aus welcher Position heraus Sie Ihre Beobachtungen durchführen:

(a) Zum einen können Sie das Schulleben und den Unterricht als ein *unbeteiligter Betrachter* erkunden, der möglichst viele Informationen zu gewinnen sucht, aber in das Geschehen nicht eingreift. In dieser Position werden Sie sich nicht nur zu Beginn Ihres Praktikums, sondern auch immer dann befinden, wenn Sie an Konferenzen, Exkursionen, Unterrichtsstunden lediglich als passiver Beobachter teilnehmen, ohne auf deren Verlauf Einfluss zu nehmen. Allerdings sollten Sie sich der Tatsache bewusst sein, dass schon Ihre bloße Anwesenheit Auswirkungen auf das Geschehen haben kann. So wird sich z. B. ein Lehrer in Ihrer Gegenwart nicht unbedingt genau so verhalten, wie er dies tut, wenn er mit seiner Klasse allein ist. Vielleicht unterrichtet er in einem anderen Stil als üblich. Vielleicht engagiert er sich auch mehr als im normalen Schulalltag. Oder er bezieht v. a. besonders leistungsstarke Schüler in das Unterrichtsgespräch ein, um Ihnen die Leistungsstärke seiner Klasse und damit seine eigenen Unterrichtserfolge zu demonstrieren. Auch die Schüler fühlen sich der Beobachtung ausgesetzt und werden sich deshalb, ob sie es beabsichtigen oder nicht, mit großer Wahrscheinlichkeit anders verhalten, als sie es sonst tun würden. Sie sollten deshalb immer berücksichtigen, dass allein das Wissen, beobachtet zu werden, das Verhalten von Lehrern und Schülern verändern kann.

(b) Beteiligen Sie sich aber aktiv am Schulleben und am Unterricht, indem Sie z. B. eine Exkursion mit vorbereiten, durchführen und mit den Schülern auswerten oder indem Sie selbst unterrichten, verändert sich Ihre Position. Sie sind nun nicht mehr der unbeteiligte Beobachter, der das Geschehen relativ distanziert und ohne eigene Verantwortung für dessen Verlauf und dessen Ergebnisse betrachten kann, sondern Sie nehmen selbst Einfluss und übernehmen damit auch Verantwortung für das Geschehen. Diese Position wird in der Beobachtungstheorie als Position des „teilnehmenden Beobachters" bezeichnet. Das heißt für Sie, dass Sie als Handelnder zugleich Beobachter des Unterrichts sein müssen. Sie stehen damit vor der schwierigen Aufgabe, nicht nur das Verhalten der von Ihnen beobachteten Personen, sondern auch Ihr eigenes Verhalten zu erfassen. Dies fällt insbesondere Anfängern ohne hinreichende Routine nicht leicht. Hilfreich dürfte es sein, die eigenen Beobachtungen durch die Beobachtungen des Fachlehrers und evt. anwesender Praktikanten zu ergänzen. Dadurch gewinnen Sie Beobachtungsgesichtspunkte, die Sie für Ihre Selbstbeobachtung während des Unterrichts nützen können.

(c)   Der Wechsel von der Perspektive eines unbeteiligten Beobachters in die Perspektive eines teilnehmender Beobachters wird von Ihnen verlangt, wenn Sie die Gelegenheit erhalten, selbst als Lehrer den Unterricht zu planen und durchzuführen. Der damit verbundene Perspektivenwechsel fällt vielen auf Anhieb nicht leicht. Denn bisher haben Sie Unterricht und Schule vornehmlich aus der Perspektive des Schülers wahrgenommen. Jetzt müssen Sie aber einen Wechsel hin zur Perspektive des Lehrers vornehmen. Aus dieser Perspektive werden Sie auf zahlreiche Aspekte und Aufgaben des Berufsfeldes von Lehrern (z. B. zu bewältigende Verwaltungsarbeit, Teilnahme an Konferenzen, Vorbereitung des Unterrichts) aufmerksam werden, von denen Sie als Schüler bislang wenig Notiz genommen haben. Viele unserer eigenen Lehramtsstudenten haben berichtet, dass sie in den ersten Stunden versucht waren, die vom Lehrer gestellten Fragen zu beantworten, und dass sie sich erst daran gewöhnen mussten, dass diese Fragen nicht an sie gerichtet waren.

Mit der Einnahme der Lehrerperspektive stehen Sie vor der Aufgabe, sich selbst als Teil des Geschehens zu betrachten. Als handelnder Lehrer sollen Sie zugleich Beobachter des Unterrichtsgeschehens und Ihres eigenen Handelns sein. Dies fällt insbesondere Anfängern ohne hinreichende Routine nicht leicht, weil sie sich verständlicherweise zunächst auf die Umsetzung Ihrer Unterrichtsplanung und deshalb vor allem auf die Beobachtung der Schülerreaktionen konzentrieren. Aber auch wenn dies nicht einfach ist, sollten Sie sich schon bei Ihren ersten Unterrichtsversuchen bemühen, sich selbst als Teil des Geschehens aus einer möglichst distanzierten Sicht fortlaufend zu beobachten.

Wir denken, dass unsere Ausführungen gezeigt haben, dass die theoriegeleitete Beobachtung von Schule und Unterricht keine einfache Aufgabe ist und die Fähigkeit dazu durch sehr viel Übung verbessert werden muss. Denn nur durch eine ständige Schulung kann es Ihnen gelingen, Schule und Unterricht immer systematischer und immer komplexer zu beobachten. Ihr Schulpraktikum sollten

Sie deshalb als einen ersten Einstieg in den Ihr gesamtes Berufsleben über an-
haltenden Versuch verstehen, Ihre Beobachtungsfähigkeit zu optimieren.

3.4 Erschließung zusätzlicher Informationen

Vieles, was sich in Schule und Unterricht ereignet, entzieht sich der direkten
Wahrnehmung. Dies gilt insbesondere für die internen psychischen Prozesse, die
sich in den beteiligten Personen abspielen, und deren Auswirkungen. Dies gilt
aber auch für viele Bedingungen, unter denen Unterricht und Schule stehen.
Deshalb werden Ihre Beobachtungen immer wieder durch weitere Formen der
Erkundung ergänzt werden müssen. Wir stellen Ihnen im folgenden in knapper
Form solche Erkundungsformen vor, die sich für Ihr Schulpraktikum besonders
eignen. Ihr gemeinsames Kennzeichen ist, dass Sie die Informationen nicht
durch direkte Wahrnehmung gewinnen, sondern dass Sie die zusätzlichen Informationen erschließen müssen.

(a) Erkundung durch Gespräche

Vieles, was für Schule und Unterricht wichtig ist, werden Sie durch Befragungen
ermitteln können. Dabei ist zunächst an informelle Gespräche zu denken. So
werden Sie sich z. B im Gespräch mit einem Vertreter der Schulleitung darüber
informieren können, weshalb bestimmte Fächer an dieser Schule nicht angeboten werden. Gespräche können auch hilfreich sein als Grundlage für Ihre Hospitationen im Unterricht: Im Vorgespräch mit dem Fachlehrer werden Sie Informationen z. B. über die Leistungsbereitschaft und den Leistungsstand einer Klasse
oder über den geplanten Unterrichtsverlauf einholen können. Oder sie werden in
einem Nachgespräch nach dem Eindruck fragen, den der Lehrer selbst vom Verlauf der Stunde hat, um diesen Eindruck mit Ihrem eigenen zu vergleichen. Gespräche sollten Sie unbedingt auch im Kontext Ihres eigenen Unterrichts suchen:
mit dem Fachlehrer und ggf. mit anderen Praktikanten, um Ihre Unterrichtsplanung zu verbessern und um Reaktionen auf Ihren Unterricht einzuholen, und mit
den Schülern, um deren Eindruck von Ihrem Unterricht zu ermitteln. Solche Gespräche können relativ unstrukturiert verlaufen; sie können von Ihnen aber auch
dadurch strukturiert werden, dass Sie sich an einer Systematik, z. B. an den in
Kapitel 2 zusammengestellten Hauptkategorien orientieren.

(b) Erkundung durch Fragebögen

Gelegentlich kann es sich als sinnvoll erweisen, nicht nur einzelne Lehrer oder
Schüler zu befragen, sondern z. B. die Eindrücke der ganzen Klasse auf Ihren
Unterricht zu ermitteln. Hierzu kann ein kurzer Fragebogen hilfreich sein, der
sich wiederum an den in Kapitel 2 genannten Hauptkategorien orientieren
könnte. Allerdings sollten Sie dazu im Vorfeld immer die Genehmigung des
Fachlehrers einholen.

(c) Erkundung durch Auswertung von Dokumenten

Viele Voraussetzungen, unter denen die Schul- und Unterrichtspraxis steht, sind in Dokumenten festgehalten, z. B. das Schulprogramm in einer Broschüre oder im Internet, Informationen zur Geschichte der Schule in Jubiläums- oder Festschriften, kultusministerielle Vorgaben für die Organisation von Schulen in Erlass-Sammlungen, Vorgaben für den Unterricht in Richtlinien, Lehrplänen und Bildungsstandards, Informationen über den bisherigen Unterricht in dem in der Klasse benutzten Lehrbuch und in den Eintragungen des Fachlehrers ins Klassenbuch. Diese Quellen sollten Sie unter der Frage einsehen, welchen Einfluss diese Voraussetzungen auf das Schulleben und die Unterrichtspraxis Ihrer Schule haben. Dabei sollten Sie auch reflektieren, ob und wie die ministeriellen Vorgaben an Ihrer Schule umgesetzt werden.

(d) Erkundung durch Unterricht

Am schwersten zu erkunden sind die psychischen Prozesse, die sich in den Schülern vollziehen. Gespräche und Befragungen dazu sind nur im Ausnahmefall möglich und müssen immer mit dem zuständigen Lehrer, erforderlichenfalls auch mit der Schulleitung abgesprochen sein. Im normalen Schulalltag sieht sich der Lehrer dagegen vor die schwierige Aufgabe gestellt, sich im laufenden Unterricht darüber klar zu werden, welche Lernprozesse sich in seinen Schülern abspielen. Dazu wird er sich Indikatoren überlegen müssen, an denen er ablesen kann, was seine Schüler bereits gelernt haben und was noch nicht. Solche Indikatoren können Fragen, Diskussionsbeiträge, Hausarbeiten, Referate, Klassen- und Facharbeiten der Schüler sein. Sie sollten sich deshalb bereits bei der Planung Ihres eigenen Unterrichts überlegen, wie und an welchen Stellen Sie überprüfen wollen, dass die von Ihnen intendierten Lernprozesse tatsächlich stattgefunden haben.

3.5 Beurteilung und Bewertung

Eingangs dieses Kapitel hatten wir bereits darauf hingewiesen, dass das von Ihnen Erinnerte und Ihre Aufzeichnungen die Basis für die Beurteilung und Bewertung des von Ihnen Beobachteten bilden: Sie können sich nun ein eigenes *Urteil* bilden, indem Sie sich z. B. fragen, ob die Organisation des Schullebens und des Unterrichts an Ihrer Praktikumsschule reibungslos verläuft oder ob Schwierigkeiten zu erkennen sind. Oder Sie können überlegen, ob sich ein im Unterricht eingesetzter Text vom Anspruchsniveau her für die Klasse eignet.

Auf der Grundlage Ihrer Beobachtungen und Erkundungen sollten Sie anhand Ihrer eigenen Wertungsprinzipien auch *Bewertungen* vornehmen. So könnten Sie sich z. B. die Frage stellen, ob das Bild, das Sie von Ihrer Praktikumsschule gewonnen haben, Ihren Wertvorstellungen von einer humanen Schule entspricht. Oder Sie können das Klassenklima, auf das Sie in einer Unterrichtsstunde aufmerksam geworden sind, von Ihrem eigenen Wertprinzip eines vertrauensvollen Umgangs von Schülern und Lehrern miteinander her bewerten.

Bei Ihren Beurteilungen und Bewertungen sollten Sie indessen die erforderliche Zurückhaltung an den Tag legen: Sie lernen Schule und Unterricht in Ihrem Praktikum nur in ganz kleinen Ausschnitten kennen. Deshalb sollten Sie sich vor vorschnellen Generalisierungen hüten. Eine nicht recht gelungene Stunde eines Lehrers bedeutet nicht, dass ihm sein Unterricht zumeist misslingt. Und eine in einer Unterrichtseinheit eher desinteressierte Klasse muss nicht in allen Stunden und in allen Fächern desinteressiert sein.

Im Rahmen Ihres Schulpraktikums dürfte für Sie v. a. der eigene Unterricht wichtig sein und deshalb seiner Beurteilung besondere Bedeutung zukommen. Zu unterscheiden ist dabei die fortlaufende Beurteilung des Unterrichtsprozesses, während Sie unterrichten, und die nachträgliche Beurteilung nach Beendigung des Unterrichts.

Während des Unterrichts wechseln Sie aus der Position des unbeteiligten Betrachters fremden Unterrichts, wie Sie sie in Ihren Hospitationen eingenommen haben, in die Position des nicht nur am Unterricht beteiligten, sondern für ihn verantwortlichen Lehrers. Sie müssen sich ständig fragen, ob der Unterricht so verläuft, dass die von Ihnen angestrebten Ziele erreichbar werden. Dazu müssen Sie nicht nur den Unterrichtsverlauf fortwährend mit Ihrem ursprünglichen Plan abgleichen, sondern diesen immer auch aus der Sicht der Schüler zu beurteilen versuchen, indem Sie überlegen, ob das Lernen der Schüler von Ihnen im bisherigen Verlauf hinreichend unterstützt wurde und welcher nächste Schritt für die intendierten Lernprozesse hilfreich sein könnte. Die erforderliche Koordination Ihrer Beurteilung des Unterrichtsverlaufs und Ihres weiteren Handelns im Unterricht verlangt ein Mindestmaß an Distanz zu sich selbst, und wird zusätzlich durch den enormen Zeitdruck erschwert, unter dem sie erfolgen muss, weil Sie keine Möglichkeit haben, den Unterricht für eine sachgerechte Beurteilung zeitweise zu unterbrechen.

Für die *Nachbereitung* Ihrer selbst gehaltenen Stunden sollten Sie sich dagegen viel Zeit nehmen und sich Fragen wie die folgenden stellen: War meine Planung in sich stimmig und gut begründet? War sie realistisch? Was hat sich als nicht realistisch erwiesen? Wo bin ich im Unterricht vom Plan abgewichen und weshalb? Wie bin ich mit den Schülern zurecht gekommen? Habe ich meine Unterrichtsziele erreicht und ggf. warum nicht? Habe ich angemessen auf Veränderungen im Verlaufe des Unterrichtsprozesses reagiert?

Diese Selbstbeurteilung dürfte Ihnen schwerer fallen als die Beurteilung des Unterrichts, den Sie in Ihren Hospitationen erlebt haben. Denn nun stehen Sie selbst im Zentrum Ihrer Beurteilung. Um zu einem angemessenen Urteil zu kommen, benötigen Sie die Fähigkeit und Bereitschaft, Ihren Unterricht aus einer quasi neutralen Position zu reflektieren. Um zu einer möglichst unvoreingenommenen Betrachtung des Geschehens zu kommen, sollten Sie in Ihre abschließende Beurteilung und Bewertung auch die Urteile des Fachlehrers und anderer Praktikanten, die an Ihrem Unterricht teilgenommen haben, einbeziehen.

3.6 Reflexion auf Alternativen zum Erkundeten und Beobachteten

Ihre Beurteilungen und Bewertungen sollten Sie immer in die Reflexion auf alternative Möglichkeiten der Ausgestaltung von Schule und Unterricht einmünden lassen. Dies werden Sie vor allem dann tun, wenn Sie in der Schule und im Unterricht Probleme erkannt haben. Aber auch wenn Ihre Beurteilung und Bewertung positiv ausgefallen ist, sollten Sie nach Alternativen fragen. Dies ist v. a. deshalb sinnvoll, weil Ihnen aufgrund Ihrer Erfahrungen als Schüler vieles in Schule und Unterricht so „in Fleisch und Blut" übergegangen ist, dass Sie sich nicht mehr fragen, ob es nicht auch andere und vielleicht bessere Möglichkeiten gibt, Schule und Unterricht zu gestalten. Sie sollten deshalb nichts, was Ihnen in Ihrem Praktikum begegnet, als selbstverständlich ansehen (nicht die in der Schule bestehende Hierarchie, nicht den Verwaltungsablauf, nicht den 45-Minuten-Takt des Unterrichts, nicht die Phasenfolge des beobachteten Unterrichts usw.), sondern sich bei allem die Frage stellen, ob es sich nicht im Interesse der Bildung der Schüler anders gestalten ließe.

Literatur

Aster, R. / Merkens, H. / Repp, M. (Hg.): Teilnehmende Beobachtung. Werkstattberichte und methodologische Reflexionen. Frankfurt a. M., New York 1989.

Atteslander, P.: Methoden der empirischen Sozialforschung. Berlin [6] 1991.

Bachmair, G.: Unterrichtsanalyse. Verfahren und Fragestellungen zur Planung, Durchführung und Auswertung von Unterrichtsbeobachtungen. Weinheim, Basel 1974.

Beck, K.: Die empirischen Grundlagen der Unterrichtsforschung. Eine kritische Analyse der deskriptiven Leistungsfähigkeit von Beobachtungsmethoden. Göttingen, Toronto, Zürich 1987.

Biller, K.: Pädagogische Kasuistik. Eine Einführung. Hohengehren 1988.

Garz, D. / Kraimer, K. (Hg.): Qualitativ-empirische Sozialforschung. Konzepte, Methoden, Analysen. Opladen 1991.

Geiß, H.: Unterricht (Artikel). In: Lenzen, D. (Hg.): Pädagogische Grundbegriffe. Bd. 2: Jugend-Zeugnis. Hamburg 1989. S. 1538–1543.

Girtler, R.: Methoden der qualitativen Sozialforschung. Anleitung zur Feldarbeit. Köln [2] 1988.

Grzesik, J.: Unterrichtsplanung. Eine Einführung in Theorie und Praxis. Heidelberg 1979.

Grzesik, J.: Unterricht – der Zyklus von Lehren und Lernen. Stuttgart, Dresden 1994.

Grzesik, J.: Was kann und soll Erziehung bewirken? Möglichkeiten und Grenzen der erzieherischen Beeinflussung. Münster u. a. 1998.

Husserl, E.: Ideen zu einer reinen Phänomenologie und phänomenologischen Philosophie. 1. Buch: Allgemeine Einführung in die reine Phänomenologie. Hg. v. W. Biemel. Haag 1950.

Ingenkamp, K. H. u. a. (Hg.): Handbuch der Unterrichtsforschung. Weinheim 1970 ff.

König, R.: Die Beobachtung. In: Ds. (Hg.): Handbuch der empirischen Sozialforschung. Bd. I. Stuttgart ²1967. S. 107–135 u. 697–706.

Luhmann, N.: Vorwort. In: Ds.: Soziologische Aufklärung 5: Konstruktivistische Perspektiven. Opladen ²1993. S. 7–13.

Luhmann, N.: Ich sehe was, was Du nicht siehst. In: Ds.: Soziologische Aufklärung 5: Konstruktivistische Perspektiven. Opladen ²1993. S. 228–234.

Merkens, H. / Seiler, H.: Interaktionsanalyse. Stuttgart 1977.

Roeder, P. M.: Versuche einer kontrollierten Unterrichtsbeobachtung. In: Psychologische Beiträge 16 (1965) 408–435.

Roth, L. / Petrat, G. (Hg.): Unterrichtsanalysen in der Diskussion. Hannover 1974.

Schnell, R. / Hill, P. B. / Esser, H.: Methoden der empirischen Sozialforschung. München, Wien ³1992.

Schulz, W. / Teschner, W. / Voigt, J. / Weinert, F.: Beobachtung und Analyse von Unterricht. Weinheim, Basel 1973.

Schütz, A.: Der sinnhafte Aufbau der Welt. Eine Einleitung in die verstehende Soziologie. Frankfurt a. M. 1974.

Soeffner, H.-G.: Interpretative Verfahren in den Sozial- und Textwissenschaften. Stuttgart 1979.

Soeffner, H.-G.: Prämissen einer sozialwissenschaftlichen Hermeneutik. In: Ds.: Auslegung des Alltags – Der Alltag der Auslegung. Zur wissenssoziologischen Konzeption einer sozialwissenschaftlichen Hermeneutik. Frankfurt a. M. 1989. S. 66–97.

Sumaski, W.: Systematische Beobachtung – Grundlagen einer empirischen Methode. Hildesheim, New York 1977.

Wittenbruch, W.: Schulpraktikum. Stuttgart u. a. 1985.

Wolf, W.: Über Voraussetzungen und Möglichkeiten von Unterrichtsbeobachtungen im Schulpraktikum. In: Beckmann, K.-H. (Hg.): Zur Reform des pädagogischen Studiums und der Lehrerbildung. Modelle, Versuche, Erfahrungen. Weinheim, Berlin, Basel 1968. S. 243–250.

4. Die Bausteine des Unterrichts

KLAUS BEYER

4.1 Bedingungen des Unterrichts

Im Ersten Teil dieses Kapitels möchten wir Ihre Aufmerksamkeit auf eine besonders wichtige, aber auch besonders schwierige Aufgabe lenken, die auf Sie in Ihrer Lehrtätigkeit zukommt: die Analyse der Bedingungen, unter denen Ihr Unterricht erfolgt.

Wichtig ist diese Aufgabe, weil Sie bei allen Entscheidungen, die Sie in Ihrer Unterrichtsplanung und im Vollzug des Unterrichts zu treffen haben, jeweils bedenken müssen, ob diese hinreichend auf die in Ihrem Unterricht gegebenen Bedingungen abgestellt sind. Dies gilt für Ihre Entscheidungen über die Ziele, die Sie im Unterricht erreichen wollen, über die zu behandelnden Themen, über die Verfahren, die zur Anwendung kommen sollen, über die einzusetzenden Medien, über die Art, in der Sie den Unterricht aufbauen wollen, und über die Verfahren und Aufgaben, mit denen Sie den Erfolg Ihres Unterrichts und den Lernerfolg der Schülerinnen und Schüler überprüfen wollen. Nur wenn Sie die Bedingungen Ihres Unterrichts hinreichend berücksichtigen, können Sie damit rechnen, mit Ihrem Unterricht Erfolg zu haben.

Schon bei Ihren ersten Hospitationen werden Sie nicht nur feststellen, wie wichtig diese Aufgabe ist, sondern auch, wie *schwierig* sie zu bewältigen ist. Hierfür gibt es mehrere Ursachen:

a) Zu nennen ist zunächst die Komplexität der Bedingungskonstellation: Unterricht erfolgt unter einer Vielzahl unterschiedlichster Bedingungen. Wenn Sie sich in einer Stunde fragen, weshalb der Lehrer, dessen Unterricht Sie beobachten, so unterrichtet, wie er unterrichtet, werden Sie bereits auf etliche dieser Bedingungen stoßen, z. B. auf den zu beachtenden Lehrplan, auf die Größe der Klasse, auf das Alter der Schüler, auf das an der Schule eingeführte Lehrbuch, auf die Vorkenntnisse der Schüler usw.

Um die Fülle der Bedingungen einigermaßen überblicken zu können, empfiehlt sich deren Klassifizierung z. B. mit Hilfe folgender Kategorien: Unterscheiden lassen sich

- *externe Bedingungen* (z. B. bildungspolitische Vorgaben, der geltende Lehrplan, Beschlüsse der Fachkonferenz) von *internen Bedingungen* (z. B. dem Klassenklima, dem Entwicklungsstand der Schüler, der didaktisch-methodischen Kompetenz des Lehrers)
- (relativ) *stabile Bedingungen* (z. B. der geltende Lehrplan, die Klassengröße und Klassenzusammensetzung, die soziokulturelle Herkunft der Schüler) von *variablen*

Bedingungen (z. B. der Lernmotivation der Schüler, der Aufmerksamkeit der Schüler, der aktuellen psychischen Verfassung des Lehrers)

- *beeinflussbare Bedingungen* (z. B. die Lernmotivation der Schüler, das Anforderungsniveau der zu bearbeitenden Aufgaben, die Attraktivität der Aufgaben, die Sitzordnung im Klassenraum) von *nicht (kaum) beeinflussbaren Bedingungen* (z. B. dem Lehrplan, der soziokulturellen Herkunft der Schüler, der Größe des Klassenraums).

Eine solche Klassifizierung erweist sich in zweifacher Hinsicht als hilfreich: Sie kann einerseits Ihren Versuch unterstützen, die Vielfalt der im Unterricht vorfindbaren Bedingungen systematisch zu ordnen, indem Sie sich z. B. fragen, ob es sich bei der Lernmotivation der Schüler um eine externe oder eine interne, um eine eher stabile oder eine eher variable und um eine beeinflussbare oder eine nicht (bzw. nur schwer) zu beeinflussende Bedingung Ihres Unterrichts handelt. Andererseits können Sie unter diesen Kategorien systematischer nach Bedingungen Ihres Unterrichts suchen, als dies ohne ein geeignetes Suchinstrument möglich wäre.

Während Sie die für jede Kategorie angeführten Beispiele zur Kenntnis genommen haben, werden Sie festgestellt haben, dass einige Bedingungen mehrfach genannt wurden. Der geltende Lehrplan z. B. wurde als *externe*, als *(relativ) stabile* und als durch den Unterricht *kaum beeinflussbare Bedingung* kategorisiert. In ähnlicher Weise können Sie alle Bedingungen, die Sie im Unterricht antreffen, dreifach kategorisieren. Bei einem entsprechenden Versuch werden Sie allerdings feststellen, dass diese Kategorisierung bei einigen Bedingungsfaktoren gar nicht so leichtfällt. Ist z. B. die Abstraktionsfähigkeit der Schüler als eine stabile oder als eine variable Bedingung anzusehen? Beide Kategorisierungen sind insofern zutreffend, als der Lehrer z. B. von einer bestimmten Abstraktionsfähigkeit seiner Schüler auszugehen hat, die sich auch im Verlaufe einer Stunde nicht wesentlich verändern wird und insofern als relativ stabil gelten kann. Andererseits muss diese Bedingung auch als variabel (und als beeinflussbar) gelten, weil der Unterricht sonst keine Chance bei seinem Versuch hätte, die Fähigkeit der Schüler zum abstrakten Denken zu steigern.

Diese Möglichkeit einer vordergründig als widersprüchlich erscheinenden Doppelklassifizierung (sowohl *stabil* als auch *variabel*) kann Sie auf eine wichtige Eigentümlichkeit des Unterrichts aufmerksam machen, nämlich auf den Sachverhalt, dass alle komplexeren und anspruchsvolleren Dispositionen (wie z. B. die Abstraktionsfähigkeit, die Urteilsfähigkeit, die Kommunikationsfähigkeit, die Handlungskompetenz, die Leistungsmotivation, die mathematische Intelligenz, das Gerechtigkeitsverständnis der Schüler) zugleich der Bedingungsdimension und der Zieldimension von Unterricht zuzurechnen sind. Und dies gilt nicht nur für die Dispositionen der Schüler, sondern auch für die des Lehrers. Zwar ist die didaktisch-methodische Kompetenz des Lehrers als eine stabile Bedingung *einer* Unterrichtsstunde anzusehen, was aber nichts daran ändert, dass sie auch als variabel und beeinflussbar gelten muss, insofern es Aufgabe des Lehrers ist, sein ganzes Berufsleben lang diese Kompetenz weiterzuentwickeln. Daraus ergibt sich für Sie eine zweifache Aufgabenstellung:

- Bei allen Dispositionen (Kenntnissen, Fähigkeiten, Einstellungen), die Sie im Unterricht fördern wollen (Zieldimension des Unterrichts), sollten Sie sich fragen, inwieweit Ihre Schülerinnen und Schüler bereits über diese Dispositionen verfügen (Bedingungsdimension des Unterrichts).
- Umgekehrt sollten Sie Ihre eigenen Dispositionen (Kenntnisse, Fähigkeiten, Einstellungen) nicht als unveränderbare Bedingungen des Unterrichts ansehen, sondern sich bemühen, diese ständig fortzuentwickeln.

b) Die Bedingungsanalyse wird zusätzlich durch die Tatsache erschwert, dass wichtige Bedingungsfaktoren nicht beobachtbar sind. Gerade die Dispositionen der Schüler, die es im Unterricht zu fördern gilt, entziehen sich der Beobachtbarkeit. Die Behavioristen sprechen deshalb von der „black box", in die niemand hineinsehen kann. Sie bleiben also als Lehrer(in) gerade in demjenigen Bedingungsbereich auf nicht auf Beobachtungen zu stützende Annahmen angewiesen, der von der Zielsetzung des Unterrichts her besonders bedeutsam ist. Damit Ihre Annahmen nicht auf bloßen Vermutungen beruhen, sollten Sie sich um den Erwerb diagnostischer Kompetenz bemühen, die vor allem darin besteht, die Schüler vor solche Aufgaben zu stellen, deren Bewältigung oder Nichtbewältigung einen Indikator dafür bilden kann, ob und in welchem Ausmaß die Schüler über eine bestimmte Disposition verfügen. Bei Ihren Hospitationen können Sie Beobachtungen zu entsprechenden Diagnoseversuchen von Lehrern anstellen und die Versuche auf ihre diagnostische Leistungsfähigkeit hin beurteilen.

c) Fällt die Diagnose schon hinsichtlich eines *einzelnen* Schülers nicht leicht, so potenzieren sich die Schwierigkeiten angesichts der Tatsache, dass Sie es im Unterricht immer mit einer *Vielzahl* von Schülern mit mehr oder minder großen inter-individuellen Unterschieden zu tun haben. Ihr Diagnose-Instrument sollte so angelegt sein, dass es diese Unterschiede erfassen kann. Dies kann es nur, wenn es nach Schwierigkeit abgestufte Aufgaben enthält, deren Bearbeitung erkennen lässt, in welchem Maße jeder einzelne Schüler über die zu diagnostizierende Disposition verfügt.

d) Besonders schwierig wird die Diagnose im Hinblick auf solche Dispositionen, die sich nicht durch die Bearbeitung von Aufgaben überprüfen lassen. So ist es z.B. das zentrale Ziel von Unterricht, die Bereitschaft und Fähigkeit der Schüler, selbstbestimmt und verantwortungsbewusst zu handeln, zu fördern. Ob und inwieweit die Schüler über diese Disposition (sowohl als Bedingung als auch als Ergebnis des Unterrichts) verfügen, kann der Lehrer jedoch allein schon deshalb nicht diagnostizieren,

- weil sich im Rahmen von Unterricht kaum entsprechende Diagnosesituationen herstellen lassen

- weil nicht eindeutig angegeben werden kann, welches Verhalten der Schüler zeigen soll, damit die Disposition als gegeben angesehen werden kann und

- weil selbst dann, wenn der Schüler in der Schule so handelt, dass man vermuten könnte, er verfüge über diese Disposition, damit nicht sichergestellt ist, dass er auch in außerschulischen Kontexten zu einem entsprechenden Handeln bereit wäre. Dem Lehrer bleibt deshalb, wenn er die Bereitschaft und Fähigkeit der Schüler, selbstbestimmt und verantwortungsbewusst zu handeln, fördern will, in aller Regel nichts anderes übrig, als mit ihnen Gespräche darüber zu führen, was sie mit welchen Gründen im Hinblick auf ausgewählte Problemsituationen unter einem selbstbestimmten und verantwortungsbewussten Handeln verstehen, und aus dem Verlauf dieser Gespräche mit aller gebotenen Vorsicht darauf zu schließen, ob und inwieweit die Schüler *potentiell* zu einem entsprechenden Handeln in der Lage wären. Im übrigen muss er darauf hoffen, dass sich solche Diskussionen im Unterricht auf das *tatsächliche Handeln* der Schüler in außerschulischen Kontexten auswirken. Falls entsprechende Diskussionen in Ihren Hospitationen stattfinden, sollten Sie diese möglichst genau in ihrem Verlauf notieren und darauf hin zu analysieren versuchen, welche diagnostischen Einsichten sich aus ihnen gewinnen lassen.

e) Die Diagnose der Lernbedingungen ist kein Selbstzweck, sondern dient dazu, Ihre Planungsentscheidungen auf die jeweils gegebenen Bedingungen abzustellen. Dabei ergibt sich für Sie jedoch das Problem, abschätzen zu müssen, wie sich die einzelnen Bedingungen auf die von Ihnen geplanten Lernprozesse der Schüler auswirken werden. Diese Abschätzung ist jedoch nur schwer möglich, weil die ermittelten Faktoren in einem bloß *konditionalen* und nicht in einem *kausalen* Verhältnis zum Unterricht stehen. Das heißt, um es an einem Beispiel zu verdeutlichen, dass das fehlende Interesse eines Schülers an einem Thema zwar dazu führen *kann*, aber nicht dazu führen *muss*, dass er sich nicht mit dem Thema beschäftigt. Es kann durchaus sein, dass er um einer guten Note willen auch Lernprozesse vollzieht, an denen er kein eigentliches Interesse hat. Oder: Die Rivalität von zwei Schülergruppen in einer Klasse *kann*, aber *muss* sich nicht negativ auf den Lernerfolg einer Stunde auswirken; sie kann auch zu besonderen Lernanstrengungen auf beiden Seiten führen, weil die Konkurrenten sich wechselseitig übertrumpfen wollen. Insofern sind die Auswirkungen gegebener Bedingungen auf den Unterrichtsverlauf nur schwer vorhersagbar, ganz abgesehen von der Tatsache, dass sich dieselben oder vergleichbare Bedingungen auch von Schüler zu Schüler unterschiedlich auswirken können. Auch auf diese Problematik können Sie bei Ihren Unterrichtsbeobachtungen und beim Vergleich Ihrer eigenen Unterrichtsplanung mit dem tatsächlichen Verlauf des Unterrichts achten.

f) Wenn Sie das gerade herangezogene Beispiel des an einem bestimmten Thema desinteressierten Schülers unter der Frage reflektieren, weshalb dieser u. U. dennoch lernt, stoßen Sie auf den Sachverhalt, dass die Auswirkung einer einzelnen Bedingung immer auch von anderen Bedingungen mitbeeinflusst wird, im obigen Beispiel von dem Interesse des Schülers an einer guten Benotung. Aber auch hier können Sie nicht sicher sein, dass Sie damit die wirkliche Erklärung für die Lernanstrengungen des Schülers gefunden haben; diese könnten ja auch durch die angesprochene Konkurrenzsituation in der Klasse bedingt sein. Die Schwierigkeit, die tatsächlichen Auswirkungen von Unterrichtsbedingungen vorherzusagen, ergibt sich vor allem daraus, dass diese sich wechselseitig in einer zuvor kaum abzuschätzenden Weise beeinflussen.

Was folgt für Sie aus der im Studium zu gewinnenden und im Praktikum zu konkretisierenden Einsicht in die Schwierigkeiten der Bedingungsanalyse? Hoffentlich keine Resignation, sondern das Bestreben, trotz der Schwierigkeit der Aufgabe Ihre Bedingungsanalyse möglichst komplex anzulegen und die möglichen Auswirkungen zu bedenken, die das Zusammenspiel unterschiedlichster Bedingungsfaktoren haben kann. Nur dann werden Sie von möglichen Entwicklungen des Unterrichtsverlaufs nicht allzu sehr überrascht werden. Eine derart komplexe Bedingungsanalyse und erst recht die flexible Reaktion auf dennoch auftretende Überraschungen im Unterrichtsprozess gehören zu den schwierigsten Aufgaben des Lehrers. Sie zu bewältigen, erfordert eine reiche Unterrichtserfahrung, über die Sie noch nicht verfügen können. Ihr Praktikum kann in dieser Hinsicht deshalb lediglich die Funktion haben, Sie für diese künftig auf Sie zukommende Aufgabe zu sensibilisieren und Sie zu einer Ausweitung Ihrer diagnostischen Kompetenz im Rahmen Ihres weiteren Studiums zu motivieren.

Und noch ein Zweites kann das Praktikum im Hinblick auf die Analyse der Unterrichtsbedingungen leisten: Sie können die für Ihre künftige Unterrichtstätigkeit wichtige Einsicht gewinnen, dass die Bedingungsanalyse Ihre ureigenste Aufgabe als Lehrer(in) ist: Diese kann Ihnen von niemandem abgenommen werden, weil Unterricht immer unter einer jeweils einmaligen Bedingungskonstellation abläuft. Da diese keiner externen Instanz bekannt sein kann, ist es unmöglich, Unterricht von außen zu planen. Sie sollten daher von vornherein skeptisch gegen alle Unterrichtshilfen in Form durchgeplanter Unterrichtsstunden oder Unterrichtsreihen sein, wie sie z. B. von Verlagen oder auf Fortbildungsveranstaltungen angeboten werden. Solche Konzepte können Ihnen zwar Anregungen für Ihren Unterricht geben, Sie sollten aber nie versuchen, sie unverändert auf Ihren Unterricht zu übertragen. Die Erkenntnis in die je unterschiedliche Bedingungskonstellation können Sie im Rahmen Ihres Praktikums am besten dadurch gewinnen, dass Sie am Unterricht zum selben Thema in zwei Parallelklassen teilnehmen.

Um Ihr Bewusstsein für die Bedeutung der Bedingungsdimension des Unterrichts zu schärfen, sollten Sie im Verlaufe und zum Abschluss Ihres Praktikums versuchen, die folgenden Fragen zu beantworten:

- Unter welchen Bedingungen findet der von mir beobachtete bzw. der von mir zu erteilende Unterricht statt? Handelt es sich bei den Bedingungen um externe oder interne, um eher stabile oder eher variable, um beeinflussbare oder nicht (bzw. nur schwer) zu beeinflussende Bedingungen?

- Welche inter-individuellen Unterschiede sind auf Seiten der Schüler und der Lehrer erkennbar? Wie wirken sie sich auf den Unterricht aus?

- Anhand welcher Aufgaben lässt sich erkennen, ob und in welchem Ausmaß die Schüler über eine bestimmte Disposition verfügen?

- Welche psychischen Voraussetzungen auf Seiten der Schüler lassen sich nicht (bzw. nur schwer) durch die Bearbeitung von Aufgaben überprüfen?

- Über welche der im Unterricht zu fördernden Dispositionen (Kenntnisse, Fähigkeiten, Einstellungen) verfügen die Schülerinnen und Schüler bereits in welchem Ausmaß?

- Welche Dispositionen des Lehrers sind erkennbar? Wie wirken sie sich auf den Unterricht aus? Welche sollten gestärkt, welche verändert werden?

- Wie haben sich meine eigenen Dispositionen auf den Unterricht ausgewirkt? Bei welchen sollte ich mich um eine Änderung oder Fortentwicklung bemühen?

- Ist (War) der Unterricht hinreichend auf die gegebenen Bedingungen abgestellt? Wie hätten die gegebenen Bedingungen besser berücksichtigt werden können?

- Wie sollte ich mich im Rahmen meines weiteren Studiums um die Ausweitung meiner diagnostischen Kompetenz bemühen?

WILFRIED PLÖGER

4.2 Ziele und Inhalte des Unterrichts

Einleitung

Wir werden uns im folgenden mit den „Zielen und Inhalten" von Unterricht auseinandersetzen und aus diesen Überlegungen heraus mögliche Analyse- und Pla-
nungsaspekte für Ihre Tätigkeit im Praktikum entwickeln. Zu diesem Zweck
wird es notwendig sein, die Analyse- und Beschreibungstätigkeit nicht nur auf
einzelne Unterrichtsstunden zu beschränken (wie etwa bei der Frage des Metho-
den- oder Medieneinsatzes), sondern über Einzelstunden oder Unterrichtsreihen hinaus den Blick auch auf größere Zeit- und Sachzusammenhänge zu richten. Das bedeutet, dass man die Ziele von Unterrichtsstunden nur hinreichend
verstehen kann, wenn man sie in umfassendere Begründungszusammenhänge
einzuordnen weiß. Konkret heißt das etwa: In welchem Zusammenhang stehen
die Lernziele dieser beobachteten Unterrichtsstunde mit Zielen anderer Unterrichtsstunden? In welchem Verhältnis stehen diese konkreten Ziele und die Ziele
von Unterrichtsreihen zu den übergreifenden Zielen eines Unterrichtsfaches?
Lassen sich diese fachlichen Ziele darüber hinaus in einem fächer*übergreifenden*
Begründungszusammenhang bündeln? usw.

Um uns nun einen ersten Zugang zu den „Zielen und Inhalten" von Unterricht
zu eröffnen, richten wir unsere Aufmerksamkeit auf die Tätigkeit, um die es im
Unterricht offensichtlich immer geht, nämlich auf das *Lernen*, und grenzen es
vom Lernen im Alltag ab. Vieles von dem, was wir wissen und können, haben wir
in alltäglichen Situationen gelernt. Es ist der ständige Umgang mit anderen Menschen und den Dingen, aus dem sich im Laufe der Zeit ein großes Potential an
Kenntnissen, Erkenntnissen, Einstellungen und Haltungen entwickelt hat. Auf
diese Weise beschert uns der Alltag neben vielen Belanglosigkeiten auch durchaus lebenswichtige Erfahrungen. Aber dieses Erfahrungspotential ist zum großen Teil *zufällig* zustande gekommen. Es hängt z. B. davon ab, in welche Familie
man hinein geboren wird, was die Eltern einem beibringen konnten und was
nicht, ob man einen Kindergarten besuchen konnte oder nicht, ob die Kindheits-
jahre von Gesundheit oder schwerer Krankheit geprägt waren usw. Diese sozialen und persönlichen Verhältnisse sind für den weiteren Entwicklungsverlauf
und persönlichen Werdegang von nicht geringer Bedeutung, und zwar in positi-
ver wie in negativer Hinsicht. Von ihnen hängt es mit ab, was man weiß und nicht
weiß und welche sozialen, kulturellen oder ökonomischen Möglichkeiten man
sich aufgrund dieses Wissens erschließen kann oder einem verschlossen bleiben.
Der Lebenslauf entscheidet also in hohem Maße mit darüber, *ob* man etwas lernen kann und *was* man lernen kann.

Von diesen beiden Gesichtspunkten aus können wir ansatzweise den Sinn schulischen Lernens bestimmen: In der Schule will man das Lernen nicht dem Zufall überlassen. Schulischer Unterricht ist also *intentionale*, d. h. von Absichten geleitete Lehre. Er folgt entsprechenden *Ziel*vorstellungen und versucht, diese in Schülerleistungen umzusetzen. Schulisches Lernen ist daher immer an *Lernzielen* orientiert. Die jeweiligen Lernziele stehen allerdings nicht isoliert für sich, sondern verweisen auf einen weiten Begründungszusammenhang, der den übergreifenden Sinn schulischen Lehrens und Lernens darstellt. In aller Kürze ergibt sich dieser übergreifende Sinn aus einer Orientierung an der Idee der Allgemeinbildung; damit ist insbesondere gemeint:

- Unterricht soll einen wichtigen Beitrag zum Selbst- und Weltverständnis der Schülerinnen und Schüler leisten, damit sie ihr gegenwärtiges und vor allem künftiges Leben in Selbstbestimmung und sozialer Verantwortung führen können.

- Zu diesem Zweck werden sie sich ein breites und tiefes Wissen aneignen müssen, das zur privaten Lebensführung ebenso notwendig ist wie zur Teilhabe an wichtigen gesellschaftlichen Prozessen.

- Allgemeinbildung ist insofern als ganzheitliche Bildung zu verstehen, als sie Zugänge zu unterschiedlichsten Formen des Selbst- und Weltverständnisses in kognitiver, ästhetischer, sozialer, ethisch-moralischer, pragmatischer und weltanschaulich-religiöser Hinsicht ermöglichen soll.

- Bildung ist immer als *Selbst*-Bildung zu verstehen: Das Individuum kann sich nur aufgrund eigener Lernanstrengungen bilden, niemand kann ihm diese Aufgabe abnehmen. Lehrerinnen und Lehrer können die Bildung des Individuums allerdings durch eine geeignete Organisation von Lernprozessen *unterstützen*.

- Bildung als Selbstbildung ist nicht auf die Schulzeit beschränkt, sondern eine lebenslange Aufgabe. Für diese Fähigkeit der eigenen Weiterbildung muss der Unterricht die notwendigen Voraussetzungen schaffen.

Mit dieser Orientierung an der Idee der Allgemeinbildung ist die übergreifende Zielvorstellung umrissen, an der sich alle Lehr-Lerntätigkeiten im Unterricht ausrichten sollten. Alle *Lernziele* und behandelten *Themen* sollten also einen direkten oder zumindest indirekten Beitrag zur Verwirklichung dieser allgemeinen Vorgabe leisten. Die folgenden Ausführungen über Lernziele und Inhalte des Unterrichts sind also durchgehend auf die Aufgabe der Allgemeinbildung zu beziehen. Um das Verständnis dieser umfassenden Aufgabe differenzierter fassen zu können, sind zunächst einige theoretische Kenntnisse erforderlich; sie beziehen sich auf folgende Aspekte:

1. Was sind Lernziele?
2. Zum Unterschied von Lernen, Lernzielen und Leistungen
3. Welche Dimensionen (Arten) von Lernzielen lassen sich unterscheiden?
4. Zur Begründung von Inhalten und Zielen

Zu 1: Was sind Lernziele?

Lernziele sind *Vorstellungen* über durch Unterricht anzustrebende Verhaltensdispositionen von Schülerinnen und Schülern. Als Ergebnis reflektierter Unterrichtsplanung existieren sie im Kopfe des Lehrers und sind bei der konkreten Unterrichtsdurchführung leitend für all seine anderen Tätigkeiten (z. B. auch für den Methoden- und Medieneinsatz). Aufgrund dieser leitenden Funktion ist es wichtig, dass Lernziele soweit wie möglich hinreichend klar bestimmt sind. Denn vage formulierte Lernziele sind Ausdruck ungeordneter Vorstellungen des Lehrenden und stehen dem Lernerfolg des Schülers im Weg. Wenn die antizipierten Vorstellungen durch Unterricht zu erwünschten Verhaltensdispositionen des Schülers führen sollen, müssen Lernziele im Hinblick auf Unterrichtsreihen und Unterrichtsstunden hinreichend konkret bestimmt sein. In aller Kürze können wir also festhalten:

Ein Lernziel

- beschreibt eine vorweggenommene Verhaltensdisposition, die Lernende nach erfolgtem Lernprozess zeigen sollen
- ist ein vom Lehrenden (ggf. auch in Abstimmung mit den Lernenden) bewusst gesetztes Ziel
- wird im Hinblick auf konkreten Unterricht durch eine möglichst eindeutige inhaltliche Beschreibung der erwünschten Verhaltensdispositionen bestimmt.

Zwei Beispiele mögen diese knappe Definition veranschaulichen. Das erste bezieht sich auf den Deutschunterricht, in dem eine Kurzgeschichte interpretativ erschlossen werden soll, und das zweite auf den Physikunterricht, in dem die Schülerinnen und Schüler das Zusammenwirken von Unter- und Überdruck am Beispiel der Luftpumpe verstehen sollen. Sie können die vorstehende Definition auf diese beiden Beispiele anwenden, indem Sie überprüfen, ob die genannten Kriterien hier zutreffen.

Beispiel 1:

Lernziele zur Kurzgeschichte „Nachts schlafen die Ratten doch" (Wolfgang Borchert)

Die Schülerinnen und Schüler sollen

- das antithetische Verhältnis vom Anfang und Ende der Kurzgeschichte im Ausdruck unterschiedlicher Stimmungen des Jungen erkennen
- die unterschiedlichen Stimmungen durch die jeweilige Wortwahl (Semantik der Verben und Adjektive) belegen
- den Stimmungswechsel auf die Strategien des alten Mannes (Kompliment, Neugier wecken, Lüge usw.) zurückführen
- die Symbolik der „krummen Beine" erkennen (durch die der Junge die Sonne erblickt)
- die von Borchert angemahnte Verantwortung der Erwachsenen gegenüber der jüngeren Generation in der spezifischen Situation der Nachkriegszeit erkennen
- im übertragenen Sinn die grundsätzliche Aufgabe der Erwachsenen darin sehen, dass sie der jungen Generation (bei allen real existierenden Problemen) Perspektiven für eine lebenswerte Zukunft aufzeigen müssen.

Beispiel 2:

Lernziele zum Thema „Unter- und Überdruck" (am Beispiel der Luftpumpe):
Die Schülerinnen und Schüler sollen

- die Teile und den Aufbau einer Luftpumpe (Zylinder, Kolben, konusförmige Gummidichtung, zwei „Öffnungen") mit Hilfe einer Grafik beschreiben können
- die Form der Gummidichtung mit ihrer Funktion erklären (herrscht vor der Dichtung Überdruck, wird sie an die Zylinderwand angepresst, bei Unterdruck gibt sie nach und läßt Luft von außen nachströmen)
- die Luftdruckverhältnisse in der Pumpe mit Hilfe des ihnen bekannten „Teilchenmodells" zeichnerisch darstellen (verdichtete Luft, „verdünnte" Luft)
- das Wechselspiel von Über- und Unterdruck in einem knappen Text präzise beschreiben.

Zu 2: Zum Unterschied von Lernen, Lernzielen und Leistungen

Lernziele – so hatten wir gesagt – sind *Vorstellungen* über Verhaltensdispositionen, die Schülerinnen und Schüler im Unterricht erwerben sollen. Lehrerinnen und Lehrer versuchen, die gesetzten Ziele mit Hilfe geeigneter Lernhilfen zu erreichen. Als Lernhilfen seien hier alle Möglichkeiten gefasst, die den Schüler bei seinem Lernen unterstützen sollen, also beispielsweise die Auswahl geeigneter Inhalte, Hinweise, Ermunterungen, der Einsatz eines Tafelbildes, die Wahl einer Unterrichtsmethode usw.

Das *Lernen* selbst ist ein *innerer* Prozess, der sich im psychischen Erleben des Schülers abspielt und deshalb nie direkt beobachtbar ist. Deshalb benötigen Lehrerinnen und Lehrer *äußere*, sichtbare Indizien, die indirekten Aufschluss über diese Lernprozesse geben. Man wird sich dabei nicht mit Vermutungen zufrieden geben wollen, sondern sich auf für jedermann beobachtbare und hinreichend genau beschreibbare Verhaltensdispositionen des Schülers stützen.

Solche Verhaltensdispositionen repräsentieren die durch den Lernprozess zustande gekommenen *Leistungen*. Wir haben also zwei Ebenen zu unterscheiden: die *innerlich* ablaufenden Lernprozesse einerseits und die daraus (möglicherweise) hervorgehenden Leistungen, die über geeignete Lernzielkontrollen (Unterrichtsgespräch, Abfragen, Tests, Klassenarbeiten usw.) nach *außen* hin sichtbar gemacht werden können.

Innere Ebene	Lernprozesse	nicht (direkt) beobachtbar
Äußere Ebene	Erbrachte Leistungen	durch „Messverfahren" sichtbar zu machen

Die Leistungen des Schülers sind nicht nur wichtig für eine Überprüfung seiner *Lern*leistungen, sondern auch für den Lehrer, der seinen Unterricht, seine *Lehr*-leistung überprüfen will und muss. Er darf sich nicht mit groben Einschätzungen der Schülerleistung zufrieden geben, schließlich soll diese Leistung nach einer gewissen Zeit überprüft und benotet werden. Für den Schüler hat das Konsequenzen bis hin zur Frage der sogenannten „Versetzung" aufgrund von Zeugnisnoten. Für den Lehrer aber ist die Schülerleistung ein *regulierendes Moment*: Sie leitet die Analyse seines Unterrichts, indem sie ihm Aufschlüsse darüber gibt, was er erreicht hat und was nicht und ob die eingesetzten Lernhilfen (z. B. Methoden oder Medien) in ihrer wechselseitigen Beziehung zu den Lernzielen und zu den Lernvoraussetzungen des Schülers „richtig" bedacht worden sind. Das Ergebnis dieser Analyse fließt dann in die weitere Unterrichtsplanung ein und wird somit den folgenden Unterricht beeinflussen.

Lehrerinnen und Lehrer brauchen also eine Rückmeldung über die Effektivität ihrer Lehrhandlungen, die nur durch die Feststellung von Schülerleistungen erfolgen kann. Schon allein aus diesem Grunde ist eine leistungsfeindliche Einstellung in Schule und Unterricht fehl am Platz; Leistungen sind nicht in erster Linie Instrumente gesellschaftlicher Kontrolle, wenn gleich sie das auch immer sind, werden durch sie doch direkt und indirekt Chancen für das private und berufliche Weiterkommen zugeteilt. Aber in erster Linie dienen Leistungen sowohl dem Lehrer als auch dem Schüler als wichtiges Feedback über abgelaufene Lehr-bzw. Lern*prozesse* und über erreichte bzw. nicht erreichte Lern*ziele*.

Zu 3: Welche Dimensionen (Arten) von Lernzielen lassen sich unterscheiden?

Kritische Stimmen behaupten, dass der alltägliche Unterricht über weite Strecken ein „verkopfter" Unterricht sei, wodurch z. B. die emotionale Dimension eines Themas oder die Ausbildung praktischer Fähigkeiten stark vernachlässigt werden. Dieses Urteil trifft zunächst einmal zu. Möglicherweise wird es aber auch gute Gründe für die vorrangige kognitive Beanspruchung der Schüler geben. Bevor wir auf mögliche Gründe näher eingehen, soll hier vorab eine einfache, in der didaktischen Literatur weit verbreitete Klassifikation von Lernzielen eingeführt werden. Danach können wir theoretisch mindestens vier verschiedene Dimensionen (bzw. Arten) unterscheiden (die in konkreten Lernprozessen allerdings nur mit großer Mühe auseinandergehalten werden können):

Kognitive Dimension: Das Lernen bezieht sich hier im wesentlichen

- auf die Aneignung von Informationen, Daten und Fakten (z.B.: topographische Kenntnisse im Geographieunterricht, Zeitdaten im Geschichtsunterricht, Vokabeln im fremdsprachlichen Unterricht, Aneignung von Fachbegriffen) und

● auf das Erkennen von Zusammenhängen (z. B.: Begriffe bilden, Erkennen von zeitlichen Abfolgen oder kausalen bzw. konditionalen Zusammenhängen, Urteile fällen, Schlüsse ziehen, Probleme lösen, Erkenntnisse anwenden)

Affektive Dimension: Lernziele der affektiven Dimension beziehen sich auf Emotionen (z. B. Freude an und Genießen von künstlerischen Produktionen), Einstellungen (z. B. soziale Vorurteile) und Interessenlagen („Lieblingsfächer"), aber auch auf den Erwerb und das Hinterfragen von Werthaltungen (z. B. Verantwortung gegenüber der Natur, demokratische Grundhaltung).

Psychomotorische Dimension: Sie umfasst die Ausbildung körperlicher Fähigkeiten (z. B. Bewegungsfiguren und körperliche Leistungen im Sportunterricht, Experimentiertechniken im naturwissenschaftlichen Unterricht, Maltechniken im Kunstunterricht, „Fingerübungen" beim Spielen eines Instrumentes).

Soziale Dimension: Sie beschreibt den Erwerb sozialer Verhaltensweisen (z. B. Konfliktfähigkeit, Kommunikationsbereitschaft, Kompromissfähigkeit, Rücksichtnahme, Kooperations- und Hilfsbereitschaft).

Wenn Sie diese vier Dimensionen daraufhin vergleichen, ob die zugehörigen Lernziele eindeutig genug formuliert und entsprechend leicht überprüft werden können, stellen Sie unschwer fest, dass sich Lernziele der psychomotorischen Dimension in der Regel leichter überprüfen lassen (beim 100 m-Lauf misst man die exakte Zeit, beim Weit- und Hochsprung die genaue Länge bzw. Höhe des Sprunges). Auch in der kognitiven Dimension ist es noch vergleichsweise einfach, klare Lernziele zu bestimmen und halbwegs verläßliche Indikatoren (Schülerleistungen) dafür auszumachen; so lassen sich etwa Vokabelkenntnisse oder die Anwendungsfähigkeit physikalischer Erkenntnisse mit hinreichender Genauigkeit überprüfen. Weitaus schwieriger sind die Formulierungs- und Überprüfungsprobleme, die sich Ihnen in der sozialen und affektiven Dimension stellen: Was ist unter pro-, was unter asozialem Verhalten zu verstehen? Wie läßt sich das Mitgefühl der Schüler gegenüber leidenden Menschen oder Tieren überprüfen? Und wenn man im Sinne des oben skizzierten Allgemeinbildungsverständnisses die genannten vier Dimensionen von Lernzielen erweitert, wäre im Hinblick auf die ästhetische und ethisch-moralische Dimension etwa zu fragen: Wie läßt sich die ästhetische Rezeption einer Symphonie oder der sprachlichen Gestaltung eines Dramas, Gedichtes oder Romans beschreiben und überprüfen? Was ist unter einer demokratischen Grundhaltung oder unter der Verantwortung gegenüber der Natur zu verstehen?

Sie sehen, dass die Indikatoren, die man für solche Verhaltensweisen heranziehen könnte, weitaus indirekter als diejenigen in der psychomotorischen und kognitiven Dimension sind und deshalb auch keine klare Leistungsmessung zulassen. In dieser Schwierigkeit können wir zugleich eine erste Antwort auf die Frage nach der einseitigen kognitiven Ausrichtung des alltäglichen Unterrichts finden: Lehrerinnen und Lehrer stehen – heute mehr denn je – unter dem Zwang der

Unterrichtseffektivität; die Ergebnisse der TIMMS- und PISA-Untersuchungen haben z. B. zur Einführung von Lernstandserhebungen und Vergleichsarbeiten geführt. Klar vergleichen läßt sich aber nur das, was eindeutig messbar ist. Als Folge wird sich die kognitive Ausrichtung des Unterrichts vermutlich noch verstärken. Man muss aber auch die große Bedeutung kognitiver Fähigkeiten für das zu bildende Welt- und Selbstverständnis des Schülers sehen. Die „Welt" ist nun einmal komplex und bietet viele Möglichkeiten, sich in ihr zu betätigen. Wenn Unterricht dieser Vielfalt gerecht werden will, muss der Schüler auch vielerlei Kenntnisse erwerben und die Kenntnisse zu möglichst kohärenten Einheiten zusammenfügen, damit er sich in seiner Lebenswelt zurecht finden kann. Das gelingt oft nur durch eine rationale Einstellung auf Sachverhalte mit dem Ziel, die Vielfalt der Welt durch Abstraktion symbolisch (insbesondere durch gesprochene und geschriebene Sprache und die Symbole der Mathematik) zu verdichten und für das Handeln verfügbar zu machen.

In der Zeit Ihres Praktikums dürften Sie also nicht sonderlich überrascht sein, wenn Sie die Lernziele einer Unterrichtsstunde nach den genannten vier Dimensionen oder dem umfassenderen Allgemeinbildungsverständnis zu unterscheiden versuchen und dabei immer wieder feststellen, dass die kognitive Dimension Priorität hat. Aber bei allem Verständnis für die Wichtigkeit dieser Dimension muss man doch auch ihre Begrenztheit sehen, weil sie andere mögliche Aspekte des Unterrichtsthemas in den Hintergrund drängt, die aber für die gegenwärtige und spätere Lebensführung von nicht geringer Bedeutung sind bzw. sein können. Ein abschließender Auszug aus einem Lehrplan (Biologie) mag stellvertretend die Ergänzungsbedürftigkeit der kognitiven Dimension verdeutlichen, wenn sich der Fachunterricht nicht um seine Möglichkeiten *vielfältiger Bildung* bringen will:

„Über eine Grundlegung biologischer Kenntnisse und Fähigkeiten hinaus hat der Biologieunterricht allgemeinbildende und erzieherische Aufgaben …

Aus den genannten Aufgaben erwachsen folgende Ziele:

1. Bewahrung und Entwicklung von Bereitschaft, Lebendes zu achten, zu schützen und zu erhalten und Verantwortung gegenüber Mitmenschen und Umwelt zu übernehmen, …

2. Bewahrung und Entwicklung von Interesse, ästhetischem und emotionalem Empfinden und Freude in der Begegnung mit der belebten Natur, …

3. Bewahrung und Entwicklung einer gesunden Lebensführung".

(aus: Richtlinien und Lehrpläne für das Gymnasium. – Sekundarstufe I – in Nordrhein-Westfalen. Biologie. Hg.: Kultusministerium des Landes Nordrhein-Westfalen. 4/1993, Düsseldorf: 1993, S. 33)

Zu 4: Zur Begründung von Inhalten und Zielen

Unsere bisherigen Überlegungen erstreckten sich lediglich auf die Beschreibung von inhaltlichen Zielen und deren Kategorisierung nach Dimensionen. Dadurch sind Sie in der Lage, Ziele von Unterrichtsstunden zu erkennen, zu formulieren und zu kategorisieren. Das wird Ihnen bei der Analyse bzw. dem Verstehen einer Unterrichtsstunde und bei Ihren ersten eigenen Unterrichtsplanungen zweifellos hilfreich sein, weil Sie sich dadurch Klarheit über die Ziele der Stunde und die zu erreichenden Schülerleistungen verschaffen können. So wichtig diese ersten Orientierungsversuche sind, so sehr müssen sie möglichst bald durch die Frage der *Begründung* der Ziele und Inhalte ergänzt werden. Es reicht nicht aus zu wissen, *was* man will, man muss auch „gute" Gründe dafür haben, *warum* man es erreichen will. Damit kommen wir auf die eingangs angedeutete Aufgabe zurück, die in einzelnen Unterrichtsstunden verfolgten Ziele und behandelten Inhalte in einen größeren *Begründungszusammenhang* einzubetten.

Als generelle Begründung für die Wahl von Inhalten und entsprechenden Zielen hatten wir bereits den übergreifenden Sinn von Unterricht bestimmt: Durch ihn sollen die Schülerinnen und Schüler ein breites und tiefes Selbst- und Weltverständnis erlangen, um ihr künftiges Leben selbstbestimmt und in sozialer Verantwortung führen zu können. Für Ihre Praktikumstätigkeit benötigen Sie nun konkretere Anhaltspunkte, die Ihnen als Indizien für die Einlösung dieses Allgemeinbildungsauftrages dienen können. Besonders hilfreich und auch schon für Studienanfänger hinreichend verständlich dürfte ein von Wolfgang Klafki eingeführtes Frageraster sein (s. Klafki [5]1996, S. 272f.). Aus diesem Raster greifen wir für die Zwecke des Praktikums drei besonders wichtige Aspekte heraus:

- Worin liegt die *Gegenwartsbedeutung* des Themas bzw. der Lernziele?
- Worin liegt ihre *Zukunftsbedeutung*?
- Stehen das konkrete Thema und die mit ihm verbundenen konkreten Lernziele *exemplarisch* für das Erreichen allgemeinerer Ziele?

Die Bestimmung der *Gegenwartsbedeutung* eines Unterrichtsinhaltes ist zu verstehen als die „Frage nach den von Kindern und Jugendlichen erfahrenen und praktizierten Sinnbeziehungen und Bedeutungssetzungen in ihrer Alltagswelt" (Klafki [5]1996, S. 273).

Die Frage nach der *Zukunftsbedeutung* eines Themas richtet sich darauf, ob die an diesem Thema zu gewinnenden Einsichten (vermutlich) auch im künftigen Leben der Schülerinnen und Schüler eine wichtige Rolle spielen werden. Diese Frage ist also sozusagen die zeitliche Verlängerung der ersten in die Zukunft hinein.

Die Frage der *Exemplarität* eines Themas soll klären, ob sich über das gewählte Thema hinaus „allgemeinere Zusammenhänge, Beziehungen, Gesetzmäßigkeiten, Strukturen, Widersprüche, Handlungsmöglichkeiten erarbeiten lassen" (ebd., S. 275). Ein Unterrichtsthema steht also nie für sich allein, sondern es soll über sich hinaus verweisen, allgemeinere Einsichten am ausgewählten Beispiel ermöglichen, mit deren Hilfe sich die Schülerinnen und Schüler weitere adäquate Fälle gegenwärtig und künftig (weitgehend) selbständig erschließen können. Letzteres meint also die Anwendung des Gelernten im weiteren Leben; die didaktische bzw. lernpsychologische Literatur bezeichnet diese Anwendung auch als „Transfer".

Die folgende Tabelle nennt ein paar Beispiele, an denen Sie sich den Sinn der drei Fragen (Gegenwartsbedeutung, Zukunftsbedeutung, exemplarische Bedeutung) für die Begründung von Themen und Lernzielen aus verschiedenen Unterrichtsfächern verdeutlichen können:

Fach	Konkretes Thema (Exemplum), mit dem konkrete Lernziele verbunden sind	Allgemeine Einsicht	Transfermöglichkeiten
Musik	Gospelsong oder ein „flotter Dixieland"	Aus einer bestimmten geschichtlichen Situation heraus entsteht ein Musikstil (Präferenz für bestimmte Inhalte, Rhythmen, Instrumente).	Wann und warum entwickelten sich der Walzer, das Musical, die Oper, der Reggaestil, der Blues, Rock and Roll, Pop, …?
Deutsch	Analyse einer Anzeige aus der Werbung	Analyse der Syntax (z.B. Wortreihungen, unvollständige Sätze, kurze Sätze, Häufung von Adjektiven), der Semantik (Bedeutung des Slogans, des Produktnamens) und der Pragmatik (Ansprechen einer bestimmten Zielgruppe; Aufforderung zum Kauf eines Produktes)	Zusammenspiel von syntaktischen, semantischen und pragmatischen Elementen zu einem kohärenten Text mit einer bestimmten Wirkungsabsicht (Informations- und Appellfunktion) in der politischen Rhetorik
Mathematik	Herr A. hat folgende Konditionen zur Finanzierung seines Hausbaus erhalten: … Frau B. hat dagegen diese: …	Regeln der Prozentrechnung	Ermittlung von Renditen verschiedener Anlageformen; Prüfung von Anlageformen auf ihre Seriosität
Geschichte	Demokratische Bewegung in Frankreich um 1789	Gewaltenteilung zwischen Exekutive, Legislative und Judikative	Analyse moderner Staaten im Hinblick auf die Realisierung demokratischer Elemente
Chemie	Ein rostiger Nagel	Oxidation	Oberflächenbehandlung von Metallen (Farbauftrag als Korrosionsschutz, Kunststoffummantelung, Veredelungstechniken)

Lernzielanalyse und -beschreibung im Orientierungspraktikum

Die bisher eingeführten Begriffe und vorgestellten theoretischen Zusammen-hänge eröffnen Ihnen nun eine ganze Reihe von Möglichkeiten der Lernzielana-lyse im Praktikum. Sie sollten dabei zwischen drei Ebenen der Lernzielanalyse und -beschreibung unterscheiden, aus denen sich jeweils ganz unterschiedliche Aspekte der Beobachtung und Analyse von Unterricht ergeben:

1. *Ebene:* Lernziele einer einzelnen Unterrichtsstunde
2. *Ebene:* Lernziele einer Unterrichtsreihe
3. *Ebene:* Allgemeine, fächerübergreifende Lernziele

Wenn Sie erste Erkundungsversuche im schulischen Feld machen, wie das im Praktikum der Fall ist, sollten Sie sich zunächst auf die *erste* Ebene konzentrie-ren, denn die Ziele einer einzelnen Unterrichtsstunde sind in der Regel nicht all-zu komplex und deshalb relativ leicht aus den Handlungen der Lehrenden und den Leistungen der Lernenden zu erschließen. Zudem besteht vor oder nach der hospitierten Unterrichtsstunde oft die Gelegenheit, die jeweiligen Lehrerinnen und Lehrer direkt nach den verfolgten Zielen zu befragen. Einen Eindruck da-von, ob die gesetzten Ziele erreicht worden sind, gewinnen Sie nicht nur aus den Schülerleistungen im Unterricht (Wortmeldungen, Übungserfolge), sondern zu-sätzlich auch dadurch, dass Sie sich die Hausaufgaben, die sogenannten Lei-stungstests oder Klassenarbeiten der Schüler ansehen.

Auf der *zweiten* Ebene richtet sich die Lernzielanalyse auf die Ziele einer Unter-richtsreihe. Da solche Unterrichtsreihen aus einigen Einzel- oder Doppelstun-den bestehen können, aber auch – insbesondere im Oberstufenunterricht – aus einer längeren, einige Schulwochen umfassenden Sequenz vieler Stunden, muss für die Lernzielanalyse auf dieser zweiten Ebene die Voraussetzung gegeben sein, dass Sie in mehreren aufeinander bezogenen Unterrichtsstunden hospitie-ren können. Deshalb sollten Sie sogleich zu Beginn des Praktikums darauf ach-ten, dass Sie dazu die Gelegenheit bekommen. Oft stehen diesem Wunsch orga-nisatorische Gründe im Wege. Aber die Beobachtung und Analyse einer Unter-richtsreihe ist eine besonders geeignete Gelegenheit, den notwendigen Zusam-menhang zwischen Einzelstunden zu verfolgen und zu verstehen.

Wenn Sie die Gelegenheit haben, an einer Fachkonferenz teilzunehmen, sollten Sie diese unbedingt nutzen. Denn in diesen Konferenzen werden oft Themen verhandelt, die sich auf diese zweite Ebene der Lernzielanalyse beziehen. Hier wird beispielsweise über die Einführung von neuen Schülerbüchern oder von zu-sätzlichen Lernmaterialien diskutiert und entschieden, wobei vor allem die Fra-ge leitend sein wird, welche *Intentionen / Ziele* man mit diesen Medien und den durch sie repräsentierten Unterrichts*inhalten* erreichen will. In Fachkonferen-zen werden zudem Absprachen über Unterrichtsreihen getroffen oder von eini-gen Kolleginnen und Kollegen Unterrichtskonzepte bzw. Unterrichtsreihen vorgestellt. Bei solchen Anlässen können Sie also sehr gut erkennen, dass schulisches Lehren und Lernen keine additive Aneinanderreihung beliebiger Themen, Ziele und Stunden ist, sondern einen möglichst kohärenten Sinnzusammenhang bilden muss, in dem die einzelnen Elemente (Themen, Lernziele von Einzelstunden) sich zu einem komplexeren Gesamtzusammenhang zusammenschließen müssen. Auf diese Weise wird Ihnen der Sinn eines Unterrichtsfaches über die Schuljahre hinweg klar und darüber hinaus auch der Zusammenhang des jeweiligen Unterrichtsfaches mit den übrigen im Fächerkanon vertretenen Unterrichtsfächern. Der letzte Aspekt (Überlegungen zum Fächerkanon) muss auf einer weiteren, dritten Ebene vertieft werden.

Auf der *dritten* Ebene der Lernzielanalyse setzt sich die gerade beschriebene Intention fort, die vielen einzelnen Lehr-Lernaktivitäten des Alltags und die übergreifenden Ziele einzelner Unterrichtsfächer in ein möglichst stimmiges *Gesamtkonzept* zu integrieren. Diese übergreifenden Zielbestimmungen finden sich insbesondere in den Richtlinien, die die einzelnen Bundesländer für die verschiedenen Schulformen und -stufen erlassen. Für das Praktikum erscheint es deshalb auf jeden Fall wichtig, dass Sie sich einen Einblick in die Richtlinien und in die Lehrpläne der Fächer, die Sie demnächst unterrichten wollen, verschaffen. Die Richtlinien beschreiben die *übergreifenden, allgemeinen Ziele* der jeweiligen Schulform und sind deshalb in der Regel jedem Lehrplan vorangestellt. Im Lehrplan selbst werden zunächst *leitende Ziele des betreffenden Faches* benannt. Diese werden wiederum durch weitere Ziele konkretisiert; dabei handelt es sich aber immer noch um relativ allgemeine Formulierungen, die – zusammen mit den Leitzielen – den Sinn eines Schulfaches im Fächerkanon verdeutlichen sollen. Auf diese Weise wird erkennbar, welchen Beitrag das jeweilige Unterrichtsfach zur Allgemeinbildung leisten soll.

Wenn im folgenden nun konkrete Aufgaben der Beobachtung und Analyse von Unterricht im Hinblick auf die verschiedenen Lernzielebenen hergeleitet werden, so ist dabei immer zu berücksichtigen, dass alle drei Ebenen als eine *Einheit* zu sehen sind. D. h.: Lernziele einer Unterrichtsstunde müssen immer auch im Zusammenhang mit den Zielen zugehöriger Unterrichtsreihen, mit den fachlichen Leitzielen und mit fächerübergreifenden Zielbestimmungen gesehen werden. Und umgekehrt gilt auch, dass Sie die Bedeutung übergreifender Ziele, wie sie z. B. in Richtlinientexten zu finden sind, immer auch unter dem Aspekt der konkreten Realisierungsmöglichkeiten in Unterrichtsreihen und -stunden sehen müssen.

Im Sinne der unterschiedenen drei Ebenen ergeben sich für Sie im Praktikum folgende Analyseschwerpunkte:

1. Ebene der Analyse: Lernziele einer Unterrichtsstunde

a) Welche Lernziele sollen in dieser Unterrichtsstunde erreicht werden?

b) Um welche Dimensionen von Lernzielen handelt es sich? (z. B. kognitive, affektive, pragmatische, soziale, psycho-motorische Ziele)

c) Liegt ein Schwerpunkt auf einer bestimmten Dimension? (Sind die Ziele z. B. vorrangig kognitiver Art?)

d) Welche zielförderlichen Maßnahmen kommen zum Einsatz? Wie unterstützt der/die Lehrende dadurch den Lernprozess?

- Durch welche Lehrschritte werden aufeinander aufbauende Teilziele erreicht?
- Motiviert der Einstieg in die Stunde die Schüler hinreichend für den Lernprozess?
- Inwiefern erleichtern die eingesetzten Medien den Schülern das Erreichen der Ziele?
- Verfügen die Schüler über die notwendigen Lernvoraussetzungen?
- Welche Maßnahmen ergreift der Lehrende, damit Schüler mit unterschiedlicher Leistungsfähigkeit dem Unterricht folgen können?
- Welche Hinweise (verbale Hinweise, Fragen, Zweifel, stumme Impulse, Mimik, Gestik usw.) bringen den Lernprozess voran?
- Welche Sozialformen (Frontalunterricht, Partner-, Gruppen-, Einzelarbeit usw.) kommen jeweils zum Einsatz? Sind sie zum Erreichen der Ziele förderlich?

Ein Hinweis: Versuchen Sie die von Ihnen ausgemachten Ziele der Stunde selbst schriftlich zu formulieren und prüfen Sie mit der Lehrperson nach der Stunde Ihre Formulierungen. Gerade am Anfang neigt man dazu, Lernziele mit wenigen Worten zu skizzieren. Bei näherem Nachfragen erkennt man aber die Vagheit solcher Zielvorstellungen. Diese Unbestimmtheit beeinträchtigt nicht nur das Verständnis des gesehenen Unterrichts. Sie wirkt sich besonders negativ bei Ihren eigenen Unterrichtsversuchen aus. Denn wer keine klaren Zielvorstellungen entwickelt hat, kommt auch zu keinen brauchbaren Entscheidungen hinsichtlich der zielförderlichen Maßnahmen. Da diese Maßnahmen aber wichtige Lernhilfen für die Schüler bilden, schränken unklare Zielvorstellungen auch immer den Lernerfolg der Schüler ein.

2. Ebene der Analyse:
Lernziele einer Unterrichtsreihe – Bezug zu den Leitzielen des Unterrichtsfaches

Diese Ebene der Lernzielanalyse ist nur realisierbar, wenn Sie an mehreren Unterrichtsstunden teilnehmen können, die eine zusammenhängende Unterrichtsreihe bilden. Von einer einzelnen Unterrichtsstunde aus können Sie nämlich kaum erkennen, welchen Stellenwert sie im weiteren Verlauf, dann aber auch im Halbjahres- oder Jahresplan haben wird.

Welche Fragen und Aufgaben stellen sich auf dieser Ebene für die Analyse der Lernziele?

a) Welche Lernziele sollen mit der betreffenden Unterrichtsreihe angestrebt werden?

b) Wie werden die Ziele der einzelnen Unterrichtsstunden „verdichtet" zu stundenübergreifenden Lernzielen?

c) Lassen sich Ordnungsgesichtspunkte (sachliche, zeitliche, methodische) erkennen, durch die der Lehrende den Schülern das Erreichen dieser Ziele erleichtert?

d) Wie sind die direkten Verbindungen zwischen den Einzelstunden gestaltet? (Ergeben sich am Ende einer Stunde motivierende Fragestellungen für die folgende? – Wie knüpfen die Wiederholungen an die letzte Stunde an? – Gehen aus der Besprechung der Hausaufgaben oder aus Übungsphasen neue Probleme hervor, die den Gang der Unterrichtsreihe bestimmen?)

e) Welche Maßnahmen erleichtern den Schülern, den „roten Faden" der Unterrichtsreihe zu erkennen? (Zusammenfassungen, graphische Darstellungen, Verlaufsskizzen, Rückschau, Reflexion und Beurteilung des Vorgehens, Vorausdeutungen, gemeinsame Planung des weiteren Unterrichts)

Will man über die Analyse einer einzelnen Unterrichtsreihe hinausgehen, also weitere in Betracht ziehen und zueinander in Verbindung setzen, dann wird man sie unter dem Gesichtspunkt der leitenden Ziele eines Unterrichtsfaches beurteilen. Solche Leitziele finden Sie in den *Lehrplänen* der betreffenden Fächer. In diese Lehrpläne sollten Sie sich schon im Praktikum zumindest so weit einlesen, um die folgenden drei Fragen beantworten zu können:

f) Wie sind die Unterrichtsreihe und die mit ihr verfolgten Ziele in das Halbjahres- und Jahrespensum des Jahrgangs eingebunden?

g) In welchem Zusammenhang stehen aufeinanderfolgende Unterrichtsreihen?

h) Stellt die Unterrichtsreihe einen wichtigen Beitrag zur Erreichung der (allgemeinen) Leitziele des betreffenden Faches dar?

3. Ebene der Analyse:
Bezug zu den fächerübergreifenden, allgemeinen Zielen schulischen Lehrens und Lernens

Mit dieser dritten Ebene der Analyse stellen Sie den Bezug zwischen den Zielen des Fachunterrichts und den allgemeinen Zielen schulischer Bildung her. Zunächst hat man Ziele einzelner Unterrichtsstunden bestimmt, die in Zielstellungen von längeren Unterrichtsreihen eingebunden waren. Diese Ziele von Unterrichtsreihen lassen sich allgemeinen Leitzielen eines Faches zuordnen, die ihrerseits wiederum im Zusammenhang mit den allgemeinen Zielen betrachtet werden müssen. Und für den umgekehrten Weg der Analyse gilt: Von dieser dritten Ebene aus wird der Sinn fachlicher Leitziele ebenso wie der Zusammenhang der vielfältigen Einzelaktivitäten im alltäglichen Unterricht erkennbar. Diese

Aktivitäten bestimmen weitgehend die Arbeit in den Schulen, dürfen aber nicht unverbunden nebeneinander stehen bleiben, sondern müssen sich mittel- und langfristig gesehen zu einer sinnvollen Einheit zusammenfügen.

Im Rahmen des Praktikums stellen sich auf der dritten Ebene der Lernzielanalyse z. B. folgende Fragen:

a) Welche allgemeinen Ziele bestimmen den Bildungsauftrag der Schule?

b) An welchen Grundwerten orientieren sich diese allgemeinen Ziele?

c) Welche Rahmenbedingungen und Bestimmungen werden hinsichtlich der Fächer in den Schul- und/oder Jahrgangsstufen vorgegeben? (Aufgabenfelder, Kernfächer als Pflichtfächer, Wahlpflichtfächer, Neigungskurse usw.)

d) Werden fächerübergreifende Prinzipien des Lehrens und Lernens empfohlen bzw. eingefordert? (s. dazu auch das Kapitel 4.3 „Didaktische Prinzipien")

e) Werden durch die Vorgaben der Richtlinien Schul- oder Jahrgangsstufen als Einheiten bestimmt? (z. B. Klasse 5 und 6 als Orientierungsstufe; Jahrgangsstufe 11 als Einführunsphase, Jahrgangsstufen 12 und 13 als Qualifikationsphase) Welche Ziele bestimmen die Arbeit in diesen Stufen?

Zur weiteren Orientierung mag Ihnen die abschließende Tabelle hilfreich sein, in der fachspezifische und fächerübergreifende *Zielebenen* nach dem Grad der Abstraktheit unterschieden werden, knappe *Definitionen* der Zielebenen gegeben und jeweils *Beispiele* zur Konkretisierung genannt werden. Die dabei benutzten Begriffe „Richt-, Grob- und Feinziele" sind Bezeichnungen, die in der didaktischen Literatur weit verbreitet sind.

	Zielebenen	Definition	Beispiele
fächerübergreifende Ziele	Richtziele	Ziele von sehr hohem Allgemeinheitsgrad, durch die die übergreifende Aufgabe von Erziehung und Unterricht zum Ausdruck gebracht wird	Selbstbestimmung in sozialer Verantwortung; Mündigkeit; Sach-, Sozial- und Handlungskompetenz
fachspezifische / fachliche Ziele	Leitziele von Unterrichtsfächern	Fachliche Leitziele bestimmen den spezifischen Beitrag eines einzelnen Faches zum allgemeinen Erziehungs- und Bildungsauftrag der Schule.	Der Physikunterricht soll die Schülerinnen und Schüler befähigen, Phänomene aus Natur und Technik beschreiben und physikalisch angemessen erklären zu können; die so erworbene physikalisch-technische Denk- und Urteilsfähigkeit soll ihnen einen verantwortungsvollen Umgang mit Natur und Umwelt ermöglichen.
	Grobziele	Ziele mittleren Abstraktionsniveaus, durch die die Intentionen einer Unterrichtsreihe beschrieben werden	Die Schüler sollen das Phänomen des Luftdrucks und das grundsätzliche Zusammenwirken von Unter- und Überdruck verstehen.
	Feinziele	Konkrete Ziele, die die in einzelnen Stunden zu erreichenden Schülerleistungen beschreiben	Die Schüler sollen die Funktionsweise der Luftpumpe (des Kompressors usw.) erklären können.

Literatur

Klafki, W.: Neue Studien zur Bildungstheorie und Didaktik. Beiträge zur kritisch-konstruktiven Didaktik. Weinheim / Basel [5] 1996.

Richtlinien und Lehrpläne für das Gymnasium. – Sekundarstufe I – in Nordrhein-Westfalen (1993). Biologie. Hg.: Kultusministerium des Landes Nordrhein-Westfalen. 4/ 1993, Düsseldorf, S. 33.

KLAUS BEYER

4.3 Didaktische Prinzipien

Zu den wichtigsten Planungsmomenten sind die didaktischen Prinzipien zu rechnen, an denen sich der Lehrer bei seiner Vorbereitung und Durchführung des Unterrichts orientiert bzw. orientieren sollte. Wichtig sind diese, weil in ihnen zum einen zumeist gut begründete *qualitative Anforderungen an den Unterricht* formuliert werden. Sie sind zumeist Ergebnisse grundsätzlicher didaktischer Reflexionen. Insofern spiegeln sie in knappster Form die pädagogischen „Grundsatzentscheidungen" eines Lehrers und damit sein „pädagogisches Selbstverständnis" (Plöger / Anhalt 1996, S. 620) wieder.

Bedeutung kommt den didaktischen Prinzipien zum anderen dadurch zu, dass sie helfen, die *Komplexität* der Unterrichtsplanung zu *reduzieren*, und den Lehrer so in seiner Unterrichtsvorbereitung erheblich entlasten: Wenn Sie nach kritischer Reflexion z. B. zu der begründeten Auffassung gelangt sind, dass der Unterricht versuchen solle, Bezüge zur Lebenswelt der Schüler herzustellen, haben Sie damit ein didaktisches Prinzip gewonnen, an dem sich Ihr künftiger Unterricht orientieren sollte. Bei neuen Planungen brauchen Sie dann nicht jedes Mal wieder dieselben Überlegungen anzustellen. Dies ist für Sie insofern ein großer Vorteil, als Sie Ihre didaktischen Entscheidungen zu einem nicht unerheblichen Teil unter einem Zeitdruck treffen müssen, der keinen Platz für zeitraubende Begründungsversuche lässt.

Damit die didaktischen Prinzipien diese Entlastungsfunktion übernehmen können, müssen sie relativ *abstrakt* sein, d. h. so formuliert sein, dass sie für die unterschiedlichsten Unterrichtssituationen hilfreich sind. Das hier als Beispiel gewählte Prinzip „Lebensweltbezug" ist so allgemein, dass der Primarstufenlehrer seine Entscheidungen im Sachunterricht ebenso daran orientieren kann wie der Mathematiklehrer auf der gymnasialen Oberstufe, der überlegt, wie er seinen Schülern den Zugang zur Wahrscheinlichkeitsrechnung ermöglichen kann.

Diese den didaktischen Prinzipien eigene Abstraktheit hat jedoch zur Folge, dass Sie ihnen nicht entnehmen können, welche konkreten Planungsentscheidungen Sie zu treffen haben. Sie geben nur einen Rahmen vor, in dem Sie sich mit Ihrem Unterricht bewegen sollten. Wie Sie diesen Rahmen füllen, müssen Sie selbst entscheiden, und zwar im Hinblick auf die Ziele Ihres Unterrichts, die zu behandelnden Inhalte, die verfügbaren Methoden und Medien sowie die Bedingungen, die Sie in Ihrem Unterricht vorfinden.

Bei Ihrer konkreten Planung müssen Sie darüber hinaus andere didaktische Prinzipien berücksichtigen, für deren Beachtung Sie sich gleichfalls entschieden haben. Die verschiedenen Prinzipien können sich einerseits *ergänzen* wie z. B. die Prinzipien „Lebensweltbezug", „Problembezug" und „Schülerangemessenheit". Sie könnten den drei Prinzipien z. B. dadurch gerecht werden, dass Sie den Lebensweltbezug Ihres Unterrichts durch die Behandlung von Lebensweltproblemen der Schüler herstellen.

Didaktische Prinzipien können sich aber auch *wechselseitig begrenzen*. So stehen z. B. die Prinzipien „Lebensweltbezug" und „Wissenschaftsbezug" zunächst in einem Konkurrenzverhältnis: Je mehr Sie Ihren Unterricht an der wissenschaftlichen Bezugsdisziplin Ihres Faches orientieren, desto stärker wird der „Lebensweltbezug" Ihres Unterrichts beeinträchtigt und umgekehrt. Wenn Sie jedoch von der Unverzichtbarkeit beider Prinzipien überzeugt sind, sehen Sie sich vor die Aufgabe gestellt, diese so miteinander zu *vermitteln*, dass Ihr Unterricht beiden Prinzipien so weit wie möglich Rechnung trägt, ohne dass das eine Prinzip dem andern geopfert werden muss. Die erforderliche Vermittlung kann Ihnen im Hinblick auf die genannten Prinzipien z. B. dadurch gelingen, dass Sie vor allem solche wissenschaftlichen Einsichten im Unterricht behandeln, die helfen, die gegenwärtige oder künftige Lebenswelt der Schüler zu erhellen.

Bevor wir Ihnen im folgenden einige Prinzipien etwas genauer vorstellen, sollten Sie zunächst selbst versuchen, einige für Sie besonders wichtige qualitative Anforderungen an den Unterricht zusammenzustellen, und diese in Ihrem Praktikumstagebuch notieren:

für mich wichtige didaktische Prinzipien		

In einem weiteren Schritt sollten Sie versuchen, Begründungen für die Bedeutung der aufgelisteten Prinzipien zu finden und stichpunktartig festzuhalten.

Hilfreich für Ihr eigenes Verständnis didaktischer Prinzipien wäre es ferner, wenn Sie sich im Hinblick auf die für Sie wichtigsten Prinzipien Gedanken darüber machen würden, wie diese in Ihren Unterrichtsfächern berücksichtigt werden könnten und wie Sie dabei mit der bereits oben am Beispiel abgehandelten Notwendigkeit umgehen würden, konkurrierende Prinzipien (z. B. „Strukturiertheit" und „Offenheit") miteinander zu vermitteln.

Im folgenden stellen wir Ihnen einige didaktische Prinzipien vor, von denen *wir* meinen, sie seien für einen Unterricht unverzichtbar, der im Interesse der Schülerinnen und Schüler an seinem Bildungsanspruch festhalten will.

Bevor Sie unsere Erläuterungen zur Kenntnis nehmen, sollten Sie zunächst versuchen, Ihr eigenes Vorverständnis des jeweiligen Prinzips zu klären.

4.3.1 Orientierung am Allgemeinbildungsauftrag des Unterrichts

Der Bildungsauftrag des Unterrichts besteht nach weithin konsensfähiger Auffassung von Bildungstheorie, Schulpädagogik und Didaktik darin, alle Schüler dabei zu unterstützen, ein Selbst- und Weltverständnis zu gewinnen, das es ihnen erlaubt, die ihnen begegnende soziale und physische Welt so weit zu verstehen, dass sie in und gegenüber ihr selbständig und verantwortlich handeln können. Ausgangspunkt Ihrer didaktischen Reflexionen sollte deshalb die Frage sein, wie Sie im Rahmen Ihrer Fächer zu diesem übergeordneten Auftrag einer allgemeinen, nicht fachlich und erst recht nicht fachwissenschaftlich verengten Bildung beitragen können.

Dies bedeutet, um ein Beispiel zu geben, dass es im Literaturunterricht nicht darum gehen darf, den Schüler literaturwissenschaftliche Kenntnisse anhäufen und diese in Klausuren reproduzieren zu lassen, sondern dass es primäres Ziel dieses Unterrichts sein muss, den Schüler durch den Rückgriff auf literarische Texte zu befähigen, sich selbst und die ihm begegnende Welt besser zu verstehen und zu beurteilen. Eine der zentralen Voraussetzungen einer zugleich kritischen und konstruktiven Auseinandersetzung mit der Welt ist die Entwicklung von Identität als eines personalen Zentrums, das es dem Schüler erlaubt, den vielfältigen Anforderungen des Lebens auf seine persönliche Art gerecht zu werden, ohne sich den z. T. widersprüchlichen Anforderungen auszuliefern und dadurch die Einheit der Person zu gefährden. Sie sollten deshalb in Ihrer Planung nach literarischen Texten fragen, anhand derer der Schüler Möglichkeiten und Probleme der Identitätsentwicklung reflektieren kann. Arthur Millers „Tod des Handlungsreisenden" wäre in unseren Augen ein solcher Text, dessen Behandlung dem Allgemeinbildungsanspruch des Englisch- oder Deutschunterrichts Rechnung trägt, weil er mit der Identitätsfindung einen für alle Heranwachsenden besonders wichtigen Entwicklungsprozess anspricht.

Analoges gilt für alle anderen Fächer, z. B. auch für den Biologieunterricht. Unter dem Allgemeinbildungsauftrag von Schule müsste er unter der Frage geplant werden, wodurch er dem Schüler helfen kann, sein Verhältnis zur belebten Natur in einer für ihn sinnvollen und verantwortbaren Weise auszugestalten.

Erste Aufgabe einer längerfristigen Unterrichtsplanung sollte es deshalb sein, sich der Frage zu stellen, inwieweit der Unterricht im eigenen Fach dem Schüler helfen kann, sich und sein Verhältnis zur Welt besser zu verstehen. Dazu können die folgenden Fragen hilfreich sein, die Sie bereits vor Beginn Ihres Praktikums zu beantworten versuchen sollten:

- Inwieweit kann der Unterricht in meinen Fächern dazu beitragen, das Selbst- und Weltverstehen der Schüler zu verbessern?
- Welche der dafür benötigten Kenntnisse, Fähigkeiten und Einstellungen können die Schüler in meinen Fächern erwerben?
- Welche Inhalte, Methoden und Medien eignen sich besonders, die Schüler diese Qualifikationen gewinnen zu lassen?

4.3.2 Bemühung um ein lernförderliches Unterrichtsklima

Nach der Klärung des Beitrags, den Ihre Fächer zur Weiterentwicklung des Selbst- und Weltverständnisses der Schüler leisten können, sollten Sie sich fragen, wie Sie in Ihrer Klasse oder Ihrem Kurs zu einem lernförderlichen Klima beitragen können. Ein solches Klima zu schaffen, liegt zwar nicht allein in Ihrer Hand; es wird auch beeinflusst vom Klima an der Schule und von der Lernbereitschaft, die die Schüler in Ihren Unterricht mitbringen. Dennoch kommt, wie Sie aus eigener Erfahrung wissen, dem einzelnen Lehrer eine große Bedeutung und Verantwortung im Hinblick auf das in seinem Unterricht herrschende Lernklima zu. Sie sollten sich deshalb bemühen, in Kooperation mit Ihren Schülern ein Verhältnis wechselseitigen Respekts entstehen zu lassen, in dem alle Beteiligten human, d. h. v. a. freundlich und solidarisch, miteinander umgehen. Dies bedeutet für Sie selbstverständlich den generellen Verzicht auf jede Form von Repression, Entmutigung, Sarkasmus; denn nur in einem angstfreien Unterricht kann ein psychisch entspanntes Lernklima entstehen, in dem die Schüler motiviert, konzentriert, leistungsorientiert, kreativ und kooperativ arbeiten und sich selbst für ihren eigenen Lernerfolg, aber auch den Lernerfolg ihrer Mitschüler verantwortlich fühlen. Grundbedingung für eine solche Arbeitshaltung ist das Gefühl der Schüler, von Ihnen gerecht behandelt zu werden. Auf deren Lernbereitschaft können Sie zudem positiv einzuwirken versuchen, indem Sie Ihre Schüler von der Bedeutsamkeit des im Unterricht zu Lernenden überzeugen, ihnen dort, wo dies sinnvoll ist, Einflussmöglichkeiten auf den Unterricht zugestehen, ihre Lernerfolge anerkennen und sie bei auftretenden Lernschwierigkeiten unterstützen.

Um zu einem möglichst lernförderlichen Klima in Ihrem Unterricht beitragen zu können, sollten Sie folgende Fragen zu beantworten versuchen:

- Wie kann ich meinen Schülern signalisieren, dass ich jeden von ihnen, unabhängig von seiner fachlichen Leistung, menschlich respektiere?
- Durch welches Verhalten kann ich einen nicht-aggressiven, freundlichen Umgang aller am Unterricht Beteiligten miteinander zu fördern versuchen?
- Wo und wie kann ich in meinen Fächern die Interessen der Schüler berücksichtigen und ihnen Einflussmöglichkeiten auf den Unterricht einräumen?

- Wie kann ich meinen Unterricht so gestalten, dass die Schüler die Bedeutsamkeit ihres Lernens für ihre eigene Entwicklung erfahren?
- Wie kann ich versuchen, die Schüler ein Gefühl der Verantwortung für ihr eigenes Lernen und das ihrer Mitschüler entwickeln zu lassen?
- Was kann ich tun, um in meinem Unterricht ein konzentriertes, leistungsorientiertes Lernen zu etablieren?
- Wie kann ich durch meinen Unterricht das Kompetenzgefühl der Schüler stärken?
- Durch welche Maßnahmen kann ich unnötigen Leistungsdruck abbauen und den Schülern signalisieren, dass Leistungskontrollen zwar eine unverzichtbare Voraussetzung für die schulische Leistungsbeurteilung sind, aber vor allem die Funktion der Kontrolle des eigenen Lernerfolgs haben?
- Wie kann ich meine Schüler bei auftretenden Lernschwierigkeiten unterstützen?

4.3.3 Schülerangemessenheit des Unterrichts

Unterricht kann nur Erfolg haben, wenn er den Bedingungen auf Seiten der Schüler gerecht wird. Dies heißt vor allem, dass Sie die Schüler auf ihrem Entwicklungsstand abholen müssen, indem Sie ihnen nur Lernprozesse abverlangen, die von ihnen mit Hilfe ihrer bisher vorhandenen Kenntnisse, Fähigkeiten und Einstellungen zu bewältigen sind. Deshalb sollten Sie zunächst versuchen, sich Klarheit über die Lernvoraussetzungen Ihrer Schüler zu verschaffen (vgl. 4.1), und sich überlegen, wie Sie diesen durch Ihren Unterricht gerecht werden können.

Wenn Sie versuchen, diesen Voraussetzungen so weit wie möglich Rechnung zu tragen, werden Sie auf die Notwendigkeit stoßen, viele Erkenntnisse, die die Menschheit im Laufe ihrer Geschichte gewonnen hat und die für die Gegenwart und Zukunft weiterhin bedeutsam sind, Ihren Schülern in vereinfachter Form präsentieren zu müssen. Sie stoßen hier auf die Konkurrenz zweier Prinzipien, nämlich der Forderung nach Sachgerechtigkeit und der Forderung nach Schülergerechtigkeit des Unterrichts. Der Versuch, diese beiden Prinzipien miteinander zu vermitteln, verlangt Ihnen einen ständigen Balanceakt ab, bei dem Sie darauf achten müssen, dass Sie Ihren Schülern keine Informationen liefern, die Sie später korrigieren müssen. Vielmehr sollten Sie die in Ihrem Unterricht zu behandelnden Sachverhalte in ihrer Schwierigkeit (d. h. v. a. in ihrer Komplexität und in ihrem Abstraktionsgrad) schülergemäß reduzieren, so dass Sie auf einer höheren Entwicklungsstufe nichts widerrufen müssen, sondern lediglich die Komplexität und den Abstraktionsgrad zu steigern versuchen.

Im Hinblick auf den Abstraktionsgrad Ihres Unterrichts sollten Sie beachten, dass alle Schüler, gleich welchen Alters, auf ein hohes Maß an Anschaulichkeit angewiesen sind. Dies gilt nicht nur für jüngere Schüler, die nur in konkrete Kontexte eingebettete kognitive Operationen vollziehen können, sondern auch für ältere Schüler mit mehr oder minder großer Fähigkeit zum abstrakten Denken, einer Fähigkeit, die darin besteht, beim Denken von den konkreten Merkmalen eines Phänomens absehen zu können. Für die Förderung dieser Fähigkeit sollten Sie sich in Ihrem Unterricht sowohl um den Ausgang von konkreten Phänomenen als auch um die Illustration abstrakter Aussagen durch konkrete Beispiele bemühen.

Ein Hauptproblem für jede Planung schulischen Unterrichts besteht darin, dass sich die Voraussetzungen der Schüler interindividuell unterscheiden. Sofern Sie Unterschiede erkannt haben, sollten Sie sich bemühen, diesen durch Differenzierung und Individualisierung der Aufgaben, der Lernhilfen und des Lerntempos möglichst gerecht zu werden.

Interindividuelle Unterschiede zwischen den Schülern gibt es insbesondere bei der Aufnahme und Verarbeitung dessen, was im Unterricht verhandelt wird. Die konstruktivistische Didaktik hat noch einmal mit aller Deutlichkeit darauf aufmerksam gemacht, dass jeder Schüler sein Selbst- und Weltverständnis selbst konstruiert und sein individuelles Wirklichkeitsverständnis maßgeblich dafür ist, wie er Ihren Unterricht rezipiert und verarbeitet. Es ist deshalb zweckmäßig, die Schüler bei der Behandlung neuer Inhalte zunächst ihre Wirklichkeitskonstruktionen (z. B. über die Wirkung der Massenmedien, die Wirksamkeit sozialer Sicherungssysteme, die Erklärung des Magnetismus) artikulieren zu lassen und den Unterricht als Angebot zu verstehen, die eigenen Konstruktionen auf ihre Tragfähigkeit hin zu überprüfen und sie erforderlichenfalls zu modifizieren. Die dazu erforderliche Bereitschaft wird der Schüler indessen nur dann aufbringen, wenn Sie ihm nicht nur das Gefühl geben, dass es im Unterricht um ihn und seine Entwicklung geht, sondern auch einen Interaktionsstil etablieren, der durch Offenheit für alle Argumente und Sanktionsfreiheit eine aufrichtige Kommunikation erlaubt.

Da Sie in Ihrer Unterrichtsplanung nicht alle Interessen, Konstruktionen und Lernprobleme der Schüler vorab kennen und berücksichtigen können, sollten Sie Ihren Unterricht so offen und variabel planen, dass Sie die erst im Unterricht erkennbaren Bedingungen hinreichend berücksichtigen können. Sie sollten deshalb auf die vollständige Durchplanung des Unterrichtsprozesses bis in jedes Detail verzichten und nur die Eckpunkte Ihres Unterrichts (anzustrebende Lernresultate, präzise zu formulierende Arbeitsaufgaben für die Schüler) festlegen, sich im übrigen aber mögliche Varianten (flexibel einsetzbare Unterrichtsbausteine, unterschiedliche methodische Zugriffe) zurechtlegen. Die erforderliche Variabilität erfordert eine hohe fachliche und didaktisch-methodische Kompetenz sowie eine Routine des Lehrers, die erst allmählich heranwachsen kann. Trotzdem sollten Sie bereits zu Beginn Ihres Unterrichts dem verständlichen Versuch einer „Sicherheitsplanung", die unvorhergesehenen Initiativen der Schüler vorbeugen will, widerstehen und statt dessen den Schülern den erforderlichen Raum geben, sich selbst mit ihren Interessen, Fragen, Problemen und Weltansichten in den Unterricht einzubringen.

Um ein Höchstmaß an Schülergerechtigkeit in Ihrem Unterricht realisieren zu
können, kann die Beantwortung der folgenden Fragen hilfreich sein:

- Durch welche Maßnahmen (z. B. Fragen, Aufgaben) kann ich versuchen, mir Klarheit über die kognitiven, emotionalen, sozialen, motorischen Voraussetzungen auf
  Seiten meiner Schüler zu verschaffen?

- Anhand welcher konkreten Phänomene kann ich die Anschaulichkeit meines Unterrichts steigern und den Schülern den Übergang vom konkreten zum abstrakten Denken erleichtern?

- Welche Möglichkeiten bestehen in meinen Fächern, durch Differenzierung und Individualisierung den unterschiedlichen Lernvoraussetzungen der Schüler Rechnung zu
  tragen?

- Wie kann ich versuchen, den Schülern das Gefühl zu geben, dass es im Unterricht um
  sie und ihre Entwicklung geht?

- Wie kann ich die Schüler veranlassen, ihre subjektiven Konstruktionen und Theorien
  in den Unterricht einzubringen, diese zu überprüfen und erforderlichenfalls zu modifizieren?

- Auf welchem Wege kann ich versuchen, einen Interaktionsstil zu etablieren, der den
  Schülern durch Offenheit für alle Argumente und Sanktionsfreiheit den Mut zu einer
  aufrichtigen Kommunikation gibt?

- Worin bestehen die Eckpunkte meines Unterricht, die ich sorgfältig planen sollte? In
  welchen Bereichen sollte ich dagegen auf eine Durchplanung zugunsten variabel ein-
  setzbarer Unterrichtskomponenten verzichten?

4.3.4 Lebensweltbezug des Unterrichts

Wenn Sie versuchen wollen, Ihre Schüler beim Ausbau ihres Selbst- und Weltverständnisses zu unterstützen, müssen Sie in Rechnung stellen, dass diese bereits
über ein durch ihre bisherigen Lebenserfahrungen gestütztes Verständnis ihrer
Person und der sie umgebenden Welt verfügen. Dieses Verständnis wandelt sich
aufgrund neuer Erfahrungen, die die Schüler im Lebensvollzug machen, und
dies in (vor allem in der Adoleszenz) oft krisenhaften Entwicklungsschüben. Im
Unterschied zu diesen sich eher zufällig ergebenden Erfahrungen sollen die
Schüler im Unterricht Gelegenheit zu einer systematisch aufgebauten Überprüfung und Weiterentwicklung ihres Verständnisses erhalten. Dazu sind Bezüge zur
näheren oder weiteren Lebenswelt der Schüler und eine Konfrontation ihrer eigenen Selbst- und Weltsicht mit anderen Verständnismöglichkeiten erforderlich.
Idealiter sollten die Schüler zunächst ihr eigenes Verständnis dieses Weltausschnitts artikulieren, um dieses dann anhand anderer Sichtweisen zu überprüfen
und erforderlichenfalls zu modifizieren (zu korrigieren, zu ergänzen, zu differenzieren). Wo sich dies anbietet, können auch die eigenen Lebenserfahrungen der
Schüler zum Gegenstand der Reflexion gemacht werden. Allerdings ist dabei das
Recht der Schüler auf den Schutz ihrer Privatsphäre zu respektieren.

Um den erforderlichen Weltbezug Ihres Unterrichts herzustellen, sollten Sie versuchen, die folgenden Fragen zu beantworten:

- Welche für die Schüler bedeutsamen Weltbezüge lassen sich in meinen Fächern thematisieren?
- Über welche eigenen Erfahrungen mit dem jeweiligen Weltausschnitt könnten die Schüler verfügen?
- Wie kann ich die Schüler veranlassen, ihre Sicht des Weltausschnitts zu artikulieren und zu diskutieren?
- Mit welchen anderen Verständnismöglichleiten können die Schüler in meinen Fächern konfrontiert werden?
- Wie kann ich die Schüler veranlassen, ihre eigene Weltsicht anhand der im Unterricht angebotenen Alternativen zu überprüfen und erforderlichenfalls zu korrigieren?

4.3.5 Problembezug des Unterrichts

Das vom Schüler zu entwickelnde Selbst- und Weltverständnis soll ihm helfen, die auf ihn zukommenden Anforderungen besser zu bewältigen. Diese Bewältigung wird ihm im normalen Alltag aufgrund seiner Sozialisation in der Familie, in der Gleichaltrigengruppe und in der Schule zumeist problemlos gelingen. Anders sieht es bei Problemen aus, die sich aufgrund ihrer Komplexität einfachen Lösungen entziehen und bei denen unterschiedliche Lösungsversuche denkbar sind. Zu diesem Typus von Problemen sind gerade die für das Individuum und die Gesellschaft besonders wichtigen Probleme zu rechnen. Wenn die Lösung dieser Probleme nicht in einer wenig demokratischen Weise einigen (vermeintlichen oder wirklichen) Experten überlassen werden soll, müssen die Schüler lernen, sich mit existentiell bedeutsamen Problemen in zugleich kritischer und konstruktiver Weise auseinanderzusetzen. Dies wird ihnen indessen nur gelingen, wenn sie eine solche Auseinandersetzung hinreichend geübt haben.

Sie sollten deshalb bei der Auswahl der Kenntnisse, Fähigkeiten und Einstellungen, die die Schüler in Ihrem Unterricht erwerben sollen, immer bedenken, inwieweit diese die Schüler befähigen, bedeutsame Probleme der Lebenswelt, vor die sich jeder Schüler gegenwärtig oder, so weit absehbar, künftig gestellt sieht, besser zu verstehen, zu beurteilen und zu bewältigen.

Eines dieser für unsere multikulturelle Gesellschaft zentralen Probleme ist z. B. der Umgang mit Personen und Personengruppen, die einen anderen kulturellen und religiösen Hintergrund haben als der Schüler selbst. Dieses Problem wirft Fragen auf, die vor allem in den gesellschafts- oder geisteswissenschaftlichen Fächern behandelt werden können. Sollten Sie ein solches Fach studieren, hätten Sie also die Frage zu stellen und zu beantworten, auf welche Weise Ihr Unterricht einen Beitrag zur Behandlung dieses Problems leisten kann und inwieweit sich aufgrund der Komplexität dieses Problems eine Kooperation mit anderen Fächern anbietet. Sollten Sie dagegen ein naturwissenschaftliches Fach studieren, drängen sich für Ihren Unterricht eher andere Probleme auf wie z. B. die Frage nach der Nutzung, aber auch der Begrenzung dessen, was durch Naturwissenschaft und Technik möglich ist. Aber auch solche zunächst eher naturwissenschaftlich-technischen Probleme erfordern immer zugleich eine Reflexion aus gesellschaftlicher und damit auch aus ethischer Perspektive.

Aufgabe einer längerfristigen Unterrichtsplanung muss es deshalb sein, einen Kanon solcher Probleme zu erstellen und sich zu fragen, inwieweit der Unterricht im eigenen Fach den Schülern helfen kann, diese Probleme besser zu verstehen und zu beurteilen. Sie sollten deshalb bereits im Vorfeld Ihres Praktikums die folgenden Fragen bedenken:

- Welche Probleme heutiger oder künftiger Lebenswelt kann der Unterricht in meinen Fächern besser zu verstehen und zu bewältigen helfen?
- Welche der dafür benötigten Kenntnisse, Fähigkeiten und Einstellungen können die Schüler in meinen Fächern erwerben?
- Welche Inhalte, Methoden und Medien eignen sich besonders zur Gewinnung dieser Qualifikationen?
- Mit welchen anderen Fächern bietet sich für die Behandlung des jeweiligen Problems eine Kooperation an?

4.3.6 Handlungsbezug des Unterrichts

Die Ausbildung des Selbst- und Weltverständnisses durch die Schüler ist eine notwendige, aber noch nicht hinreichende Voraussetzung für deren Kompetenz zum selbstbestimmten Handeln. Sie muss ergänzt werden durch die Fähigkeit, von diesem Verständnis einen verantwortungsvollen handelnden Gebrauch zu machen. Diese aktionale Komponente der Selbstbestimmungsfähigkeit besteht ihrerseits aus einem hochkomplexen Gefüge von zu vollziehenden Operationen:

- dem Erfassen der bestehenden Ausgangssituation und des in ihr enthaltenen Problems
- der Beurteilung und Bewertung der Ausgangssituation
- dem Auffinden vorläufiger Handlungsideen
- der Beurteilung der vorläufigen Handlungsideen
- der Ausarbeitung positiv beurteilter Handlungsideen zu Handlungsstrategien
- der Entscheidung für eine Handlungsstrategie
- dem Entschluss zum Vollzug der getroffenen Entscheidung
- dem Vollzug der getroffenen Entscheidung
- der Beurteilung der vollzogenen Handlung.

Das Operationengefüge ist hierarchisch aufgebaut, wobei das Hierarchisierungskriterium in zunehmender Voraussetzungshaftigkeit besteht. Das heißt: Der Vollzug einer Operation setzt immer den Vollzug der zuvor genannten Operationen voraus, damit von kompetentem Handeln die Rede sein kann.

Im Sinne des schulischen Bildungsauftrags sollten Sie bei Ihrer Unterrichtsplanung immer bedenken, wie Sie Ihren Schülern Gelegenheit verschaffen können, sich in den Vollzug der genannten Operationen einzuüben. Dabei werden Sie schnell feststellen, dass es im organisatorischen Rahmen der Schule leichter fällt, die auf die Reflexion beschränkten Operationen (bis hin zur Entscheidung) zu trainieren, während der Vollzug einer Handlung, also die eigentliche Praxis, im unterrichtlichen Zusammenhang nur im Ausnahmefall möglich ist. Denn die Gelegenheit, eigene Ziele zu verfolgen, wie es von der Handlungstheorie verlangt wird, wenn von wirklichem „Handeln" und nicht nur von der Erfüllung fremdbestimmter Aufträge die Rede sein soll, ergeben sich für die Schüler im Unterricht eher selten. Dies heißt, dass Sie in Ihrem Unterricht möglichst häufig und möglichst systematisch die Reflexion auf Handlungsmöglichkeiten üben lassen sollten, aber dort, wo sich Gelegenheiten zum Handlungsvollzug ergeben, diese nutzen sollten. Denn erst durch den Vollzug einer Handlungsentscheidung erfolgt der Übergang von der Theorie in die Praxis; erst dann treten Wirkungen des Handelns ein; erst dann lassen sich Handlungsplan und Handlungsentscheidung von ihren Auswirkungen her beurteilen; erst dann kann man von einer „Erfahrung" und dem „Lernen aus Erfahrung" sprechen.

Gerade weil solche Gelegenheiten im unterrichtlichen Kontext eher rar sind, sollten Sie zumindest alle Chancen nutzen, die dem Handlungsvollzug vorgelagerten Operationen zu trainieren, indem Sie die Schüler für sie bedeutsame Handlungsprobleme unter der Frage bearbeiten lassen, wie sie angesichts dieses Problems handeln würden und wie sie ihre Handlungsentscheidung begründen.

Eine zweite Möglichkeit besteht darin, die Schüler tradierte Handlungserfahrungen anderer Personen (z. B. in familialen Kontexten, in der Politik, in der Wirtschaft, im Rechtswesen, in der Technik) daraufhin beurteilen zu lassen, ob sie angesichts des jeweiligen Handlungsproblems genauso oder anders gehandelt hätten. In diesem Fall bekommen die Schüler die Möglichkeit, sich mit den mitgeteilten Handlungsentscheidungen kritisch auseinanderzusetzen, diese von den eingetretenen Wirkungen her zu beurteilen und sie auf (zu begründende) Alternativen hin zu bedenken. Auf diese Weise können sie zwar nicht aus eigenen, aber aus fremden Erfahrungen lernen.

Durch einen solchen Unterricht erhalten die Schüler nicht nur die Gelegenheit, ihr bisher entwickeltes Selbst- und Weltverständnis für ihre handlungsbezogenen Reflexionen zu nutzen, sondern auch die Chance, dieses durch ihre Reflexionen weiterzuentwickeln. Insofern eröffnet der Handlungsbezug des Unterrichts den Schülern wirkliche Bildungsmöglichkeiten.

Sie sollten deshalb bei Ihrer Beobachtung und Planung von Unterricht folgende Fragen beachten:

● Welche Handlungsbezüge lassen sich im Unterricht herstellen?

- Welche Bedeutung haben die im Unterricht angestrebten Ziele, die zu behandelnden Inhalte und die einzusetzenden Methoden für das Handeln der Schüler?

- Welche Möglichkeiten zur Einübung der das Handeln fundierenden Operationen bestehen?

- Inwiefern kann der Handlungsbezug des Unterrichts die Schüler(innen) veranlassen, ihr Selbst- und Weltverständnis zu elaborieren?

4.3.7 Wissenschaftsbezug des Unterrichts

Sie absolvieren ein Lehramtsstudium an einer Hochschule, indem Sie sich auf den Unterricht in (i. d. R.) zwei Schulfächern des allgemeinbildenden Schulwesens vorbereiten. Die Vorbereitung erfolgt durch wissenschaftliche Studien. Diese Studien sind jedoch ganz überwiegend noch nicht auf Ihre künftige Unterrichtspraxis bezogen, sondern dienen zunächst der wissenschaftlichen Qualifizierung von Studierenden als einer wichtigen Voraussetzung für berufliche Tätigkeiten in unterschiedlichen akademischen Berufen. Diese noch nicht auf die Unterrichtspraxis bezogene fachwissenschaftliche Qualifizierung birgt jedoch insbesondere im Hinblick auf den Unterricht auf der Sekundarstufe II die Gefahr, dass Sie Ihre Unterrichtsaufgabe so interpretieren, wie es Ihre universitäre Sozialisation nahelegt, nämlich als Vermittlung fachwissenschaftlicher Erkenntnisse. Sie könnten sich deshalb veranlasst sehen, Ihren Unterricht als eine universitäre Veranstaltung „en miniature" zu verstehen, in der es darum geht, die Schüler, so weit dies im Rahmen schulischen Unterrichts möglich ist, mit der wissenschaftlichen Bezugsdisziplin des jeweiligen Faches vertraut zu machen. Dazu werden Sie zwar quantitative und qualitative Reduktionen der Wissenschaft vornehmen müssen, aber im Prinzip der Struktur der wissenschaftlichen Disziplin folgen.

Dieses weit verbreitete Verständnis der Aufgabe von Fachunterricht wird jedoch dem Bildungsauftrag des Unterrichts nicht gerecht. Die Schüler(innen) sollen im Unterricht vielmehr Einsichten, Fähigkeiten und Einstellungen gewinnen, die ihnen helfen, ihr Selbst- und Weltverständnis und ihre darauf fußende Handlungskompetenz weiterzuentwickeln. Dazu müssen sie eine Welt zur Kenntnis nehmen, die sich immer mehr verwissenschaftlicht. Wer also Welt und seine eigene Position in der Welt verstehen und ausgestalten will, muss lernen, mit der zunehmenden Verwissenschaftlichung umzugehen. Dazu ist ein zunächst eher lockerer und indirekter, dann aber immer enger und direkter werdender Bezug des Unterrichts zur Wissenschaft erforderlich. Wichtig ist dabei, dass der Wissenschaftsbezug sich nicht verselbständigt, sondern auf den Allgemeinbildungsauftrag des Unterrichts bezogen bleibt (s. 4.3.1). Demnach kann es im Unterricht nicht darum gehen, dass die Schüler sich im Vorgriff auf ein universitäres Studium fachliches Spezialwissen aneignen. Vielmehr muss der Wissenschaftsbezug im Sinne einer wissenschaftlichen Grundbildung ausgestaltet werden. Das heißt, dass Ihre Schüler Grundkenntnisse über die großen Wissenschaftsbereiche (Geisteswissenschaften, Sozialwissenschaften, Naturwissenschaften) und die in ihnen vorherrschenden Methoden erwerben müssen, um Zugangsmöglichkeiten zu den einzelnen Wissenschaften innerhalb dieser Bereiche zu gewinnen. Darüber hinaus müssen sie an geeigneten Beispielen lernen, die Genese wissenschaftlicher Erkenntnisse vom jeweiligen Ausgangsproblem her zu rekonstruieren, Wissenschaft auf deren Erklärungs- und Gebrauchswert hin zu beurteilen sowie wissenschaftliche Erkenntnisse und Verfahren aus ethischer Sicht zu bewerten. Schließlich müssen sie, wiederum in exemplarischer Weise, sich mit der zunehmenden Spezialisierung der Wissenschaften und den sich daraus ergebenden Problemen für die Kommunikation zwischen den Wissenschaften und zwischen Wissenschaftlern und Laien vertraut machen.

Sie sollten deshalb den von Ihnen beobachteten und den zu planenden Unterricht immer auch unter folgenden Fragen reflektieren:

- Welche Bezüge meiner Fächer zur Wissenschaft sind für das Selbst- und Weltverständnis der Schüler unverzichtbar?
- Inwiefern können meine Fächer in die zentralen Themen und die grundlegenden Methoden der Wissenschaft einführen und so einen Beitrag zur wissenschaftlichen Grundbildung leisten?
- An welchen Beispielen können sich die Schüler mit dem Prozess der zunehmenden Spezialisierung und den sich daraus ergebenden Problemen vertraut machen?
- Wie lassen sich die zu behandelnden wissenschaftlichen Einsichten in einer schülergemäßen Weise quantitativ und qualitativ reduzieren?
- Wie lässt sich die Fähigkeit der Schüler fördern, die von ihnen erworbenen wissenschaftlichen Einsichten in einer allgemeinverständlichen Sprache zu kommunizieren?

4.3.8 Wertbezug des Unterrichts

Handlungen beruhen immer einerseits auf Sacheinsichten in die Bedingungen der gegebenen Handlungssituation und die verfügbaren Handlungsmöglichkeiten, andererseits auf Werturteilen, durch die bestimmte Handlungsziele und Handlungsmöglichkeiten gegenüber anderen Möglichkeiten des Handelns als wertvoller beurteilt und deshalb bevorzugt werden. Die einzelnen Werturteile basieren auf Wertungs- und Moralprinzipien, die ein Mensch im Zuge seiner Sozialisation internalisiert hat. Diese Prinzipien bilden eine wichtige Komponente seines Selbst- und Weltverständnisses.

In unserer postmodernen Gesellschaft ist der Erwerb von Wertungsprinzipien angesichts des Autoritätsverlusts wertverbürgender und wertvermittelnder Institutionen (z. B. der Kirchen) und der Individualisierung und Pluralisierung der Lebensformen besonders schwierig geworden. Wertungsprinzipien können nicht mehr einfach der Tradition entnommen werden, sondern bedürfen einer kritischen Prüfung und einer Selbstverpflichtung durch die Individuen. Viele

Menschen fühlen sich allerdings mit dieser Aufgabe so überfordert, dass schon von einer massiven Sinn- und Wertkrise unserer Gesellschaft gesprochen wird. Vor besondere Probleme sehen sich Heranwachsende vor allem in einer Entwicklungsphase gestellt, in der sie sich vom Elternhaus ablösen und in diesem Ablösungsprozess die dort herrschenden Wertvorstellungen und Normen einer oft rigiden Kritik unterziehen. Eine der vorrangigen Aufgaben von Schule muss es deshalb sein, die Schüler bei der Überprüfung vorgefundener Werte und Normen und bei der Etablierung eines eigenen Wert- und Normensystems zu unterstützen. Damit Sie diesen Auftrag erfüllen können, sollten Sie versuchen, die folgenden Fragen zu beantworten:

- Welche für die Lebensbewältigung zentralen Wertungsprobleme stellen sich im Kontext meiner Unterrichtsfächer?
- Welche Wertungsprinzipien (z. B. Ehrlichkeit, Gerechtigkeit, Solidarität) werden durch diese Probleme berührt?
- Wie können die Schüler veranlasst werden, ihre bisherigen Wertungsprinzipien einer Überprüfung zu unterziehen und ihr Netz urteils- und handlungsleitender Prinzipien in der kritischen Auseinandersetzung mit anderen Prinzipien weiterzuentwickeln?
- Wie können die Schüler in ihrer Fähigkeit gefördert werden, Werturteile und die auf ihnen basierenden Normen in einem Begründungsregress diskursiv zu prüfen?
- Wie kann der Unterricht dazu beitragen, die Bereitschaft der Schüler zu steigern, sich in ihrem Handeln an den von ihnen bejahten Wertungsprinzipien zu orientieren?

4.3.9 Bemühung um größtmögliche Selbsttätigkeit der Schüler

Wenn Unterricht die Aufgabe hat, die Schüler dabei zu unterstützen, ihr eigenes Selbst- und Weltverständnis zu entwickeln und auf dieser Basis selbstbestimmt und verantwortungsbewusst zu handeln (s. 4.3.1), muss Ihr Unterricht auf die größtmögliche Selbsttätigkeit der Lernenden abzielen. Ihr Unterricht macht nur Sinn, wenn das dort zu Lernende von den Schülern so beherrscht wird, dass sie darüber in allen nur denkbaren Handlungszusammenhängen selbständig verfügen können. Da Ihre Schüler aber im Rahmen von Schule nur einen begrenzten Ausschnitt der von ihnen im Lebensvollzug benötigten Kenntnisse und Fähigkeiten erwerben können, müssen sie befähigt werden, sich die zusätzlich erforderlichen Einsichten und Kompetenzen selbst zu verschaffen. Ein auf die Selbstbestimmung der Schüler ausgelegter Unterricht hat demnach die vorrangige Aufgabe, die Schüler „das Lernen lernen" (Humboldt) zu lassen. Dies bedeutet für Sie, dass Sie die Schüler systematisch mit Lernstrategien vertraut machen und deren Nutzung einüben sollten.

Die einzuübenden Strategien beschränken sich nicht auf die selbständige Informationsbeschaffung und die Internalisierung der Informationen, sondern müssen auf den selbständigen Umgang mit den gespeicherten Informationen ausgeweitet werden. Das heißt, dass Ihre Schüler lernen müssen, die gewonnenen

Einsichten und Fähigkeiten in eigener Verantwortung im Lebensvollzug zu nutzen. Diese Fähigkeit können Sie dadurch anzubahnen versuchen, dass Sie Ihren Schülern immer wieder Gelegenheit geben, sich im Lebensvollzug stellende Aufgaben und Probleme (s. 4.3.4 und 4.3.5) zu analysieren, zu beurteilen, zu bewerten, Lösungsmöglichkeiten zu suchen und zu reflektieren, sich begründet für eine Lösungsmöglichkeit zu entscheiden, diese, so weit dies im Kontext von Unterricht möglich ist, zu realisieren und ihr Handeln und dessen Wirkungen kritisch zu reflektieren. Nur wenn Sie den Vollzug dieser Operationen (s. 4.3.6) im Unterricht z. B. anhand geeigneter Fallbeispiele immer wieder einüben lassen, besteht die Hoffnung, dass Ihre Schüler sie auch in außerschulischen Kontexten selbständig vollziehen können.

Um die Selbständigkeit Ihrer Schüler systematisch fördern zu können, sollten Sie die folgenden Fragen zu beantworten versuchen:

- Wie kann ich in meinen Fächern die Fähigkeit der Schüler zu selbständigem Lernen fördern?
- Welche Lernstrategien eignen sich für meine Fächer in besonderer Weise?
- In welchen Bereichen sollte ich die Schüler zur selbständigen Aneignung von Kenntnissen, Fähigkeiten und Einstellungen anhalten?
- Welche Lebensweltprobleme sind in besonderer Weise dafür geeignet, dass sich die Schüler in die selbständige Nutzung der gewonnen Einsichten, Fähigkeiten und Einstellungen für die lösungs- und handlungsorientierte Bearbeitung von Problemen einüben können?
- Wie kann ich das Ausmaß der Selbsttätigkeit der Schüler in meinem Unterricht systematisch erweitern?

4.3.10 Integration von exemplarischem Lernen und Aneignung von Orientierungswissen

Der Unterricht kann die Schüler nur mit einem Bruchteil des Wissens und Könnens vertraut machen, das die Menschheit in ihrer Geschichte hervorgebracht hat. Deshalb finden Sie sich ständig vor die Aufgabe gestellt, eine Auswahl zu treffen. Diese sollte der Verantwortung gegenüber der heranwachsenden Generation dadurch gerecht werden, dass sie nach dem fragt, was für das Selbst- und Weltverstehen und die Handlungsfähigkeit Ihrer Schüler von vorrangiger Bedeutung ist. Aber selbst ein solchermaßen reduziertes Spektrum würde den Rahmen von Unterricht und die Lernkapazität der Schüler überfordern. Deshalb sollten Sie vorrangig solche Inhalte für Ihren Unterricht wählen, denen eine exemplarische Funktion zukommt, weil sie andere, strukturidentische Inhalte repräsentieren können, auf die die an dem exemplarischen Stoff gewonnenen Einsichten, Einstellungen und Verfahren übertragen werden können. Wenn die Schüler z. B. an einer Pflanze die Bedeutung des Chlorophylls für das Wachstum dieser Pflanze wirklich verstanden haben, werden sie keine Schwierigkeiten haben, diese Einsicht auf andere Pflanzen zu übertragen. Oder wenn sie am Beispiel Athens die prinzipiellen Gefahren erkannt haben, die einer Demokratie drohen, werden sie diese Einsicht auch auf andere Demokratien transferieren können.

Allerdings hat das exemplarische Prinzip Grenzen: Durch exemplarisches Lernen können nur allgemeine Einsichten gewonnen werden, die die Erschließung strukturidentischer Inhalte durch die Schüler ermöglichen, jedoch keine Kenntnis der Besonderheiten, die die Inhalte voneinander unterscheiden. In Ergänzung zum exemplarisch verfahrenden Unterricht muss der Schüler auch lernen, dass Situationen, Prozesse und Probleme zwar mit Hilfe allgemeiner (kategorialer) Einsichten erfasst und analysiert werden können, dass sie aber, wenn sie beurteilt und bewertet werden sollen oder wenn Handlungsentscheidungen zu treffen sind, immer auch in ihrer Besonderheit ernst genommen werden müssen. So können die Schüler zwar am Beispiel der Französischen Revolution Kategorien zur Erfassung und Beurteilung von Revolutionen gewinnen, die einen Transfer auf andere Revolutionen (z. B. die russische Oktoberrevolution) ermöglichen. Eine kritische Würdigung der einen wie der anderen Revolution ist ihnen indessen nur in Kenntnis der genauen Bedingungen, Abläufe und Ergebnisse der jeweiligen Revolution möglich.

Eine weitere Ergänzung des exemplarischen Lernens wird dadurch erforderlich, dass der für den Unterricht ausgewählte Inhalt nicht isoliert behandelt werden darf, wenn er wirklich verstanden werden soll. Um beim Beispiel der Französischen Revolution zu bleiben: Nur wenn die Schüler über die politischen, ökonomischen und sozialen Zustände im feudalistischen Frankreich einigermaßen informiert sind, werden sie zu der Erklärung in der Lage sein, warum es zu einer solchen (an Hass und Grausamkeit reichen) Revolution kam. Das heißt, für ein wirkliches Verständnis eines Sachverhalts (einer Situation, eines Prozesses, eines Problems, einer Handlung) reicht das exemplarische Lernen nicht aus. Es muss durch ein Orientierungswissen ergänzt werden, das es dem Schüler ermöglicht, das Gelernte in seinem zeitlichen, räumlichen und systematischen Kontext zu verstehen.

Sie sollten indessen nicht nur den sachlichen Kontext des exemplarisch zu Lernenden berücksichtigen, sondern auch darauf achten, dass die einzelnen Prozesse exemplarischen Lernens und die auf diesem Wege gewonnenen Lernresultate einen sachlich und lernpsychologisch sinnvollen Unterrichtszusammenhang ergeben. Nur wenn die einzelnen Lernresultate sich ergänzen oder aufeinander aufbauen, ist zu erwarten, dass die Schüler sie in angemessener Weise in ihre kognitive Struktur einordnen und sie so abspeichern, dass sie sie bei Bedarf wieder abrufen können.

Für die Orientierung Ihrer Unterrichtsplanung am Prinzip des exemplarischen Lernens könnten die folgenden Fragen hilfreich sein:

- Welche der für die Entwicklung der Schüler bedeutsamen Einsichten, Einstellungen, Verfahren lassen sich in meinen Fächern auf exemplarische Weise gewinnen?

- An welchen Exempeln können sie am besten, das heißt u. a. durch ein Höchstmaß an Selbsttätigkeit der Lernenden, gewonnen werden?

- Über welche Voraussetzungen müssen die Schüler verfügen, damit der Prozess exemplarischen Lernens gelingen kann?

- Welches Detailwissen benötigen die Schüler, um das für das exemplarische Lernen gewählte Beispiel wirklich verstehen und beurteilen zu können?

- Welches Orientierungswissen ist erforderlich, damit die Schüler das gewählte Beispiel in übergeordnete Kontexte einordnen können?

- Wie kann ich die einzelnen Prozesse exemplarischen Lernens so koordinieren, dass sie einen in sachlicher und lernpsychologischer Hinsicht systematisch aufgebauten Unterricht ergeben?

4.3.11 Strukturiertheit und Transparenz des Unterrichts

Der Erfolg Ihres Unterrichts wird in hohem Maße davon abhängen, wie gut er strukturiert ist und wie deutlich die Struktur den Schülern wird. Sie sollten deshalb besonderen Wert auf die innere Stimmigkeit Ihrer Unterrichtsplanung und des Unterrichtsverlaufs legen: Die einzelnen Unterrichtskomponenten (Ziele, Inhalte, Methoden, Medien) sollten miteinander kompatibel und auf die Unterrichtsbedingungen abgestimmt sein; der Unterricht sollte folgerichtig aufgebaut sein und sich ohne unnötige Abschweifungen auf das Erreichen der angestrebten Lernresultate konzentrieren.

Darüber hinaus sollten Sie für die Transparenz der Unterrichtsstruktur Sorge tragen: Die Schüler sollten über die von Ihnen intendierten Lernprozesse (Ziele des Unterrichts, vorgesehene Inhalte, geplante Schülerarbeitsformen, Erwartungen an die Schüler, Kriterien der Leistungsbeurteilung) und deren Begründung vorab informiert werden, so dass sie die Bedeutung des von ihnen zu Lernenden verstehen und jederzeit erkennen können, in welchem Lernstadium sie sich jeweils befinden. Zwischenzeitliche Hinweise auf den jeweiligen Stand des Lernverlaufs und den Beginn neuer Lernsequenzen, explizite Verknüpfungen von Lernsequenzen, die Sicherung und das Festhalten von Zwischenergebnissen, Rück- und Ausblicke, die Visualisierung des Unterrichtsaufbaus und des Lernfortschritts sind nicht nur Mittel, die Schüler den roten Faden Ihres Unterrichts erkennen und verfolgen zu lassen, sondern versetzen diese überhaupt erst in die Lage, ihren eigenen Lernprozess zielorientiert und systematisch zu steuern. Die Transparenz kann zusätzlich vergrößert werden, wenn Sie am Ende einer Unterrichtsreihe eine Metareflexionsphase vorsehen, in der der Weg hin zu den erzielten Ergebnissen noch einmal nachgezeichnet, die Bedeutung des Gelernten noch einmal herausgearbeitet und eine Verknüpfung zu früheren und künftigen Lernprozessen vorgenommen wird.

Um die notwendige Strukturierung und Transparenz Ihres Unterrichts zu gewährleisten, sollten Sie sich vor allem folgende Fragen stellen:

- Weist meine Unterrichtsplanung eine in sich stimmige, widerspruchsfreie Struktur auf? Sind die von mir getroffenen Entscheidungen miteinander kompatibel und auf die Bedingungen meines Unterrichts abgestimmt?
- Wie kann ich meine Schüler von der Bedeutung der geplanten Lernprozesse überzeugen?
- Welche Informationen benötigen die Schüler über die Struktur des Lernprozesses vor dessen Beginn und in dessen Verlauf, um ihren eigenen Lernprozess gezielt steuern zu können?
- Wie kann ich die Schüler zur Reflexion auf den hinter ihnen liegenden Lernprozess und dessen Bedeutung für ihr weiteres Lernen veranlassen?

4.3.12 Erfolgsorientierung und Erfolgskontrolle

Ihr Unterricht will und soll seine Ziele so weit wie möglich erreichen. Deshalb ist nicht nur eine in sich stimmige und gut begründete Planung der Lernprozesse erforderlich, die Sie Ihren Schülern abverlangen wollen, sondern auch die Überlegung, durch welche Maßnahmen Sie die Aussichten auf den Erfolg Ihres Unterrichts verbessern können. Traditionsgemäß gehört zu einem erfolgreichen Lernen immer eine ausreichende Klärung und gründliche Durcharbeitung des Lernstoffes, seine Übung und Festigung, seine möglichst vielseitige Verknüpfung und Anwendung und ein möglichst häufiger Rückgriff auf bereits Gelerntes. Zu wenig berücksichtigt wurde bisher dagegen die Tatsache, dass Schüler, die Neues lernen sollen und lernen wollen, dabei notwendigerweise Fehler machen. Fehler sind also keine Störfaktoren, sondern müssen als für menschliches Lernen konstitutiv angesehen werden. Sie sind Indikatoren für auftretende Lernschwierigkeiten und bedürfen deshalb einer gründlichen Analyse, die Ihnen, aber vor allem Ihren Schülern zeigt, wo noch Lern- oder Denkdefizite bestehen. Deshalb sollten Sie Fehler nicht einfach übergehen, sondern immer mit Ihren Schülern nach deren Ursachen forschen. Vergleichbares gilt auch für von den Schülern angefertigte schriftliche Arbeiten. Wenn die Schüler sich bei deren Vorbereitung und Anfertigung engagiert haben, sind Sie ihnen gegenüber zu zügigen und differenzierten Rückmeldungen verpflichtet. Denn nur wenn Sie auftretende Fehler sofort oder doch zumindest zeitnah besprechen, haben Ihre Schüler die Chance, aus ihnen für ihr weiteres Lernen Konsequenzen zu ziehen.

Zu Ihrer Planungsarbeit gehört immer auch die Überlegung, durch welche Maßnahmen Sie sich vom Erfolg Ihres Unterrichts überzeugen können. Sie sollten frühzeitig auf Ihre Unterrichtsziele abgestimmte Fragen und Aufgaben vorbereiten, anhand derer Sie erkennen können, ob Ihre Schüler erfolgreich gelernt haben. Allerdings sollte es bei diesen Diagnosen nicht primär darum gehen, eine Grundlage für die Beurteilung und Benotung der Schülerleistungen zu erhalten, sondern vorrangig um die Kontrolle Ihres eigenen Unterrichtserfolges. Die Tatsache, dass Sie diesen nur an den Lernerfolgen Ihrer Schüler erkennen können, ergibt sich aus der Ausrichtung des Unterrichts auf das Lernen der Schüler, darf aber nicht zu einer Kontrollverlagerung von der notwendigen Selbstkontrolle des Lehrers hin zur ausschließlichen Fremdkontrolle der Schüler führen. Nur wenn Sie negative Ergebnisse von Lernerfolgsüberprüfungen nicht sofort Ihren Schülern (z. B. deren mangelnder Begabung oder ihrem unzureichendem Fleiß) anlasten, sondern zunächst zum Anlass einer kritischen Selbstreflexion nehmen, haben Sie die Chance, eigene Fehler zu erkennen und aus diesen für den weiteren Unterricht zu lernen.

Im Hinblick auf den angestrebten Unterrichtserfolg und dessen Kontrolle könnte die Beantwortung der folgenden Fragen hilfreich sein:

- Durch welche Maßnahmen kann ich dazu beitragen, dass meine Schüler den Lernstoff wirklich verstehen?

- Welche Möglichkeiten der Übung und Anwendung des zu Lernenden sollte ich vorsehen?

- Welche Verknüpfungen mit bereits Gelerntem und zukünftig zu Lernendem lassen sich herstellen?

- In welchen Kontexten sollte ich einen Rückgriff auf das jetzt zu Lernende planen?

- Anhand welcher Fragen und Aufgaben kann ich mir über den Erfolg meines Unterrichts Klarheit verschaffen, d. h. darüber, ob und in welchem Ausmaß die Schüler erfolgreich gelernt haben? Welche Konsequenzen sollte ich aus Fehlschlägen für meinen weiteren Unterricht ziehen?

- Mit welchen Lernschwierigkeiten und Fehlern der Schüler muss ich rechnen? In welcher Form sollte ich auf diese eingehen?

Die von uns vorgestellten didaktischen Prinzipien können Ihnen einerseits helfen, Ihre Planungsentscheidungen zu regulieren; sie können von Ihnen andererseits aber auch als Gesichtspunkte bei der Analyse und als Kriterien bei der Beurteilung von Unterricht genutzt werden. Durch diese Mehrfachfunktion können die Prinzipien ein Bindeglied zwischen der Kritik und der Konstruktion von Unterricht bilden: Sie ermöglichen es Ihnen, Ihre didaktischen Entscheidungen und Handlungen daraufhin zu beurteilen, ob sie den von Ihnen vertretenen Prinzipien ent- oder widersprechen, und sie erforderlichenfalls durch Entscheidungen zu ersetzen, die innerhalb des durch die Prinzipien gedeckten Spielraums liegen. Darüber hinaus können die Prinzipien die Diskussion von Unterricht erleichtern: Im Falle ihrer Akzeptanz liefern sie allen am Unterricht Interessierten (Schülern und Lehrern, Praktikanten und Mentoren, Referendaren und Fachleitern, Eltern und Vertretern der Schulaufsicht, Schulbuchautoren und Verlegern) eine gemeinsame Basis für die Planung und Beurteilung von Unterricht.

Literatur

Aregger, K. / Buholzer, A.: Didaktische Prinzipien. Studienbuch für die Unterrichtsgestaltung. Aarau 2002.

Beyer, K. (Hg.): Planungshilfen für den Fachunterricht. Die Praxisbedeutung der wichtigsten allgemein-didaktischen Konzeptionen (mit Beiträgen von E. Terhart, W. Plöger, W. Klafki, K. Schaller, K. Reich, L. Huber, L. Wigger). Baltmannsweiler 2004.

Glötzl, H.: Prinzipien effektiven Unterrichts. Handbuch für die Erziehungs- und Unterrichtspraxis. 2 Bde. Stuttgart 2000.

Klafki, W.: Neue Studien zur Bildungstheorie und Didaktik. Beiträge zur kritisch-konstruktiven Didaktik. Weinheim [4]1994.

Köck, H. (Hg.): Unterrichtsprinzipien. Köln 2000.

Kron, F. W.: Grundwissen Didaktik. München [3]2000.

Peterßen, W. H.: Handbuch Unterrichtsplanung. Grundfragen, Modelle, Stufen, Dimensionen. München [9]2000.

Peterßen, W. H.: Lehrbuch Allgemeine Didaktik. München [6]2001.

Plöger, W. / Anhalt, E.: Prinzip und Methode. Ein terminologischer Vorschlag. In: Pädagogische Rundschau 50, 1996, S. 620.

Reich, K.: Konstruktivistische Didaktik. Neuwied 2002.

Seibert, N. (Hg.): Prinzipien guten Unterrichts. Kriterien einer zeitgemäßen Unterrichtsgestaltung. München [3]1994.

Wiater, W.: Unterrichtsprinzipien. Donauwörth 2001.

Wöhler, K. (Hg.): Didaktische Prinzipien. Begründung und praktische Bedeutung. München 1979.

KLAUS-ULRICH WASMUTH

4.4 Unterrichtsmethodik

Einleitung

In den vorausgegangenen Teilen des Kapitels 4 haben Sie sich mit den Bedingungen sowie mit Ziel- und Inhaltsfragen des Unterrichts beschäftigt und eine ganze Reihe didaktischer Prinzipien kennengelernt, denen guter Unterricht verpflichtet sein sollte. In diesem Abschnitt wird die Unterrichtsmethodik thematisiert, d. h. die Frage nach dem Arrangement, der Gestaltung der Lernprozesse, die an den behandelten Inhalten zu den intendierten Lernresultaten führen sollen.

Ohne hier näher auf den *Lernprozess* eingehen zu können, soll darauf hingewiesen werden, dass Lernen als eine konstruktive, eigenaktive Tätigkeit der Schülerinnen und Schüler verstanden wird. Als unmittelbare Konsequenz ergibt sich daraus, dass die Lehrperson durch ihre Lehrmaßnahmen bei den Lernenden keine Lernprozesse und -ergebnisse unmittelbar *bewirken*, sondern stets nur Anregungen und Hilfestellungen geben kann, die der einzelne Schüler für sein eigenes Lernen aufgreift und nutzt oder auch nicht. Ob er sie nutzt, hängt nämlich von vielen Komponenten ab, von denen nur einige angedeutet sein mögen: Gelingt überhaupt ein hinreichender Verständigungsprozess über die Problemstellung der aktuellen Lernaufgabe und ihre Anforderungen? Besteht bei den Schülern die Bereitschaft, sich die Bearbeitung der gestellten Aufgabe zu eigen zu machen und die angebotenen Hilfen zur Kenntnis zu nehmen? Können die Schüler die angebotenen Informationen nutzen, um auf ihrer Grundlage Lerntätigkeiten zu planen und auszuführen? Insofern gibt es keine lineare Kausalität zwischen den Lehrhandlungen der Lehrenden und den Lernhandlungen der Schüler dergestalt, dass die Lehrtätigkeit als Ursache zwangsläufig bestimmte Lernprozesse und -resultate als deren Wirkung zur Folge hätte.

Vor diesem Hintergrund sollten Sie die nachfolgend beschriebenen Aspekte und Komponenten der Unterrichtsmethodik verstehen und die bei den Schülern intendierten Lernprozesse und deren erkennbare Ergebnisse als Maßstab für eine Bewertung des beobachteten methodischen Handelns des Lehrers im Unterricht und Ihrer eigenen Methodenentscheidungen heranziehen. Erschwerend für Sie ist dabei, dass der Vollzug von Lernprozessen anderer Personen der Beobachtung nicht zugänglich ist, sondern nur anhand äußerlich beobachtbarer Indikatoren erschlossen werden kann.

Es gibt in der didaktischen Literatur wohl kaum einen Begriff, der in Inhalt und Umfang so wenig eindeutig festgelegt ist wie der Begriff der „Unterrichtsmetho-

dik" bzw. der „Unterrichtsmethode". Im folgenden soll „Unterrichtsmethodik"
als zusammenfassender Begriff für alle Aspekte verstanden werden, die das
„Wie" des Unterrichts, d. h. seine „gesamte Verlaufsgestaltung" (Peterßen 2003,
S. 25), in allen ihren Formen und Komponenten betreffen. Daher werden hier
Überlegungen und Erläuterungen zu den Kategorien „Gliederung des Unterrichts" und „Steuerung des Unterrichts" (s. Fragenkatalog zur Unterrichtsbeobachtung in Kapitel 2.3.1.3 (4) g und h) in den Gesamtzusammenhang der Unterrichtsmethodik eingebunden.

Folgende Dimensionen der Unterrichtsmethodik werden thematisiert:

- Sozialformen des Unterrichts
- Interaktionsformen im Unterricht
- Arbeitsformen der Lernenden
- psychische Operationen der Lernenden und Formen ihrer Denkprozesse
- Gliederung des Unterrichts (Unterrichtsschritte, Phasen des Unterrichts, „Artikula-
  tion" des Unterrichts)
- Steuerung des Unterrichts.

In der Darstellung werden die Verflechtungen der Dimensionen sowohl untereinander als auch mit den Bedingungen, Zielen und Inhalten des Unterrichts angesprochen. Abschließend wird auf Kriterien zur Begründung von Methodenentscheidungen eingegangen.

4.4.1 Sozialformen des Unterrichts

Die am einfachsten zu beobachtende Dimension ist die Sozialform, in der der
Unterricht erfolgt, d. h. die Gruppierungsform, in der die am Unterricht beteiligten Lehrer und Schüler zusammenwirken.

Vier verschiedene Sozialformen können unterschieden werden:

- Klassenunterricht
- Gruppenarbeit
- Partnerarbeit
- Einzelarbeit

4.4.1.1 Klassenunterricht

Mit Klassenunterricht bezeichnen wir die Sozialform, in der die Klasse oder der
Kurs als Ganzes gemeinsam mit einer Lernaufgabe beschäftigt ist.

Leistungen / Vorteile:

- Alle Schüler werden in gleicher Weise mit den gleichen Informationen konfrontiert.
- Auch nach eingeschobenen Differenzierungsformen kann immer wieder eine gleiche
  Informationsbasis hergestellt werden.

• Der Lehrer hat das gesamte Unterrichtsgeschehen im Blick und kann bei Bedarf eingreifen.

Probleme / Nachteile:

• Die unterschiedlichen individuellen Lernvoraussetzungen, Lernprozesse, Lerntempi etc. können nur unzureichend berücksichtigt werden.

• Der durchschnittliche Anteil an verbalen Äußerungen des einzelnen Schülers an der Gesamtkommunikation ist selbst dann sehr gering, wenn die Lehrperson nicht den Hauptanteil für sich beansprucht.

4.4.1.1.1 Klassenunterricht als Frontalunterricht

Die zumindest in Deutschland am häufigsten auftretende und gleichzeitig in der didaktischen Diskussion umstrittenste Form des Klassenunterrichts ist der *Frontalunterricht*. Entgegen einem in der didaktischen Literatur häufig anzutreffenden Sprachgebrauch ist dieser nicht mit der Sozialform „Klassenunterricht" gleichzusetzen, da er über die Wahl der Sozialform hinaus zusätzliche Methodenentscheidungen, v. a. hinsichtlich des Interaktionsspielraums für die Schüler und des Grades an Steuerung durch den Lehrer bzw. der Selbständigkeit der Schüler, einschließt (s. 4.4.2 und 4.4.6). Frontalunterricht ist dadurch charakterisiert, dass die Lehrperson (auch ein referierender Schüler oder außerschulischer Experte, die auf Zeit die Lehrfunktion in der Klasse übernehmen) im Zentrum des Unterrichtsgeschehens steht und alle Unterrichtsaktivitäten lenkt. Alle Interaktionen laufen in der Regel über die Lehrperson. Schüler-Schüler-Kontakte werden in einer einseitig ausgeprägten Variante des Frontalunterrichts sogar eher als störend empfunden, da sie vom präzise vorstrukturierten und stromlinienförmig verlaufenden Unterrichtsgang meist ablenken.

Eine Sitzanordnung, in der alle Schüler parallel sitzen mit Blick zum Lehrer und zur Tafel oder zur Projektionsfläche für Folie oder Beamer, entspricht dieser Unterrichtsform, weil sie die Lehrerzentrierung unterstützt.

Leistungen / Vorteile:

• zeitökonomische Vermittlung von Wissen

• Möglichkeit, eine gemeinsame Orientierungsgrundlage zu schaffen

• korrekte und strukturierte Darstellung neuer Sachverhalte

• Sicherung von Arbeitsergebnissen und Überprüfung von Leistungsständen der Schüler (Meyer 1987, II, S. 183)

• Möglichkeit, Schüler mit ungünstigeren Lernvoraussetzungen in den unterrichtlichen Gedankengang einzubinden

Probleme / Nachteile

• geringe Selbständigkeit und Kreativität der Schüler

- Gefahr ausbleibenden Nachvollzugs und fehlender Integration der neuen Information in die schon bestehende kognitive Struktur der Schüler
- keine Förderung sozialen Lernens (z. B. Teamfähigkeit)
- Gefahr negativer emotionaler und motivationaler Auswirkungen, insbesondere bei rigider kleinschrittiger Lenkung und Unterbindung von Schülerinitiativen und Schüler-Schüler-Interaktionen

Der häufig geäußerte Vorwurf, Frontalunterricht sei Ausdruck autoritären Denkens des Lehrers und passe nicht in eine demokratische Ordnung, ist dagegen nur bedingt haltbar. Denn die Schüler wissen in der Regel recht gut zu unterscheiden zwischen einer durchaus erwünschten sachorientierten und effizienten Strukturierung des Unterrichts durch die Lehrperson und dem als autoritär empfundenen Streben des Lehrers nach Dominanz im Unterricht.

4.4.1.1.2 Zum Frontalunterricht alternative Formen des Klassenunterrichts

Neben dem Frontalunterricht gibt es ein Spektrum unterschiedlicher Unterrichtsformen, in denen zwar die Klasse als ganze mit einem Thema beschäftigt ist, der Lehrer hingegen nicht jede Einzelaktivität der Schüler lenkt, sondern diesen vielmehr Spielräume sowohl inhaltlich als auch in Bezug auf die Kommunikation untereinander belässt, bis hin zu Formen, in denen die Lehrperson lediglich eine Moderatorfunktion einnimmt oder sich sogar – auf Zeit – ganz aus dem aktiven Geschehen ausklinkt und nur mehr eine Beobachterrolle ausübt. Beispiele sind das fragend-entwickelnde Unterrichtsgespräch mit offenem Impuls (s. 4.4.2.2.2) und die Diskussion im Klassenverband, die gemeinsam mit der Lehrperson in der Funktion des Moderators oder des den Schülern gleichberechtigten Diskussionspartners stattfinden oder auch als reine Schüler-Schüler-Interaktion (4.4.2.2.3) ablaufen kann.

Vorteilhaft sind Sitzordnungen, bei denen sich alle wechselseitig ansehen können: z. B. Kreisanordnung der Sitzplätze oder U-Form.

4.4.1.2 Gruppenarbeit

Von *Gruppen-* oder genauer von *Kleingruppenarbeit* spricht man, wenn die Klasse oder der Kurs auf begrenzte Zeit in einzelne Arbeitsgruppen von drei bis fünf Schüler aufgelöst ist, die jeweils gemeinsam eine Lernaufgabe bearbeiten. Während der eigentlichen Gruppenarbeitsphase ist die Lehrperson nicht unmittelbar in die Kommunikation innerhalb der Gruppen eingebunden; sie kann aber den Fortgang in den Arbeitsgruppen beobachten und bei Bedarf und auf Anforderung durch die Gruppenmitglieder einzelnen Gruppen gezielt Zusatzinformationen und Hilfestellungen geben.

Idealtypischer Weise zeichnet sich die *Interaktion* während der Gruppenarbeit dadurch aus, dass die Gruppenmitglieder untereinander gleichberechtigt sind, annähernd gleiche Anteile an der Arbeit und der Diskussion in der Gruppe haben und sich in ihren Gesprächsbeiträgen aufeinander beziehen.

Gruppenarbeit sollte stets ein *doppeltes Ziel* verfolgen: Sie sollte zur Teamfähigkeit, einer für die heutige Arbeitswelt unabdingbaren Kompetenz, beitragen und diese stetig zu verbessern suchen (ein soziales Methodenziel); Gruppenarbeit sollte aber auch stets die eigenständige und effektive Bearbeitung eines spezifischen Inhalts durch die Gruppe weitgehend ohne Hilfen der Lehrperson beinhalten und zu inhaltlichen Lernresultaten führen.

Man unterscheidet zwei alternative Formen der Gruppenarbeit: die *arbeitsgleiche* und die *arbeitsteilige* Gruppenarbeit. Bei der ersten Form bearbeiten alle Gruppen parallel die gleiche Aufgabe, während bei der arbeitsteiligen Form die Gruppen unterschiedliche, meist aufeinander bezogene Aufgaben übernehmen. Letzteres kann z. B. die Bearbeitung unterschiedlicher, aber strukturidentischer Einzelfälle sein, um anschließend im Klassenverband auf einer möglichst breiten Basis von Einzelresultaten eine allgemeine Regel, ein Gesetz oder ein Prinzip ableiten zu können; es kann sich aber auch um unterschiedliche Teilaufgaben eines komplexen Problems handeln, die im Anschluss an die eigentliche Gruppenarbeitsphase im Plenum vorgestellt und zu einem Ganzen verknüpft werden.

Gruppenarbeit verlangt also zwingend eine Einbettung in andere Sozialformen, insbesondere in Phasen des gemeinsamen Arbeitens der gesamten Klasse, in denen einerseits eine gemeinsame inhaltliche und methodische Ausgangsbasis für die sich anschließende Gruppenarbeit gelegt wird und in denen andererseits die Resultate der verschiedenen Gruppen dargestellt, diskutiert und miteinander verknüpft werden.

Gruppenarbeit kann nur gelingen, wenn die dafür erforderlichen Voraussetzungen gegeben sind. Die geeignete Gruppenzusammensetzung ist dabei ein nicht unerheblicher Faktor.

Gruppenzusammensetzung als Voraussetzung für eine reibungslose und effektvolle gemeinsame Arbeit (drei alternative Beispiele):

- Gruppenbildung durch die Schüler nach Interessenlage, Sympathie etc.
- Gruppenbildung durch die Lehrperson nach möglichst homogener Leistung innerhalb der einzelnen Gruppe mit der Konsequenz, dass die Leistungserwartungen an die einzelnen Gruppen differenziert werden müssen
- Gruppenbildung durch die Lehrperson nach dem Kriterium heterogener Leistung innerhalb der Teilgruppen bei möglichst ausgeglichener Leistungsstärke der Gruppen untereinander

Voraussetzungen beim Schüler für eine ertragreiche Gruppenarbeit:

- Bereitschaft, sich auch ohne ständige Kontrolle eigenaktiv mit der Sache auseinanderzusetzen und Verantwortung für das Gruppenarbeitsergebnis zu übernehmen

- kommunikative Kompetenz
- Methodenkompetenz, eigenständige organisatorische Kompetenz
- notwendige Sachkompetenz, um die Aufgabe in Angriff zu nehmen

Diese Kompetenzen müssen gerade bei jüngeren Schülern, aber auch bei solchen, die erst über wenig Erfahrung mit Gruppenarbeit verfügen, geschult und immer weiter verbessert werden.

Voraussetzungen auf Seiten der Lehrperson:

- Auswahl einer für Gruppenarbeit geeigneten Aufgabe
- eine nicht gängelnde, aber präzise und für alle verständlich formulierte Aufgabenstellung, auf deren Basis die Schüler aktiv werden können
- Bereitstellung von Arbeitsmaterial, soweit es durch die Schüler nicht selbst beschafft werden kann
- Festlegung des zeitlichen Rahmens
- Zurücknahme der eigenen Aktivität während der eigentlichen Gruppenarbeitsphase
- Fähigkeit und Bereitschaft, bei Bedarf dosierte Hilfestellungen zu geben, die den Problemlöseprozess fördern

externe Voraussetzungen:

- Sitzordnung an Gruppentischen, notfalls auch so, dass mit geringem Aufwand (Störfaktor) durch Umstellen eine entsprechende Sitzordnung hergestellt werden kann
- Verfügbarkeit von Arbeitsmaterial und evtl. zusätzlichen Arbeitsräumen

Chancen:

- Erarbeitung einer Lernaufgabe in hoher Eigenaktivität aller Schüler einer Gruppe
- Methodenschulung, auch selbständige Organisation eines Arbeitsablaufs
- hoher Anteil aller Schüler an der Interaktion
- positive soziale und emotionale Auswirkungen bei gelingender Gruppenarbeit

Gefahren / Probleme:

- geringer inhaltlicher Ertrag infolge ungeeigneter Aufgabenstellung des Lehrers oder fehlender Fähigkeiten der Schüler
- Rollenkonflikte in der Gruppe
- Diskriminierung einzelner Schüler auf Grund von Ausgrenzung durch ihre Klassenkameraden

4.4.1.3 Partnerarbeit

Eine weitere Sozialform ist die Partnerarbeit, unter der man die Zusammenarbeit zweier Schüler versteht.

Partnerarbeit wird häufig als unter sozialen und motivationalen Gesichtspunkten günstigere Alternative zur Einzelarbeit (s. u.) gewählt, da sie den kommunikativen Austausch einschließt und somit soziale Isolierung vermeidet. Die

Funktion der Einzelarbeit kann sie immer dann übernehmen, wenn es nicht ausdrücklich auf die Einzelleistung jedes einzelnen Schülers ankommt. Daneben kann sie mit Einschränkungen aber auch Funktionen der Gruppenarbeit erfüllen und insofern als methodisch und disziplinär einfachere Vorform des Gruppenunterrichts aufgefasst werden. Im günstigen Fall lassen sich Vorteile der Gruppenarbeit mit denen der Einzelarbeit unter Vermeidung einiger Risiken beider verknüpfen.

Chancen und Probleme:

- seltener Konflikte als bei der Gruppenarbeit
- geringeres Risiko des Ausklinkens einzelner Schüler
- maximal möglicher durchschnittlicher Eigenanteil an der Interaktion
- Beschränkung der sozialen Kontakte auf einen Partner
- eingeschränkteres Spektrum an Ideen, Argumenten und Handlungsinitiativen gegenüber der Gruppenarbeit

4.4.1.4 Einzelarbeit

Die Schüler arbeiten in zeitlich begrenzten Unterrichtsphasen jeder für sich allein. Sie können sich in ihrem individuellen Arbeitstempo konzentriert und im Idealfall ohne Störung durch die anderen Unterrichtsteilnehmer ihrer Lernaufgabe widmen. Durch die Wahl unterschiedlicher und unterschiedlich komplexer und schwieriger Aufgabenstellungen kann die individuelle Leistungsfähigkeit der Schüler in hohem Maße berücksichtigt werden (z. B. bei der Arbeit am Computer). Die Lehrperson zieht sich ganz zurück, macht sich beim Rundgang durch die Schülerreihen ein Bild vom individuellen Fortgang der Arbeit oder gibt einzelnen Schülern je nach Bedarf gezielte Hilfestellungen.

Einzelarbeit ist immer dann angezeigt, wenn es *nicht* auf einen Gedanken*austausch* ankommt, sondern darauf, dass *jeder* Schüler eine Aufgabe eigenständig bearbeitet, indem er eine komplette äußere Handlungsfolge oder einen vollständigen Denkprozess vollzieht und nicht nur bestimmte Teile oder gar nur Fragmente zum Gesamtvollzug beisteuert.

Ziele / Vorteile:

- Möglichkeiten zur Differenzierung oder Individualisierung von Anforderungen nach Leistungsfähigkeit und Schülerinteresse
- Einübung gelernter Verfahren
- schriftliche Bearbeitung einer Aufgabenstellung durch *jeden* einzelnen Schüler
- eigenständige Zusammenfassung zuvor erarbeiteter Sachzusammenhänge
- Auswendiglernen / Einprägen (meist in die Hausaufgaben verschoben)
- Transfer und Anwendung des Gelernten
- Lernerfolgskontrolle (Tests, Klassenarbeiten, Klausuren)

Probleme:

- fehlende oder geringe Kommunikation
- erhöhtes Resignationsrisiko
- unterschiedlicher Zeitbedarf bei nicht individualisierter Aufgabenstellung
- aufwendige Vorbereitung für die Lehrperson, wenn ein hohes Ausmaß an Differenzierung / Individualisierung des Lernens intendiert ist

Die Einzelarbeit sollte auf Tätigkeiten beschränkt werden, die von jedem Schüler selbst vollzogen werden müssen. Zudem sollte sie durch Unterrichtsphasen gerahmt werden, die auf Kommunikation ausgelegt sind, und in denen die Einzelarbeit vorbereitet und ausgewertet wird.

Auf einige Sonderformen wie z. B. die Zusammenfassung mehrerer Klassen (für einen Vortrag oder eine Demonstration durch einen Experten) oder das Team-Teaching – mehrere Lehrpersonen unterrichten gleichzeitig eine größere Schülergruppe – wird hier nicht näher eingegangen, zumal es sich strukturell entweder um eine der obigen Sozialformen bzw. um eine Mischform von ihnen handelt (Meyer 1987, I, S. 138 ff.).

Sowohl bei der Beobachtung und Analyse fremden Unterrichts als auch bei eigenen Unterrichtsversuchen könnten Sie sich im Hinblick auf die Sozialformen u. a. folgende Fragen stellen:

- Welche Sozialform ist in der jeweiligen Situation unter Berücksichtigung der Ziele sowie der sachlichen, methodischen und sozialen Voraussetzungen der Schüler eher geeignet?
- Verzichtet die Lehrperson im Frontalunterricht auf Machtausübung und unnötige dirigistische Maßnahmen? Erlaubt und fördert sie Schülerinitiativen und Schülerkommunikationen, die tendenziell vom Frontalunterricht, zumindest von seiner strengen Form wegführen oder ihn unterbrechen?
- Sind die Schüler während der Kleingruppen- oder Partnerarbeit gleichermaßen an der Aufgabenlösung beteiligt, verläuft die Kommunikation wechselseitig zwischen allen Partnern, oder lassen einzelne Gruppenmitglieder eine deutliche Dominanz gegenüber ihren Mitschülern erkennen?
- Gibt es Schüler, die nicht integriert sind? Lässt sich dieses Problem über eine Aussprache mit dem Außenseiter und den übrigen Gruppenteilnehmern oder durch eine Änderung der Gruppenzusammensetzung beseitigen?
- Sind die Aufgabenstellungen für die differenzierenden Sozialformen klar formuliert ohne „gängelnde" Arbeitsanweisungen? Wird nicht unnötig in die selbständige Arbeit der Schüler eingegriffen? Wird der Fortgang der Arbeit genau beobachtet? Werden gezielt die Hilfen gegeben, die für eine möglichst selbständige und gleichzeitig ertragreiche Arbeit notwendig sind?
- Werden die Gruppenergebnisse klar und prägnant dargestellt? Werden die Ergebnisse der Gruppen zueinander in Beziehung gesetzt? Sind die Schüler bei arbeitsteiliger Gruppenarbeit eigenständig in der Lage, die vorgestellten Gruppenergebnisse der jeweils anderen Gruppen mit dem eigenen Arbeitsbeitrag zu einem Ganzen zu integrieren bzw. wird eine solche Integration anschließend thematisiert?

4.4.2 Interaktionsformen im Unterricht

In allen Sozialformen sind die verbalen und nonverbalen Aktivitäten von Lehrendem und Lernenden sowie zwischen den Lernenden in der Regel wechselseitig aufeinander bezogen. Das gilt in engen Grenzen selbst für die Einzelarbeit im Unterricht, die sich auf eine vom Lehrer gestellte oder in der Kleingruppe ausgehandelte Aufgabe bezieht und bei der meist nach eigenen vergeblichen Versuchen auch Hilfe von der Lehrperson oder von Mitschülern erfragt werden darf. Das gilt auch, wenn Schüler sich von der eigentlichen Unterrichtsarbeit abwenden und verbal oder mimisch-gestisch ihr Desinteresse kundtun.

Einige typische zu komplexeren Verlaufsformen verdichtete Interaktionsformen sollen im folgenden angesprochen werden.

4.4.2.1 Vortrag

Unter einem Vortrag verstehen wir eine zusammenhängende mündliche Darstellung.

4.4.2.1.1 Lehrervortrag

Wenn Sie u. a. die didaktischen Prinzipien „Schülerangemessenheit" (4.3.3) und „Bemühen um größtmögliche Selbsttätigkeit der Schüler" (4.3.9) als für Sie besonders wichtige bei der Unterrichtsplanung zu berücksichtigende Prinzipien herausgestellt haben, so fragen Sie sich vielleicht, ob nicht der Lehrervortrag eine überholte Interaktionsform mit zu hoher Lehrerdominanz sei, bei der die Schüler zu bloßer Rezeption verurteilt sind.

Bei sparsamem Einsatz und gut gemacht hat der Lehrervortrag auch heute noch seinen Platz im Unterricht. Seine Hauptfunktion liegt in der Vermittlung neuer Information in einem klar strukturierten Zusammenhang und der Herstellung einer für alle Schüler ähnlichen Wissensbasis. Gegenüber Formen der selbständigen Informationsbeschaffung ist er immer dann zu bevorzugen, wenn die für eine weitere Verarbeitung erforderliche Information nicht in schüleradäquaten Texten oder anderen medialen Repräsentationsformen vorliegt oder diesen nur mit übergroßen Schwierigkeiten oder unverhältnismäßig großem zeitlichen Aufwand von den Schülern selbst abgewonnen werden könnte. Auch für eine strukturierte Zusammenfassung und Festigung von Arbeitsergebnissen kann der Lehrervortrag dienen, allerdings sollte diese Aufgabe mehr und mehr von den Schülern selbst übernommen werden. Darüber hinaus kann der Lehrervortrag zur methodischen Schulung der Lernenden eingesetzt werden, sei es, dass deren Fähigkeit zur Informationsentnahme aus mündlichen Darstellungen systematisch gefördert werden soll (z. B. sinnvolles Mitschreiben üben), sei es, dass ihre Fähigkeit zu eigener mündlicher Darstellung von Informationszusammenhängen durch modellhaftes Vormachen unterstützt werden soll.

Die Funktion der Informationsvermittlung kann der Lehrervortrag aber nur erfüllen, wenn er die Schüler zu aktivem Zuhören anregt. Denn diese können nur
selbst der Darstellung Informationen abgewinnen, indem sie versuchen, mit ihren eigenen Mitteln die Bedeutung der Aussagen zu rekonstruieren und sie mit
ihrer schon bestehenden kognitiven Struktur zu verbinden.

Voraussetzungen hierfür sind auf Lehrerseite u. a.:

- die Anknüpfung an vorhandene Kenntnisse und Interessen der Schüler
- eine Beschränkung der Informationsfülle zugunsten des wesentlichen Inhalts, den die
  Schüler aufnehmen und behalten sollen
- die Wahl einer klaren und dem Entwicklungsstand der Schüler angemessenen sprachlichen Formulierung
- ein klar gegliederter Aufbau, der auch den Schülern transparent gemacht wird (z. B.
  durch explizite Bezugnahme auf eine visualisierte Gliederung oder auf ein während
  des Vortrags schrittweise visualisiertes Strukturschema des dargestellten Sachverhalts)
- eine die Ausführungen unterstützende und akzentuierende Stimmführung, Mimik
  und Gestik; der Einsatz zusätzlicher Medien, um die Informationsaufnahme über
  weitere Sinneskanäle zu ermöglichen
- ein ständiger Blickkontakt zu den Schülern, um erste Anzeichen von Verständnisschwierigkeiten frühzeitig zu erkennen und flexibel darauf zu reagieren
- das Zulassen von und Eingehen auf Zwischenfragen.

Voraussetzungen bei den Schülern sind u. a.:

- ein wenigstens näherungsweise gleicher Wissens- oder Erkenntnisstand hinsichtlich
  der dargebotenen Information
- hinreichende Konzentrationsfähigkeit
- Bereitschaft und Fähigkeit zur aktiven Rezeption, d. h. zum Mit- bzw. Nachvollzug
  des dargestellten Gedankengangs (eine Fähigkeit, die nicht einfach vorausgesetzt
  werden kann, sondern im Laufe der Unterrichtszeit sorgfältig zu schulen ist).

Auch bei Bemühen um einen möglichst optimierten Vortrag bleiben einige Risiken und Nachteile bestehen:

- Individuelle Leistungsunterschiede innerhalb der Lerngruppe können kaum berücksichtigt werden.
- Trotz der Bemühungen des Lehrers sind die Schüler nicht hinreichend in der Lage, die
  Einzelinformationen und ihren Zusammenhang mit ihren Vorkenntnissen zu verknüpfen und in ihrer kognitiven Struktur zu verankern, mit der Folge, bald abzuschal-
  ten und sich mit anderen Dingen zu beschäftigen.
- Nach einem effektiven Lehrervortrag und aktivem Mitvollzug des dargestellten Gedankengangs (z. B. einer Argumentation für eine bestimmte historische Position oder
  der Herleitung eines mathematischen Lehrsatzes) steht dieser den Schülern zwar klar
  vor Augen, und sie können das Dargebotene zutreffend mit eigenen Worten wiedergeben, sie haben jedoch dadurch noch nicht gelernt, selbständig Argumente zu finden
  und abzuwägen oder eigenständig Beweise zu führen.

Um den Ertrag eines Vortrags, auch eines noch so guten, ausschöpfen zu können, wird es in der Regel notwendig sein, eine weitergehende Verarbeitung und Anwendung der präsentierten Information in möglichst selbständigen Schülerarbeitsformen zu veranlassen.

4.4.2.1.2 Schülervortrag

Schülervorträge treten im Unterricht in vielfältigen Situationen und mit unterschiedlichen Funktionen auf, z. B. als Erzählung eines Erlebnisses oder Bericht einer Beobachtung vor der Klasse oder in der Kleingruppe, als Präsentation von Ergebnissen aus Gruppen-, Partner- und Einzelarbeit vor der Klasse, als wechselseitiger Austausch der Ergebnisse selbständiger Arbeit im Partner- oder Gruppenpuzzle[1], als Zusammenfassung eines im Klassenunterricht gemeinsam erarbeiteten Unterrichtsergebnisses, als komplexere Darstellung eines in längerfristiger Hausarbeit selbständig erarbeiteten Zusammenhangs in Form des Referats.

Für den Vortragenden tritt neben die selbständige gedankliche Aufbereitung des gesamten darzustellenden Inhalts (selbst, wenn es sich „nur" um die Rekonstruktion des in der Gruppe oder im Klassenverband gemeinsam erarbeiteten Ergebnisses handelt) als zusätzliche Aufgabe die verständliche Darstellung und ggf. das Parieren kritischer Nachfragen oder Einwände. Insofern können Schülervorträge zur Steigerung methodischer Fähigkeiten wesentlich beitragen, insbesondere, wenn anschließend nicht nur ihr Inhalt, sondern auch die Präsentationsform thematisiert und einer vorsichtigen, konstruktiven Kritik unterzogen und so die Vortragsfähigkeit bei allmählich schwieriger und komplexer werdenden Anforderungen systematisch geschult wird.

Die übrigen Schüler befinden sich in einer ähnlichen Rolle wie beim Lehrervortrag; das Risiko, das Dargestellte nicht in der eigenen kognitiven Struktur verankern zu können, ist vor allem beim Schülerreferat häufig sogar größer als beim Lehrervortrag, weil der Referent oft in der Sache noch nicht die gleiche Souveränität hat wie der Lehrer und in der Methode des Vortragens noch ungeübt ist.

4.4.2.2 Unterrichtsgespräche

Im Gegensatz zu freien Unterhaltungen bezeichnen wir als Unterrichtsgespräche nur solche, die gezielt zum Zweck des Lernens und Lehrens im Unterricht geführt werden. Im weiten Sinne gehören hierzu auch Gespräche, die z. B. der Leistungskontrolle, der Diagnose von Vorkenntnissen, Interessen und Standpunkten der Schüler durch den Lehrer oder der Klärung von Unterrichtsstörungen und der Verbesserung des sozialen Klimas in der Klasse dienen.

Im folgenden soll der Schwerpunkt auf solche Gespräche gelenkt werden, die der Erarbeitung neuer Sachzusammenhänge, der Lösung von Problemen oder

der Bewertung kontroverser Positionen dienen. Nach dem Grad der Beteiligung des Lehrers an der Kommunikation und dem Grad seiner Lenkung des Gesprächs können drei Hauptformen (allerdings mit fließenden Übergängen) unterschieden werden, das kleinschrittige, fragend-gelenkte Lehrgespräch, das fragend-entwickelnde Unterrichtsgespräch und das Schülergespräch.

4.4.2.2.1 fragend-gelenktes Lehrgespräch

Beim fragend gelenkten Lehrgespräch hat der Lehrer eine detaillierte Vorstellung vom Lösungsweg der Aufgabe im Kopf, er zerlegt das Problem in mehr oder minder kleine „Häppchen", deren sofortige Lösung er von den Schülern erwarten zu können glaubt, und führt sie stark steuernd an *seinem* Lösungsweg entlang in kleinen Schritten unter geschicktem Ausnutzen einzelner Vorkenntnisse der Schüler zur Aufgabenlösung.

Ein klassisches Beispiel ist die Befragung eines Sklaven durch Sokrates in Platons Dialog „Menon" zur Lösung des mathematischen Problems: zu einem gegebenen Quadrat ein Quadrat von doppelter Fläche finden und die Richtigkeit der Lösung verstehen.

Sokrates zeichnet zu Beginn des Gesprächs ein Quadrat in den Sand.

…

„Sokrates: Wenn nun diese Seite zwei Fuß hätte und diese auch zwei; wieviel Fuß enthielte das Ganze? („Fuß" wird sowohl als Längen- als auch als Flächenmaß verwendet, K. U. W.) – Überlege es dir so. Wenn es hier zwei Fuß hätte, hier aber nur einen, enthielte dann nicht der ganze Raum (die Fläche, K. U. W.) einmal zwei Fuß?

Sklave: Ja.

Sokrates: Da er aber auch hier zwei Fuß hat, wird er nicht von zweimal zwei Fuß?

Sklave: Das wird er.

Sokrates: Wieviel nun zweimal zwei Fuß sind, das rechne aus und sage es.

Sklave: Vier, o Sokrates."

…

(Platon: „Menon", zitiert nach Winter 1991, S. 8)

Das Interaktionsmuster weist einen für diese Gesprächsform typischen Verlauf auf: Der Lehrer richtet engmaschige (Wissens-)Fragen an alle Schüler, fordert einen von ihnen zur Beantwortung auf, dieser antwortet und erhält vom Lehrer die Rückmeldung „richtig" oder „falsch". Bei falscher oder ausbleibender Antwort wird er entweder zur Korrektur aufgefordert, ein weiterer Schüler aufgerufen, oder die Frage wird vom Lehrer selbst beantwortet. Darauf folgt die nächste Frage, und der gleiche Zyklus beginnt von vorne, bis man entlang der Gedankenlinie des Lehrers am Ziel, der Aufgabenlösung, angekommen ist. Selbständige gedankliche Beiträge der Schüler werden nur berücksichtigt, wenn sie exakt in den vom Lehrer strukturierten Aufbau passen. Offene Fragen, die ein breites Spektrum an Denkprozessen und Antworten erlauben könnten, werden wegen der Gefahr, von der geplanten inhaltlichen Struktur des Gesprächs abzuweichen, ebenso vermieden wie Schüler-Schüler-Kontakte.

Im günstigen Falle ist am Ende eines fragend-gelenkten Lehrgesprächs in Folge der Vermeidung von Neben- und Irrwegen ein klar strukturierter Wissensaufbau bei den Schülern erreicht. Hoch ist jedoch die Gefahr, dass wegen der Zerlegung des Gesamtproblems in kleinste Teilaufgaben auf Lehrerseite für die Schüler selbst bei richtigen Antworten auf die Einzelfragen der Gesamtzusammenhang der Problemlösung kaum deutlich wird. Dann sind die Schüler nur scheinbar durch Beisteuern einzelner Wissensfragmente an der Problemlösung durch den Lehrer beteiligt. Im Extremfall verkommt das Gespräch zu einer Art Ausfüllen mündlicher Lückentexte, wobei die Antwort den Schülern durch die Frageform oder durch in Zusatzfragen kaschierte Vorgaben in den Mund gelegt wird.

Sollte im Einzelfall ein eng gesteuertes Lehrgespräch unvermeidlich sein, muss als Minimalforderung nachträglich der Gesamtzusammenhang von Problem, Lösungsweg und Ergebnis aus den Teillösungen selbständig rekonstruiert werden.

(scheinbare) Vorteile:

- zeitlich und inhaltlich kalkulierbarer Lösungsgang
- Vermeidung von Fehlern und Irrwegen

Nachteile / Gefahren:

- mögliche Unterforderung der Schüler
- fehlendes Verständnis des inhaltlichen und methodischen Zusammenhangs
- mangelnde Anleitung zum selbständigen Denken

4.4.2.2.2 fragend-entwickelndes Unterrichtsgespräch

Aebli verbindet fragend-entwickelnden Unterricht eng mit problemlösendem Unterricht. Unterricht „ist 'fragend-entwickelnd', wenn sich der Schüler selbst, oder, stellvertretend für ihn der Lehrer, nacheinander Fragen stellen (sic!), bei deren Beantwortung sich die Problemlösung immer klarer abzeichnet, bis sie, voll entwickelt, dem Denken und Handeln des Schülers einverleibt ist" (Aebli 1985, S. 296). Dabei gilt für Aebli das Prinzip der minimalen Hilfe, das besagt, „daß der Lehrer dem selbständigen Nachdenken der Schüler solange seinen Lauf läßt, als sie auf dem Wege der Lösung des Problems weiterkommen" (Aebli, S. 300).

Ein schönes Beispiel für ein entwickelndes Gespräch in diesem Sinne ist eine Variante des Sokrates-Beispiels durch Wagenschein.

Nachdem Sokrates den Sklaven gelenkt durch einfache Wissens- und Suggestivfragen hat feststellen lassen, dass seine anfängliche Vermutung, das Problem durch Verdoppelung der Seitenlänge lösen zu können, falsch ist und er nicht weiter weiß, gibt Sokrates im wesentlichen die Lösung vor, indem er in das ursprüngliche Quadrat die Diagonale einzeichnet und wiederum gelenkt durch Wissens- und Suggestivfragen den Sklaven bestätigen lässt, dass das Quadrat über der Diagonale die geforderte doppelte Fläche besitzt.

Anders Wagenschein (1965, S. 143 f.), der Sokrates in der Grundstruktur folgt, zunächst die naheliegende Vermutung der Seitenverdoppelung aufzugreifen und als falsch erkennen zu lassen, dann aber mit wenigen strategischen Hilfen die Lösung von den Schülern selbst finden lässt. Durch Vorgabe zweier Quadrate (aus Papier), die zu einem neuen Quadrat zusammengefügt werden sollen, und einer Schere transformiert er die Aufgabe auf die enaktive Ebene (s. Kap. 4.5), auf der die Schüler ihre Überlegungen mit manuellen Handlungen begleiten und experimentieren können. Erste Versuche der Schüler durch mehrfaches vertikales oder horizontales Zerschneiden der Quadrate führt beim Zusammensetzen nicht zur Lösung, es entsteht kein Quadrat. Es genügt dann der bloße Hinweis des Lehrers „Man kann auch *ganz* anders schneiden!", um die Schüler den Schnitt durch die Diagonalen selbst entdecken und die geforderte Zusammensetzung der Bruchstücke zu einem Quadrat doppelter Fläche finden zu lassen.

Vorteile / Chancen:

● Hinführung zum selbständigen Denken

● Integration des Problemzusammenhangs in die kognitive Struktur

Probleme:

● Einschätzung der Leistungsfähigkeit der Schüler durch den Lehrer

● schwierige Gesprächsstrukturierung wegen der entscheidenden Mitgestaltung durch die Schüler

● geringe Kalkulierbarkeit des Zeitaufwandes für das entdeckenlassende Lernen und das damit verbundene Einräumen von Irrwegen

Das problemlösende, fragend-entwickelnde Unterrichtsgespräch, das dem Prinzip der minimalen Hilfe für die Schüler folgt und *idealiter* von den Schülern selbständig gesteuert wird, ist als Gegenpol zu dem vorher beschriebenen fragend-gelenkten Lehrgespräch zu verstehen.

Das real zu beobachtende Gespräch wird sich in der Regel zwischen beiden Polen bewegen. Insbesondere sollte darauf geachtet werden, dass ein in bester Absicht mit wenigen Leitfragen und offenen Impulsen begonnenes Unterrichtsgespräch, bei dem den Schülern jedoch keine eigenständige Problemlösung gelingt, nicht vorschnell in ein stark gelenktes Lehrgesprächs übergeht.

Prototypisch für ein weitgehend selbständig von den Schülern gesteuertes Unterrichtsgespräch, das bereits den fließenden Übergang zum nächsten Gesprächstypus (Schülergespräch) markiert, ist das klassische Milchbüchsen-Beispiel von Copei (Copei 1955, S. 103 f.).

„Zufällig stoßen die Schüler auf einer Wanderung bei einer Alltagshandlung – in eine Milchdose wird ein Loch gebohrt, zum Erstaunen aller fließt jedoch die Milch nicht aus – auf ein physikalisches Problem, das sie zum eigenen Fragen anregt. Sie stellen eigenständig diverse Erklärungshypothesen auf, die sie eifrig erörtern, ohne zunächst zur Lösung vorzudringen. Erst als ein Schüler darauf beharrt, dass etwas *vor* der Milch sitzen müsse, während die übrigen Schüler das verneinen, wirft der Lehrer als einzigen Wink ein „Nichts?" ein, woraufhin die Schüler weitgehend selbständig das Problem lösen."

4.4.2.2.3 Schüler-Gespräche

Ein Höchstmaß an Selbständigkeit können die Schüler in der Interaktionsform „Schülergespräch" realisieren. Von Schülergesprächen soll hier die Rede sein, wenn der Lehrer sich für eine bestimmte Dauer, deren Anfang und Ende in seiner Hand verbleiben, (fast) ganz aus der Kommunikation heraushält und auf die Beobachterrolle beschränkt, allenfalls noch eine Moderatorfunktion einnimmt, solange diese noch nicht von den Schülern selbst ausgefüllt werden kann.

Regelmäßig treten Schülergespräche in den Sozialformen Partner- und Kleingruppenarbeit auf, aber auch im Klassenunterricht haben sie ihren Ort, u. a. in schülergesteuerten entwickelnden Unterrichtsgesprächen oder in Diskussionen unterschiedlicher Standpunkte.

Für die Schüler haben die Gespräche eine starke motivationale Funktion, können sie doch eigene Gedanken, Interessen, Bewertungen etc. in besonderem Maße einbringen; inhaltlich ergiebige und auch kommunikativ gelungene Gespräche werden als emotional zufriedenstellend erlebt. Nicht nur die Sachkompetenz, sondern auch allgemeinstrategische und spezielle Methodenfähigkeiten sowie nicht zuletzt soziale Fähigkeiten wie Gesprächsführung und Kooperation werden gefördert.

Andererseits setzt ein effektives Schülergespräch immer auch schon gewisse Mindeststandards an Sachkenntnis, Methodenkenntnis sowie Gesprächs- und Kooperationsfähigkeit und -bereitschaft voraus. Neben einer systematischen Methodenschulung wird die Lehrperson das Einhalten notwendiger Gesprächsregeln kontrollieren und trainieren lassen müssen, bis die Schüler die notwendige Gesprächskultur verinnerlicht haben und selbständig deren Einhaltung überwachen können.

Wichtige Gesprächsregeln sind:

- die eigene Aussage klar und für die anderen verständlich vortragen
- Behauptungen begründen
- den Aussagen der anderen aufmerksam zuhören, sie ernst nehmen und mit den eigenen Beiträgen auf die der anderen Bezug nehmen
- das Gespräch nicht einseitig zu dominieren versuchen und auch die anderen zu Wort kommen lassen

- unter Kritik nicht nur negative, sondern auch positive Kritik verstehen; Kritik an den Aussagen anderer üben und begründen, dabei negative Kritik in sachlicher, nicht verletzender Weise äußern

- den Fortgang der Argumentation im Auge behalten und nicht vom Thema abschweifen.

Partnerarbeit in Form des „Kugellagers"[2] und Gruppenarbeit als „Gruppenpuzzle" (s. Anm. 1) sind anregende äußere Formen, in denen das Gesprächsverhalten der Schüler untereinander und das Eingehen auf wechselnde Gesprächspartner geschult werden kann. Kleingruppengespräche bieten sich als Übungssituationen an, bevor Gespräche im Klassenverband ohne Führung durch die Lehrperson durchgeführt werden.

Diese muss bereit sein, sich während des Schülergesprächs auf die Beobachterrolle zurückzuziehen, auch wenn die Gesprächsbeiträge der Schüler nicht in jeder Hinsicht stimmig sind oder präziser formuliert werden könnten. Nur bei grobem Verletzen von Gesprächsregeln, gravierenden Fehlern, die ein selbständiges Finden einer akzeptablen Aufgabenlösung auch nach Irrwegen durch die Schüler unmöglich machen, oder wenn sich die Argumentation nur noch im Kreise dreht, ist ein Eingreifen des Lehrers in das Schülergespräch hilfreich. Kleinere inhaltliche, methodische oder gesprächstechnische Mängel können im Nachhinein mit entsprechenden konstruktiven Verbesserungsvorschlägen, die bevorzugt von den Schülern selbst kommen sollten, aufgegriffen werden.

4.4.2.3 nonverbale Demonstrationen

Interaktionsformen im Unterricht sind nicht notwendig an verbale Kommunikation gebunden.

Einige Beispiele, bei denen die verbale Kommunikation in den Hintergrund tritt oder ganz fehlt, seien genannt:

- einen Bewegungsablauf vormachen mit einer mimisch-gestischen oder auch nur impliziten Aufforderung, das Beobachtete nachzumachen

- die Funktionsweise eines Gerätes zeigen mit der Erwartung, es bei der sich anschließenden Arbeit einzusetzen

- ein Experiment demonstrieren

- eine Pantomime vorführen

- ein Klangbeispiel wirken lassen.

Voraussetzung für den sinnvollen Einsatz auf die nonverbale Kommunikation beschränkter Interaktionsformen ist, dass die Schüler ohne die Demonstration begleitende sprachliche Kommentierungen zum Verstehen der Informationen und zu deren Verarbeitung (z.B. Imitation, In-Gebrauch-Nahme, Assoziation eigener Gedanken oder Gefühle etc.) in der Lage sind.

Folgende Fragen zu den Interaktionsformen könnten Sie sich bei der Unterrichtsbeobachtung bzw. eigenen Unterrichtsplanung stellen:

- Ist ein Lehrervortrag zur Schaffung einer gemeinsamen Wissensbasis bei allen Schülern in der aktuellen Situation notwendig oder günstig, oder könnten sich die Schüler die gleichen Informationen mit vertretbarem Aufwand selbst beschaffen?

- Sind Dauer des Vortrags, Terminologie, innere Strukturierung, Unterstützung des Gesagten durch Gestik, Mimik, Stimmführung, Einsatz zusätzlicher Medien auf die speziellen Voraussetzungen der Schüler (Konzentrationsfähigkeit, Fähigkeit zur Rezeption und Verknüpfung mit der kognitiven Struktur, emotionale Befindlichkeit u. a.) abgestimmt?

- Registriert der Lehrer durch ständigen Blickkontakt zu seinen Schülern Anzeichen von Verständnisschwierigkeiten und reagiert er flexibel darauf? Wie könnte ich flexibel darauf reagieren?

- Regt die Lehrperson ihre Schüler zur weiteren Verarbeitung der dargebotenen Information mit Formen selbständiger Schülerarbeit an? Welche Verarbeitungsformen könnte ich anregen?

- Versuchen auch die Schüler bei ihrer Präsentation von im Unterricht erarbeiteten Ergebnissen bzw. bei Referaten die genannten Kriterien für einen guten Vortrag zu erfüllen und ihren Zuhörern eine ertragreiche Rezeption der Darbietung zu ermöglichen?

- Fördert der Lehrer die Fähigkeit seiner Schüler zur mündlichen Darbietung durch dosierte Kritik und Tips zur Verbesserung? Wie könnte sie gefördert werden?

- Vermeidet der Lehrer bei der Erarbeitung neuer Inhalte im Lehrer-Schüler-Gespräch kleinschrittige Fragefolgen, bei denen die Schüler nur Wissensfragmente beizusteuern oder die erwartete Antwort aus der Frage zu erraten brauchen, zugunsten offenerer Impulse, die den Schülern eigenständigere Problemlösungen abverlangen und komplexere Denkprozesse erlauben? Welche offenen Impulse könnte ich geben? Wie reagiere ich auf unerwartete Schwierigkeiten?

- Falls sich aufgrund der Voraussetzungen der Schüler eine Zerlegung der Lernaufgabe in kleine Teilaufgaben durch die Lehrperson in bestimmten Situationen als unvermeidlich zur Aufgabenlösung erweist, wird dann in einer sich anschließenden Reflexion mit oder besser von den Schülern der Gesamtzusammenhang von Aufgabe und Lösung hergestellt?

- Werden die Schüler angehalten, sich mit ihren Beiträgen nicht nur auf die Lehrperson zu beziehen, sondern möglichst intensiv das Gespräch miteinander zu suchen?

- Werden unnötige Eingriffe in Schüler-Schüler-Gespräche vermieden bzw. bei inhaltlichen Problemen oder solchen der Gesprächsführung dosierte Hilfen gegeben, um das Schüler-Schüler-Gespräch inhaltlich ertragreich und gesprächstechnisch befriedigend weiterzuführen?

4.4.3 Arbeitsformen der Lernenden

In diesem Abschnitt wird Ihr Augenmerk auf unterschiedliche Arbeitsformen gelenkt, in denen die Schülerinnen und Schüler selbständig und eigenverantwortlich ihren eigenen Lernprozess steuern. Da es angesichts der Vielzahl solcher Formen den Rahmen dieser Darstellung sprengen würde, sie alle im einzelnen darzustellen und zu diskutieren, sollen im folgenden lediglich einige typische Beispiele genannt, gemeinsame Charakteristika und Funktionen der Schülerarbeitsformen angeführt und wichtige Voraussetzungen auf Schüler- wie auf Lehrerseite herausgestellt werden.

Beispiele für Formen selbständiger Schülerarbeit (zu Beschreibungen und Einsatzmöglichkeiten im Fachunterricht s. z. B. Peterßen 1999 und Klippert 2001) reichen von kleineren Aufgaben, die sich in allen Fächern in den meist vom 45-Minuten-Takt diktierten Unterrichtsablauf integrieren lassen bis hin zu längerfristigen, fachübergreifenden Aktivitäten:

- Informationsgewinnung durch Nachschlagen unbekannter Begriffe im Lexikon oder Fachbuch
- themenzentrierte Bibliotheks- oder Internet-Recherche
- Bearbeitung oder auch Herstellung von Arbeitsblättern
- Transponieren eines Sachverhalts in ein anderes Medium (z. B. Text in Graphiken)
- Darlegung eines Begriffszusammenhangs in Textform oder in Strukturlegetechnik
- Planung, Durchführung und Auswertung eines Rollen- oder Planspiels
- Planung, Durchführung und Auswertung von Schülerexperimenten
- Formen des Lernens durch Lehren, bei denen Schüler für begrenzte Aufgaben die Lehrfunktion übernehmen
- Datenermittlung in einem Interview
- Fallanalyse oder Beispielinterpretation (siehe hierzu Kap. 5.2)
- Erstellen einer Collage
- Musizieren, Zeichnen
- Vorbereitung und Gestaltung eines Theaterspiels
- Gestaltung eines Hörspiels in der Mutter- oder Fremdsprache
- fachbezogenes oder fächerübergreifendes Projekt (eine komplexe Form, die je nach Thema der Projektarbeit verschiedene der vorgenannten bzw. weitere Arbeitsformen umfasst).

Alle diese Formen sind in der Regel charakterisiert durch eher offene Aufgaben, in denen die Schüler nicht primär rezeptiv Informationen aufnehmen oder diese weiter verarbeiten, indem sie vom Lehrer strukturierte Gedankengänge mit- und nachvollziehen, sondern selbständig Informationen beschaffen sowie bei deren selbständiger Erschließung eigene Erfahrungen und Entdeckungen machen. Meist sind diese Arbeitsformen mit dem Erstellen eines Handlungs- oder Lernprodukts, d. h. mit einem praktischen Tun durch die Schüler verknüpft. Das praktische Tun hat allerdings nur dann einen nachhaltigen Effekt, wenn es nicht um bloße Geschäftigkeit, um vordergründigen Aktionismus, um ein blindes Trial-and-error-Verfahren geht, sondern wenn das äußere Tun mit vielfältigen anspruchsvollen Denkprozessen (s. 4.4.4) und Reflexionen auf Ergebnis und Prozess des selbständigen Handelns verknüpft ist. Unter dieser Bedingung ermöglichen Schülerarbeitsformen ein gleichzeitiges Lernen in unterschiedlichen Zieldimensionen:

- inhaltliches Lernen
- methodisch-strategisches Lernen
- soweit diese Formen gemeinsames Lernen der Schüler implizieren: soziales Lernen, insbesondere durch die Verbesserung von Kommunikations- und Kooperationsfähigkeiten sowie durch die Übernahme von Verantwortung für den eigenen Lernprozess und den der kooperierenden Mitschüler
- affektiv-emotionales und motivationales Lernen durch Zufriedenheit über das Gelingen des selbständigen Arbeitsprozesses und über die selbsterarbeiteten Produkte
- selbstbezogenes Lernen durch die Entwicklung eines günstigen Selbstkonzepts.

Die erfolgreiche Planung und ertragreiche Gestaltung dieser Schülerarbeitsformen durch die Schüler selbst impliziert eine Reihe von Voraussetzungen auf Schüler- wie auf Lehrerseite.

Gegenüber stärker lehrergelenkten Arbeitsformen ist Entdeckungslernen in selbständiger Schülerarbeit „nicht prinzipiell aktivierender, sondern nur, wenn die Schüler die entsprechenden Entdeckungsfähigkeiten beherrschen" (Einsiedler 1981, S. 129). Das bedeutet aber, dass die Lehrperson nicht bereits damit ihre Funktion erfüllt, dass sie die Schüler möglichst weitgehend sich selbst überlässt, sondern dass sie die grundlegenden inhaltlichen, methodisch-strategischen, sozialen und auch emotionalen (z. B. Aushalten einer nicht sofort zum Ergebnis führenden Problemsituation, Bereitschaft zur Verantwortungsübernahme für das eigene Lernen) Voraussetzungen schafft. Dabei wird anfangs eine stärkere Lehrersteuerung erforderlich sein, die mit zunehmenden Kompetenzen auf Schülerseite Stück für Stück zurückgenommen werden kann. „Selbständigkeit, Selbstverantwortung und Selbstmanagement müssen kleinschrittig eingeübt und internalisiert werden" (Klippert 2001, S. 45).

Als weitere Voraussetzungen auf Lehrerseite lassen sich (teilweise in Anlehnung an Klippert, 2001) formulieren:

- Verantwortung übertragen und Mut zum experimentellen Arbeiten machen
- Steuerung durch Rahmenvorgaben (Ziel, Zeit, Material, Organisation), nicht jedoch durch gängelnde Detailanweisungen
- Irrwege und Fehler zulassen
- sich zurückhalten können und nicht vorschnell in die selbständige Schülerarbeit eingreifen, sondern nur dann, wenn die Schülerarbeit ins Stocken geraten ist oder so gravierende Fehler aufgetreten sind, dass eine selbständige Behebung der Mängel unmöglich ist und die Frustrationsgefahr eines völligen Versagens gebannt werden soll
- im Nachhinein gemeinsam mit den Schülern Prozess und Ergebnis reflektieren, soweit die Schüler nicht auch bereits hierzu selbständig in der Lage sind, und, wo nötig, konstruktive Verbesserungsvorschläge für die eigenständigen Arbeitsprozesse machen.

Das Hauptrisiko des Einsatzes von Formen selbständiger Schülerarbeit besteht darin, dass fehlende inhaltliche oder methodische Voraussetzungen die jeweilige Arbeitsform zu einem unergiebigen, nur vordergründig aktiven und letztlich auch demotivierenden „Herumwursteln" verkommen lassen können.

Solange der Schulunterricht sein umfassendstes Ziel noch nicht erreicht hat, sich selbst überflüssig zu machen, indem er die Kompetenzen der Schüler soweit entwickelt hat, dass diese in vollem Umfang das Lernen gelernt haben, werden Formen selbständiger Schülerarbeit solche Formen nicht ersetzen können, in denen die Lehrperson die Schüleraktivitäten in mehr oder minder starkem Ausmaß lenkt.

Folgende Fragen könnten Sie sich bei Ihren Unterrichtsbeobachtungen und für Ihre eigenen Unterrichtsversuche stellen:

- Werden im Unterricht Formen selbständiger Schülerarbeit in einem angemessenen Umfang eingesetzt?
- Lassen die Schüler die für eine ertragreiche eigenverantwortliche Gestaltung der Arbeit notwendigen methodisch-strategischen und sozialen Fähigkeiten erkennen? Lassen die von den Schülern bei ihrer Arbeit erstellten Produkte auch auf den Vollzug anspruchsvoller Denkoperationen rückschließen?
- Greift der Lehrer nur bei stockender Arbeit oder gravierenden, nicht durch die Schüler selbst behebbaren Mängeln inhaltlicher, methodisch-strategischer oder sozialer Art ein?
- Mit welchen zusätzlichen Winken, Hinweisen, ergänzenden Vorgaben, die dem Prinzip „soviel Hilfe wie nötig, sowenig wie möglich" folgen, könnte ich in solchen Fällen die selbständige und gleichzeitig ertragreiche Schülerarbeit wieder in Gang bringen?
- Wird die Fähigkeit der Schüler zur selbständigen Arbeit nicht als selbstverständlich vorausgesetzt, sondern systematisch eingeübt und in einer Metareflexion mit den Schülern auf Verbesserungsvorschläge hin besprochen?

4.4.4 Psychische Operationen der Lernenden und Formen ihrer Denkprozesse

In Hinblick auf den Vollzug von Lernprozessen und das Erreichen der geplanten Lernziele ist es von entscheidender Bedeutung, welche psychischen Prozesse bei den Schülern durch das Arrangement des Unterrichts angeregt werden.

Wenn die Schüler gemäß dem Prinzip der Selbsttätigkeit zu einem Unterrichtsthema z. B. einen passenden Text aus dem Internet herunterladen und ohne Hilfe einige für wichtig erachtete Aussagen des Textautors in eigene Worte fassen, indem sie den Wörtern Bedeutungen zuordnen und zwischen den Wörtern eines Satzes einen Sinnzusammenhang herzustellen versuchen, vielleicht auch noch einige bildhafte Vorstellungen zum Gelesenen assoziieren, so haben sie einige elementare Textverstehensoperationen vollzogen, was je nach Entwicklungsstand der Schüler sowie inhaltlicher und sprachlicher Komplexität und Schwierigkeit des Textes eine beachtliche Schülerleistung darstellen kann. Gleichwohl kann ein Unterricht, der die Schüler intensiv fördern will, auf Dauer nicht bei diesen grundlegenden Textverstehensoperationen stehen bleiben, sondern muss die Schüler zum Vollzug darüber hinaus gehender anspruchsvollerer Operationen anregen:

- auf nicht ausdrücklich im Text erwähnte Ursachen oder Voraussetzungen zurückschließen
- Konsequenzen aus dargestellten Handlungsalternativen ableiten
- die Inhaltsstruktur in einem Strukturdiagramm visualisieren
- dargestellte Sachverhalte mit eigenen Erfahrungen vergleichen
- Prognosen stellen und überprüfen
- den Text zu anderen Texten mit gleicher Thematik in Beziehung setzen
- dargestellte Sachverhalte anhand bestimmter Kriterien kritisch vergleichen
- zu einer dargestellten Position eine Gegenposition konstruieren
- die Argumentation auf innere sachliche oder logische Stimmigkeit prüfen
- ästhetische Qualitäten insbesondere bei literarischen Texten aufspüren usw. (vgl. Grzesik, 1990).

Alle diese Operationen (auch die elementaren) entwickeln sich nicht von selber, indem man die Schüler Texte selbsttätig bearbeiten lässt, sondern bedürfen der systematischen Anleitung und langfristigen Schulung im Unterricht, bis sie eigenständig von den Schülern beim Lesen eingesetzt werden.

Hier ist nicht der Raum, exemplarisch auch nur eine einzige komplexere Fähigkeit, wie z.B. das Textverstehen, in ein umfassendes Bündel von geistigen Operationen aufzugliedern und mögliche methodische Arrangements für die Schulung einzelner Operationen oder bestimmter Kombinationen von Operationen vorzustellen (zum Textverstehen vgl. Grzesik 1990 sowie für konkrete Anwendungen für einige Fächer die Reihe: Unterrichtsideen Textarbeit im …-Unterricht der Sekundarstufe I bzw. II).

Statt dessen sollen im folgenden bei den Schülern einige intendierte Denkprozesse nach formalen Aspekten zusammengefasst werden.

4.4.4.1 reproduktive oder produktive Denkprozesse

Unter *reproduktiven* Prozessen verstehen wir solche, bei denen es sich entweder nur um ein Abrufen von im Gedächtnis gespeicherter Information handelt („memory" im Kategoriensystem von Guilford 1967), um ein Wiedererkennen oder Wiederentdecken („cognition" nach Guilford) von Sachverhalten oder Prozessen (z.B. „hier liegt eine Parallelschaltung vor", wenn die Unterschiede zwischen Reihen- und Parallelschaltung vertraut sind und der vorliegende konkrete Fall zwar neu ist, aber unmittelbar identifiziert werden kann) oder um ein Ausführen von Routinen in geringfügig veränderten Situationen (z.B. Anwenden der vertrauten Addition von Brüchen auf ein weiteres Zahlenpaar, ohne dass mit diesem zusätzliche Schwierigkeiten verbunden wären).

Produktive Denkprozesse sind erforderlich, wenn die Schüler aus dem gegebenen Informationsmaterial ein für sie neues Produkt erzeugen müssen, z. B. einen nicht aus dem Gedächtnis abrufbaren Schluss ziehen oder eine ihnen unbekannte mathematische Textaufgabe lösen. Solche produktiven Prozesse schließen reproduktive Prozesse immer mit ein. Eine Entscheidung, welche der beiden Denkformen im konkreten Fall vorliegt, hängt wesentlich von den Voraussetzungen der Schüler ab.

Nachgewiesenermaßen können Schüler ihnen vorgeführte Problemlösungen, sofern sie mit Verständnis mitvollzogen wurden, zu späterem Zeitpunkt recht gut rekonstruieren (reproduzieren). Allerdings sind sie beim selbständigen Lösen neuer Probleme, die einen deutlichen Transfer der Lösung gegenüber dem ursprünglichen Problem erfordern, erheblich im Nachteil gegenüber Schülern, die das ursprüngliche Problem nicht reproduktiv, sondern produktiv gelöst haben.

Daher sollte das methodische Arrangement des Unterrichts besonderes Gewicht auf die Anregung produktiver Denkprozesse legen.

4.4.4.2 konvergente oder divergente Denkprozesse

Produktive Denkprozesse lassen sich in *konvergente* und *divergente* untergliedern. Bei ersteren zielt das Denken darauf ab, möglichst ohne Umwege von einer Problemstellung zu einem klar und eindeutig bestimmten, häufig allein richtigen Ergebnis zu kommen, z. B. anhand bekannter einschlägiger Begriffsmerkmale herauszufinden, dass es sich bei einem gegebenen Text um ein Gleichnis und nicht um eine Fabel handelt.

Divergentes Denken ist demgegenüber auf die Produktion vielfältiger Ideen, das Bereitstellen von Alternativen, auf unterschiedliche Lösungswege und -resultate ausgerichtet. Typische Beispiele für divergentes Denken sind Brainstorming zu Beginn eines Lernprozesses oder das Ausdenken eines eigenen Schlusses zu einer unvollständigen Geschichte. Divergentes Denken ist durch hohe Flexibilität und Originalität charakterisiert. Ob im konkreten Fall eine Förderung konvergenter oder divergenter Prozesse angemessen ist, wird zwar wesentlich vom zu erarbeitenden Inhalt mitbestimmt, aber selbst im Fach Mathematik sollte divergentes Denken nicht ausgeklammert sein, indem z. B. das Finden unterschiedlicher Lösungswege gefordert wird, statt nur auf das richtige Ergebnis zu achten, oder indem der Lehrer Vermutungen zum Ausgang von Zufallsexperimenten anstellen lässt. Allgemein lassen sich die häufig zu kurz kommenden divergenten Denkprozesse durch weit gefasste, offene Fragen anregen.

4.4.4.3 deduktives, induktives oder analoges Schließen

Bei *deduktiven* Schlüssen geht die Denkbewegung vom Allgemeinen zum Besonderen, bei *induktiven* Schlüssen umgekehrt vom Besonderen zum Allgemeinen. Erstere führen zwar nicht zu neuen Erkenntnissen, sondern explizieren die Prämissen des Schlusses, wodurch das Verständnis des allgemeinen Sachverhalts an Klarheit und Differenziertheit gewinnen kann. Die Frage nach der logischen Gültigkeit des Schlusses steht in der Regel im Vordergrund.

Beim induktiven Schluss geht es hingegen um eine echte Erweiterung des Wissens oder der Erkenntnis, hypothetisch wird vom Einzelfall, von speziellen Erfahrungen auf eine allgemein gültige Gesetzmäßigkeit geschlossen, ein Schluss, der stets mit Unsicherheit verbunden ist und einer anschließenden Überprüfung bedarf. Ein grundlegender Prozess beim induktiven Schließen ist vergleichendes Denken.

Besondere Bedeutung für den Unterricht kommt der Förderung *analogen* Denkens zu. Bei Analogieschlüssen wird zu einzelnen abstrahierten Merkmalen oder Relationen eines ansonsten noch unbekannten Sachbereichs ein bekannter Sachbereich mit merkmalsähnlichen oder nur strukturidentischen Konkretisierungen als Modell gesucht, hypothetisch der bekannte Strukturzusammenhang auf den neuen Bereich übertragen und anschließend auf seine Geltung im neuen Bereich überprüft. Bei tatsächlicher Analogie zwischen den Bereichen wird das Wissen im neuen Bereich durch die Analogieschlüsse erheblich erweitert, insbesondere bei bloßer Strukturanalogie wird ein weiter Transfer erzielt. Ein klassisches Beispiel ist die Analogie zwischen Sonnensystem und Rutherfordschem Atommodell.

4.4.4.4 analytische oder synthetische Denkprozesse

Analytische Denkprozesse gliedern einen komplexen Sachverhalt oder Denkinhalt in einzelne Teile oder Momente und die sie verknüpfenden Beziehungen auf, um diese gesondert und differenziert erfassen zu können, z. B. Untersuchung eines Musikstücks in Hinblick auf Motivik, Rhythmik, Dynamik, ... oder Betrachtung eines geographischen Raumes unter den Aspekten Landschaftsform(en), Klima, Bevölkerung, Bodenschätze, Industrie etc. *Synthetische* Denkprozesse verknüpfen einzelne Teile oder Komponenten miteinander und integrieren sie zu einem Ganzen, z. B. werden einzelne Gründe zu unterschiedlichen Teilaspekten zu einem Begründungszusammenhang für eine bestimmte Entscheidung verbunden oder Eigenschaften und Aussagen einer Romangestalt zu einem charakterisierenden Personenbild oder sogar Menschenbild integriert.

4.4.4.5 dialektische Denkprozesse

Dialektische Denkprozesse stellen „Aussagen durch gegensätzliche Behauptungen und Widersprüche in Frage". Diese sind „konstruktiv zu verstehen als Anreiz, eine These weiter differenzierend und damit präzisierend zu belegen oder aber in Frage zu stellen. Behauptung und Gegenbehauptung (These und Antithese) zu einem Problem versucht man anschließend auf einer höheren Abstraktionsebene zu integrieren (Synthese)" (Köck / Ott 1979, S. 104 f.).

4.4.4.6 konkret-anschauliche oder formale Denkprozesse

Konkret-anschauliche Denkprozesse beziehen sich auf wahrgenommene bzw. konkret vorgestellte Inhalte und Handlungen. Aufgaben mit abstrakteren Inhalten werden nicht allgemein, sondern durch Rückgriff auf wirkliche oder potentiell reale Beispielsituationen gelöst.

Formales Denken ist demgegenüber ein Denken, das losgelöst vom Konkret-Wirklichen im viel umfassenderen Bereich des Hypothetisch-Möglichen operiert, in dem ein konkreter Inhalt lediglich als Spezialfall hypothetisch möglicher Fälle aufgefasst wird und mit von jedem konkreten Inhalt abstrahierten Formen und Strukturen operiert werden kann.

Ein charakteristisches Beispiel für formales Denken ist der „indirekte Beweis" in der Mathematik, bei dem man aus der hypothetisch angenommenen Negation der zu beweisenden Behauptung durch logisch korrekte Schlüsse einen Widerspruch herleitet. Er ist für Schüler deshalb erst in einem späten Entwicklungsstadium verstehbar, weil er seiner Struktur nach (Ausgang von einer nur denkmöglichen, aber nicht real möglichen, da faktisch falschen Prämisse, wie der Beweis zeigt) keinen Rückgriff auf konkret-anschauliche Inhalte und Handlungen erlaubt.

Formale Denkoperationen treten nach der Entwicklungstheorie Piagets erst ab einem Alter von ca. 11–12 Jahren auf. Das Unterrichtsarrangement wird mit fortschreitendem Entwicklungsstand zur Anregung des Vollzugs formaler Denkprozesse tendieren, zur Vermeidung eines Jonglierens mit bloßen Worthülsen aber immer wieder auch zu konkret-anschaulichen Prozessen anregen müssen (vgl. auch Kap. 4.5).

4.4.4.7 ordnende, systematisierende, strukturierende Denkprozesse

Denkprozesse dieser Art dienen weniger dem unmittelbaren Erwerb neuen Wissens oder neuer Erkenntnisse, sondern kennzeichnen eher Phasen der Besinnung und Reflexion. Sie beziehen sich einerseits auf die Unterrichtsinhalte, die unter bestimmten Gesichtspunkten in eine sinnvolle Ordnung gebracht werden, wobei das Hauptaugenmerk auf den zwischen den einzelnen Teilinhalten bestehenden Relationen liegt, andererseits auf die Organisation der eigenen Arbeit.

Beispiele der ersten Art sind das Erstellen einer Gliederung für einen zu verfassenden Text oder das Ordnen einiger Begriffe zu einem Sachbereich in Struktur-Lege-Technik. Ein Beispiel zweiter Art wäre die innehaltende Reflexion während einer Problembearbeitung, wie weit der Lösungsprozess bereits vorangeschritten ist und welche Schritte als nächstes in Angriff genommen werden sollten.

4.4.4.8 evaluative Denkprozesse

Evaluative Denkprozesse können sich zum einen auf die Unterrichtsinhalte, zum anderen auf die eigenen Lernprozesse und Lernleistungen beziehen. In ihnen werden Sachverhalte und Handlungen anhand von vorgegebenen oder auch selbst entwickelten Maßstäben, z. B. Sachnormen, logischen Normen oder konventionellen Normen, eingeschätzt und beurteilt oder in einem zusätzlichen Schritt mit einem Wertrang (z. B. anhand einer Zensurenskala) versehen.

Das Unterrichtsarrangement sollte die Schüler häufig zu eigenen vielfältig begründeten und kriteriengestützten Beurteilungen, auch bezogen auf die eigenen Prozesse und Leistungen, herausfordern. Dabei sind vom Lehrerstandpunkt abweichende begründete Urteile und Wertungen zu akzeptieren, jedoch von jeder Sachkenntnis „ungetrübte" kritische Stellungnahmen der Schüler zurückweisen.

Folgende Fragen könnten Sie sich bei Ihrer Unterrichtsbeobachtung bzw. für ihre eigenen Unterrichtsversuche stellen:

- Welche Formen von Denkprozessen werden durch Materialvorgabe, durch Aufgabenstellungen, durch Fragen in Unterrichtsgesprächen angeregt? Sind sie dem Unterrichtsinhalt und dem Entwicklungsstand der Schüler angemessen?
- Welche Formen von Denkprozessen lassen sich aus den beobachtbaren Handlungen der Schüler und deren Resultaten als tatsächlich vollzogen erschließen?
- Beschränken sich die Anregungen auf immer gleiche Denkformen oder wird auf ein breites Spektrum gezielt?
- Welche alternativen Denkformen hätten sich zum gleichen Unterrichtsthema angeboten? Durch welche Materialien, Abfolge von Gegenständen, Aufgabenstellungen könnten sie angeregt werden?
- Wird zugunsten der Selbständigkeit der Schüler auf komplexere Denkoperationen verzichtet, oder werden diese (auch bei In-Kauf-Nahme anfangs größerer Lenkung durch die Lehrperson) gezielt gefördert?

4.4.5 Gliederung des Unterrichts (Unterrichtsschritte, Phasen des Unterrichts, „Artikulation" des Unterrichts)

4.4.5.1 Einstiegsphase

Die Einstiegsphase hat, insbesondere wenn es sich um einen neuen Unterrichtsinhalt handelt, wenigstens zwei zentrale Funktionen: Zum einen soll sie die

Motivation der Schüler wecken, sich mit dem Unterrichtsinhalt, der jeweiligen Lernaufgabe auseinanderzusetzen, um die erwarteten Lernprozesse vollziehen zu können. Wichtig ist, dass die Lernbereitschaft nicht nur am Anfang infolge eines glänzenden Einfalls für einen gelungenen Einstieg wie ein Strohfeuer kurzfristig aufleuchtet, sondern auch über den ganzen stets mit Anstrengungen verbundenen Lernprozess in hinreichendem Ausmaß erhalten bleibt bzw. bei Bedarf erneut aufgebaut wird. Zum anderen dient die Einstiegsphase einer ersten sachbezogenen Hinführung zur (neuen) Unterrichtsthematik. Geeignete Formen, um einen konstruktiven Lernprozess in Gang zu setzen, sind u. a.:

- Vorstrukturierung (advance organizer nach Ausubel): Anknüpfen an die bestehende kognitive Struktur
- Präsentation eines unerwarteten, überraschenden Sachverhaltes
- Erzeugen eines kognitiven Konflikts bei den Lernenden
- Gegenüberstellung entgegengesetzter Positionen

4.4.5.2 Erarbeitungsphase

Die Erarbeitungsphase ist das Kernstück der unterrichtlichen Arbeit. Ob die Lernaufgabe darin besteht, die gegensätzlichen Charaktere zweier Akteure anhand eines Dramenausschnitts herauszustellen und miteinander zu vergleichen, aus gegebenen Voraussetzungen einen neuen mathematischen Lehrsatz herzuleiten, Statistiken unter bestimmten Gesichtspunkten auszuwerten, die Argumentationsstruktur einer Rede zu analysieren und zu kritisieren, stets geht es darum, dass die Schüler mit soviel Hilfe der Lehrenden wie nötig, aber auch so wenig wie möglich, eine für sie neue äußere oder innere, d. h. mentale Handlung vollziehen oder eine neue Verknüpfung herstellen.

Insbesondere bei den selbständigen Erarbeitungsformen, aber in begrenzterem Ausmaß auch bei den im Unterrichtsgespräch mit Hilfe des Lehrers entwickelten Kenntnissen und Fähigkeiten gehört zu den Aufgaben in dieser Phase auch die durch die Schüler selbst vollzogene Planung eines zielgerichteten Vorgehens bei der gedanklichen Lösung eines Problems oder bei der Herstellung eines bestimmten Handlungsprodukts. Es sollen nicht nur neue Fachkenntnisse, sondern auch Arbeitstechniken und Methodenkompetenzen erworben werden.

Die bei der Erarbeitung eingesetzten Sozial-, Interaktions- und Arbeitsformen müssen den Lernvoraussetzungen angepasst und mit den Zielvorstellungen und der Inhaltsstruktur vereinbar sein; bei vertretbarem Aufwand sollten Methodenformen, die die Selbsttätigkeit der Schüler herausfordern und fördern, vorgezogen werden.

4.4.5.3 Ergebnissicherung

Gerade bei komplexeren Aufgabenstellungen ist es dringend erforderlich, zumindest am Ende der Erarbeitung der einzelnen Teilkomplexe, gegebenenfalls aber auch schon zwischendurch, den erarbeiteten Zusammenhang noch einmal im Ganzen zu überblicken. Das gilt um so mehr, wenn nicht jeder Schüler selbsttätig das Gesamtproblem in bearbeitbare Teilprobleme zerlegt hat, sondern eine derartige Zerlegung z. B. im fragend-entwickelnden Unterrichtsverfahren von der Lehrperson vorgenommen wurde. Da die Schüler den Gesamtzusammenhang verstehen sollen, sollten sie möglichst selbst eine Zusammenfassung versuchen. Dabei sollte nicht nur die zwar zeitsparende, aber ihrerseits wieder schnell verflüchtigte mündliche Zusammenfassung im Vordergrund stehen. Aber auch eine von den Schülern eigenständig in Einzel-, Partner- oder Gruppenarbeit erstellte Aufgabenlösung sollte in ihren Hauptschritten und -resultaten noch einmal überblickt werden, auch um sie den anderen Schülern / Gruppen präsentieren zu können.

Die rückblickende Zusammenschau sollte sich dabei nicht nur auf den erarbeiteten Inhalt, sondern auch auf die bei der Erarbeitung und Problemlösung beschrittenen Wege richten, auch auf bei selbsttätig entdeckender Methode eventuell beschrittene Irrwege. Eine genaue Analyse des eigenen Problemlöse- und Lernprozesses leistet einen wichtigen Beitrag zum Lernen des Lernens.

Für die Ergebnissicherung insbesondere eines verbal erarbeiteten Lernresultats kommt auch dem Tafelbild bzw. der Herstellung einer entsprechenden Darstellung am Overheadprojektor eine besondere Bedeutung zu. Vor allem bei den gemeinsam im Klassenverband erarbeiteten Ergebnissen wird man allerdings schon während der Erarbeitungsphase das Wichtigste an der Tafel festhalten. Das Tafelbild sollte in der Regel nicht schon vorgefertigt sein, sondern möglichst gemeinsam mit Schülern erstellt werden und von allen Plätzen gut lesbar sein. Den Schülern sollte genügend Zeit gelassen werden, das Tafelbild in ihr Heft zu übertragen. Bei eigenen Unterrichtsversuchen sollten Sie berücksichtigen, dass insbesondere jüngere Schüler noch viel Zeit zum Schreiben benötigen und dass alle Schüler während der Übertragung ins Heft keine neuen (verbalen) Informationen aufnehmen können.

Die Darstellung erfordert nicht nur eine Reduktion auf das Wesentliche, sondern es muss auch die Struktur des erarbeiteten Sachzusammenhangs bzw. Gedankengangs klar „vor Augen stehen". (Im Mathematikunterricht oder bei der Herleitung von Formeln im naturwissenschaftlichen Unterricht muss wegen der stark verdichteten Symbolsprache während der Erarbeitungsphase meist die komplette Herleitung (Rechnung, Beweisgang, Ableitung etc.) schriftlich festgehalten werden, da sie nur auf akustischem Wege in der Regel nicht aufgenommen werden kann. Das macht eine zusätzliche Visualisierung des zentralen Gedankengerüsts nicht überflüssig.)

4.4.5.4 Wiederholung, Übung, Automatisierung

Es gibt markante und für den einzelnen so bedeutsame Situationen und Erlebnisse, auch plötzlich aufgeleuchtete Einsichten in Sachzusammenhänge, die ein Leben lang behalten werden und jederzeit aktivierbar sind, ohne dass es eines wiederholten Vollzugs bedürfte.

Im allgemeinen reicht aber – gerade im schulischen Kontext – ein einmaliger Vollzug eines Bewegungs- oder Arbeitsablaufs, eine einmalige Verknüpfung eines muttersprachlichen mit einem fremdsprachlichen Wort, das einmalige Durchlaufen eines bestimmten Gedankengangs nicht aus, um dauerhaft über das Gelernte zu verfügen. Nur der wiederholte Vollzug der zu lernenden Aktivität durch jeden einzelnen Schüler führt zur sicheren Reproduzierbarkeit und zur Automatisierung des Gelernten. Die Automatisierung ist nicht verzichtbar. Sie hat nämlich nicht nur den Vorteil des geringen zeitlichen Aufwandes bei jedem erneuten Vollzug, sondern ist infolge der engen Kapazitätsgrenzen des menschlichen Arbeitsspeichers auch zwingend notwendig, wenn komplexere Aufgabenstellungen, die solche Vollzüge als untergeordnete Teilprozeduren enthalten, überhaupt erfolgversprechend in Angriff genommen werden sollen.

Da Üben nur dann seine Funktion erfüllt, wenn *jeder einzelne* Schüler die erforderlichen Prozesse wiederholt korrekt vollzieht, eignet sich der Klassenverband als Sozialform hierfür wenig. Es bliebe zwar die Korrektheit des Vollzuges unter ständiger Kontrolle, aber wenn z. B. beim Kopfrechnen die Schnellsten das Ergebnis in die Klasse rufen, besteht die Gefahr, dass viele den wiederholenden Lernvollzug unvollständig abbrechen oder erst gar nicht beginnen. Geeigneter sind hier Einzelarbeit, insbesondere auch am Computer, oder auch Partnerarbeit, wenn dabei sicher gestellt ist, dass beide Partner mit wechselseitiger Kontrolle die Übung durchführen.

Die Gestaltung einer ansprechenden Übungsarbeit im Unterricht ist nicht ganz einfach, besteht doch stets die Gefahr, dass sie zu einer rein mechanischen Tätigkeit oder gar Dressur unter Ausschaltung des Verständnisses für das, was man tut, verkommt, und wegen der geringen neuen und interessanten Reize bei den Schülern schnell zur Langeweile führt. Gegenmittel ist eine kreative Gestaltung der Übungsarbeit in wechselnden Formen.

4.4.5.5 Anwendung, Übertragung des Gelernten in neue Zusammenhänge

Dienen Wiederholung und Übung dem Behalten und der Reproduzierbarkeit der neu erworbenen Information oder der sicheren und flüssigen Ausführung der gelernten Prozedur im gleichen oder sehr ähnlichen Kontext wie beim Ersterwerb, so lassen sich hiervon, wenn auch mit fließendem Übergang, Prozesse abgrenzen, die der Einbindung und Reaktivierung der Lernresultate in stark veränderten Kontexten, in komplexeren Zusammenhängen oder bei inhaltlich neuen, nur noch strukturähnlichen Sachbereichen dienen.

In dieser Phase dürfte der Gruppen-, aber auch der Einzelarbeit als Sozialform und entdeckendenlassenden Arbeitsformen eine zentrale Rolle zukommen, ohne jedoch für eine methodische Monokultur plädieren zu wollen. Durch Anwendungsaufgaben unterschiedlichen Anspruchsniveaus bieten sich hier Differenzierungs- und Individualisierungsmöglichkeiten, die den individuellen Lernleistungen der Schüler weithin Rechnung tragen.

Insgesamt ergeben diese Unterrichtsschritte, die sich primär an der psychologischen Dimension eines vollständigen Lernprozesses bzw. Problemlöseprozesses orientieren, eine zeitliche Gliederung des Unterrichts (nicht jeder einzelnen Unterrichtsstunde!), die unter den institutionell-organisatorischen Rahmenbedingungen des Unterrichts zu realisieren ist. Da jedoch in jeder Unterrichtsphase stets unterschiedliche Lernziele im Spiel sind, denen der Unterrichtsprozess genügen soll und andererseits für das Erreichen weit gefasster Lernziele (s. 4.2) lange Zeiträume (Wochen oder gar Jahre) veranschlagt werden müssen, versteht es sich eigentlich von selbst, dass Sie die Abfolge der genannten Unterrichtsschritte nicht als starres Schema missverstehen dürfen, in das jede 45-Minuten-Einheit gepresst werden müsste. Vielmehr können die genannten Schritte in vielfacher Weise wechselseitig verschränkt auftreten, etwa wenn die wiederholende Übung oder die Anwendung in einem neuen Kontext Schwierigkeiten aufwerfen, die eine erneute Problemerarbeitung erfordern, oder wenn umgekehrt während der Problemerarbeitung ein benötigter, aber nicht mehr geläufiger untergeordneter Teilprozess erst wieder stabilisiert werden muss. Selbstverständlich müssen auch nicht stets alle Phasen explizit auftreten, etwa wenn ein in der vorangegangenen Stunde von den Schülern eingebrachtes Problem noch so klar vor Augen steht, dass man ohne Einstiegsphase unmittelbar zur Problemerarbeitung übergehen kann, oder wenn das erarbeitete Lernresultat allen Schülern so klar ist, dass es keiner weiteren Einübung mehr bedarf und deshalb unmittelbar zur Übertragung in neue Kontexte oder zur Integration in weitergehende Zusammenhänge genutzt werden kann.

Es soll noch darauf hingewiesen werden, dass sich für eine Beobachtung von Phasenfolgen des Unterrichts auch *andere Gesichtspunkte für die zeitliche Gliederung* heranziehen lassen, die hier nur angedeutet werden können:

- Abfolge und Anschlüsse unterschiedlicher (Teil-)Lernziele auf- bzw. aneinander
- Abfolge unterschiedlicher Inhalte oder unterschiedlicher Komponenten eines komplexeren Inhalts unter dem Kriterium der Sachlogik oder unter dem Kriterium des Wechsels der Abstraktionsebenen: Übergang von einem oder mehreren Einzelfällen zum Begriff bzw. vom Unterbegriff zum Oberbegriff oder umgekehrt
- Abfolge unterschiedlicher Sozial- und Interaktionsformen
- Abfolge unterschiedlicher Arbeitsformen der Schüler usw.

Zu Fragen zur Gliederung des Unterrichts, die sich bei Ihrer Unterrichtsbeobachtung bzw. für Ihre eigenen Unterrichtsversuche stellen könnten, sei auf den Fragenkatalog in Kap. 2.3.1.3 (4) g) verwiesen.

4.4.6 Steuerung des Unterrichts

Von der Steuerung des Unterrichts war bei der bisher erfolgten Darstellung der methodischen Aspekte bereits wiederholt die Rede, ist doch die Steuerung nach Art, Grad und Initiator ein wichtiges Merkmal für die Abgrenzung unterschiedlicher methodischer Formen voneinander gewesen. In diesem Abschnitt soll Ihr Augenmerk noch einmal gezielt auf diesen für den inhaltlichen Ertrag der Unterrichtsarbeit einerseits und für die Steigerung des selbständigen Lernens der Schüler andererseits so wichtigen methodischen Aspekt gelegt werden. Dabei sollen zunächst die unterschiedlichen Arten und Grade der Steuerung des Unterrichtsablaufs durch die Lehrperson, danach Formen der Steuerung durch die Schüler thematisiert werden.

4.4.6.1 Steuerung des Unterrichts durch die Lehrperson

Die folgenden Formen der Steuerung durch den Lehrer sollen angesprochen werden:

- Steuerung durch Vorgabe von Unterrichtsgegenständen
- Steuerung durch Lerninstruktionen
- Steuerung durch Rückmeldung
- „Nach-Steuerung" bei inadäquaten Schüleräußerungen bzw. Aufgreifen adäquater Beiträge

4.4.6.1.1 Steuerung durch Vorgabe von Unterrichtsgegenständen

Eine erste Form der Steuerung besteht in der Vorgabe von Unterrichtsgegenständen für die Lernhandlungen der Schüler (Grzesik 1976). Hierzu zählen auch mündliche Darstellungen von Sachverhalten und Ereignissen sowie dazugehörige beurteilende oder bewertende Kommentare, die zum Gegenstand des Lernens gemacht werden sollen. Durch ihre spezielle Auswahl (z. B. größere oder geringere Differenziertheit, Ausmaß der Strukturiertheit, Alltagssprache oder Fachterminologie verschiedener möglicher Texte oder mündlicher Vorträge zum gleichen Thema oder einfaches bzw. komplexeres Atommodell), durch ihre Abfolge (z. B. vom Teil zum Ganzen, vom Abstrakten zum Konkreten, vom Früheren zum Späteren oder jeweils umgekehrt) und durch die gewählte Repräsentationsform (s. Kap. 4.5) kann der Vollzug von Lernoperationen erheblich erschwert oder erleichtert werden.

4.4.6.1.2 Steuerung durch Lerninstruktionen

Meist reicht eine bloße Vorgabe von Unterrichtsgegenständen nicht aus, um bei den Schülern die intendierten Lernprozesse anzuregen. Dann treten *Lerninstruktionen*, das sind „Aufforderung(en) an den Lernenden, mit Hilfe einiger Informationen bestimmte Lernresultate selbst zu erzielen" (Grzesik, 1976, S. 35), hinzu oder an die Stelle der Vorgabe von Unterrichtsgegenständen, wenn diese vom Schüler selbst konstruiert oder aus dem Gedächtnis rekonstruiert werden sollen. Die Instruktionen artikulieren sich in unterschiedlichen sprachlichen und nicht-sprachlichen Formen, in Fragen, in expliziten Aufforderungen, in Aussagen des Lehrers, denen die Schüler eine implizite Aufforderung, sich zu äußern, entnehmen, oder in nonverbalen Impulsen, wozu mimische oder gestische Aufforderungen, aber auch das Schweigen des Lehrers nach Vorgabe des Unterrichtsgegenstandes, das die Schüler aufgrund ihrer Unterrichtserfahrung als Aufforderung zum Handeln interpretieren, zu rechnen sind. Die in den Instruktionen enthaltenen Informationen beziehen sich vor allem auf eine genaue Bezeichnung des Gegenstandes, auf die Hinsicht, unter der er bearbeitet werden soll, auf Verfahren (Strategien, Denkoperationen, äußere Handlungen etc.), die bei der Bearbeitung zum Einsatz kommen sollen, und auf die verfügbare Zeit bei der selbständigen Schülerarbeit.

Der *Grad der Steuerung* wird wesentlich davon bestimmt, ob die Instruktionen eher offen und mit einem die Schüleraktivitäten unter Berücksichtigung des jeweiligen Entwicklungsstandes herausfordernden Anspruchsniveau gefasst sind, gleichzeitig aber auch so präzise formuliert sind, dass die Schüler die intendierten Lernhandlungen auch in Angriff nehmen können, oder ob z. B. eine kleinschrittige Fragensequenz mit geringem kognitivem Anspruchsniveau den Unterrichtsablauf bestimmt. Ein Arbeitsblatt mit gängelnden Arbeitsanweisungen, die die Schüler in Gruppen- oder Partnerarbeit ausführen sollen, lässt den Schülern viel weniger Spielräume für Eigenaktivitäten als ein gut strukturiertes, straff geführtes Unterrichtsgespräch, das mit interessanten, anspruchsvollen, aber nicht überfordernden Fragen die eigenaktive Auseinandersetzung der Schüler mit der Thematik herausfordert.

Bei anspruchsvollen Aufgabenstellungen, die komplexere Denkprozesse der Schüler erfordern, muss den Schülern genügend Zeit zum Nachdenken eingeräumt und auch auf leistungsschwächere Schüler gewartet werden; viele Lehrer können Stille während eines Unterrichtsgesprächs, die über wenige Sekunden hinausgeht, nur schwer ertragen.

4.4.6.1.3 Steuerung durch Rückmeldung

Eine weitere Form der Steuerung des Unterrichts ist die Rückmeldung des Lehrers auf von ihm initiierte Schüleräußerungen bzw. auch auf deren Ausbleiben hin. Auch diese kann verbal oder nonverbal erfolgen. Dabei kann es nicht darum gehen, dass jede Einzelaktivität der Lernenden eine Rückmeldung erhält, insbesondere nicht, wenn die Schüler ihren Beitrag selbst in seiner Qualität beurteilen und ihn, falls erforderlich, korrigieren oder wenn sie sinnvoll weiterarbeiten können. Aber auch dann sollte zur Steigerung der Motivation auf subjektiv gute Beiträge eine positive Rückmeldung erfolgen.

Bei defizitären Beiträgen, über deren Qualität bei den Schülern Unsicherheit besteht, benötigen die Schüler klare und eindeutige Rückmeldungen, die nicht nur mitteilen, dass etwas am Beitrag inadäquat ist, sondern differenziert erkennen lassen, worin der Mangel und seine Ursachen bestehen. Auf eine einerseits sachliche, andererseits ermutigende und freundliche emotionale Tönung der Rückmeldung sollte dabei geachtet werden (s. a. Louis 1977).

4.4.6.1.4 „Nach-Steuerung" bei inadäquaten Schüleräußerungen bzw. Aufgreifen adäquater Beiträge

Bei inadäquaten oder ausbleibenden Schülerbeiträgen erfolgt in der Regel eine *Nach-Steuerung* des Lernprozesses. (Louis 1977, spricht im Rahmen ihres kybernetischen didaktischen Modellansatzes von „Regelungen").

Eine erste Möglichkeit hierzu ist die Verdeutlichung der Fragestellung. Eine Präzisierung oder Neuformulierung der Fragestellung kann hier hilfreich sein, manchmal genügt auch ein bloßer Hinweis auf die Aufgabenstellung, um die Schüler ihren Mangel erkennen und beheben zu lassen. Unbedingt zu vermeiden ist eine anfängliche, zu wenig überlegte, vage Instruktion, die dann, ohne den Schülern Zeit zum Nachdenken einzuräumen, gleich mehrfach vom Lehrer selbst nachgebessert wird.

Häufig wird diese erste Form nicht ausreichen, sondern die Schüler benötigen ergänzende *motivationale,* (allgemein-strategische oder stärker inhaltsorientierte) *methodische* oder gar *inhaltliche Hilfen* (vom Nachliefern fehlender Voraussetzungen über die Vorgabe von Teillösungen bis im Extremfall hin zu kompletten Lösungen durch den Lehrer). Die Form der Hilfe sollte so schwach wie möglich sein, ohne die Schüler dadurch zu frustrieren, dass man ihnen erkennbar notwendige Hilfestellungen unnötig lange vorenthält.

Das „Sokrates-Beispiel" (s. 4.4.2.2.1 und 4.4.2.2.2) zeigt einerseits Steuerung durch Motivationshilfe, indem die scheinbar leichte und auf den ersten Blick plausible Lösung durch geschickte Fragen des Lehrenden vom Lernenden als falsch erkannt und durch die bewusste Ausweglosigkeit eine echte Fragehaltung für die anschließende Problemlösung aufgebaut wird, andererseits aber auch massive inhaltliche Hilfe, indem Sokrates die für die Problemlösung entscheidende Diagonale in das ursprüngliche Quadrat selbst einzeichnet.

Demgegenüber gibt Wagenschein in seiner Variation des Beispiels den Schülern mit dem Hinweis „Man kann auch *ganz* anders schneiden!" eine inhaltsorientierte strategische Hilfe, die den Schülern die Chance ermöglicht, einen wesentlichen Schritt zur Lösung selbst beizutragen. Im „Milchdosen-Beispiel" von Copei (s. 4.4.2.2.2) reicht die sehr offene Rückmeldungshilfe „Nichts?" aus, um weitere ertragreiche selbständige Problemlöseprozesse anzuregen.

Wichtig ist also beim Nach-Steuern durch zusätzliche Hilfen, das Anspruchsniveau der ursprünglichen Instruktion nicht unnötig stark zu reduzieren.

Auf weitere Formen, wie andere Schüler helfen zu lassen oder das nicht unproblematische Übergehen des inadäquaten Schülerbeitrags durch Aufruf eines anderen Schülers, sei hier nur hingewiesen.

Angesprochen werden soll noch das Einbinden eines adäquaten oder teilweise adäquaten Schülerbeitrags in den weiteren Unterrichtsablauf durch den Lehrer. So förderlich eine Bezugnahme auf die Schülerbeiträge und deren Nutzung für die weitere Organisation des Gedankengangs ist, so sehr sollte es der Lehrer vermeiden, die Beiträge von Schülern so – oft bis zur Unkenntlichkeit – zurechtzubiegen, dass sie in den vorgeplanten Ablauf passen.

4.4.6.2 Steuerung des Unterrichts durch die Schüler und Reaktion des Lehrers auf Schülersteuerung

Von Steuerung des Unterrichts durch die Schüler wird hier nur dann gesprochen, wenn die Schüler entweder in gewissem Umfang die Rolle des Lehrenden übernehmen, indem sie den gemeinsamen Arbeitsablauf z. B. in einer Gruppenarbeitsphase oder im Projektunterricht selbständig steuern oder die Moderation eines Unterrichtsgesprächs übernehmen, oder wenn die Schüler erwünscht oder auch unerwünscht in den lehrergesteuerten Unterricht „eingreifen". Nicht zur Schülersteuerung des *Unterrichts* zählt indes die Organisation und Selbststeuerung des eigenen Lernprozesses.

Für die erste Form der Schülersteuerung gilt im Prinzip alles, was zur Lehrersteuerung gesagt wurde, eine professionelle Handhabung kann man allerdings auch am Ende der Sekundarstufe II nicht erwarten, was aber nicht einen Verzicht auf anfangs sicher nur kurze und vorsichtige Versuche von Schülersteuerung begründen sollte. Für die Lehrperson ist wichtig, dass sie dabei auftretende Lernschwierigkeiten erkennt und möglichst gezielte, nicht massive Hilfe anbietet.

Bei der zweiten Form der Schülersteuerung geht es darum, dass die Schüler durch Fragen zu Inhalt und Methode, durch Problematisierungen, durch tatsächlich oder vermeintlich berechtigte Einwände etc. an der Unterrichtssteuerung im positiven Sinne partizipieren, oder durch Fragen und Einwände, die gezielt vom Unterrichtsthema wegführen sollen, durch Passivität oder Störmanöver den geplanten Unterrichtsablauf boykottieren.

Im ersten Fall sollte der Lehrer, wenn möglich sofort oder sonst mit Hinweis auf einen späteren Zeitpunkt auf die Steuerungsinitiativen der Schüler eingehen und flexibel genug sein, sie in seinen Gesamtplan einzubinden und ggf. den weiteren Verlauf des Unterrichts entsprechend zu modifizieren.

Im zweiten Fall sollte er kleinere Störungen nicht emotional verletzend, sondern mit Fingerspitzengefühl, aber bestimmt zurückweisen oder auf eine spätere Aussprache verweisen; größere Störungen, die einen Fortgang des geplanten Unterrichts nicht oder kaum möglich machen, bedürfen der sofortigen Klärung, bei der aus der Ursachenerkundung auch die eigene Unterrichtsgestaltung nicht ausgeklammert sein sollte.

Zu Fragen zur Steuerung des Unterrichts, die Sie sich bei der Beobachtung fremden oder der Planung und Durchführung Ihres eigenen Unterrichts stellen können, sei auf den differenzierten Fragenkatalog in Kap. 2.3.1.3 (4) h) verwiesen.

4.4.7 Kriterien der Methodenentscheidung

Kriterien für Auswahl und Einsatz der in diesem Kapitel beschriebenen oder weiterer Methodenkomponenten ergeben sich aus der Reflexion der Wechselwirkung zwischen dem Unterrichtsarrangement und den übrigen Bausteinen des Unterrichts.

Für eine Bewertung des beobachteten Unterrichtsarrangements bzw. für eine begründete Entscheidung bei der Methodenplanung eigener Unterrichtsversuche könnten Sie sich u. a. folgende Fragen stellen:

- Berücksichtigen die beobachteten oder geplanten Entscheidungen innerhalb der Unterrichtsmethodik den Entwicklungsstand der Schülerinnen und Schüler: u. a. ihre inhaltlichen Vorkenntnisse, ihre methodischen Fähigkeiten (z. B. die erforderlichen Informationen eigenständig einem Text zu entnehmen), ihre Organisationsfähigkeiten (z. B. der gemeinsamen Arbeit innerhalb der Kleingruppe), den noch nicht (sicher) verfügbaren Gebrauch bestimmter Repräsentationsmodi (4.5), die Zeitspanne ihrer Konzentrationsfähigkeit, ihre Interessen und motivationalen Voraussetzungen?

- Wird durch einen Methodenwechsel dem individuellen Lerntyp und den unterschiedlichen Voraussetzungen der Schüler Rechnung getragen?

- Tragen die gewählten methodischen Komponenten den äußeren Bedingungen des Unterrichts, u. a. den zeitlichen, räumlichen und institutionellen Bedingungen Rechnung?

- Erweisen sich die beobachteten Sozial-, Interaktions-, Denk- und Arbeitsformen als funktional für die angestrebten Lernresultate bzw. könnten sich die geplanten Formen als solche erweisen?

- Steht bei dem gewählten Arrangement einseitig die Förderung materialer Ziele im Vordergrund oder wird auch die Förderung von inhaltsspezifisch-methodischen und allgemeinstrategischen Fähigkeiten, von Bereitschaften, Interessen und Einstellungen sowie von Sozialkompetenz (z. B. Kooperationsfähigkeit) angemessen berücksichtigt?

- Wird diesen unterschiedlichen Zielbereichen durch Methodenwechsel Rechnung getragen?
- Entspricht die Gliederung des Unterrichts der Inhaltsstruktur?
- Erfordern die durchgeführten oder geplanten methodischen Maßnahmen eine besondere didaktische Reduktion des Inhalts, oder führen sie zu einer einseitigen Betonung bestimmter Aspekte des Inhalts? Lassen sich durch Methodenwechsel zusätzliche Aspekte thematisieren?
- Berücksichtigen die Methodenentscheidungen wichtige didaktische Prinzipien: Orientieren sie sich an größtmöglicher Selbsttätigkeit der Schüler? Sind sie den Prinzipien Handlungsbezug, Lebensweltbezug, Wissenschaftsbezug etc. verpflichtet?
- Lässt sich durch Methodenwechsel alternativen Prinzipien (s. Kap. 4.3) Geltung verschaffen?

Ein Höchstmaß an Selbsttätigkeit können die Schülerinnen und Schüler nur dann realisieren und eigene Methodenkompetenz nur dann erwerben, wenn sie nicht blind den methodischen Vorgaben der Lehrperson folgen, seien diese auch noch so „schülerorientiert". Hierzu ist vielmehr erforderlich, dass die Schüler auch explizite Begründungen für die gewählten Methodenformen und deren Abfolge erhalten, ohne dass dies zum Ritual werden sollte. Darüber hinaus sollten sie in wachsendem Umfang und mit wachsender Verantwortung an den Methodenentscheidungen beteiligt werden. Denn die Einbindung der Schüler in die Methodenplanung kann für sie einen wichtigen Beitrag zum Lernen des Lernens leisten. Dabei sollte „Handlungskompetenz in Unterrichtsplanung" jedoch nicht zum Hauptziel für die Schüler werden.

Anmerkungen

[1] Das *Gruppenpuzzle* (s. z. B. Peterßen 1999, S. 127 ff.) ist eine spezielle Form des Gruppenunterrichts, in dem unter Einschluss der Methode des Lernens durch Lehren unterschiedliche Aufgaben oder Texte zu einem Gesamtthema erarbeitet werden. Ziel ist die „Steigerung teamorganisierten Wissenserwerbs" (a. a. O., S. 127).
Die Klasse wird in „Stammgruppen" eingeteilt, wobei die Gruppengröße der Anzahl der Aufgaben entspricht. Jedes Mitglied innerhalb der Stammgruppen erhält eine unterschiedliche Aufgabe, die es zunächst individuell bearbeitet (evt. auch bereits als Hausaufgabe vorbereitet hat).
Die Schüler mit der jeweils gleichen Aufgabe aus den verschiedenen Stammgruppen bilden dann neue Gruppen, die „Expertengruppen", in denen sie sich im Gruppengespräch über ihr gemeinsames Thema austauschen, offene Fragen klären und darauf vorbereiten, anschließend als „Experten" ihren Mitschülern in den Stammgruppen, die ja jeweils eine andere Aufgabe bearbeitet haben, die angeeignete Information zu vermitteln.
Anschließend kehren die „Experten" in ihre Stammgruppen zurück und informieren sich wechselseitig über ihr Teilthema, erörtern die Information und diskutieren offene Probleme.
Abschließend erfolgt eine Kontrollphase (i. a. im Plenum), ob nun alle Schüler der Klasse den erarbeiteten Gesamtzusammenhang verstanden haben, wodurch auch die Experten Rückmeldung erhalten, wie gut sie ihre Lehrfunktion erfüllt haben.

Ggf. wird zwischen Vermittlungsphase in den Stammgruppen und Kontrollphase eine Einzelarbeit eingeschoben, in denen die Schüler sich mit den zuvor nicht selbst erarbeiteten Teilthemen individuell vertiefend beschäftigen.

Beim *Partnerpuzzle* werden zwei unterschiedliche Teilaufgaben auf die gleiche Weise bearbeitet, wobei die Stamm- und Expertengruppen jeweils aus Schülerpaaren bestehen.

[2] Beim *Kugellager* (s. z. B. Peterßen 1999, S. 167) sind zwei konzentrische Stuhlkreise (mit gleicher Anzahl an Stühlen) so aufgestellt, dass sich die Schüler paarweise gegenübersitzen. Diese tauschen Kenntnisse und Meinungen zu einem vorgegebenen Thema aus oder führen z. B. wechselseitig ein kurzes Interview. Nach meist geringer Dauer des Informationsaustauschs gibt die Lehrperson das Signal, dass entweder alle Schüler des einen Kreises um eine bestimmte Anzahl Stühle weiterrücken oder dass sich beide Kreise gegenläufig drehen. Das Gespräch wird mit neuen Partnern fortgesetzt. Der Partnerwechsel kann mehrfach wiederholt werden.

Eine wichtige Funktion des Kugellagers besteht darin, die „für Lernen in Gruppen erforderlichen Kommunikationsvoraussetzungen" (a. a. O.) herzustellen.

Literatur

Aebli, H.: Zwölf Grundformen des Lehrens. Eine Allgemeine Didaktik auf psychologischer Grundlage. Stuttgart [2] 1985.

Becker G. E. / Clemens-Lodde, B. / Köhl, K.: Unterrichtssituationen. Ein Trainingsbuch für Lehrer und Ausbilder. München / Wien / Baltimore 1980.

Beyer, K.: Methodik des Pädagogikunterrichts. In: Ders.: Handlungspropädeutischer Pädagogikunterricht. Eine Fachdidaktik auf allgemeindidaktischer Grundlage. Teil II: Arbeitsformen – Sozialformen; Teil III: Unterrichtsgespräche. Baltmannsweiler 1997/98.

Copei, F.: Der fruchtbare Moment im Bildungsprozeß. Heidelberg / Wiesbaden [3] 1995.

Einsiedler, W.: Lehrmethoden: Probleme und Ergebnisse der Lehrmethodenforschung. München / Wien / Baltimore 1981.

Grzesik, J.: Die Steuerung von Lernprozessen im Unterricht. Heidelberg 1976.

Grzesik, J.: Textverstehen lernen und lehren. Geistige Operationen im Prozeß des Textverstehens und Typische Methoden für die Schulung zum kompetenten Leser. Stuttgart 1990.

Guilford, J. P.: The Nature of Human Intelligence. New York 1967.

Klippert, H.: Eigenverantwortliches Arbeiten und Lernen. Bausteine für den Fachunterricht. Weinheim und Basel 2001.

Köck, P. / Ott, H.: Wörterbuch für Erziehung und Unterricht. Donauwörth [2] 1979.

Louis, B.: Unterrichtliche Regelungen. In: Schorb, A. O.: Materialien zur Unterrichtsanalyse. München 1977.

Meyer, H.: Unterrichtsmethoden. Bd. I: Theorieband, Bd. II: Praxisband. Frankfurt a. M. 1987.

Petersen, J. / Sommer, H.: Die Lehrerfrage im Unterricht. Donauwörth 1999.

Peterßen, W. H.: Kleines Methoden-Lexikon. München 1999.

Peterßen, W. H.: Lehreraufgabe Unterrichtsplanung. Das Weingartener PlanungsModell. München 2003.

Unterrichtsideen Textarbeit im …-Unterricht der Sekundarstufe I (bzw. II). Stuttgart usw. (verschiedene Fächer, Autoren, Jahreszahlen).

Wagenschein M.: Ursprüngliches Verstehen und exaktes Denken. Pädagogische Schriften. Stuttgart 1965.

Winter, H.: Entdeckendes Lernen im Mathematikunterricht. Braunschweig [2] 1991.

WILFRIED PLÖGER

4.5 Medien

4.5.1 Die grundlegende Funktion von Medien

Wenn man den wechselseitigen Vollzug unterrichtlichen Lehrens und Lernens als einen einheitlichen Kommunikationsprozess betrachtet, dann läßt sich der Begriff des Mediums in einer ersten Annäherung von seiner grundlegenden Funktion her bestimmen: Ein Medium dient zum Austausch von Information (im weiten Sinne verstanden) mit Hilfe entsprechender Informationsträger. Es ist der ursprünglichen lateinischen Wortbedeutung nach das „Mittlere", das „vermittelnde Element", durch das das Lernen vom anderen überhaupt erst möglich wird.

Der Ablauf komplexen Informationsaustausches erfolgt als Abfolge von Kommunikationsakten, in denen sich die Kommunizierenden mit dem Ziel gemeinsamer Sinnstiftung wechselseitig aufeinander beziehen. Betrachtet man zum Zwecke der Vereinfachung einen aus einem Kommunikationsprozess herausgelösten einzelnen Kommunikationsakt, dann zeigen sich dessen konstitutive Elemente: Der Kommunikator (Sender) beabsichtigt, dem Rezipienten (Empfänger) eine Information mitzuteilen. Diese Information ist also Ausdruck *seiner* Intention (einen Sachverhalt schildern, eine Aufgabe stellen, einen Hinweis geben, seine Meinung kundtun, jemanden verunsichern, an ihn appellieren). Um dieser Intention Ausdruck zu verleihen, muss der Kommunikator die Information „verschlüsseln" und mit Hilfe eines Informationsträgers an den Rezipienten richten. Dieser wiederum muss die übermittelte Information entschlüsseln; gelingt ihm dies, so hat er die Information (auf *seine* Weise) verstanden. Was sich hier im hypothetischen Falle des isolierten Kommunikationsaktes durch bewusste Vereinfachung leicht skizzieren läßt, darf nicht über die Komplexität und das Risiko des Gelingens tatsächlicher Kommunikation hinwegtäuschen. In realen Kommunikationssituationen spielt nämlich eine Vielzahl von Aspekten eine Rolle, die über das Gelingen der Kommunikation mitentscheiden. Wichtig sind beispielsweise:

- die gegenseitigen Erwartungen, die die Kommunizierenden an ihr Gegenüber richten
- die Interessen, die leitend für die verfolgten Intentionen sind
- die *tatsächlichen* Kompetenzen (Wissen, Erfahrungen) auf beiden Seiten
- die *Annahmen* über die Kompetenzen, die Kommunikator und Rezipient sich gegenseitig zu- oder absprechen
- situative Elemente, die als Störgrößen wirken (Lärm, Unkonzentriertheit, Zeitknappheit).

4.5.2 Medieneinsatz in Abhängigkeit von der Intentionalität des Lehr-Lernprozesses

Medien werden im Unterricht zur *gezielten* Informationsvermittlung eingesetzt, weil sie Teil eines Gesamtplanes sind: Sie sind als *Lernhilfen* konzipiert, durch die die verfolgten *Intentionen* – ob vom Lehrer in Auseinandersetzung mit dem Lehrplan allein gesetzt oder in Abstimmung mit den Schülern gemeinsam festgelegt – im Zusammenwirken mit anderen Planungselementen, wie etwa mit Unterrichtsmethoden, Sozialformen oder mit der zeitlichen Phasierung des Unterrichts, möglichst optimal realisiert werden sollen.

Die jeweils verfolgten Intentionen sind selbstverständlich nicht inhaltsneutral. Um zu verdeutlichen, welche Inhalte durch Medien vermittelbar sind, mag ein Blick auf die vielfältigen Möglichkeiten des Medieneinsatzes im Unterricht hilfreich sein: Schüler können über ein geeignetes Experiment im Physikunterricht zur *Einsicht einer funktionalen Abhängigkeit* zweier Größen gelangen; mit Hilfe prägnanter Klangbeispiele werden wesentliche *Merkmale moderner Musikstile* (Soul, Jazz, Rock) erarbeitet; ein Schema macht im Politikunterricht den *Zusammenhang von Legislative, Exekutive und Judikative* deutlich; die Analyse von Werbetexten läßt im Deutschunterricht den *Zusammenhang von Textelementen* (syntaktische, semantische und pragmatische Elemente) erkennbar werden; im sozialwissenschaftlichen Unterricht kann ein Planspiel zum Thema „Bau eines Kraftwerkes" die *unterschiedlichen Interessen* der Beteiligten deutlich werden lassen. Solche Beispiele zeigen die mit dem jeweiligen Einsatz der Medien gekoppelte *Intentionalität*; der Lehrende hat (gegebenenfalls mit den Lernenden zusammen) bestimmte Vorstellungen über die anzustrebenden Qualifikationen entwickelt und kann diese Qualifikationen in entsprechenden *Lernzielen* formulieren. Die in den angeführten Beispielen zum Tragen kommenden Lernziele lauten etwa: Die Schüler sollen das Zusammenwirken von syntaktischen, semantischen und pragmatischen Textelementen einer Anzeige erkennen. Oder: Die Schüler sollen die „Gewaltenteilung" zwischen Legislative, Exekutive und Judikative als Grundbedingung moderner Demokratien verstehen.

Lernziele lassen sich *formal* nach ihrem Abstraktionsgrad und *inhaltlich* nach bestimmten Dimensionen unterscheiden bzw. klassifizieren. In *formaler* Hinsicht wurde im Kapitel 4.2 „Ziele und Inhalte des Unterrichts" zwischen Fein-, Grob- und Richtzielen unterschieden. Der Einsatz von Medien soll immer das mehr oder weniger *direkte* Erreichen von Lernzielen unterstützen und ist deshalb auf die Fein- und Grobziele abgestimmt (zur Erinnerung: Richtziele sind sachlich und zeitlich übergreifende Orientierungen schulischer Lern- und Bildungsprozesse; deshalb läßt sich ihnen kein direkter Medieneinsatz zuordnen.). Im Falle der beiden hier beispielhaft genannten Lernziele handelt es sich beim ersten um ein Feinziel, beim zweiten um ein Grobziel.

Inhaltlich gesehen können Lernziele verschiedenen Dimensionen zugeordnet werden. In den angeführten Beispielen handelt es sich um Lernziele der theoretischen (kognitiven) Dimension von Bildung, da es jeweils um die *Erkenntnis* eines Sachverhaltes geht. Diese theoretische Dimension bildet zusammen mit der musisch-ästhetischen, der pragmatischen, der sozialen, der ethisch-moralischen und der weltanschaulich-religiösen Dimension unterrichtlicher Lernziele das ab, was sowohl in der bildungstheoretischen Tradition (z. B. in Wilhelm von Humboldts Verständnis von Bildung) als auch in der neueren Diskussion (z. B. in Klafkis Konzept von Allgemeinbildung) unter der Forderung nach „vielseitiger Bildung" des Menschen subsumiert wird. Vor diesem bildungstheoretischen Hintergrund wird deutlich, dass der hier gewählte Begriff der Information keineswegs als bloße Übertragung von Fakten zu verstehen ist; er vermag bei entsprechend weitem, bildungstheoretisch ausgerichtetem Verständnis verdeutlichen, dass *Medien unabdingbare Hilfen zur Erreichung von Lernzielen* unterschiedlichsten Abstraktionsniveaus und unterschiedlichster inhaltlicher Intentionen sind. In diesem Sinne läßt sich der vorläufig angeführte Definitionsvorschlag entsprechend erweitern:

Ein Medium dient zum Austausch von Information mit Hilfe entsprechender Informationsträger. Es ist der ursprünglichen lateinischen Wortbedeutung nach das „Mittlere", das „vermittelnde Element", durch das das Lernen vom anderen überhaupt erst möglich wird.

Im unterrichtlichen Einsatz von Medien spiegelt sich die *Intentionalität* des Lehr-Lern-Prozesses wieder, die sich in Form von Lernzielen unterschiedlicher Abstraktionsniveaus (Grob- und Feinziele) und unterschiedlicher *inhaltlicher Bestimmung* (Dimensionen vielseitiger Bildung) fassen läßt.

4.5.3 Unterschiedliche Formen medialer Repräsentation

Während das Definitionsmerkmal *Intentionalität* die Vielfalt des unterrichtlichen Medieneinsatzes nach dem Grad der Abstraktion angestrebter Lernziele und nach ihrer inhaltlichen Bestimmung zu kategorisieren erlaubt, ergibt sich eine weitere Ordnungsmöglichkeit aus der *Art der Verschlüsselung* der Informationen. Wenn im Lehr-Lern-Prozess etwa die Intention leitend ist, dass der Lernende einen technischen Gegenstand in seiner Funktionsweise verstehen soll, dann kann dieser Gegenstand auf unterschiedliche Weise „dargestellt" werden. Man kann eine Spiegelreflexkamera als *reales* Objekt präsentieren und dann sukzessive die Vielfalt der sichtbaren Einzelteile auf die wesentlichen Elemente (Linse, klappbarer Spiegel, Okular, Lichtweg, Filmposition, Auslöser) reduzieren. Denkbar ist aber auch die Präsentation einer *Abbildung*, die die entscheidenden Elemente hervorhebt. Wird die Spiegelreflexkamera als eine weitere Variante anderer Kameratypen behandelt, dann wäre bei entsprechenden Voraussetzungen sogar eine *verbale* Erklärung durch den Lehrenden ausreichend.

In Anlehnung an Jerome S. Bruner werden diese drei möglichen Modi medialer Repräsentation auch als enaktiv (innerhalb von Handlungen auftretend), ikonisch (abbildend) und symbolisch bezeichnet. Sie beeinflussen die geistigen Entwicklungsmöglichkeiten des Menschen in hohem Maße.

> „Zuerst kennt das Kind seine Umwelt hauptsächlich durch die gewohnheitsmäßigen Handlungen, die es braucht, um sich mit ihr auseinanderzusetzen. Mit der Zeit kommt dazu eine Methode der Darstellung in Bildern, die relativ unabhängig vom Handeln ist. Allmählich kommt dann eine neue und wirksame Methode hinzu, die sowohl Handlung wie Bild in die Sprache übersetzt, woraus sich ein drittes Darstellungssystem ergibt. Jede dieser drei Darstellungsmethoden, die handlungsmäßige, die bildhafte und die symbolische, hat ihre eigene Art, Vorgänge zu repräsentieren. Jede prägt das geistige Leben des Menschen in verschiedenen Altersstufen, und die Wechselwirkung ihrer Anwendungen bleibt ein Hauptmerkmal des intellektuellen Lebens des Erwachsenen." (Bruner [2]1988, 21)

Die Brunersche Skizzierung menschlicher Entwicklung verdeutlicht das *Nacheinander* in der Verfügbarkeit der medialen Kodierungsvarianten. Diese Entwicklung verläuft genau in dieser Reihenfolge und nicht umgekehrt; empirische Belege für diese Irreversibilität finden sich insbesondere in den Arbeiten Piagets und seiner Mitarbeiterinnen und Mitarbeiter in großer Fülle. Die entscheidende Leistung, die dieser Prozess ermöglicht, liegt in der Ablösung vom „Hier und Jetzt", vom konkreten Umgang mit Dingen und Menschen hin zu einer mittelbaren Re-Präsentation, die sich allmählich über erste Nachahmungsversuche, über das symbolische Spiel und die Herausbildung innerer Bilder, über die gesprochene und geschriebene Sprache bis hin zum Gebrauch *formaler*, logischer Operationen entwickelt.

Man darf diese Entwicklung vom kindlichen zum erwachsenen Denken und die darin nacheinander verfügbar werdenden Möglichkeiten medialer Repräsentation aber nicht so verstehen, als würde der Erwachsene Informationen nur noch durch symbolische Repräsentation (gesprochene und geschriebene Sprache, mathematische Symbole) aufnehmen oder weitergeben. Das ist zwar immer dann der Fall, wenn Sachverhalte bestens bekannt und deshalb in der Regel auch symbolisch kodiert verfügbar sind (z. B. im Begriff „Spiegelreflexkamera"). Umgekehrt gilt aber auch: Situationen, für die wir (noch) keine Wahrnehmungs- und Klassifizierungsmuster oder für die wir (noch) keine Lösungsstrategien bereit haben, stellen sich als (Lern-)Probleme dar. Beim Suchen einer Lösung kann dann der „Rückschritt" auf eine konkretere Repräsentationsstufe außerordentlich hilfreich, ja sogar unumgänglich sein, etwa indem man eine Zeichnung anfertigt, um sich die strukturellen Zusammenhänge oder zeitlichen Abfolgen eines Sachverhaltes bzw. Prozesses klarzumachen, oder indem man einen technischen Gegenstand hantierend zerlegt, um die einzelnen Bestandteile in ihrer Funktionsweise erkennen zu können. Von dort aus kann man dann wieder auf die höhere(n) Abstraktionsstufe(n) hinaufsteigen (weil das durch den handelnden Umgang Verstandene nun z. B. eine Versprachlichung zuläßt).

Ein Rückschritt auf eine konkretere mediale Repräsentation ist also immer dann notwendig, wenn die „höhere" Repräsentation (noch) keine Informationsaufnahme und -verarbeitung zuläßt, wenn man also neue Möglichkeiten des Handelns und Denkens erst erlernen muss. Das aber ist genau die Situation unterrichtlichen Lernens. Deshalb darf man über die entwicklungspsychologisch relevante Einsicht Bruners hinaus verallgemeinernd für unterrichtliche Lehr-Lern-Prozesse festhalten: Medien sind unentbehrliche Lernhilfen, weil sie den zu lernenden Sachverhalt (die Information) auf unterschiedlichen Abstraktionsniveaus – auf der enaktiven, der ikonischen oder der symbolischen Ebene – repräsentieren können.

4.5.4 Medieneinsatz und Lernvoraussetzungen

Der jeweils mit dem Medium gegebene Grad der Abstraktion ist im Lehr-Lern-Prozess in hohem Maße von den *Lernvoraussetzungen* des Lernenden abhängig und deshalb auch nicht vom Lehrenden beliebig wählbar. Um im Beispiel zu bleiben: Wer wenig von geometrischer Optik, von Linsen und den durch sie erzeugten Bildern versteht, wird den Worten eines erklärenden Vortrages nur schwer folgen können. Hat man aber die Funktionsweise der Spiegelreflexkamera durch konkrete Demonstration verstanden und im weiteren praktischen Umgang beim Photographieren übend verinnerlicht, dann stellt die später immer wieder benutzte verbale Kodierung im Wort „Spiegelreflexkamera" ein objektiviertes Substrat dar, in dem die in Frage stehenden konkreten Einzelmomente und ihr technisches Zusammenwirken wie in einem Focus zum abstrakten Wortsymbol geronnen sind, von dem aus aber jeder Zeit schnell und sicher wieder konkretere Details re-präsentiert werden können.

Die von Bruner eingeführte Dreiteilung stellt also nicht nur eine brauchbare Klassifizierungsmöglichkeit der Repräsentationsmodi von Medien dar; sie lenkt die Aufmerksamkeit des Lehrenden auf die vermuteten Lernschwierigkeiten und gibt deshalb Aufschlüsse über seine potentiellen *Handlungsmöglichkeiten*. Wenn sich bereits bei der Unterrichtsplanung Lernschwierigkeiten antizipieren lassen (wenn sich z. B. vermuten läßt, dass einige Schüler das Zusammenwirken der Teile eines technischen Gegenstandes durch bloße verbale Erklärungen nicht ohne weiteres erkennen werden), dann wird der Lehrende mediale Alternativen in Betracht ziehen müssen (z. B. den Einsatz einer Skizze oder das Vorzeigen des originalen Gegenstandes). Diese medialen Alternativen kommen dann entsprechend den sich tatsächlich ergebenden Lernschwierigkeiten zum Einsatz. Für die Wahl des Medieneinsatzes sind demnach in erster Linie die zu bewältigenden *Lernschwierigkeiten* maßgeblich.

Die Brunersche Klassifizierung mag die weit verbreitete, aber falsche Annahme nahe legen, der Medieneinsatz solle möglichst konkret, also am besten im enaktiven Modus erfolgen. Diese Annahme deckt sich in etwa mit der geläufigen Forderung, man solle möglichst anschaulich unterrichten und zugleich abstrakte Darstellungen vermeiden. Vielmehr gilt umgekehrt der Grundsatz: *Unterrichte so konkret wie nötig, aber auch so abstrakt wie möglich.* Worin liegt die lerntheoretische Begründung dieser Regel? – Die abstrakte Repräsentation eines Sachverhaltes (etwa als symbolische Repräsentation in Form eines sprachlichen Begriffes oder einer mathematischen Funktionsgleichung) ermöglicht die Loslösung von der konkreten Fülle des Augenblicks, weil die Aufmerksamkeit nur noch auf wenige „wesentliche" Momente gerichtet ist. Diese abstrahierende Reduktion geht zwar mit dem Verlust von sinnlicher Vielfalt einher, aber sie erlaubt dem erkennenden Subjekt viele andere „Fälle" als bloße Variation dieses einen Falles (dieses Begriffes, dieser funktionalen Abhängigkeit) aufzufassen, während die konkretere Präsentation den Lernenden aufgrund der Symptomfülle zunächst nur auf singuläre Handlungs- und Denkmöglichkeiten fixiert, die sich von den besonderen Umständen der Situation aber nicht absondern lassen und die deshalb in der Regel auch keinen Transfer auf andere, strukturell adäquate Situationen erlauben. Schulisches Lernen zielt also auf den Erwerb situationsübergreifender, allgemeiner Einsichten, die zwar in der Regel nur in Auseinandersetzung mit dem Besonderen („Fällen", prägnanten Beispielen) gewonnen werden können. Das jeweils Besondere muss allerdings ins Allgemeine gehoben werden, damit das erworbene Wissen als vielfältig transferierbares Wissen produktiv verwendet werden kann.

4.5.5 Fragenkatalog zur Beobachtung und Analyse von Unterricht

Die vorangegangenen Überlegungen konnten auf knappem Raum nur einige grundsätzliche Funktionen von Medien ansprechen. Aus ihnen ergeben sich eine Reihe wichtiger Beobachtungs-, Analyse- und Planungsgesichtspunkte von Unterricht im Rahmen Ihrer Praktika. Die folgenden Anregungen bzw. Fragen greifen die dargestellten Aspekte auf und gehen zum Teil auch erweiternd darüber hinaus.

1. Zunächst sollten Sie sich einen allgemeinen Überblick über die Medienvielfalt in den von Ihnen unterrichteten Fächern verschaffen, denn die Art der eingesetzten Medien differiert von Fach zu Fach erheblich. Einige Fächer lassen sich durch einen geradezu typischen Medieneinsatz kennzeichnen, so dass der jeweilige Fachunterricht gar nicht ohne diese spezifischen Medien denkbar ist. Lassen Sie sich deshalb die Mediensammlungen der einzelnen Fachgruppen zeigen, damit Sie einen Eindruck von der Ausstattung Ihrer Praktikumsschule gewinnen.

2. In den Unterrichtshospitationen sollten Sie sich anfangs notieren, welche Medien überhaupt zum Einsatz kommen (konkrete Gegenstände, Bilder, Tafelbilder, Schülerbücher und -materialien, Modelle, Wandkarten; Filme, akustische Darbietungen, mündliche und geschriebene Sprache). Dadurch erweitert und vertieft sich der vorab verschaffte Überblick über die fachspezifischen Einsatzmöglichkeiten von Medien.

3. Sie werden wahrscheinlich die Feststellung machen, dass – abgesehen von der Lehrer- und Schülersprache – in den betreffenden Stunden weitaus weniger Medien eingesetzt werden, als Sie vorab vermutet hätten. Das ist in der Regel kein Zeichen von Bequemlichkeit seitens des Lehrers oder mangelnder Medienausstattung, sondern ein Indiz für eine ökonomische Nutzung der Medien. Denn deren Einsatz – so wurde oben gesagt – muss aufs engste abgestimmt sein mit den Lernzielen (Intentionen) des Unterrichts. Verschaffen Sie sich also Klarheit über die Lernziele (Gesamt- und Teilziele der Stunde) und prüfen Sie im Zusammenhang damit, ob die eingesetzten Medien die Erschließung des betreffenden Sachverhaltes (z. B. in kognitiver, pragmatischer, ästhetischer, sozialer, ethisch-moralischer oder weltanschaulich-religiöser Hinsicht) ermöglichen.

4. Erst nach Ablauf des gesehenen Unterrichts haben Sie eine Vorstellung davon, wie sich die einzelnen *Phasen* in die Gesamtchoreographie einer Stunde einordnen lassen (s. ausführlich dazu das Teilkapitel „4.4 Methodik"). Rückblickend läßt sich dann allerdings fragen:

- Erfüllte das Medium die Aufgabe, die Schülerinnen und Schüler zu *motivieren* und so den Lernprozess in Gang zu bringen (Darstellung eines Problems, Herausarbeiten eines Widerspruches, Anlass zur Diskussion, zum Staunen, zum Vergleich von Gegenständen usw.)?
- Inwiefern bildete das Medium in der Phase der *Erarbeitung* eine wichtige Lernhilfe? Wurden die „wesentlichen" Aspekte erkennbar? Spiegelt das Medium (z. B. das Tafelbild) den Verlauf der Stunde und damit der Teilprozesse wieder? Wird der Sachverhalt nur symbolisch kodiert dargeboten (gesprochene oder geschriebene Sprache) oder wird ggf. auch die ikonische oder enaktive Ebene der Repräsentation genutzt, damit die Lernenden einen Zugang zum Lerngegenstand bekommen?
- Haben die zum *Üben, Wiederholen und Anwenden* eingesetzten Medien ihren Beitrag zur Festigung und zur Transferfähigkeit des Gelernten geleistet? (Anreiz zum Üben, Abwechslung bzw. Variabilität der Übungsformen, Möglichkeiten der Leistungsüberprüfung und Selbstkontrolle)

5. Die zuvor benannten Aspekte bzw. Fragen lenken Ihre Aufmerksamkeit auf die Gesamtstruktur des Unterrichtsverlaufes und damit auf die Lernprozesse der gesamten Klasse. Wichtig ist es aber auch, den Lernprozess des *einzelnen* Schülers nicht aus dem Blick zu verlieren, denn Lernen ist immer eine individuelle Sache. Folglich stellen sich auch immer individuelle Lernschwierigkeiten ein. In dieser Hinsicht wäre dann zu fragen, ob ein variabler Medieneinsatz beispielsweise

- eine mehrperspektivische Darstellung des Sachverhaltes bietet
- Materialien zur Verfügung stellt, die einen unterschiedlichen Schwierigkeitsgrad haben und durch die die Klasse in kleinere leistungshomogenere Lerngruppen aufgeteilt werden kann
- durch Mehrfachkodierungen (sprachlich, visuell, taktil) dem individuellen Lerntypus gerecht wird oder
- im Hinblick auf die Interessen der Schülerinnen und Schüler thematische Wahlmöglichkeiten offeriert.

Literatur

Bruner, J. S.: Über kognitive Entwicklung. In: Bruner, J. S. / R. R. Olver / P. M. Greenfield: Studien zur kognitiven Entwicklung. Eine kooperative Untersuchung am „Center für Cognitive Studies" der Harvard-Universität (am. Orig. 1966). Mit einer Einführung v. H. Aebli. Stuttgart ² 1988, S. 21–53.

KLAUS BEYER

4.6 Hausaufgaben und Lernerfolgskontrolle

Wichtige und überdies von Ihnen im Praktikum leicht zu beobachtende Faktoren schulischen Lernens sind die Hausaufgaben, die der Lehrer stellt, und die Formen, in denen er den Lernerfolg der Schülerinnen und Schüler überprüft.

4.6.1 Anforderungen an Hausaufgaben

Grundbedingung einer sinnvollen Hausaufgabe ist es, dass diese in einer zweckmäßigen Beziehung zum Unterricht steht: Sie soll den Unterricht im Kurs oder in der Klasse in zweckmäßiger Weise ergänzen. Sie kann dies am besten, wenn sie eine Scharnierfunktion übernimmt, indem sie auf dem bereits erfolgten Unterricht aufbaut, dessen Ergebnisse sichert oder erweitert und dadurch zugleich eine verlässliche Basis für den folgenden Unterricht legt.

Damit eine Hausaufgabe die Funktion der Klammer zwischen dem bereits erfolgten und dem künftigen Unterricht übernehmen kann, muss sie eine eindeutige Aufgabenstellung enthalten: Dem Schüler muss klar sein, welche Leistungen von ihm in der Hausaufgabe erwartet werden. So genügt z. B. die bloße Aufforderung, einen angegebenen Text zu lesen, diesem Kriterium in der Regel nicht. Der Schüler bleibt nämlich im Ungewissen darüber, welche Funktion der ihm abverlangten Textlektüre zukommen soll. Eine gezielte Textrezeption wird so nicht möglich. Vielmehr muss der Lehrer den Erwartungshorizont klären, unter dem er die Hausaufgabe stellt, indem er den Schüler über die Art, den Umfang und die Qualität der erwarteten Leistung informiert. Der Schüler muss z. B. wissen, ob er anhand eines *Theorie*textes

- seine bereits vorhandene Theoriekenntnis festigen soll
- seine Kenntnis einer Theorie erweitern soll
- sich die Kenntnis einer neuen Theorie aneignen soll
- eine Theorie beurteilen und/oder bewerten soll
- die im Text explizierte Theorie mit anderen Theorien vergleichen soll.

Oder: Bei Texten, die *Beschreibungen* realer oder fiktiver Lebenswirklichkeit enthalten, muss der Schüler für eine sinnvolle häusliche Bearbeitung v. a. darüber informiert werden,

- ob er die beschriebene Wirklichkeit lediglich möglichst unvoreingenommen zur Kenntnis nehmen und im Unterricht wiedergeben können soll
- ob er sie beurteilen und/oder bewerten soll
- ob er sinnvolle Handlungsmöglichkeiten in der dargestellten Situation entwerfen soll
- ob er sich begründet für eine bestimmte Handlungsmöglichkeit entscheiden soll.

Schließlich muss auch die Form der erwarteten Präsentation der Hausaufgabe im Unterricht geklärt werden, indem der Schüler darüber informiert wird, ob z. B. von ihm erwartet wird,

- Fragen zu einem Text zu beantworten
- die Ergebnisse seiner häuslichen Arbeit in einem Kurzvortrag zu referieren
- einen von ihm zu Hause erstellten Schriftsatz zu verlesen
- sich aufgrund seines häuslichen Nachdenkens an einer Diskussion im Unterricht zu beteiligen.

Sie könnten in Ihren Hospitationen und bei Ihrer eigenen Unterrichtsplanung demnach darauf achten,

- ob und welche Verklammerung des bisherigen mit dem folgenden Unterricht durch die Hausaufgabe erfolgt
- ob die Aufgabe präzise und verständlich genug formuliert wird
- ob klar wird, in welcher Form die Ergebnisse der häuslichen Arbeit präsentiert werden sollen.

4.6.2 Die Nachbereitungsfunktion der Hausaufgaben

Eine der wichtigsten Funktionen von Hausaufgaben ist die Nachbereitung des im Unterricht behandelten Lernstoffes. Der Schüler hat sicherzustellen, dass er die Informationen, die ihm im Unterricht angeboten wurden, verstanden und behalten hat und von ihnen auch in anderen, mehr oder minder ähnlichen Verwendungszusammenhängen einen korrekten Gebrauch machen kann. Dies ist eine generelle Aufgabe, die auch ohne ausdrückliche Aufforderung durch den Lehrer zu erfüllen ist. Es erstaunt immer wieder, wie lange sich bei manchen Schülern das Missverständnis hält, sie hätten zu Hause nur die jeweils explizit vom Lehrer gestellten Aufgaben zu erledigen. Dies kann dazu führen, dass sich der Schüler in seinen Lernfortschritten von den vom Lehrer gestellten Aufgaben abhängig macht. Da diese sich aber in der Regel nur auf bestimmte Ausschnitte oder Aspekte des Unterrichts beziehen, läuft der Schüler Gefahr, die nicht in den ausdrücklich genannten Hausaufgaben berührten Unterrichtselemente bei seiner häuslichen Nachbearbeitung auszusparen. Allerdings sollten dem Schüler auf dem Weg zu einer möglichst selbständigen Aufarbeitung des Unterrichts hinreichende Hilfen geboten werden.

Eine leistungsfähige Möglichkeit zur häuslichen Nachbereitung des Unterrichts besteht z. B. in der stichwortartigen Protokollierung der Ergebnisse einer Unterrichtseinheit, eine andere in der Rekonstruktion einer Argumentation, eine dritte im nochmaligen Vollzug einer im Unterricht bearbeiteten Aufgabe.

Im Hinblick auf die häusliche Nachbereitung des Unterrichts bieten sich Ihnen im Praktikum interessante Aufgaben. Sie könnten z. B. beobachten oder durch Gespräche zu ermitteln versuchen,

- welche Art von Nachbereitung der Lehrer explizit verlangt oder implizit voraussetzt
- ob die Schüler auch ohne besondere Aufforderung den Unterricht zu Hause nachbereiten
- auf welche Weise die Schüler den Unterricht nachbereiten.

4.6.3 Die Übungsfunktion von Hausaufgaben

Wenn Unterricht darauf zielt, Schüler für die Bewältigung ihres gegenwärtigen und künftigen Lebens möglichst gut zu qualifizieren, muss ihm daran gelegen sein, dass diese das von ihnen Gelernte so fest implementieren, dass es von ihnen dauerhaft und flexibel in unterschiedlichsten Lebenssituationen genutzt werden kann. Um dieses zu erreichen, ist in aller Regel eine ausreichende Übung erforderlich, in der das Gelernte mehrfach überlernt und in möglichst unterschiedlichen Kontexten angewendet wird.

Der Transfer muss fester Bestandteil bereits des Unterrichts sein: Die Schüler müssen im unmittelbaren Anschluss an die Erarbeitung neuer Einsichten schon im laufenden Unterricht Gelegenheit zu ersten Transferprozessen bekommen, damit sie und der Lehrer erkennen können, ob das zu Lernende wirklich verstanden wurde und korrekt genutzt werden kann oder ob noch weitere Klärungsprozesse erforderlich sind. Scheint ein ausreichendes Verständnis gesichert, können dann (aber erst dann!) zur weiteren Festigung geeignete Hausaufgaben genutzt werden, in denen die Schüler zeigen können, ob sie auch nach einem gewissen zeitlichen Abstand das zuvor Gelernte noch behalten haben und es korrekt anwenden können.

So wichtig das mehrfache Üben und Anwenden für die Festigung erworbener Einsichten und Fähigkeiten im unmittelbaren Anschluss an den Lernprozess ist, so bedeutsam ist es, dass das einmal Gelernte in unregelmäßigen Abständen wiederholt und in neuen Kontexten angewendet wird. Man kann nicht erwarten, dass den Schülern Kenntnisse und Fähigkeiten langfristig zur Verfügung stehen, wenn diese nicht immer wieder aktiviert werden.

Sie sollten die Ihnen im Praktikum begegnenden Hausaufgaben demnach auch unter den Aspekten analysieren und beurteilen,

- ob sie im Unterricht genügend vorbereitet werden
- ob durch sie eine ausreichende Übung erfolgt
- welche Breite die Anwendungsaufgaben aufweisen
- ob die Übungen sich nur auf den aktuellen Lernstoff beziehen oder auch zur Nutzung und damit zur Übung früher erworbener Einsichten und Fähigkeiten dienen.

4.6.4 Die Kontrollfunktion von Hausaufgaben

Die Hausaufgaben – wie alle anderen Formen der Überprüfung des Lernerfolgs – haben vor allem Selbstkontrollfunktion: Sie können zum einen dem Schüler

Hinweise darauf geben, ob er das von ihm zu Lernende wirklich beherrscht; zum anderen sind sie ein Mittel des Lehrers, sich darüber Rechenschaft abzulegen, ob sein Unterricht den erwarteten Erfolg gehabt hat. Beides ist indessen nur dann möglich, wenn die Schüler die Hausaufgaben selbständig angefertigt haben. Aufgabe des Lehrers muss es deshalb sein, die Schüler frühzeitig davon zu überzeugen, dass es wichtig ist, dass sie die Hausaufgaben alleine bearbeiten, weil sie ihrer Übung und Selbstkontrolle dienen und ihnen und dem Lehrer eine Chance zu der Erkenntnis bieten, ob und welcher zusätzliche Klärungs- und Übungsbedarf noch besteht.

Diese Erkenntnis ist jedoch häufig nur dann möglich, wenn die erzielten Ergebnisse auf ihre Korrektheit hin überprüft werden. Sicher machen die Schüler auch Fortschritte, wenn sie ihre Hausaufgaben sorgfältig erledigen, ohne dass diese im Unterricht besprochen werden. Die Chance zum Vergleich der eigenen Arbeitsergebnisse mit den Ergebnissen der Mitschüler und den Erwartungen des Lehrers bietet sich jedoch nur, wenn die Hausaufgaben anschließend im Unterricht erörtert werden. Erst so gewinnt der Schüler einen externen Maßstab, mit dessen Hilfe er die von ihm in der Hausaufgabe erbrachten Leistungen im sozialen Kontext beurteilen kann. Nur so kann er auch seinen eigenen Leistungs*maßstab* überprüfen und ggf. verändern. Nur so bekommt er Hinweise auf bei ihm evt. noch bestehende Defizite.

Für die Überprüfung der Hausaufgaben stehen unterschiedliche Möglichkeiten zur Verfügung: Die einfachste und zeitsparendste ist zweifellos die Vorgabe der korrekten Lösung durch den Lehrer, mit der die Schüler ihre eigenen Lösungsversuche vergleichen können. Aufgetretene Probleme sollten anschließend in konstruktiver Weise besprochen werden, bevor die Schüler Gelegenheit zu neuen Transferversuchen bekommen. Dieses Kontrollverfahren eignet sich indessen nur bei Aufgaben, die eindeutige Lösungen zulassen, wie dies häufig in der Mathematik der Fall ist. Und es hat den Nachteil, dass der Lehrer zur Diagnose des Lernerfolgs auf die Aufrichtigkeit der Schüler bei der Mitteilung ihrer Probleme angewiesen ist.

Eine Variante, die sich vor allem bei einfachen und eindeutig lösbaren Aufgaben eignet, wie sie in Tests Verwendung finden, besteht darin, die Aufgaben und die bei ihrer Bearbeitung aufgetretenen Probleme in der Klasse zu besprechen und die Schüler ihre Lösungen wechselseitig kontrollieren zu lassen. Aus der Rückmeldung der Zahl der korrekten und der falschen Ergebnisse kann der Lehrer ein gutes Bild darüber gewinnen, wo weitere Klärungen und Übungen erforderlich sind.

Ein häufig gewähltes Verfahren ist die Mitteilung und Besprechung der Arbeitsergebnisse einzelner Schüler. Der Lehrer kann hier schnell auf aufgetretene Probleme aufmerksam werden und versuchen, Fehler so zu besprechen, dass sie künftig vermieden werden. Da auch anderen Schülern der gleiche Fehler unterlaufen sein kann, haben diese gleichfalls die Möglichkeit zur Korrektur ihres Lösungsversuchs. Am Ende der Besprechung sollte die korrekte Lösung der Aufgabe durch einen Schüler bzw. die gemeinsame Erarbeitung dieser Lösung in der Klasse stehen.

Bei Aufgaben, die (wie z. B. Textinterpretationen, Beurteilungen und Bewertungen von Sachverhalten, Entscheidungen für eine bestimmte Handlungsvariante) unterschiedliche Lösungen zulassen, empfiehlt es sich, möglichst viele Schüler ihre Arbeitsergebnisse vortragen zu lassen, um ein breites Spektrum der möglichen Lösungen zu erstellen. Bei der Erörterung der einzelnen Ergebnisse kann zugleich besprochen werden, welche Lösungsversuche als gelungen, weil gut begründet, gelten können und welche als defizitär einzustufen sind.

Wichtig ist der Hinweis, dass aus der Überprüfung der Hausaufgaben erforderlichenfalls Konsequenzen gezogen werden, indem versucht wird, aufgetretene Defizite zu beseitigen. Dies kann bedeuten, dass der Lehrer sein eigentlich für die Stunde vorgesehenes Programm aufschiebt und zunächst weitere Klärungs- und Übungsprozesse ermöglicht. Sie sollten deshalb nicht nur darauf achten,

- welche Hausaufgaben der Lehrer stellt
- wie er diese bespricht und kontrolliert, sondern auch,
- welche Konsequenzen er aus der Kontrolle zieht.

4.6.5 Die Vorbereitungsfunktion von Hausaufgaben

Die Schüler erhalten die für ihr erfolgreiches Lernen benötigten Informationen zumeist im Unterricht selbst. Dies ist immer dann sinnvoll, wenn diese nicht aus sich selbst heraus verständlich sind, sondern einer Erläuterung durch den Lehrer oder (z. B. bei Referaten) durch einen Mitschüler bedürfen. Es gibt jedoch auch für die Schüler wichtige Informationen, die ohne fremde Hilfe zu verstehen sein müssten und deshalb von ihnen selbsttätig erworben werden können. Dabei kann es sich z. B. um Fakten, um aus sich heraus verständliche literarische Texte, um Trivialliteratur, um einfache wissenschaftliche Theorien oder um unterschiedliche Sichtweisen eines Problems handeln. Um Zeit zu sparen, wird die Aneignung solcher Informationen häufig aus dem eigentlichen Unterricht ausgegliedert und auf die Hausaufgaben verlagert. Dagegen ist dann nichts einzuwenden, wenn im sich anschließenden Unterricht geprüft wird, ob die Informationen den Schülern wirklich verfügbar sind und wenn sie für darauf aufbauende Überlegungen genutzt werden. Dagegen macht es wenig Sinn, es bei der Reproduktion der Informationen durch die Schüler zu belassen, diese aber im übrigen auf sich beruhen zu lassen. Sie sollten deshalb auch darauf achten, ob und in welcher Weise unterrichtsvorbereitende Hausaufgaben für den weiteren Unterricht nutzbar gemacht werden.

4.6.6 Die Funktion von Hausaufgaben, die Selbständigkeit der Schüler zu fördern

Die Bearbeitung von Hausaufgaben verlangt dem Schüler ein höheres Maß an Eigenständigkeit ab als der Unterricht im Kurs- oder Klassenverband, weil er seine häusliche Arbeit selbst zu organisieren hat: Er muss seine Arbeitszeit, sein Arbeitstempo, seine Arbeitseinteilung und die Ausgestaltung seiner Arbeitsumgebung selbst bestimmen. Ferner entscheidet er, solange der Lehrer keine Auflagen erteilt, selbst über die Art und Weise, in der er die jeweils vorgegebene Aufgabe bearbeiten will.

Über diese lernorganisatorische Eigenständigkeit hinaus kann die Selbständigkeit der Schüler dadurch geförder werden, dass die Hausaufgaben den Schülern selbständige Aktivitäten abverlangen. Denn der für den Schüler eigentlich selbstverständliche Nachvollzug des Unterrichts (vgl. 4.6.2) bildet nur die Voraussetzung für die möglichst selbständige Verarbeitung der im Unterricht erhaltenen Informationen und die selbständige Anwendung der dort erworbenen Fähigkeiten. Die im Unterricht zu stellenden Hausaufgaben sollten vor allem dieses Ziel haben. Allerdings ist es aus lern- und entwicklungspsychologischen Gründen sinnvoll, dieses Ziel schrittweise anzustreben, indem z. B.

- zunächst recht einfache Aufgaben (z. B. die Beurteilung eines Problems aus einer vorgegebenen Perspektive) allmählich in ihrer Komplexität (multiperspektivische Beurteilung) gesteigert werden
- indem der Abstraktionsgrad der Aufgaben allmählich zunimmt
- indem zunächst eher rezeptive Aufgaben (z. B. Rezeption einer Theorie) allmählich durch Beurteilungs- und Bewertungsaufgaben (z. B. Beurteilung und Bewertung der Praxisrelevanz einer Theorie) sowie durch Aufgaben mit Konstruktionscharakter (z. B. selbständig nach theoriefundierten Lösungsmöglichkeiten für ein komplexes Problem zu suchen) ergänzt werden.

Da Hausaufgaben häufig von einer Unterrichtsstunde zur nächsten gestellt werden, besteht die Gefahr, dass den Schülern nur relativ einfache Leistungen (z. B. bloße Reproduktionsleistungen) abverlangt, komplexe, anspruchsvolle Reflexion dagegen kaum geübt werden. Es ist deshalb wichtig, die kurzfristig zu erledigenden Hausaufgaben durch mittel- und langfristig zu bewältigende Aufgaben zu ergänzen. Zu denken wäre z. B. an Halbjahres- oder Jahresarbeiten oder längerfristig vorzubereitende Schülerreferate, in denen von den Schülern eine anspruchsvollere Aufgabe über eine längere Zeit hinweg zu bearbeiten ist.

Für die Förderung der Fähigkeit zum selbständigen Lernen dürfte es besonders hilfreich sein, wenn die Hausaufgaben nicht einfach vom Lehrer gestellt werden, sondern die Schüler sich selbst Gedanken darüber machen, welche Aufgaben sich für ihre häusliche Arbeit aufdrängen, und sich, ggf. in differenzierender oder sogar individualisierender Weise für die Bearbeitung von Aufgaben entscheiden.

Eine der für Sie interessantesten Aufgaben im Hinblick auf die Hausaufgaben dürfte deshalb sicherlich die Analyse und Beurteilung sein,

- ob die gestellten Aufgaben eher eng oder eher weit gefasst sind
- ob und in welchem Maße sie vorstrukturiert sind
- welchen Bewegungsspielraum sie den Schülern belassen
- in welchem Maße den Schülern durch die Aufgaben selbständige oder gar kreative Leistungen abverlangt werden
- inwieweit die Schüler an der Aufgabenstellung beteiligt werden.

4.6.7 Die Stabilisierungsfunktion von Hausaufgaben

Durch gelungene Hausaufgaben, die auf selbständiger Arbeit beruhen, kann der Schüler die Bestätigung seiner aktuellen Leistung erfahren und dadurch länger-fristig das erforderliche Zutrauen in seine eigene Leistungsfähigkeit gewinnen. Dieses kann ihm ein Gefühl relativer Sicherheit vermitteln, dem Unterricht folgen und den z. B. in Klausuren auf ihn zukommenden Anforderungen entsprechen zu können. Dadurch können Ängste vor der nächsten Klassenarbeit abgebaut oder doch zumindest verringert werden. Das aus der positiven Selbsteinschätzung der eigenen Kompetenz resultierende Sicherheitsgefühl wird nicht nur die sachbereichsspezifische Motivation des Schülers erhöhen, sondern auch sein Selbstbewusstsein. Er wird eher zu eigenständigen und kreativen Beiträgen nicht nur in den Hausaufgaben, sondern auch im Unterricht selbst bereit sein.

Aus Schwierigkeiten bei der Bearbeitung der Hausaufgaben kann der Schüler noch bestehende Defizite erkennen. Auch dies kann sich solange motivierend auswirken, wie der Schüler gute Chancen sieht, die erkannten Defizite beheben zu können. Die Chancen dazu steigen, wenn er dabei auf die Unterstützung durch den Lehrer rechnen kann.

4.6.8 Formelle Formen der Lernerfolgsüberprüfung

Mit den Begriffen „Lernerfolgsüberprüfung" und „Leistungskontrolle" werden zumeist formelle Überprüfungen der Lernresultate von Schülern assoziiert, wie sie in Klassenarbeiten oder Lernstandserhebungen erfolgen. Sie werden in Ihrem zeitlich befristeten Praktikum solchen formellen Kontrollen eher selten begegnen. Und falls dies doch einmal der Fall sein sollte, sind diese von Ihnen nur schwer zu beurteilen, weil Sie weder den vorangegangenen Unterricht über eine ausreichend lange Zeit verfolgen konnten noch die Voraussetzungen hinreichend einschätzen können, über die die Schüler verfügen. Sie sollten deshalb Ihre Analyse und Beurteilung auf die von Ihnen wirklich beantwortbaren Fragen aus unserem Kategoriensystem (vgl. Kap. 2.3.1.3) beschränken.

Falls die Gelegenheit besteht, sollten Sie versuchen, auf der Basis Ihrer Erfahrungen in den zurückliegenden Hospitationsstunden selbst geeignete Aufgaben für eine Lernerfolgsüberprüfung zu formulieren sowie Ihre Vorschläge mit dem Fachlehrer besprechen und mit dessen Aufgaben vergleichen. Sie sollten auch nach der Möglichkeit fragen, einige Schülerarbeiten selbst zu beurteilen und dann einen Vergleich mit den Urteilen des Lehrers anstellen.

Klausuren und Klassenarbeiten, auf die Sie während Ihres Praktikums stoßen, sollten Sie zum Anlass nehmen, sich die Funktionen und den Stellenwert solcher formellen Überprüfungen des Leistungsstandes bewusst zu machen: Die Diagnose und die Beurteilung der von den Schülern erzielten Lernresultate sollten *primär* die pädagogische Funktion haben, so weit wie möglich sicherzustellen, dass die Schüler erfolgreich lernen. Sie sind deshalb zunächst für die Schüler selbst von zentraler Bedeutung. Diese erhalten Gelegenheit, ihre im Unterricht erworbenen Kompetenzen zu überprüfen. Anhand des Ergebnisses können sie erkennen, ob und inwieweit sie den Anforderungen, die im Unterricht gestellt werden, entsprechen.

Die Lernerfolgsüberprüfungen haben für den Schüler noch eine *weitere* Rückmeldefunktion: Sie geben ihm auch über seine Position innerhalb der Klasse oder des Kurses Aufschluss. Anhand der Ergebnisse kann er seinen eigenen Lernerfolg mit dem seiner Mitschüler vergleichen. Solche Vergleiche können, wenn sie zu einem für den Schüler befriedigenden Ergebnis führen, motivierend wirken. Aber auch der negative Ausgang des Vergleichs kann über das Konkurrenzdenken ein intensiveres Lernen stimulieren. Allerdings ist im Unterschied zu der intrinsischen Motivation, die aus der sachlichen Analyse des Lernerfolgs entstehen kann, der über den sozialen Vergleich zu erzielende Motivationsschub lediglich extrinsischer Natur.

Eine *dritte* Rückmeldefunktion hat die Lernerfolgsfeststellung für den Schüler insofern, als er sein zuletzt erreichtes Ergebnis mit seinen früheren Resultaten vergleichen und somit Aufschluss über seine Lernfortschritte bekommen kann. Dieser intra-individuelle Vergleich kann unter den zwei zuvor behandelten Kriterien erfolgen, nämlich als lernzielorientierter Vergleich, durch den die Qualität der vom Schüler zu verschiedenen Zeitpunkten erreichten Lernresultate verglichen wird, oder als sozialer Vergleich, durch den Verschiebungen seiner eigenen Position innerhalb der Lerngruppe deutlich werden.

Zur Unterstützung der Rückmeldefunktion ist es empfehlenswert, die Leistungen der Schüler nicht nur mit einer Ziffer zu benoten. Denn die Ziffernbenotung stellt ein undifferenziertes und informationsarmes Pauschalurteil dar, das dem Schüler nur wenig bei der Erkenntnis hilft, welche Lernziele er in welchem Maße erreicht bzw. nicht erreicht hat. Sinnvoller ist es, ihm die Note in einem Kommentar zu erläutern, in dem die wichtigsten Leistungen und Defizite sowie Möglichkeiten zu deren Behebung möglichst differenziert ausgewiesen werden.

Auch für den Lehrer haben die Lernerfolgsdiagnosen zunächst die Funktion der Rückmeldung: Die Ergebnisse der Überprüfung lassen ihn erkennen, ob sein

Versuch, das Lernen der Schüler zu fördern, erfolgreich war und ob damit eine solide Basis geschaffen wurde, auf der der weitere Unterricht mit Aussicht auf Erfolg aufbauen kann. Aus negativen Resultaten der Lernerfolgsüberprüfung kann er die noch bei den Schülern bestehenden Kompetenzdefizite erkennen und daraus Konsequenzen für die Fortführung des Unterrichts ziehen. Die Feststellung der Lernerfolge der Schüler ist somit ein unverzichtbarer Bestandteil der kritisch-konstruktiven Unterrichtsplanung: Aus der kritischen Analyse des bisherigen Unterrichts und seines Erfolgs sollte die Planung der nächsten Unterrichtsschritte erwachsen, die ihrerseits wiederum auf ihren Erfolg hin kontrolliert werden müssen, usw.

Allerdings ist auch durch pädagogisch motivierte Kommentare der Sachverhalt nicht aus der Welt zu schaffen, dass den Noten in unserem Schulsystem eine Selektionsfunktion zukommt, die aus pädagogischer Sicht als durchaus problematisch gelten muss:

Einerseits ist es Auftrag des Unterrichts, kontinuierlich die Kompetenz der Schüler zu steigern. Innerhalb der dazu erforderlichen Lernprozesse wird sich herausstellen, dass einige Schüler nicht in der Lage sind, mit ihren Mitschülern mitzuhalten. Sie erreichen irgendwann nicht mehr das Niveau, das erforderlich ist, um die weiteren Lernprozesse gelingen zu lassen. Eine weitere Förderung ihres Lernens ist deshalb nicht mehr möglich, ohne die Lernmöglichkeiten für die übrigen Mitglieder der Lerngruppe zu reduzieren. Insofern wird der aus dem pädagogischen Selbstverständnis des Unterrichts gebotene Versuch, die Lernprozesse des einzelnen Schülers so weit wie irgend möglich zu fördern, mit der sich gleichfalls aus der pädagogischen Verantwortung heraus stellenden Aufgabe konfrontiert, auch das Lernen aller anderen Schüler zu fördern. Der Selektionszwang in der Schule begründet sich demnach nicht nur aus ihrer von der Gesellschaft geforderten Allokationsfunktion (Auswahl der Qualifiziertesten zur Besetzung von Positionen mit hohem Sozialprestige) heraus, sondern resultiert aus einem originär pädagogischen Dilemma, das sich, anders als bei der Einzelerziehung, immer dann ergibt, wenn in einer Institution wie der Schule alle Schüler optimal gefördert werden sollen, dies aber aufgrund der unterschiedlichen Bildsamkeit der einzelnen Schüler nicht in demselben Maße und Tempo möglich ist. Die deshalb für jede Schule, auch für die Gesamtschule, unumgängliche Selektion sollte jedoch so gehandhabt werden, dass sie die Chancen für ein erfolgreiches Lernen erhöht und nicht verringert.

Andererseits kann die Selektionsfunktion bei vielen Schülern, die Probleme haben, die geforderten Leistungen zu erbringen, äußerst negative Auswirkungen haben, weil sie selbst dann, wenn sie ihre eigenen Möglichkeiten voll ausschöpfen, attestiert bekommen, dass sie im Vergleich mit den anderen Schülern den gestellten Anforderungen nicht genügen. Die Psychologie hat den Teufelskreis, der durch negative Beurteilungen ausgelöst werden kann, eindrücklich beschrieben. Die mit den Noten verbundenen Etikettierungen „nicht genügend", „mangelhaft" usw. werden, selbst wenn sie vom Lehrer nur zur Bezeichnung einzelner Lernresultate verwendet werden, im Wiederholungsfall vom Schüler schnell generalisiert, zunächst auf seine fachliche, dann auf seine schulische Leistungsfähigkeit, dann auf sein gesamtes Selbstkonzept und Selbstwertgefühl, so dass er sich nun insgesamt als Versager sieht. Auf diese Weise schädigt die Schule, ohne dies zu beabsichtigen, etliche ihrer Schüler mehr, als dass sie diese ihrem pädagogischen Auftrag gemäß fördert.

Deshalb sollte die Selektionsfunktion der Lernerfolgsüberprüfungen nicht mehr als unbedingt nötig betont werden. Vor allem sollten die Lernresultate nicht lediglich in Form einer Ziffernnote beurteilt werden, damit bei den Schülern nicht der Eindruck entsteht, die Lernerfolgsbeurteilungen dienten überwiegend oder gar ausschließlich der Selektion. Ein solcher Eindruck könnte nämlich zur Folge haben, dass die Schüler nur noch um der Noten und nicht mehr um der Sache willen lernen, um die es im Unterricht geht, und sich deshalb mit ihren in den Lernerfolgsüberprüfungen erzielten Ergebnissen inhaltlich gar nicht mehr auseinandersetzen, weil an der einmal erteilten Note ja ohnehin nichts mehr zu ändern ist. Es ist sicherlich hilfreicher, den Schülern anerkennenswerte Lernresultate und auftretende Defizite konkret zu benennen, ihnen gezielte Hilfen zu deren Beseitigung anzubieten und individuelle Lernfortschritte hervorzuheben als die Lernresultate lediglich mit Noten zu qualifizieren und so die schwächeren Schüler ständig zu ent- anstatt zu er-mutigen.

Zur Ermutigung kann insbesondere eine nach gewisser Zeit erfolgende erneute Überprüfung desselben Lernpensums dienen: Die bereits im ersten Versuch erfolgreichen Schüler erhalten so eine gute Gelegenheit zur Wiederholung und zur Verbesserung ihrer anfänglichen Leistung, die anfangs gescheiterten Schüler bekommen Gelegenheit zur Korrektur ihres negativen Ergebnisses und im Erfolgsfalle eine Bestätigung ihrer Leistungsfähigkeit. Zugleich wird dadurch eine gemeinsame Basis gelegt, auf der der weitere Unterricht aufbauen kann.

Bei Ihren Hospitationen könnten Sie demnach u. a. darauf achten,

- welche Formen der formellen Lernerfolgsüberprüfung Ihnen begegnen

- wie diese Überprüfungen vorbereitet und ausgewertet werden

- welchen Stellenwert der Lehrer diesen Überprüfungen für seinen Unterricht beimisst

- ob er Konsequenzen aus den Ergebnissen für den weiteren Unterricht zieht

- wie die Schüler auf die Ankündigung einer formellen Lernerfolgsüberprüfung reagieren

- wie sie sich auf diese Überprüfung vorbereiten

- wie sie auf die Mitteilung der Ergebnisse reagieren.

4.6.9 Informelle Formen der Lernerfolgsüberprüfung

Die Überprüfung des Lernerfolgs ist eine ständige Aufgabe der Schüler und des Lehrers, die nicht auf die wenigen Klausuren und auf einzelne mündliche Prüfungen beschränkt werden darf. Nach jeder Phase des Unterrichts ist zu überprüfen, ob die Schüler den jeweils geplanten Lernprozess erfolgreich vollzogen haben. Für diese Überprüfung bieten sich u. a. folgende Möglichkeiten an:

- kurze Schülervorträge oder -demonstrationen, durch die die Schüler Kenntnisse und Fähigkeiten nachweisen können
- gezielte Wissens- und Verständnisfragen
- Unterrichtsgespräche und Diskussionen, in denen bereits vorhandene und neu erworbene Kompetenzen genutzt werden können
- schriftliche Tests, durch die die Schüler regelmäßig überprüfen können, ob sie die zuletzt angestrebten Lernresultate erreicht haben
- Protokolle, durch die Gedankengänge und Ergebnisse des Unterrichts reproduziert werden
- Kurzaufsätze, in denen eine begrenzte Reflexionsaufgabe zu bearbeiten ist
- Langaufsätze, in denen komplexere Aufgabenstellungen bearbeitet werden
- Schülerreferate und Facharbeiten, die die längerfristige Bearbeitung einer komplexen Aufgabe verlangen
- Planspiele, Rollenspiele und Projekte, durch die die Schüler vor allem ihre Planungs-, Entscheidungs- und Interaktionskompetenz überprüfen können.

Die aufgeführten Überprüfungsformen unterscheiden sich hinsichtlich ihrer Möglichkeiten, die Breite, Tiefe und Differenziertheit der Kenntnisse und des Verständnisses sowie die Transferfähigkeit, Reflexionsfähigkeit und Selbständigkeit der Schüler zu erfassen, beträchtlich. An sie alle ist jedoch die Forderung zu richten, dass sie vor allem der Kontrolle von Lernfortschritten und nicht der Notenfindung dienen sollten. Den Schülern muss deutlich werden, dass die Überprüfungen in ihrem Interesse erfolgen, um ihre Lernerfolge zu bestätigen bzw. ihnen rechtzeitig Hinweise auf noch bestehende Defizite zu geben. Sollten weitere Lernerfordernisse erkennbar werden, müsste dies Konsequenzen für die Beratung der Schüler durch den Lehrer, für deren weiteres Lernen und für die Fortsetzung des Unterrichts haben.

Für Ihr Praktikum bieten sich demnach u. a. folgende Überlegungen zu den informellen Lernerfolgsüberprüfungen an:

- Finden regelmäßig informelle Lernerfolgsüberprüfungen statt?
- Welche Formen sind zu erkennen?
- Welche Kompetenzen werden durch sie überprüft?
- Welchen Zwecken (z.B. Selbstkontrolle der Schüler, Selbstkontrolle des Lehrers, Diagnose von Lernvoraussetzungen, Notenfindung) dienen sie?

● Welche Auswirkungen haben die Ergebnisse auf den weiteren Verlauf des Unterrichts?

Literatur

Arnold, K.-H.: Schülerbeurteilung ohne Zensuren. Neuwied 2001.

Becker, G. E.: Auswertung und Beurteilung von Unterricht. Handlungsorientierte Didaktik. Teil III. Weinheim / Basel ² 1988.

Becker, G. E. / Kohler, B.: Hausaufgaben kritisch sehen und die Praxis sinnvoll gestalten. Weinheim / Basel ³ 1995.

Beyer, K.: Hausaufgaben im Pädagogikunterricht. In: Beyer, K.: Handlungspropädeutischer Pädagogikunterricht. Bd. III. Baltmannsweiler, S. 88–98.

Beyer, K.: Die Gestaltung der Lernbedingungen und die Überprüfung des Lernerfolgs. In: Beyer, K.: Handlungspropädeutischer Pädagogikunterricht. Bd. III. Baltmannsweiler 1998, S. 99–180.

Derschau, D. v.: Hausaufgabe als Lernchance. Zur Verknüpfung schulischen und außerschulischen Lernens. München 1979.

Feiks, D. / Rothermel, G. (Hg.): Hausaufgaben. Pädagogische Grundlagen und praktische Beispiele. Stuttgart 1981.

Geißler, E. E. / Plock, H.: Hausaufgaben – Hausarbeiten. Bad Heilbrunn ² 1974.

Ingenkamp, K. (Hg.): Die Fragwürdigkeit der Zensurengebung. Weinheim / Basel ⁷ 1977.

Ingenkamp, K.: Diagnostik in der Schule. Beiträge zu Schlüsselproblemen der Schülerbeurteilung. Weinheim 1989.

Ingenkamp. K.: Erfassung und Rückmeldung des Lernerfolgs. In: Enzyklopädie Erziehungswissenschaft. Stuttgart 1995, S. 173–205

Kamm, H. / Müller, E. H.: Hausaufgaben – sinnvoll gestellt. Freiburg 1975.

Klauer, K. J. (Hg.): Handbuch der Pädagogischen Diagnostik. Bd. 3. Düsseldorf 1978.

Krumm, V.: Hausaufgaben. In: Enzyklopädie Erziehungswissenschaft. Bd. 8. Stuttgart 1995, S. 447–450.

Speichert, H.: Praxis produktiver Hausaufgaben. Königstein/Ts. 1982.

Speichert, H.: Hausaufgaben. In: Enzyklopädie Erziehungswissenschaft. Bd. 4. Stuttgart 1995, S. 461–464.

KLAUS BEYER

4.7 Sozialpsychologische Faktoren

Unterricht vollzieht sich als eine äußerst komplexe Interaktion der an ihm beteiligten Personen, die ihrerseits mit sehr unterschiedlichen Voraussetzungen und Interessen an der Interaktion teilnehmen. In diese sind als intentionaler Kern des Unterrichts Versuche des Lehrers eingelagert, Lernprozesse seiner Schüler zu initiieren, zu begleiten und zu überprüfen. Diese Versuche werden indessen nur dann erfolgreich sein, wenn es allen Beteiligten gelingt, die Interaktion so auszugestalten, dass bei den Schülern Lernabsichten entstehen und realisiert werden. Damit dies möglich wird, benötigt der Lehrer neben lern- und entwicklungspsychologischem Wissen auch Kenntnisse über sozialpsychologische Faktoren, die auf die schulische Interaktion einwirken. Unter „sozialpsychologischen Faktoren" sollen im folgenden solche Faktoren mit einer zugleich sozialen und psychischen Dimension verstanden werden, die für den Unterricht bedeutsam sind, weil sie ihn nicht nur in diesen Dimensionen, sondern auch in der kognitiven Dimension beeinflussen.

Der enge Zusammenhang von sozialen, emotionalen und kognitiven Prozessen ist durch eine Fülle empirischer Untersuchungen erwiesen, die übereinstimmend zu dem Ergebnis kommen, dass die soziale Interaktion im Unterricht sowie die Erfolgs- bzw. Misserfolgserfahrungen des Schülers positive wie negative psychische Folgen z. T. erheblichen Ausmaßes haben können, die sich ihrerseits wieder auf die soziale Interaktion und den Schulerfolg auswirken können.

4.7.1 Fünf sozialpsychologische Faktoren des Lehrerhandelns

Angesichts der Fülle sozialpsychologischer Faktoren können die folgenden Hinweise nur die exemplarische Funktion haben, Sie auf die Bedeutsamkeit solcher Faktoren für Schule und Unterricht aufmerksam zu machen. Wir konzentrieren uns dabei auf fünf Faktoren des Lehrerhandelns, weil diese, anders als die sozialpsychologischen Voraussetzungen auf Seiten der Schüler, durch den Lehrer weithin beeinflussbar sind. Auf die Ausprägung dieser Faktoren, auf deren wechselseitige Beeinflussung und auf deren Auswirkungen sollten Sie bei Ihren Hospitationen und bei Ihren eigenen Unterrichtsversuchen besonders achten.

4.7.1.1 Persönlichkeit und Grundhaltung des Lehrers

Sie werden aus Ihrer eigenen Schulzeit den einen oder anderen Lehrer kennen, an dessen Unterricht Sie sich gern erinnern. Wenn Sie sich nach möglichen Gründen fragen, werden Sie auf mehrere Ursachen stoßen, sicherlich auch darauf, dass Sie glauben, bei diesem Lehrer aufgrund seiner fachlichen und didaktisch-methodischen Kompetenz viel gelernt zu haben. Daneben werden aber auch sozialpsychologische Faktoren eine Rolle spielen: Sie werden u. a. überlegen,

- ob Sie sich von seiner Persönlichkeit, seiner Autorität, seiner Ausstrahlung, seiner Glaubwürdigkeit, seinem Engagement für den Unterricht haben beeindrucken lassen
- ob seine Haltung und sein Verhalten den Schülern gegenüber durch Respekt vor deren Persönlichkeit, durch Freundlichkeit, Verständnis, Hilfsbereitschaft und das Bemühen um Gerechtigkeit gekennzeichnet war.

Sie werden sich aber auch an manchen Lehrer erinnern, der Ihnen in eher unangenehmer Erinnerung geblieben ist, weil Sie überzeugt sind, bei ihm wenig gelernt zu haben, aber vielleicht auch, weil Sie mit seiner Persönlichkeit und seinem Umgang mit den Schülern Schwierigkeiten hatten.

Wenn Sie sich dann im Rückblick auf Ihre Schulzeit fragen, welche Auswirkungen diese Faktoren auf Ihr schulisches Lernen hatten, werden Sie feststellen, dass sie in nicht geringem Maße dazu beigetragen haben,

- ob und in welchem Maße Sie sich im Unterricht eines Lehrers wohl- bzw. unwohlgefühlt haben
- wie motiviert oder desinteressiert Sie an dem Unterricht waren
- ob Sie an diesem Unterricht eher selbstbewusst oder eher verunsichert teilgenommen haben.

4.7.1.2 Das Bemühen um ein lernförderliches Unterrichtsklima

Voraussetzung dafür, dass Schüler motiviert, selbstreguliert und effizient lernen können, ist ein Klima, das allen Beteiligten in einer menschlich angenehmen, angstfreien Atmosphäre die Konzentration auf die jeweiligen Lernaufgaben ermöglicht. Dies heißt, dass der Lehrer darauf achten muss, dass er selbst und die Schüler das Nötige tun, um eine Arbeitsatmosphäre entstehen zu lassen, die sich u. a. auszeichnet

- durch wechselseitigen Respekt aller Beteiligten
- durch Anerkennung erzielter Leistungen, gleich von wem sie erbracht worden sind
- durch Verständnis für auftretende Lern- und Leistungsprobleme
- durch solidarische Hilfe untereinander
- durch die Unterbrechung des konzentrierten Arbeitens durch Entspannungsphasen, in denen man in eher lockerer, spielerischer, humorvoller Weise miteinander und mit dem Lernstoff umgeht.

Gleichzeitig ist alles zu vermeiden, was die Lernatmosphäre negativ beeinflussen könnte. Dazu gehört insbesondere,

- auf unnötigen Leistungsdruck und jede Form von Repression (z. B. mit Hilfe von Noten) zu verzichten

- keine unnötigen Ängste bei den Schülern zu erzeugen
- sie beim Abbau dennoch auftretender Ängste zu unterstützen
- die Konkurrenz der Schüler untereinander auf ein menschlich vertretbares Maß zu reduzieren.

Bei Ihrem Rückblick auf Ihre Schulzeit werden Sie ebenso wie bei Ihren Hospitationen im Praktikum auf erhebliche Unterschiede im Lernklima stoßen. Sie sollten sich die Frage stellen, worin diese Unterschiede bestehen und wie sich solche Unterschiede auf Ihr eigenes Lernen bzw. das Lernen der in Ihren Hospitationen beobachteten Schüler ausgewirkt haben oder auswirken könnten.

4.7.1.3 Respektierung der Gesamtpersönlichkeit des Schülers

Ein lernförderliches Klima zu schaffen, bedeutet auch, dem Schüler Gelegenheit zu geben, sich als ganze Person nicht nur mit seinem Denken, sondern auch mit seinem Fühlen und Wollen in den Unterricht einzubringen. Gerade Letzteres ist, wie die Forschung zur schulischen Sozialisation eindrücklich nachgewiesen hat, unter den strukturellen Bedingungen des Unterrichts kaum möglich: Die Schule als Institution ist strukturell an dem Schüler nur in sehr spezifischer Weise, nämlich vor allem an seinen Leistungen, interessiert, die von ihm wie von jedem anderen Schüler auch erwartet werden, die er individuell ohne Kooperation mit anderen erbringen muss und die nach für alle Schüler gemeinsam geltenden Kriterien beurteilt werden (Dreeben). Alles andere, was den Schüler sonst noch als Person mit seinen Wünschen, seinen Idealen, seinen Emotionen, seinen Problemen, seiner Identität auszeichnet, ist dagegen vor dem Unterricht „an der Garderobe abzugeben". Aus dieser Reduktion der Person des Schülers auf seine Leistungsbereitshaft und Leistungsfähigkeit können erhebliche Gefahren für die Entwicklung des Selbstkonzepts und des Selbstwertgefühls besonders bei denjenigen Schülern resultieren, die den schulischen Leistungserwartungen nicht genügen. Diese strukturell bedingten Gefahren können durch den Unterricht sicher nicht völlig beseitigt werden. Dennoch sollte er alle ihm zur Verfügung stehenden Möglichkeiten nutzen, den Schüler seine Beurteilung und Bewertung eines im Unterricht verhandelten Sachverhaltes, sein Interesse daran, seine Vorbehalte, seine dadurch angesprochenen Gefühle zu äußern und in das Unterrichtsgespräch einbringen zu lassen. Nur wenn der Schüler das Gefühl bekommt, im Unterricht als Person ernst genommen zu werden, wird er sich in ihm und für ihn engagieren.

Sie werden sich sicherlich an Lehrer erinnern, von denen Sie das Gefühl hatten, als Person wirklich respektiert zu werden. Und vielleicht können Sie sich auch noch an Ihre Gefühle und Reaktionen erinnern, wenn dies nicht der Fall war. Aus der Aufarbeitung dieser Erfahrungen sollten Sie Konsequenzen für den Umgang mit Ihren künftigen Schülern ziehen, zugleich aber zu beobachten und zu analysieren versuchen, inwieweit in den von Ihnen beobachteten Stunden die

Schüler als Persönlichkeiten und nicht nur als Erbringer fachlicher Leistungen ernstgenommen werden.

4.7.1.4 Demokratische Gestaltung des Unterrichts

Die Möglichkeit aller am Unterricht Beteiligten, sich nicht nur mit ihren Argumenten, sondern auch mit ihren Interessen und Emotionen einzubringen, setzt einen demokratischen Kommunikationsstil voraus. Zwar lässt sich aus vielen Gründen die hierarchisch-komplementäre Rollenstruktur der Institution Schule (hier: Lehrende und Beurteilende, dort: Lernende und zu Beurteilende) nicht prinzipiell aufheben; auch ist das Kompetenzgefälle zwischen Lehrenden und Lernenden nur selten in Symmetrie zu überführen, weil die Schüler zu allermeist gerade das noch nicht wissen, verstehen, können, was sie erst im Rahmen des Unterrichts lernen sollen. Trotzdem ist es auch unter diesen Rahmenbedingungen möglich und nötig, Phasen gleichberechtigter Kommunikation zu realisieren. Dies kann und soll immer dort geschehen, wo es um Strittiges, nicht eindeutig Lösbares wie z. B. Werturteile, Entscheidungen und Handlungen sowie deren Begründung und Kritik (z. B. in Diskursen) geht. Dies gilt auch für die Äußerungen von Gefühlen, die wechselseitig respektiert werden müssen. Erst wenn die Schüler die Gewissheit haben, sich in solchen Phasen offen äußern zu können, ohne Sanktionen (v. a. über die Benotung) für vom Lehrerurteil abweichende Auffassungen befürchten zu müssen, werden sie zu einer offenen, aufrechten Kommunikation bereit sein, in der sie ihre wirklichen Positionen zur Diskussion stellen. Indem sie dies tun, riskieren sie einerseits Kritik, erhalten sie aber andererseits auch die Gelegenheit, ihre Bereitschaft und Fähigkeit weiterzuentwikkeln, Kritik auszuhalten und konstruktiv zu verarbeiten und so vorhandene Auffassungen weiterzuentwickeln. Gleiches gilt für den Lehrer, der sich nicht nur für Kritik an seinen Positionen, sondern auch an seinem Unterricht durch die Schüler öffnen muss.

Zu einem demokratischen Miteinander gehört aber auch der Versuch, die Schüler, so weit dies unter den strukturellen Bedingungen von Schule und Unterricht möglich ist, in die Verantwortung für den Erfolg ihres Lernens und damit des Unterrichts zu nehmen. Dazu muss ihnen ein Maximum an Partizipation an der Planung, Durchführung und Auswertung des Unterrichts ermöglicht werden. Nur wenn die unter Schülern nicht selten anzutreffende Auffassung, der Lehrer sei allein für den Ablauf und Erfolg des Unterrichts zuständig, durch die Bereitschaft ersetzt wird, selbst Verantwortung für das eigene Lernen zu übernehmen, wird dies letztlich erfolgreich sein. Dazu muss der Lehrer aber bereit sein, den Schülern – zunehmend zu erweiternde – Spielräume für die eigenverantwortliche Gestaltung ihres Lernprozesses einzuräumen.

Dies bedeutet u. a., dass die Schüler und Lehrer gemeinsam Verantwortung dafür tragen werden, dass bestimmte für das gemeinsame Lernen unverzichtbare

Verhaltensstandards vereinbart und auch eingehalten werden, dass gemeinsam beschlossene Sanktionen für gravierende Verstöße durch alle Beteiligten (auch den Lehrer!) akzeptiert werden und dass versucht wird, auftretende Konflikte auf demokratische Weise so zu lösen, dass kein Beteiligter in unzulässiger Weise benachteiligt wird.

Es dürfte eine für Sie spannende Aufgabe sein, zu analysieren, inwieweit in Ihrem eigenen Unterricht, an dem Sie als Schüler teilgenommen haben, und in dem von Ihnen im Praktikum beobachteten Unterricht das Bemühen um ein demokratisches Miteinander von Lehrern und Schülern zu erkennen war und zu überlegen, zu welchen Auswirkungen dieses Bemühen bei den Schülern geführt hat bzw. führen kann.

4.7.1.5 Bemühungen um den einzelnen Schüler

In unserem Schulsystem mit viel zu großen Klassen und Kursen besteht die Gefahr, dass der einzelne Schüler mit seinen Interessen, seiner Begabung, seinen Problemen nicht zu seinem Recht kommt. Dieser Vorwurf trifft primär nicht die Lehrer, sondern die Bildungspolitik, die es trotz der PISA-Ergebnisse bisher nicht geschafft hat, genügend Geld dafür zu requirieren, dass die Klassenstärken auf das z. B. in Finnland übliche Maß reduziert werden können. Insofern sind dem Bemühen des Lehrers um den einzelnen Schüler zeitliche und kräftemäßige Grenzen gesetzt. Diese Feststellung darf allerdings nicht als Alibi dafür verstanden werden, den Unterricht lediglich auf den (vermeintlich) durchschnittlichen Schüler abzustellen und alle anderen Schüler, die nicht in dieses Bild passen, zu vernachlässigen. Auch wenn es schwerfällt, muss der Lehrer versuchen, dem einzelnen Schüler in seinem Unterricht gerecht zu werden. Er muss versuchen, sich ein möglichst genaues Bild jedes einzelnen Schülers zu machen, seine Stärken und Schwächen zu identifizieren und sich Förderungsmöglichkeiten zu überlegen.

Neben einem hohen Maß an Einfühlungsvermögen in die einzelnen Schüler (Empathie) wird dem Lehrer auch das sich darauf beziehende Taktgefühl abverlangt. Er muss jede Art von Etikettierung vermeiden, durch die er dem Schüler – oft auch nur indirekt – zu erkennen gibt, dass er ihn innerlich bereits „abgeschrieben" hat. Gewinnt der Schüler diesen Eindruck, droht der Prozess der sich selbst erfüllenden Prophezeiung: Der Schüler internalisiert und generalisiert die Etikettierung und verhält sich ihr entsprechend. Stattdessen sollte der Lehrer den – sicher nicht einfachen – Versuch unternehmen, differenzierte oder sogar individualisierte Lernangebote zu unterbreiten, so dass der leistungsschwache ebenso wie der hochbegabte Schüler seinen Bedürfnissen und Möglichkeiten gemäß gefördert wird. Im Anschluss an die Bearbeitung der Aufgabe ist eine differenzierte, sachbezogene, gerechte, aber zugleich beratende und Mut machende Rückmeldung durch den Lehrer erforderlich, die dem Schüler vor allem signalisiert, dass sich bei entsprechender Bemühung auch Erfolge einstellen. Nur unter dieser Voraussetzung wird der Schüler bereit sein, die für seinen Lernerfolg erforderlichen Anstrengungen zu erbringen. Und nur über Erfolge, auch wenn sie zunächst klein und auf enge Bereiche begrenzt sind, wird er seine zunächst negative Selbsteinschätzung allmählich korrigieren können.

Da Sie die Ihnen in dem zeitlich begrenzten Praktikum begegnenden Schüler nicht hinreichend kennenlernen können, sollten Sie Ihr Augenmerk bei den Hospitationen vor allem darauf richten, ob und welche Differenzierungs- und Individualisierungsversuche erkennbar sind und wie diese von den Lehrern begründet werden.

4.7.2 Sozialpsychologische Dimensionen des Lehrerhandelns

Bei Ihrer Analyse und Beurteilung von Unterricht im Hinblick auf die hier behandelten sozialpsychologischen Faktoren des Lehrerhandelns werden Sie vermutlich feststellen, dass diese noch differenzierter analysiert werden können, als wir es hier getan haben. Alle fünf Faktoren sind nämlich zunächst als *sozialpsychologische Bedingungen* des Unterrichts einzustufen, die im Unterricht *sozialpsychologische Prozesse* auslösen können, die ihrerseits *sozialpsychologische Auswirkungen* auf die am Unterricht Beteiligten haben können. Diese drei sozialpsychologischen Dimensionen haben wir wegen ihres engen Bezugs aufeinander und im Interesse einer möglichst knappen Darstellung, wie sie in diesem Band erforderlich ist, im Zusammenhang behandelt. Sie könnten jedoch zur Schärfung Ihrer Urteilsfähigkeit versuchen, unsere Aussagen jeweils daraufhin zu prüfen, ob sie sich auf sozialpsychologische *Bedingungen, Prozesse, Auswirkungen* oder deren *Zusammenhang* beziehen.

4.7.3 Zusammenhang der sozialpsychologischen Faktoren des Lehrerhandelns

Wahrscheinlich werden Sie auch bemerkt haben, dass die fünf behandelten Faktoren des Lehrerhandelns nicht disjunkt sind, sondern sich mehr oder minder stark überlappen. So sind z. B. der Respekt vor der Persönlichkeit des Schülers und das Bemühen um eine möglichst demokratische Ausgestaltung des Unterrichts nicht wirklich voneinander zu trennen. Gleiches gilt für das Verhältnis der übrigen Faktoren zueinander. Sie sollten im Praktikum versuchen, solche Beziehungen zu ermitteln, und sich fragen, welche Faktoren für Sie persönlich sowohl im Rückblick auf Ihre Schulzeit als auch im Hinblick auf Ihre künftige Tätigkeit als Lehrerin oder Lehrer von besonderer Bedeutung sind. Daran sollte sich die Überlegung anschließen, wie Sie diesen von Ihnen als besonders bedeutsam eingeschätzten Faktoren in Ihrem Unterricht Rechnung tragen können.

4.7.4 Die subjektive Verarbeitung des Lehrerhandelns durch die Schüler

Sie werden sich in Ihrem Rückblick auf die eigene Schulzeit auch an Mitschüler erinnern, die anders als Sie selbst auf den Unterricht desselben Lehrers reagiert haben, und damit zu der Einsicht gelangen, dass alles, was sich in Schule und Unterricht ereignet, von jedem Schüler anders erlebt und anders verarbeitet wird. Diese unterschiedlichen Auswirkungen haben ihre Ursache in unterschiedlichen sozialpsychologisch relevanten Voraussetzungen. Dies sei an drei Beispielen verdeutlicht:

- Ein leistungsschwacher Schüler wird anders auf eine kritische Lehreräußerung reagieren als ein leistungsstarker Schüler. Er wird die Kritik eher als Bestätigung der negativen Selbsteinschätzung seiner Leistungsfähigkeit interpretieren, die sich aufgrund dieser Interpretation noch verstärkt. Und es besteht die Gefahr, dass er auch ein Lob des Lehrers nach einer gelungenen Leistung im Sinne seines negativen Selbstbildes in der Weise uminterpretiert, dass der Lehrer ihn nur gelobt habe, weil er der Auffassung sei, er müsse einem im Prinzip wenig leistungsfähigen Schüler Mut machen. So kann sich der gut gemeinte Versuch des Lehrers, den Schüler davon zu überzeugen, dass er bei entsprechender Anstrengung durchaus leistungsfähig ist, und ihn durch das Lob zu weiteren Anstrengungen zu motivieren, sehr leicht kontraproduktiv auswirken.

- Wenn Sie einen insgesamt schwachen Schüler bei der Rückgabe einer wiederum nicht gelungenen Arbeit aus menschlicher Anteilnahme trösten wollen, indem Sie ihm mitteilen, dass Sie seine Anstrengungen zu würdigen wissen, auch wenn diese nicht zum gewünschten Erfolg geführt haben, müssen Sie damit rechnen, dass dieser Schüler Ihren wohlgemeinten Tröstungsversuch als Hinweis versteht, dass er auch bei erheblicher Anstrengung den schulischen Anforderungen nicht genügen könne und damit in der negativen Selbsteinschätzung seiner Leistungsfähigkeit noch verstärkt wird. Umgekehrt wird ein leistungsstarker Schüler Ihren deutlich geäußerten Ärger über sein Versagen in einer Arbeit mit hoher Wahrscheinlichkeit dahingehend interpretieren, dass Sie von ihm eine bessere Leistung erwartet hätten, weil Sie ihn als leistungsfähigen Schüler einschätzen, und Ihren Ärger so als Bestätigung seines positiven Selbstkonzepts verstehen.

- Oder, um ein letztes Beispiel zu nennen, wenn Sie versuchen, einem schwachen Schüler mit negativer Selbsteinschätzung dadurch erste Erfolgserlebnisse zu ermöglichen, dass Sie ihn verstärkt auf einfache Fragen antworten lassen, müssen Sie mit der sein negatives Selbstkonzept verfestigenden Interpretation des Schülers rechnen, dass Sie ihn nur bei leicht zu beantwortenden Fragen aufrufen, weil Sie ihn im Prinzip für nicht leistungsfähig halten.

Die subjektiv sehr unterschiedlichen Auswirkungen des Lehrerverhaltens auf die einzelnen Schüler sollten Sie sich immer bewusst machen, wenn Sie Unterricht beobachten, analysieren und beurteilen, insbesondere aber wenn Sie selbst unterrichten. Sie müssen damit rechnen, dass vieles, was Sie in wohlgemeinter Absicht im Unterricht tun, von einigen Schülern anders aufgefasst und verarbeitet wird, als Sie es beabsichtigt haben.

Literatur

Brophy, J. E. / Good, Th. L. / Ulich, D.: Die Lehrer-Schüler-Interaktion. München / Berlin / Wien 1976.

Dreeben, R.: Was wir in der Schule lernen. Frankfurt a. M. 1980.

Dressmann, H.: Unterrichtsklima. Wie Schüler den Unterricht wahrnehmen. Weinheim 1982.

Dressmann, H. / Eder, F. / Fend, H. u. a.: Schulklima. In: Ingenkamp, K. u. a.: Empirische Pädagogik 1970–1990. Bd. 2. Weinheim 1992, S. 655–682.

Fend, H.: Schulklima. Soziale Beeinflussungsprozesse in der Schule. Weinheim 1977.

Filipp, S.-H. (Hg.): Selbstkonzeptforschung. Probleme. Befunde. Perspektiven. Stuttgart ³1993.

Hofer, M.: Sozialpsychologie erzieherischen Handelns. Wie das Denken und Verhalten von Lehrern organisiert ist. Göttingen 1986.

Jahnke, J.: Sozialpsychologie der Schule. Opladen 1982.

Pekrun, R. / Fend, H. (Hg.): Schule und Persönlichkeitsentwicklung. Stuttgart 1991.

Petillon, H.: Soziale Beziehungen zwischen Lehrern, Schülern und Schülergruppen. Weinheim / Basel 1982.

Schaller, K.: Einführung in die Kommunikative Pädagogik. Freiburg 1978.

Schwarzer, R.: Schulangst und Lernerfolg. Düsseldorf 1975.

Sieland, B.: Selbst-Ermutigungstraining für Lehrer und Schüler. In: Zeitschrift für Individualpsychologie 13, H. 4, 1988, S. 246–255.

Sieland, B.: Schulangst. In: Keck, R. W. / Sandfuchs, U. / Feige, B. (Hg.): Wörterbuch Schulpädagogik. Ein Nachschlagewerk für Studium und Schulpraxis. Bad Heilbrunn ²2004, S. 379–380.

Ulich, K.: Schüler und Lehrer im Schulalltag. Eine Sozialpsychologie der Schule. Weinheim / Basel 1983.

Wellendorf, F.: Schulische Sozialisation und Identität. Zur Sozialpsychologie der Schule als Institution. Weinheim 1973.

5. Die Beziehung von Theoriestudium und Schulpraxis

WILFRIED PLÖGER

5.1 Das Theorie-Praxis-Verhältnis

Einleitung

Im Lehramtsstudium sollen Sie sich in erster Linie fachwissenschaftliche, fachdidaktische und erziehungswissenschaftliche Qualifikationen aneignen. Erst in der zweiten Ausbildungsphase (Referendariat) tritt die Befähigung zum unterrichtlichen Handeln in den Vordergrund. Der erste Block Ihrer Ausbildung ist also in hohem Maße auf die theoretische, der zweite stärker auf die praktische Qualifikation ausgerichtet. Diese Zweiteilung von *Theorie* und *Praxis* ist Ausdruck institutioneller Arbeitsteilung zwischen Hochschulen und Lehrerseminaren; sie begründet sich z. B. dadurch

- dass man sich zunächst selbst ein gesichertes fachliches Wissen aneignen muss, um es dann an Schülerinnen und Schüler in adäquater Weise weitergeben zu können
- dass man lernpsychologische Theorien verstanden haben muss, um darauf aufbauend die Lernprozesse von Schülern verstehen und unterstützen zu können oder
- dass man sich erst in Institutions- und Organisationstheorien eingearbeitet haben muss, um in seiner Schule vor Ort die Möglichkeiten der Entwicklung von Schul- und Unterrichtsqualität einschätzen und mitgestalten zu können.

Solche Beispiele mögen aufgrund ihrer allgemeinen Formulierung schnell Zustimmung finden, in der konkreten Situation werden Sie sich aber dennoch wohl schon des öfteren die Frage gestellt haben, ob das, was in den fachwissenschaftlichen, fachdidaktischen und erziehungswissenschaftlichen Veranstaltungen thematisiert wird, tatsächlich etwas mit Ihrem späteren Handlungsfeld zu tun hat. Vielleicht hegen Sie – wie viele andere auch, selbst Lehrerinnen und Lehrer, die schon viele Jahre in der Praxis stehen – Vorbehalte gegen „Theorie": Das sei eine Lehre, die im „elfenbeinernen Turm" stattfindet, die hochspezialisiert ist, die angeblich für einen „weiten Horizont" sorgen soll, aber nicht das zur Sprache bringt, was man für das tägliche Unterrichten braucht, und die vermuten läßt, dass die Lehrenden seit der eigenen Schulzeit keine Schule mehr von innen gesehen haben.

Solche Vorbehalte sind alles andere als neu, sie werden unermüdlich wiederholt, werden dadurch aber nicht „richtiger". Es handelt sich dabei durchweg um Einstellungen, die von einer oberflächlichen Sicht auf das Verhältnis von Theorie und Praxis zeugen und letztlich die Ausbildung professionellen Handelns im schulischen Alltag stark beeinträchtigen.

Die folgenden Thesen sollen einen kleinen Beitrag zur Klärung des Verhältnisses
von Theorie und Praxis leisten und zeigen, dass der Schlüssel zur erfolgreichen
und angemessenen Verbindung dieser beiden Bereiche nur in Ihren eigenen re-
flexiven Anstrengungen liegen kann.

**These 1: Theorie und Praxis sind zwei Bereiche, die sich durch ihre grund-
legenden Interessen und Arbeitsweisen unterscheiden und deshalb nicht direkt zu vermitteln sind.**

Wissenschaftler beschäftigen sich damit, Theorien zu konzipieren und ständig
weiter zu entwickeln. Eine Theorie besteht aus einem System von Begriffen und
Aussagen, die in bestimmter Weise miteinander verknüpft sind. Sie stellt je nach
Theorietypus ein allgemeines Koordinatensystem dar, das es ermöglicht, Besonderes (Realität) mit Hilfe eines Allgemeinen (Theorie) zu verstehen oder zu erklären. Insofern steht eine Theorie für das Vorverständnis des Wissenschaftlers,
mit dem er Praxis zu erfassen versucht. Das ist zugegebenermaßen eine sehr grobe Kennzeichnung von Theorie, die für die unmittelbar folgenden Überlegungen
jedoch vorerst hinreicht, um das Verhältnis von Theorie und Praxis näher zu charakterisieren. Wenn es im nächsten Abschnitt 5.2 u. a. um die Frage der Entwicklung pädagogischer Urteilskraft geht, muss der Begriff der Theorie allerdings
wesentlich differenzierter dargestellt werden, wobei dann verschiedene Theorie-
typen und ihre jeweiligen spezifischen Funktionen zu erläutern sind.

In diesem Teil 5.1 wird zur Illustration des Gemeinten der Typus empirischer
Theorien (auch „positive" Theorien genannt) herangezogen. Ein wichtiges Kriterium solcher empirischen Theorien liegt im Allgemeinheitsgrad ihrer Aussagen. Mengentheoretisch gesehen beziehen sich diese Theorien also nicht auf „Individuen" (einzelne Ereignisse, Gegenstände, Personen), sondern auf möglichst
viele Elemente einer Klasse. Im Idealfall handelt es sich um sogenannte Allaus-
sagen, die auf alle Elemente einer Menge zutreffen. In diesem Sinne wollen beispielsweise entwicklungspsychologische Theorien nicht die Identitätsentwicklung *bestimmter* Kinder und Jugendlicher beschreiben, sondern zu Aussagen gelangen, die für die Entwicklung (möglichst) *aller* Kinder und Jugendlichen gültig
sind. Für die Allgemeinheit seiner Aussagen zahlt der Wissenschaftler allerdings
einen hohen Preis: Seine Aussagen abstrahieren von den besonderen raum-zeit-
lichen Bedingungen und Umständen und im Falle pädagogischer, psychologischer oder soziologischer Theorien auch von den besonderen Personen und ihren
individuellen Eigenschaften. Zudem können sich die Aussagen empirischer
Theorien immer nur auf vergleichsweise wenige Aspekte (der Realität) beziehen, denn mit steigender Anzahl der in Betracht gezogenen Aspekte würde sich
die Anzahl der auf sie zutreffenden Elemente verringern und daher der Grad der
Allgemeinheit der Aussagen abnehmen.

Völlig anders stellt sich die Situation in der Praxis dar. Lehrerinnen und Lehrer haben es immer mit *bestimmten* Kindern und Jugendlichen zu tun, sie lehren in *bestimmten* Fächern *bestimmte* Inhalte, sie unterrichten an Schulen, die höchst *unterschiedlich* ausgestattet sind und zudem in *unvergleichbare* soziale Umfelder eingebettet sind. Praxis ist also geprägt durch die individuellen Umstände und die individuellen Eigenschaften der in pädagogischen Interaktionen stehenden Personen. Für das Verhältnis von Theorie und Praxis folgt daraus: Theorie kann das, was in der Praxis an personellen Konstellationen und besonderen Umständen gegeben ist, nur bedingt thematisieren. Die im Bereich der Theorie erstellten und geprüften Aussagen können folglich nicht „eins zu eins" in Praxis transferiert werden, sondern bedürfen immer einer mehr oder weniger großen Transformation (= Umformung). Diese Transformation ist kein einseitiger Prozess. Der *Wissenschaftler* muss seine theoretischen Überlegungen so weit wie möglich in eine praxisnähere Sprache übersetzen, indem er die allgemeinen Aussagen etwa in prinzipielle Orientierungen, in Regelmäßigkeiten oder in die Bildung von Typen (z. B. typische Handlungsmuster, typische Methoden, typische Interaktionsmuster und Sozialformen im Unterricht usw.) überführt. Der *Praktiker* kann dieses transformierte Wissen aber dennoch nicht bruchlos auf die besonderen Belange der Praxis anwenden; die Kluft zwischen Allgemeinem und Besonderem bleibt trotz der Transformationsbemühungen der Wissenschaft *prinzipiell* bestehen.

Grundsätzlich gilt also: Mit Blick auf die hier herausgestellten Charakteristika des Allgemeinen und des Besonderen (Wissenschaft und Praxis unterscheiden sich noch durch eine Reihe weiterer Merkmale) lassen sich Theorie und Praxis durchaus als Gegensätze kennzeichnen, die sich direkt nicht vermitteln lassen. Eine indirekte Möglichkeit, zwischen Theorie und Praxis zu vermitteln, ohne ihre konstitutiven Gegensätze übergehen zu können, zeigt sich aber, sobald man die beiden Sphären nicht als entgegengesetzte Pole, als unvereinbare Größen betrachtet, sondern verschiedene Theoriearten und Theoriegrade annimmt. Dieser Annahme zufolge gäbe es Theorie dann nicht nur im Bereich der Wissenschaft, auch der in der Praxis Handelnde verfügt bereits über Theorie. Diese Annahme hat hohe Plausibilität, denn offensichtlich führen die in der erzieherischen Praxis Tätigen ihre Handlungen doch nicht ohne jede Reflexion und Rechtfertigung aus.

These 2: Es gibt keine Praxis ohne Theorie: Alles praktische Handeln ist immer schon von Theorie, von einem Vorverständnis geleitet.

Die Überlegungen, die in der Praxis dem Handeln vorausgehen, sind vielfältig. Einen großen zeitlichen Anteil machen beispielsweise die Planungen des weiteren Unterrichts aus; Lehrerinnen und Lehrer reflektieren auf die Unterrichtsinhalte, Methoden, Medien und damit zusammenhängend auf die Lernvoraussetzungen der Schülerinnen und Schüler. Sie kommen dabei nur zu entsprechenden Entscheidungen, wenn sie sich nicht in der Fülle der täglichen Details verstricken, sondern ihre künftigen Handlungen an *typischen* Denk- und Handlungsmustern ausrichten. Ob man sich z. B. für das traditionelle Unterrichtsgespräch oder die Durchführung von Gruppenarbeit entscheidet, hängt dabei von der Beantwortung *typischer* Fragen ab: Ist das Thema vom Schwierigkeitsgrad her geeignet? Sind entsprechende Lernmaterialien verfügbar? Erlauben die sozialen Beziehungen unter den Schülern eine arbeitsteilige Gruppenarbeit? usw. Die Beantwortung solcher Fragen können Lehrerinnen und Lehrer niemals auf jeden einzelnen Schüler beziehen; im Rahmen der jeweiligen Klassenkonstellation können sie nur einen „durchschnittlichen", einen typischen Schüler unterstellen, an dessen Fähigkeiten sie sich orientieren.

Diese Orientierung an Durchschnittlichem bzw. Typischem ist nicht allein auf erzieherisches Denken und Handeln beschränkt, sondern entspricht dem allgemeinen anthropologischen Phänomen, sich durch „gute" Gewohnheiten *entlasten* zu müssen. Prozesse der Gewohnheitsbildung sind jedoch nicht nur für das *individuelle* Handeln und Verhalten (z. B. für die tägliche Unterrichtsplanung) bestimmend, sondern spielen auch in der Interaktion und Kommunikation zwischen *mehreren Individuen* eine große Rolle. Sie übernehmen darin die Aufgabe, das Zusammenleben in eine bestimmte Regelmäßigkeit zu bringen, so dass auch das soziale Handeln mit der Zeit habitualisiert (= zur Gewohnheit) wird. Habitualisiertes Handeln ist immer *typisches* bzw. *typisiertes* Handeln. Das heißt: Nicht die Besonderheiten der verschiedenen Situationen zählen, sondern die selektive Aufmerksamkeit für bestimmte Denk- und Handlungsmuster.

Die durch Typisierung geschaffenen habitualisierten Handlungsmuster sorgen für Zuverlässigkeit und Konstanz des Handelns. Darin liegt die große Chance der *Entlastung*. Der jeweils erreichte Stand entlastet vom Druck der gegenwärtigen Situationen, in denen man sich nun nicht immer wieder neu entscheiden muss, sondern so ähnlich wie in der Vergangenheit entscheiden kann. Dadurch erst werden „höhere" Leistungen möglich, die auf dem bisher Erreichten aufbauen können. Nur wenn Lehrerinnen und Lehrer beispielsweise den Stoff perfekt beherrschen, sind sie fähig zur Offenheit und Sensibilität für die Interaktion mit ihren Schülern; erst dann können sie sich auf die medialen und methodischen Aspekte des Unterrichts konzentrieren, erst dann den individuellen Lernweg des Schülers besser erkennen und begleiten usw.

Die Entlastung betrifft nicht nur die äußere Seite der Handlungen, also die typisierten Handlungsmuster, die Freiräume für neue Ziele und Maßnahmen bedeuten, sondern auch die innere Beanspruchung, denn die typisierten Handlungsabläufe regeln in gewisser Weise auch den psychischen Haushalt der Beteiligten, weil sie sich „nicht bei jeder Gelegenheit ... affektiv verwickeln oder sich Grundsatzentscheidungen abzwingen müssen" (Gehlen [5]1986, S. 97). Richtlinien und

Lehrpläne sind beispielsweise Produkt einer Auseinandersetzung gesellschaftlicher Gruppen über deren Bildungsideale; durch die gesetzliche Verankerung von Lehrplänen werden die zum Teil heftig geführten Diskussionen um diese Bildungsvorstellungen für eine gewisse Zeit als vorläufig abgeschlossen betrachtet; es kehrt wieder Ruhe ein, man muss sich nicht täglich für bestimmte Unterrichtsinhalte rechtfertigen, sondern kann die so frei gewordene psychische Energie auf andere Leistungen konzentrieren.

Wir können also festhalten: In allen Bereichen des Alltags, insbesondere auch beim erzieherischen Handeln im schulischen Alltag, ist der Mensch auf die Ausbildung von typisiertem Handeln angewiesen. Diesem Handeln entsprechen typische Denkmuster, die der Planung des Handelns vorausgehen, es bei der Ausführung leiten und erfolgtes Handeln nachträglich analysierbar machen. Dieses Streben im menschlichen Denken und Handeln nach Typisierung ist ein Streben nach *Allgemeinem*. Deshalb ist es durchaus berechtigt, das typisierte Denken im Alltag als Streben nach „Theorie" und das typisierte Handeln als *theoretisch* geleitetes Handeln zu bezeichnen.

Diese im Alltag herrschenden Theorien sind für die Qualität der Unterrichtsgestaltung höchst bedeutsam. Deswegen sind sie unter der Bezeichnung „Subjektive Theorien" auch zum Gegenstand wissenschaftlicher Forschung geworden.

Als wesentliche Kennzeichen solcher Theorien werden in weitgehender Übereinstimmung genannt:

- Subjektive Theorien spiegeln die Selbst- und Weltsicht (= das Vorverständnis) von Lehrerinnen und Lehrern wider. Sie enthalten z.B. Annahmen über die Voraussetzungen ihrer Tätigkeit, über die Wirksamkeit von Lehr-Lernmethoden, über Schülerinteressen, über Ursachen von Lernerfolg und -misserfolg usw.

- Subjektive Theorien beinhalten (implizite oder explizite) Argumentationsstrukturen, mit denen die Akteure ihr Handeln rechtfertigen.

- Die Struktur subjektiver und wissenschaftlicher Theorien ist insofern vergleichbar, als auch die in der Praxis handelnde Person *Erklärungen* eingetretener Ereignisse oder *Prognosen* künftiger Ereignisse generiert. Subjektive Theorien weisen in der Regel aber einen *geringeren* Grad an Stringenz, Vollständigkeit und Verbundenheit der Aussagen auf.

- Aufgrund ihrer (potentiellen) *Rationalität und Reflexivität* kann die implizite Argumentationsstruktur subjektiver Theorien durch geeignete methodische Verfahren (Strukturlegetechnik, Methode des lauten Denkens, Interviews) erhoben werden. Darüber hinaus darf allerdings nicht übersehen werden, dass die betreffenden Handlungen immer auch von Emotionen, subjektiver Betroffenheit, Motiven, Einstellungen usw. beeinflusst werden.

- Kriterium für die *Gültigkeit* von subjektiven Theorien ist nicht ihre Übereinstimmung mit objektiven Theorien, sondern ihr Zusammenhang mit dem tatsächlichen Handeln (Realitätsadäquanz), weil davon auszugehen ist, dass subjektive Theorien eine „sinngebende und handlungsleitende Funktion" (Mutzek 1988, S. 73) für das Handeln im Alltag haben.

• Subjektive Theorien sind keine statischen Gebilde, sondern entwickeln sich im Laufe eines Berufslebens. Deshalb können und müssen Lehrkräfte auch selbst die Chancen nutzen, „ihre berufliche Situation, ihr berufliches Selbstverständnis und ihre persönliche Entwicklung zu verbessern" (Dann 2000, S. 82).

• Im Gegensatz dazu muss allerdings auch gesehen werden, dass subjektive Theorien durch eine hohe *Stabilisierungstendenz* gekennzeichnet sind mit der Folge, dass „alle damit nicht vereinbarten Elemente wissenschaftlicher Theorien, die man Lehrern zu vermitteln versucht, rasch ausgeschieden werden …, dass nur Oberflächenmerkmale wissenschaftlicher Theorien übernommen werden oder dass sie ganz einfach ignoriert werden". (Mandl / Huber 1983, S. 101)

Aus diesen Merkmalen lassen sich nun wichtige Konsequenzen für das Verhältnis von (wissenschaftlicher) Theorie und (theoretisch geleiteter) Praxis und damit für Ihre Tätigkeit in Ihren Praktika ableiten.

These 3: Die Vermittlung von Theorie und Praxis kann *nur* der Lehrer / Erzieher vor Ort leisten.

Lehrerinnen und Lehrer müssen selbst zwischen den Ansprüchen (allgemeiner) Theorie und (besonderer) Praxis über ihre eigene subjektive Theorie vermitteln. Das trifft auch bereits für Sie als angehende Lehrerin oder Lehrer zu. Diese Aufgabe kann Ihnen also niemand abnehmen; Sie müssen sich deshalb von dem möglicherweise gehegten Wunsch verabschieden, dass Ihnen die wissenschaftliche Ausbildung „Tipps", Rezepte oder konkrete Ratschläge mit auf den Weg geben kann, die Sie dann in entsprechenden unterrichtlichen Situationen blindlings repetieren könnten. Sie selbst sind die entscheidende Instanz, die diese anstrengende geistige Tätigkeit der Vermittlung von Theorie und Praxis vollziehen muss. Wie kann man diese Fähigkeit im Verlaufe des Studiums (weiter)entwickeln?

• Zunächst einmal müssen Sie sich darüber im Klaren sein, dass auch Sie über eine subjektive Theorie verfügen, die vom Umfang und vom Grad der Differenzierung und Strukturierung her aller Wahrscheinlichkeit nach noch nicht so ausgebaut ist, dass Sie bereits jetzt Unterricht professionell planen, durchführen und analysieren können. Zum Umfang Ihrer subjektiven Theorie könnten beispielsweise Einstellungen oder Urteile wie diese gehören: Ich finde Frontalunterricht nicht geeignet, weil nur der Lehrer denkt und die Schüler passiv bleiben. Deshalb würde ich später gerne so oft wie möglich Gruppenarbeit betreiben. Oder: Lehren ist eine Tätigkeit, die einer Technik vergleichbar ist; wenn man als Lehrer über das richtige Handwerkszeug verfügt und es fachgerecht einsetzt, dann wird der Lernerfolg der Schülerinnen und Schüler entsprechend hoch sein. Oder: Im Orientierungspraktikum habe ich beobachtet, wie schwierig die Hypothesenbildung, Planung und Durchführung von Experimenten für Schüler des 7. Schuljahres ist. Deshalb wäre es unbedingt erforderlich, dass Schülerinnen und Schüler schon in der Grundschule in die Methode des Experimentierens eingeführt werden. In solchen Formulierungen als Bestandteile einer subjektiven Theorie kommen Ihre persönlichen Erfahrungen, Urteile, Wünsche, Annahmen zum Ausdruck; es werden wohl auch schon Erkenntnisse darin eingegangen sein, die Sie in Seminaren oder Vorlesungen gewonnen haben.

- Diese Elemente Ihrer subjektiven Theorie bestimmen – genau so wie bei praktizierenden Lehrerinnen und Lehrern – Ihr pädagogisches Denken (und im Praktikum auch Ihr Handeln). Man ist sich dessen aber nur selten bewusst. Deshalb müssen Sie es sich im Studium zur Aufgabe machen, sich Ihrer subjektiven Theorie zu vergewissern. Das wird Ihnen am besten im Gespräch mit anderen in den Lehrveranstaltungen und in den Praktika gelingen. In den entsprechenden Lehrveranstaltungen werden Sie Gelegenheiten bekommen, Ihre Theorie auf den Prüfstand zu bringen. Um bei den angeführten Beispielen zu bleiben: In einem Didaktikseminar könnten Sie zu der Einsicht kommen, dass der Frontalunterricht den großen Vorteil bietet, den Unterricht an klaren Zielen auszurichten und für Schüler durchschaubar zu strukturieren. Gerade schwächere Schüler – das zeigen empirische Untersuchungen überzeugend – profitieren davon ganz besonders. Sie könnten auch zu der Einsicht kommen, dass Gruppenarbeit nicht von selbst in Gang kommt, dass Schüler nur dann zu brauchbaren Ergebnissen in ihren Gruppen kommen, wenn eine klare Aufgabenstellung vorangegangen ist und sich der Lehrer vergewissert hat, dass auch alle die Aufgabenstellung verstanden haben, wenn er selbst in die Gruppenarbeit nur auf Nachfrage eingreift und in der abschließenden Auswertung die Verantwortung für die systematische Verbindung von Teilergebnissen sorgt. Mit diesen Einsichten hätten Sie Ihre subjektive Theorie um ein großes Stück erweitert und zugleich revidiert. Oder: In einer „Einführung in die Lernpsychologie" wird die von Ihnen momentan bevorzugte Sicht des Lehrens als einer Form von Beeinflussungstechnik mit einer völlig anderen Sichtweise konfrontiert: Der Erfolg des Lernens hängt im entscheidenden Maße von dem ab, was im Kopfe des Schülers vor sich geht. Auf diese Prozesse haben Sie als Lehrperson keinen direkten Zugriff. Ihre Tätigkeit wäre deshalb nicht – wie zuvor angenommen – eine technische Formung, sondern bestünde lediglich im Angebot geeigneter Lernhilfen. Oder: In einem Seminar über Entwicklungspsychologie erfahren Sie, dass Kinder erst etwa ab dem 11. Lebensjahr in der Lage sind, mehrere wirksame Variablen in einem komplexen Sachverhalt zu erkennen und im Zusammenhang damit eine der Variablen systematisch zu verändern, während alle anderen (möglichst) gleich bleiben müßten. Das genau ist die entscheidende Fähigkeit zur Planung und Durchführung von naturwissenschaftlichen Experimenten. Sie würden jetzt einsehen, dass Ihre vormals für vernünftig gehaltene Forderung an Grundschulunterricht eine luftige Konstruktion war und Sie sich durch *allgemeine* Erkenntnisse einer Wissenschaft (hier der Entwicklungspsychologie) eines Besseren belehren lassen müssen.

- Die Beispiele machen deutlich, dass die subjektiven Theorien von Lehrerinnen und Lehrern systematisch erweiterbar sind. Das geschieht nur durch die Mühe theoretischer Studien, die aber lohnenswert sind, weil sich im Laufe der Jahre – einhergehend mit entsprechenden Erfahrungen in der Praxis – eine professionelle Qualität des Denkens und Handelns entwickeln kann.
In diesem Lern- und Entwicklunsprozess werden subjektive Theorien nicht durch wissenschaftliche Theorien ersetzt, sondern bestenfalls geläutert, geschärft, ausdifferenziert und besser strukturiert. In diesem Zusammenhang sei nochmals darauf hingewiesen, dass eine Revision, Differenzierung und Präzisierung der subjektiven Theorie nicht allein durch Auseinandersetzung mit empirischen (positiven) Theorien vorange-

trieben wird. Im anschließenden Teil 5.2 wird ausführlicher erläutert, dass subjektive Theorien insbesondere auch durch die Auseinandersetzung mit hermeneutischen Theorien, Fallstudien, Beispielillustrationen und durch die Reflexion auf Handlungsmöglichkeiten und sich daraus ergebende Entscheidungen erweitert werden können.

- Der aufgezeigte Gegensatz von Allgemeinem und Besonderem wird durch die Wirkmächtigkeit subjektiver Theorien allerdings nicht außer Kraft gesetzt. Auch subjektive Theorien sind allgemein, weil sie als *typische* Denk- und Handlungsmuster fungieren. So gesehen verschiebt sich das Problem lediglich: Das eigentliche Problem der Vermittlung von Theorie und Praxis liegt also im Spannungsverhältnis von *subjektiver* Theorie und Praxis. Die subjektive Theorie ist der entscheidende Faktor der Entlastung, sie ermöglicht die Orientierung in allen besonderen Situationen. Man muss sich aber dieses Spannungsverhältnisses ständig bewusst sein. Kein Lehrer wird z. B. allen seinen Schülern mit ihren individuellen Lernvoraussetzungen und -schwierigkeiten gerecht werden können. Er braucht allgemeine(re) Orientierungsmuster, um überhaupt handlungsfähig zu sein, er darf aber auch nicht die Sensibilität für die Eigenart individueller Eigenschaften und besonderer Situationen aufgeben, denn dann würden seine subjektiven Theorien an der Praxis vorbeigehen und ähnlichen Vorbehalten ausgesetzt sein, wie sie oben gegenüber wissenschaftlicher Theorie angeführt worden sind.

These 4: Praktika im Lehramtsstudium sind eine unverzichtbare Chance, eine Brücke zwischen Theorie und Praxis schlagen zu können.

In den von Ihnen besuchten Lehrveranstaltungen haben Sie die Chance, Ihr pädagogisches Denken, Ihre subjektive Theorie zu erweitern und zu revidieren. In den Praktika erhalten Sie *zusätzlich* die Gelegenheit zum pädagogischen Sehen bzw. Wahrnehmen und – zumindest ansatzweise – zum pädagogischen Handeln. Deshalb bilden Praktika eine unverzichtbare Chance, die Sie gewissenhaft nutzen sollten. Ein fiktives, aber praxisrelevantes Beispiel soll Ihnen das verdeutlichen. Angenommen, Sie haben sich schon umfangreichere lernpsychologische Kenntnisse angeeignet und wissen deshalb auch um die Notwendigkeit der Übung. Dann wäre es doch eine lohnende Sache, wenn Sie den Unterricht von Lehrerinnen und Lehrern unter dem Aspekt beobachten würden, inwiefern dort allgemeine theoretische Überlegungen in die konkrete Realisierung eingegangen sind, inwiefern also deren Unterricht sinnvolles und abwechslungsreiches Üben ermöglicht.

Aus dem Studium könnten Ihnen beispielsweise diese lernpsychologischen Gesetzmäßigkeiten (= allgemeine theoretische Aussagen) bekannt sein:

- Wenn es um das Einprägen von Kenntnissen (Reproduktion von Vokabeln, geschichtlichen Daten, Fakten usw.) geht, dann ist das sogenannte *Überlernen* notwendig. Überlernen meint: Der Übungsprozess sollte niemals schon dann enden, wenn eine erste fehlerfreie Reproduktion gelingt. Über diejenige Anzahl von Lerndurchgängen hinaus, die bis zur ersten fehlerfreien Reproduktion des zu Lernenden notwendig waren, sollten noch einmal etwa die Hälfte der Durchgänge absolviert werden.

• Wenn es darum geht, dass Schüler Gelerntes auf „neue" Situationen *anwenden* sollen, dann kommt es in hohem Maße auf die Unterscheidung von Struktur und Episodischem an, um die Lerntätigkeit immer wieder auf das „Wesentliche", das strukturell Bedeutsame zu lenken. Eine mathematische Operation (Struktur des Sachverhaltes) wie etwa das Errechnen einer Dividendenrendite wird an einem Beispiel (= Besonderes) eingeführt und dann an anderen Beispielen geübt. In diesem Übungsprozess muss den Schülern immer wieder bewusst werden, was das strukturell Entscheidende ist (hier: das Verhältnis von angelegter Geldsumme und erhaltener Dividendenzahlung) und was die episodischen Gegebenheiten (Anlage als Sparbuch, als Rentenpapier, als Lebensversicherung usw.) sind. Mit zunehmender Variabilität der Beispiele wird sich die Fähigkeit des Schülers verbessern, Strukturelles (Allgemeines) vom Episodischen (Konkreten) zu trennen.

• Übungen zur *Qualitätssteigerung* können durch Vermittlung bestimmter (formaler) Strategien erheblich gesteigert werden. Wenn beispielsweise die Strukturierung von individuell verfassten Texten (Schüleraufsätzen) verbessert werden soll, könnte eine wichtige Hilfe in dem Hinweis bestehen, an mehreren Stellen auftauchende Wiederholungen oder Verweise nicht fallen zu lassen (sie sind dem Schreiber ja offensichtlich wichtig), sondern zu prüfen, ob und wie sie zu einem eigenen Gliederungspunkt zusammengefasst und systematisiert dargeboten werden können.

Nur wer solche oder andere lernpsychologischen Gesetzmäßigkeiten des Übens und Anwendens kennt, ist in der Lage, sie im Unterrichtsalltag in der Beobachtung zu identifizieren bzw. bei der Durchführung zu berücksichtigen. Das heißt umgekehrt: Wer sie nicht kennt, wird Übungen gar nicht nach den genannten Erfordernissen (Reproduktion, Transferfähigkeit, Qualitätssteigerung) durch Beobachtung klassifizieren können. Und hinsichtlich der Planung und Durchführung von Unterricht wird man nicht fähig sein, sinnvolles, abwechslungsreiches und der jeweiligen Sache angemessenes Üben realisieren zu können, und deshalb den Schüler um wichtige Erfolgserlebnisse bringen.

Für Ihre Beobachtungs- und Unterrichtstätigkeit in den Praktika wäre es also notwendig, dass Sie das bisher im Studium Gelernte (die Theorie) auf Praxis beziehen. Konkret hieße das etwa für die genannten Beispiele: Hat der im Fach Englisch unterrichtende Lehrer für das Vokabellernen seine Schülerinnen und Schüler mit den Möglichkeiten einer Lernkartei vertraut gemacht und ihnen die Notwendigkeit des Überlernens daran gezeigt? Gewährleisten die im Mathematikunterricht gewählten Beispiele eine genügend hohe Variabilität in den konkreten Anwendungssituationen? Werden mehrfache Wiederholungen in Schülertexten von der Lehrerin lediglich konstatiert oder als Anlass zur Verbesserung der Systematik und damit der Qualität dieser Texte genutzt? – Zu bedenken ist bei diesen und anderen Verschränkungen von theoretischer Überlegung und praktischer Ausführung aber immer die notwendige Anpassung an die individuellen Umstände. Man wird also etwa die Variabilität der Transferbeispiele im Mathematikunterricht nach Einführung einer neuen Operation nicht für alle Schüler sofort breit gestalten können, sondern muss sie dem Lernstand einzelner

Schüler (z. B. durch differenziertes Übungsmaterial für bestimmte Lerngruppen) anpassen und so Theorie mit Praxis vermitteln.

Literatur

Dann, H.-D.: Lehrerkognitionen und Handlungsentscheidungen. In: Schweer, M. K. W. (Hg.): Lehrer-Schüler-Interaktion. Pädagogisch-psychologische Aspekte des Lehrens und Lernens in der Schule. Opladen 2000, S. 79–108.

Gehlen, A.: Moral und Hypermoral. Eine pluralistische Ethik. Wiesbaden [5]1986.

Mandl, H. / Huber G. L.: Subjektive Theorien von Lehrern. In: Psychologie in Erziehung und Unterricht 30, 1983, S. 98–112.

Mutzek, W.: Von der Absicht zum Handeln: Rekonstruktion und Analyse subjektiver Theorien zum Transfer von Fortbildungsinhalten in den Berufsalltag. Weinheim 1988.

RAINER WISBERT

5.2 Das Schulpraktikum und die Theorie-Praxis-Frage in der Lehrerbildung

Eine der zentralen Aufgaben in Ihrem Studium ist es, wie in Kapitel 5.1 darge-
legt, sich der eigenen subjektiven Theorien so weit wie möglich bewusst zu werden und sie weiterzuentwickeln. Denn unsere subjektiven Theorien, die für unser Denken und Empfinden, Urteilen und Handeln als Pädagogen von höchster
Bedeutung sind, sind immer verbesserungswürdig. Mehr oder weniger stark wei-
chen sie immer von den Erkenntnissen der Wissenschaft ab, die sich selbst ständig fortentwickeln. Mehr oder weniger unvollständig ermöglichen sie, Theorie
und Praxis aufeinander zu beziehen, und mehr oder weniger bewusst sind sie. Im
folgenden soll nun gefragt werden, welche Beiträge Schulpraktika bei der Be-
wusstmachung und dem Aufbau unserer subjektiven Theorien, also unserer pädagogischen Welt- und Selbstbilder, unserer pädagogischen Einstellungen, Urteile und Urteilsmöglichkeiten sowie Handlungen und Handlungsmöglichkeiten,
leisten können. Auf den allgemeinen Zusammenhang von subjektiver Theorie
und Schulpraxis ist oben bereits hingewiesen worden. Nun soll nach den spezifischen Beiträgen des Schulpraktikums zur Erhellung und Fortbildung subjektiver
pädagogischer Theorien gefragt werden.

Weil in jedem von uns die verschiedenen subjektiven Teiltheorien einen großen
(freilich wenig stringenten) Zusammenhang bilden und zudem diese subjektive
Gesamttheorie von lebensweltlichen Erfahrungen und damit auch von den Gefühlen, Wünschen und Erwartungen sowie den Neigungen und dem Charakter
geprägt sind, also in jeder subjektiven Theorie immer auch die eigene Person und
Lebensgeschichte stecken, und zwar ganz und ungeteilt, so lassen sich auch
Theorie- und Ich-Entwicklung nie strikt voneinander trennen. Alle spezifischen
Theorieanstöße prägen immer auch unsere Gesamtentwicklung mit, wie auch
auf der anderen Seite Erfahrungen unsere Theoriebildungen mitbestimmen. Aus
diesem Grunde soll im folgenden zumindest angedeutet werden, was Schulpraktika zur Persönlichkeitsbildung des Lehrers beitragen können.

Wir möchten im folgenden fünf Leistungen von Schulpraktika in der Lehrerbildung unterscheiden und anhand von Beispielen aus Praktikumsberichten, die an
der Universität Köln geschrieben worden sind, veranschaulichen.

**These 1: Schulpraktika geben Anstöße, die eigene subjektive Theorie auf-
zuklären, zu erproben und zu prüfen.**

Wir haben immer schon ein bestimmtes Vorverständnis von Schule und Unterricht, von Lehrern und Schülern, von Bildung und Lernen, von uns selbst und

der Welt, und ein solches Vorverständnis ermöglicht uns erst, die Welt zu erfassen und zu ordnen. Ohne Vorverständnis bleiben die Phänomene für uns ununterscheidbar. Zugleich aber ermöglichen uns Praxiserfahrungen, uns unserer mehr oder weniger unbewussten Vorentwürfe bewusst zu werden. Denn Erfahrungen des Konkreten, Erfahrungen, die man als ganze Person macht, berühren uns in der Regel stark und fordern uns auf, den Blick auch auf uns selbst zu richten. Vor allem, wenn uns die Praxis überrascht, wenn sie sich anders zeigt, als wir erwartet haben, wenn sich unsere Annahmen nicht bestätigen, bekommen wir eine starke Anregung, uns selbst zum Gegenstand der Betrachtungen zu machen. Denn gerade Enttäuschungen, worauf in unserer Zeit nochmals Günther Buck aufmerksam gemacht hat, haben eine aufklärungsanregende Wirkung. Sie lenken unseren Blick auf unsere latenten Weltannahmen und initiieren Selbstreflexionen. In einem Praktikumsbericht heißt es:

> „Als ich von dem Orientierungspraktikum erfuhr, stand ich dem erst einmal kritisch gegenüber. Ich war mir nicht sicher, ob dieses Praktikum so viel Sinn machen würde, da die Erfahrung, in einer Klasse zu sitzen und den Unterricht zu verfolgen, für mich im Prinzip nichts Neues oder Unbekanntes war. Ich dachte, es würde mir nicht viele neue Erfahrungen bringen bzw. mir vielleicht sogar ein wenig langweilig werden. Doch zum Glück irrte ich mich. Denn während des Praktikums wurde mir überhaupt erst bewusst, welche oberflächlichen Vorstellungen, beeinflusst auch durch die öffentlichen Bildungsdebatten, ich von der Schule hatte. Mein Bild von Schule und Unterricht hat sich durch das Praktikum deutlich verändert. Ich sehe die Schule jetzt anders, positiver, zumindest differenzierter, und ich habe durch das Praktikum viele Denkanstöße bekommen."

Richtet sich der Fokus unserer Aufmerksamkeit in der Begegnung mit Praxis nicht auf unser Bild von Welt, sondern auf unser Selbstbild, so können uns latente Vorstellungen über uns selbst und unsere Fähigkeiten bewusst werden. Auch bei der Aufklärung unserer subjektiven Selbsttheorie befördern insbesondere negative Erfahrungen den Bewusstmachungsprozess. In vielen Praktikumsberichten lassen sich Hinweise auf diese Art von Selbstklärung finden. So schreibt etwa eine Französischstudentin, die ihr Praktikum an einem bilingualen Gymnasium gemacht hat:

> „Die Hospitationen an meiner Praktikumsschule haben mir deutlich gemacht, dass ich unbedingt noch meine Sprachkompetenz in Französisch verbessern muss. Viele Schüler an der Schule sind zweisprachig aufgewachsen, und ich habe gehört, wie sich einige Schüler nach dem Unterricht über die Aussprache ihrer Französischlehrerin lustig gemacht haben. Ich werde mich bemühen, im nächsten Jahr noch ein längeres Schulpraktikum in Frankreich zu machen."

Im Praktikum in der ersten Studienphase sieht man sich zudem gezwungen, die eigene Studien- und Berufswahlentscheidung zu prüfen und vor sich zu rechtfertigen. In Berichten zum Orientierungspraktikum finden sich viele solcher Reflexionen, deren Resultate naturgemäß ganz unterschiedlich ausfallen.

> „Am Ende meines Praktikums an dieser Schule muss ich ehrlich sagen, dass mir der Abschied nicht ganz leicht gefallen ist. Ich hätte nicht gedacht, dass ich so begeistert aus diesem Orientierungspraktikum herausgehen würde. Nach diesen vier Wochen steht für mich ohne Zweifel fest, die richtige Studien- und Berufswahl getroffen zu haben. Nicht nur die Aufgabe eines Lehrers, sein Wissen zu vermitteln, sondern besonders die Arbeit mit und der Kontakt zu den Schülern machen diesen Beruf nach wie vor interessant für mich.
>
> Erfreulich war für mich besonders, dass ich, wie ich erfuhr, im Gegensatz zu einigen anderen Praktikanten, keine Probleme damit hatte, mich vor eine Klasse zu stellen, um zu unterrichten, denn da lagen zunächst meine Befürchtungen, scheitern zu können."

> „Ich durfte während meines Praktikums eine Klasse 10 auf eine Klassenfahrt an den Bodensee begleiten. Die große Verantwortung des Lehrers ist mir dabei erst wirklich deutlich geworden. Ich bin mir nicht sicher, ob ich dem gewachsen sein werde, will aber vorerst noch nicht das Studium wechseln."

> „Nach meinem Praktikum weiß ich nun definitiv: Der Lehrerberuf ist für mich nicht der richtige. Ich werde mich nach Studien- und Berufswahlalternativen umsehen."

Vor allem unser eigenes Handeln im Schulpraktikum, unser eigenes Unterrichten, worauf wir an späterer Stelle noch zurückkommen möchten, kann uns Anstöße geben, unsere subjektive Theorie zu reflektieren und über unsere Stärken und Schwächen wie über unseren Charakter nachzudenken. 'Handeln und Sprechen lassen immer auch den Handelnden und Sprechenden mit in Erscheinung treten' lautet eine der zentralen Thesen Hannah Arendts in ihrem Werk „Vita activa". Auch zur Veranschaulichung dieses Aspektes möchten wir aus den an der Universität Köln geschriebenen Praktikumsberichten zitieren:

> „Nach Beendigung meiner Unterrichtsreihe und Gesprächen mit dem Mentor sowie Schülerinnen und Schülern wurde mir klar: Ich konnte meine Klasse offensichtlich für das Fach Geschichte begeistern. Ein solches Urteil hörte ich von mehreren Seiten. Auch was den Umgang mit jungen Leuten angeht, halte ich mich für geeignet. Auf der anderen Seite habe ich in manchen Situationen deutlich gespürt, wie emotional ich auf manche Schüleräußerungen reagiert habe. Ob ich jemals in der Lage sein werde, einigermaßen objektiv Noten zu vergeben?"

„Es fiel mir in meinem Fachpraktikum sehr schwer, freie Diskussionen zu leiten. Durch manche Fragen fühlte ich mich einfach überfordert. Was die Schüler alles ansprachen, hatte ich selbst zum Teil noch gar nicht bedacht. Ich hatte das Gefühl, mich an nichts, an keiner Folie, keinem Tafelbild, keinem Handout in der Diskussion 'festhalten' zu können und geriet ins Schwimmen. Hierauf wird man durch das Studium doch wenig vorbereitet. Ob es mir jemals gelingen wird, eine offene Diskussion zu leiten, weiß ich noch nicht. Man muss in solchen Diskussionsphasen ein über das eigene Fach hinausgehendes breites Allgemeinwissen haben und sehr beweglich im Kopf sein. Sehr schwer!"

„Mein erstes Gefühl nach der Stunde war Stolz, dies alles so reibungslos 'über die Bühne gebracht zu haben'. Ich fühlte mich gut und war eigentlich etwas enttäuscht, so bald keine Unterrichtsstunde mehr halten zu können. Natürlich war mir auch klar, dass noch vieles an meiner Stunde verbesserungswürdig gewesen ist. Der Faktor Zeit war, wie erwartet, äußerst schwer kalkulierbar gewesen, und somit war auch meine Zeitplanung kaum aufgegangen. Mein variables Konzept hatte sich hierbei jedoch als sehr vorteilhaft erwiesen. Des weiteren war ich bei einigen Nachfragen der Schüler/innen zu umständlich und weitschweifig mit meinen Antworten gewesen, darum teilweise wohl leider auch etwas unverständlich. Dies waren alles Fragen, auf welche ich nicht direkt vorbereitet gewesen war, die ich zwar beantworten konnte, jedoch für eine 8. Klasse wohl nicht deutlich genug. Folglich kann ich momentan die Improvisation in solchen Fällen wohl noch nicht als meine Stärke verbuchen. Abgesehen von diesen Einschränkungen denke ich aber, dass es auch für die Schüler/innen eine interessante Unterrichtsstunde gewesen ist. Ich habe das Gefühl, einen guten ersten Schritt gemacht zu haben, und denke, dass dies eine ordentliche Basis ist, um darauf aufzubauen. Und das wichtigste ist für mich dabei: Es hat mir Spaß gemacht zu unterrichten, und ich freue mich auf das nächste Mal, wenn ich wieder vor einer Klasse stehe."

Eine notwendige Voraussetzung für solche Selbstklärungen ist Ihre Bereitschaft, sich auf die Praxis wirklich einzulassen, sich von ihr etwas sagen zu lassen und dann das neu Erfahrene zum Gegenstand der Betrachtungen zu machen. Unterstützen können Sie diese Selbstklärungsprozesse noch durch eigene vorbereitende Reflexionen zum Praktikum. So sollten Sie schon vor dem ersten Praktikum versuchen, sich Ihre eigenen Vorstellungen von Bildung und Lernen, von Schule und Unterricht, von Lehrern und Schülern sowie den Hauptaufgaben der 'Bildung heute' bewusst zu machen und sich auch die Frage nach der persönlichen Eignung für diesen Beruf, nach den eigenen Stärken und Schwächen, vorzulegen. Darüber hinaus ist zu empfehlen, alle Praktika in Universitätsveranstaltungen vorzubereiten und zum Beispiel anhand von Bildern und Filmen aus Schule und Unterricht das Überprüfen der eigenen subjektiven Theorien einzuüben.

These 2: Schulpraktika lassen das Theorie-Praxis-Problem als Verständigungsproblem erkennen und bieten erste Gelegenheiten, die pädagogische Verstehensfähigkeit zu üben.

Viele unterschiedliche Sprachformen begegnen Ihnen im Schulpraktikum. Da sind die Sprachen der Schüler und Lehrer, die Umgangs- und Fachsprache, die Jugend-, Medien- und Computersprache, die Sprache der Bürokratie, der Didaktik und der Fachwissenschaft. Jede einzelne Fachgruppe hat zudem, hört man genauer hin, eine ganz eigene Sprachform. Die Naturwissenschaftler sprechen, denken und fühlen anders als die Germanisten, und die wiederum anders als die Kunst-, Musik- und Sportlehrer im Kollegium. Nochmals anders sprechen, denken und fühlen die Vertreter der Ausbildungsseminare und die Dozenten der Universität. Letztlich hat jede wissenschaftliche Theorie, jede große Dichtung und Philosophie ein ganz eigenes Begriffsnetz. Auch Ihre eigene subjektive Theorie ist in einer individuellen Sprache verfasst mit eigenem Verständnishorizont und eigenen Dialogmöglichkeiten.

Nach den bleibenden Einsichten von Wilhelm von Humboldt bilden Sprachen die Weltgegenstände nicht rein ab, sind keine neutralen Zeichensysteme oder Kommunikationsmittel, sondern stellen ganz eigene Formen der Welterfassung und Weltdeutung dar. Jede Sprache lenkt den Blick auf bestimmte Phänomene der Wirklichkeit und blendet andere Aspekte aus, jede Sprache besitzt bestimmte Thematisierungsmöglichkeiten und Aufklärungspotentiale und schließt andere aus. Jede Sprache spiegelt Welt auf eigene Art wider, konstruiert die gemeinsame Welt von einem perspektivischen Standpunkt aus und birgt in sich ganz bestimmte Verständnis- und Dialogmöglichkeiten. Denn jedes Verstehen und jedes Gespräch setzen eine gewisse 'Familienähnlichkeit' der individuellen Sprachen voraus.

Gerade in der Schule, in der Personen aus ganz unterschiedlichen Altersphasen und Welten zusammenkommen, wird die große Sprachvielfalt innerhalb einer Nationalsprache deutlich; die Schülerinnen und Schüler mit Migrationshintergrund bereichern diese Vielfalt nochmals. Es gibt vermutlich kaum einen Ort in der Gegenwartsgesellschaft, an dem eine derart große Sprachvielfalt herrscht wie an der Schule.

Das Praktikum macht Sie bekannt mit den damit verbundenen Verständigungs- und Übersetzungsproblemen. Die Lehrer müssen eine ständige Übersetzungsarbeit leisten. Sie müssen sich in den kindlichen und jugendlichen Welt- und Sprachhorizont hineinversetzen und Anknüpfungspunkte für ihren Unterricht ausfindig machen. Sie müssen den Dialog mit den Eltern mit ganz unterschiedlichem sozialen, kulturellen und religiösen Hintergrund, mit den anderen Fachlehrern, mit Vertretern der Politik und Wissenschaft führen. Alle diese Dialoge zwischen unterschiedlichen Generationen, sozialen, kulturellen, wissenschaftlichen und religiösen Welten erfordern vom Lehrer die Fähigkeit, sich in ganz unterschiedliche Individualwelten hineinzuversetzen und mit den eigenen sprachlichen Möglichkeiten (der eigenen subjektiven Theorie) in analoger Weise zu konstruieren. Je komplexer, differenzierter, nuancenreicher und beweglicher die eigene Sprache des Lehrers ist, desto eher werden ihm diese schwierigen Übersetzungsaufgaben gelingen. Je vielfältiger die Perspektiven sind, die ein Lehrer einnehmen kann, je weiter sein Sprachhorizont ist, desto größer ist seine Gesprächsfähigkeit. Je weiter entwickelt sein Analogievermögen ist, also die Fähigkeit, Gegenstände und Zusammenhänge entsprechend dem jeweiligen Horizont des Gesprächspartners zu beschreiben, zu erläutern und zu konstruieren, desto eher wird ihm der Dialog mit den verschiedenen am Schulleben beteiligten Individuen gelingen.

Auch in diesem Punkt sind es in Ihrem Praktikum gerade negative oder unerwartete Erfahrungen, die Sie besonders nachdrücklich auf diese spezifischen Sprach- und Verständigungsprobleme an Schulen aufmerksam machen. So heißt es etwa in einem Praktikumsbericht:

> „Schnell merkte ich, dass man auch einen Oberstufenkurs nicht mit einem Seminar an der Universität verwechseln darf. In meiner Unterrichtsreihe orientierte ich mich anfangs an der Behandlung der Thematik, wie ich sie an der Universität kennengelernt hatte, und sprach auch mit den Schülerinnen und Schülern meines Kurses in einer akademischen Sprache. Mit wenig Erfolg! Ein lebendiges Gespräch wollte nicht so recht in Gang kommen. Erst als ich mich bemühte, in der Erfahrungswelt der Schülerinnen und Schüler nach Entsprechungen zu suchen, konnte ich eine deutlich größere Motivation und Beteiligung am Unterricht feststellen."

Das Praktikum macht Sie also nicht nur bekannt mit den spezifischen Sprach- und Verständigungsproblemen an den Schulen heute, sondern gibt Ihnen auch erste Anstöße zur Entwicklung einer schulspezifischen Sprach- und Verstehenskompetenz. Denn im Schulpraktikum stehen Sie erstmals vor der Aufgabe, dieses komplizierte Gespräch mit Schülern ganz unterschiedlicher Altersstufen auf der einen Seite und Vertretern von Universität und Ausbildungsseminaren auf der anderen Seite zu führen, also zwischen Wissenschaftswelt und Kinderwelt, Theorie- und Lebenswelt zu vermitteln. Und Sie werden schnell merken, wie schwierig solche 'Dolmetscheraufgaben' sind. So schreibt eine Studentin, die ihr Orientierungspraktikum an einer Gesamtschule mit vielen Kindern aus Migrantenfamilien absolviert hat, etwas zweifelnd:

> „Ob mir jemals der Spagat gelingt, der Lehrern gerade heute abverlangt wird, weiß ich noch nicht."

Die Entwicklung der eigenen Dialogfähigkeit umfasst ein ganzes Berufsleben, und man wird nie damit fertig. Im Schulpraktikum während des Studiums kann nur ein allererstes Verständnis für diese Problematik entwickelt und eine erstes Übungsfundament gelegt werden. Vor allem die Aufgabe, im Praktikumsbericht diesen Dialog mit all seinen Schwierigkeiten so differenziert wie möglich zu beschreiben und im Horizont unterschiedlicher Theorien und Theorieansätze zu diskutieren, soll zur Bewusstwerdung dieser Problematik führen und Ihnen Anstöße geben, die eigenen 'Dolmetscherfähigkeiten' weiterzuentwickeln, d. h. die Fähigkeit zu analogen Konstruktionen auszubilden und damit ein immer beweglicherer Geist zu werden, der es Ihnen ermöglicht, sich in immer heterogenere Individualitätskreise hineinzuversetzen, sie zu verstehen und ein Gespräch mit ihnen zu führen, kurz, auch in dieser Hinsicht die eigene subjektive Theorie und das eigene Sein auszubilden.

These 3: Schulpraktika lassen das Theorie-Praxis-Problem als Urteilsproblem erkennen und bieten erste Gelegenheiten, die pädagogische Urteilskraft zu üben.

Das Spannungsverhältnis von Theorie und Praxis lässt sich aus einer noch weiteren Perspektive ins Auge fassen. Nach wie vor ist auch bei ausgebildeten Lehrerinnen und Lehrern die Fähigkeit nur unzureichend entwickelt, Theorie und Praxis in Beziehung zu setzen. Nicht wenige Lehrer und Lehrerinnen halten die Theorie, die Wissenschaft, das Allgemeine, das im Studium Gelernte in großen Teilen für überflüssig, ja für untauglich für ihr Handeln. Das mag in der Theorie schön und richtig sein, so denken sie, es nützt mir aber nichts bei meinen Handlungsproblemen im Alltag. Für sie ist die Praxis eine ganz eigene Welt, eine Welt des Besonderen, des Situativen, des nicht Berechenbaren, die mit den Kategorien und Instrumenten der Wissenschaft nicht oder nur bedingt aufgeklärt und bewältigt werden können. Praxis und Theorie, so meinen sie, seien heterogene Bereiche; und nur praktisch erprobte Handreichungen sowie eigene, aus der Praxis selbst entwickelte Konzepte und Regeln, könnten ihnen von Nutzen sein.

Dieser Rückzug so mancher Praktiker aus der Welt der Wissenschaft, gerade auch in einer Zeit der Intensivierung der Wissenschaftsorientierung und beschleunigter Spezialisierung in der Forschung, macht aufmerksam auf ein zentrales Defizit in der Lehrerbildung. Es kommt in der Lehrerbildung nicht nur darauf an, Theorien zu studieren und Praxis zu erkunden, sondern auch zu 'lernen', Theorie und Praxis in Beziehung zu setzen.

Drei idealtypische Grundformen des In-Beziehung-Setzens von Theorie und Praxis werden in der Forschung unterschieden: *Fallanalysen, Beispielinterpretationen* und *Entscheidungsreflexionen*. Diesen Formen entsprechen drei idealtypische Formen der Urteilskraft: die *bestimmende*, die *reflektierende* und die *praktische Urteilskraft*.

Erstens: In Fallanalysen geht man von der Theorie aus und betrachtet die Praxis ausschließlich im Lichte wissenschaftlicher Theorien, Modelle oder Regeln. Hier sucht man wissenschaftliche Erkenntnisse auf konkrete Situationen zu beziehen. Die konkrete und immer singuläre Praxis wird als Fall eines Allgemeinen (einer Kategorie, einer Klasse, eines Prinzips) betrachtet und darunter subsumiert. Das Spezifische der konkreten Praxis bleibt hierbei unberücksichtigt.

Wenn Sie zum Beispiel den kognitiven Entwicklungsstand einer Schülerin an Ihrer Praktikumsschule anhand der kognitiven Entwicklungstheorie Piagets bestimmen, so handelt es sich um eine Fallanalyse. So heißt es etwa in einem Bericht des Studenten, der sein Praktikum an einem Gymnasium in München absolviert hat:

> „Eine zwölfjährige Schülerin im Geschichtsunterricht der 7. Klasse ist mir von Beginn an aufgefallen. Sie nahm bei der Arbeit an Quellentexten flexibel die ganz unterschiedlichen Standpunkte der verschiedenen Parteien im Investiturstreit ein und konnte über hypothetische historische Situationen nachdenken ('Wie hätte sich die Geschichte weiterentwickeln können, wenn Papst Gregor VII. den deutschen König Heinrich IV. auf der Burg Canossa *nicht* empfangen hätte?'). Ihre Mitschülerinnen und Mitschüler waren anscheinend mit dieser Frageform überfordert. Offensichtlich befindet sich die Schülerin in ihrer Denkentwicklung nach Piaget schon auf der Stufe der formalen Operationen."

Zweitens: In Beispielinterpretationen nimmt man den entgegengesetzten Weg. Man geht von der Spezifik der Praxis aus und sucht sie zunächst in ihrer Besonderheit, ja Einzigartigkeit zu verstehen. Dazu ist es notwendig, möglichst alle Merkmale, nicht nur die einer allgemeinen Regel oder Theorie entsprechenden, in Erfahrung zu bringen und im Lichte des eigenen Weltverständnisses und mit den Möglichkeiten der eigenen Sprache (nicht nur der Theoriesprache) auszulegen. Im nächsten Schritt sucht man nach ähnlichen Situationen, vergleicht sie miteinander, um schließlich das Allgemeine in einer Gruppe analoger Situationen herauszustellen. Wenn Sie etwa versuchen, das auffällige Verhalten eines Schülers nicht mit Hilfe einer Theorie zu erklären, sondern hermeneutisch zu erfassen, wenn Sie also versuchen, sich in den Schüler hineinzuversetzen, möglichst umfassend die Besonderheit der ganzen Situation in Erfahrung zu bringen und das Verhalten des Schülers im Rahmen dieses spezifischen Kontextes mit Ihren sprachlichen Möglichkeiten zu verstehen, dann handelt es sich um eine Beispielinterpretation.

Ein gelungener Versuch einer solchen Beispielinterpretation findet sich im Praktikumsbericht einer Mathematik- und Germanistikstudentin im 10. Semester:

„In einer Mathematikstunde der Klasse 5 saß ein Schüler an einem Einzeltisch direkt vor dem Pult der Lehrerin. Wie ich von der Lehrerin erfuhr, war er von ihr wegen dauernden Störens vor das Pult gesetzt worden. Sie hoffte, mit dem Platzwechsel ihn besser unter Kontrolle halten zu können. Er, ein schmächtiger Junge mit Brille, war allerdings in den Stunden, in denen ich in der Klasse hospitierte, nach wie vor sehr unruhig und redete im Unterricht ständig dazwischen. Zusätzlich schaffte er es jedoch, gerade bei schwierigen Aufgaben sich zu beteiligen. Was diesen Schüler dazu veranlasste, sich so unruhig zu verhalten, kann ich nicht sagen. Ich vermute aber, dass er von den anderen Schülerinnen und Schülern seiner Klasse nicht in dem Maße beachtet wurde, wie er es sich wünschte. Eine offene Abneigung gegen diesen Schüler konnte ich allerdings in der Klasse gar nicht feststellen. Beim Kopfrechnen nahmen sich die Schülerinnen und Schüler immer gegenseitig dran, wobei dieser Schüler ganz normal mit einbezogen wurde.

Auch in einer anderen Klasse konnte ich einen Platzwechsel beobachten, diesmal allerdings vor meinen Augen. Ein Schüler der Klasse 7, jetzt im Deutschunterricht, unterhielt sich ständig mit seinem Nachbarn und störte ihn bei der Arbeit. Auch hier ordnete der Deutschlehrer, nachdem mehrere Ermahnungen nicht den gewünschten Erfolg gehabt hatten, ein Umsetzen an. Trotz seiner Entschlossenheit wirkte der Deutschlehrer dabei wenig souverän auf mich, ja fast etwas hilflos; zudem meinte ich einen etwas verlegenen Gesichtsausdruck bei ihm beobachten zu können, ein Eindruck, der sich übrigens später bestätigte. Denn im anschließenden Gespräch entschuldigte er sich fast bei mir für die strenge und, wie er es nannte, etwas 'unpädagogische Maßnahme' und wies dann fast etwas enttäuscht aber darauf hin, dass es im Schulalltag mitunter notwendig sei, auch 'unpädagogische Maßnahmen' durchzuführen, gerade in der Klasse 7.

Auch ich selbst erinnere mich noch gut, dass ich in einer Mathematikstunde, meinem Lieblingsfach, vom Lehrer aufgefordert wurde, mich vors Pult zu setzen. Damals war ich jedoch schon in der 9. Klasse. Ich erinnere mich noch gut, dass ich wegen dieser Anordnung, die ich als ungerecht empfand, gegen den Mathematiklehrer einen leichten Groll hegte, ein Gefühl übrigens, das sich auch in den darauffolgenden Wochen und Monaten nicht verlor. Mathematik wurde erst wieder zu meinem Lieblingsfach, als wir im nächsten Schuljahr einen neuen Mathematiklehrer bekommen haben.

Diese Situationen, in denen ich einen Platzwechsel beobachten konnte bzw. selbst erlebt habe, zeigen mir deutlich, dass diese Maßnahme etwas zweischneidig ist. Vielleicht ist ein Umsetzen als Notmaßnahme angebracht, um einen Schüler kurzfristig zum Einhalten der Regeln zu bringen. Aber ich selbst habe ja erlebt, wie man als Schüler gegen eine solche Anordnung innerlich rebelliert: der Lehrer zeigt ein diktatorisches Verhalten; er greift aus der Gruppe einen Einzelnen heraus; die Maßnahme unterstützt nicht den Prozess der Selbstbestimmung; häufig hält der Betroffene die Strafe für ungerecht. Hinzu kommt, dass die eigentlichen Gründe und Motive für das Stören durch den Platzwechsel in der Regel gar nicht verändert werden. Er führt im günstigsten Fall nur zu einer äußeren Anpassung, im ungünstigen Fall, wie bei dem Mathematikschüler der Klasse 5, wird selbst eine Ruhigstellung nicht bewirkt. Meiner Meinung nach sollte diese Maßnahme auf die Unterstufe begrenzt sein und in jedem Fall mit einem Gespräch verbunden werden. Für noch besser hielte ich es, wenn vor jedem Umsetzen immer erst ein Gespräch mit dem Schüler geführt wird. In den meisten Fällen, so glaube ich, dürfte sich dann die Durchführung der Maßnahme erübrigen."

Fallanalysen und Beispielinterpretationen haben einen je eigenen Wert und sind zwei sich ergänzende Formen des In-Beziehung-Setzens von Theorie und Praxis, von Allgemeinem und Besonderem. Einerseits sucht man allgemeine Theorien auf die Praxis anzuwenden, andererseits sucht man von der Praxisseite her das Allgemeine im Individuellen zu finden. Zwar finden sich in differenzierten Fallanalysen immer auch hermeneutische Elemente, zwar können wissenschaftliche Theorien mitunter eine wichtige Funktion im Verstehensprozess haben, aber die Gewichtung der einzelnen Momente ist in Fallanalysen und Beispielinterpretationen unterschiedlich. Es gibt eine Logik des Falles, die sich eher dem naturwissenschaftlichen Projekt der Neuzeit verpflichtet fühlt, und eine Logik des Beispiels, die eher in der Tradition der Geisteswissenschaften steht. Beide Logiken lassen sich auf die Unterscheidung von Poiesis (Technik) und Praxis (Handeln) in der Nikomachischen Ethik des Aristoteles zurückführen. Fallanalysen und Beispielinterpretationen schlagen also gleichsam von unterschiedlichen Ufern aus eine Brücke zur anderen Seite und sind deshalb unverzichtbarer Bestandteil jeder Lehrerbildung.

Beide Fähigkeiten, sowohl die Fähigkeit, Fälle zu bestimmen, als auch die, Beispiele zu verstehen, lassen sich allerdings im eigentlichen Sinne nicht lernen, sondern müssen durch Erfahrung und durch Urteilsbildung langsam reifen. Die Fähigkeit, in einer spezifischen Situation den Anwendungsfall einer allgemeinen Regel zu erkennen, und das Vermögen, Individuen in ihrer Individualität und ihren Analogien zu anderen Individualitäten zu erfassen, können nur anhand konkreter Situationen geübt und geschult werden. Und diese Übung der beiden Formen der Urteilskraft in Fallanalysen und Beispielinterpretationen muss das ganze Berufsleben hindurch erfolgen und kann sich nur ganz allmählich dem modernen Ideal der Einheit von Regelanwendungskompetenz und Individualitätssinn annähern. In einem auf diese Weise gebildeten und erfahrenen Lehrer verbindet sich scheinbar spielerisch der Sinn für das Einmalige und Analoge in Situationen mit der Fähigkeit zur behutsamen bewussten Regelanwendung.

Drittens: Pädagogische Praxis geht allerdings nicht in dem Erfassen einzelner Fälle und Beispiele auf, sie muss auch *gestaltet* werden. Die Art der Gestaltung wird natürlich entscheidend mitbestimmt vom Grundverständnis des Unterrichts, dem der Lehrende sich verpflichtet fühlt. In anderen Abschnitten dieses Buches haben wir Unterricht als Bildungsgeschehen bestimmt: Die allgemeine Aufgabe von Lehrerinnen und Lehrern sei es, so sagten wir, Bildungsprozesse zu unterstützen, d. h. Selbstverstehen, Selbstbestimmung und Selbstermächtigung von Schülerinnen und Schülern anzuregen und deren Selbst- und Weltgestaltungsfähigkeit entwickeln zu helfen. Das ist eine langfristige Aufgabe, die Überblick erfordert und die nur im Zusammenspiel von vielen Aktivitäten und Situationen befördert werden kann.

Diese Aufgabe der praktischen Gestaltung bedarf einer praktischen Urteils-kraft, die man, wie die beiden anderen Formen der Urteilskraft, durch theoreti-sche Studien nur vorbereiten kann, aber erst in der Praxis durch ständiges Re-flektieren und Handeln einüben kann. Auf der Basis von bestimmender (Was ist der Fall?) und reflektierender Urteilskraft (Wie ist die individuelle Situation?) intendiert die praktische Urteilskraft die vernünftige Rechtfertigung und Gestal-tung von aufeinander bezogenen pädagogischen Situationen (Plöger, W. 1993; Buck, G. 1981).

Was in spezifischen pädagogischen Situationen vernünftig ist oder nicht, ist eine Frage der Abwägung von alternativen Möglichkeiten und Ansprüchen. Ob man zum Beispiel einen Schüler umsetzen soll, ob man sich für Gruppenarbeit ent-scheiden soll, ob man den Unterricht offener gestalten oder eher einen systema-tischen Lehrgang einflechten soll, ob man das verstehende Üben intensivieren muss, an welchen exemplarischen Gegenständen man umfassendere Zusam-menhänge erarbeiten soll oder unter welchen Perspektiven (ästhetisch, theore-tisch, pragmatisch, sozial, ethisch, religiös) ein Thema beleuchtet werden soll usw., das hängt von Überlegungen ab, die sich sowohl auf die gegebenen Verhält-nisse als auch auf mögliche Sollensforderungen beziehen müssen. So ist es zur Klärung solcher Gestaltungsfragen geboten, die grundsätzlichen Entscheidungs-möglichkeiten in einer spezifischen Situation offenzulegen, unterschiedliche Wertungsmaßstäbe zum Gegenstand von Überlegungen zu machen, die zielför-dernden Potentiale der unterschiedlichen Wege zu erfassen, die eigenen, zumeist uneingestandenen Erwartungen und Wertungen im Hinblick auf Entscheidun-gen, also Ihr eigenes Vorverständnis, sich bewusst zu machen, auch mögliche Folgen unterschiedlicher Entscheidungen, soweit es möglich ist, abzuschätzen, möglicherweise auch unterschiedliche Entscheidungen in Gedanken durchzu-spielen oder in Probehandlungen zu überprüfen, die Resultate dieser 'Experi-mente' selbst wiederum zu interpretieren, um schließlich am Ende eine Ent-scheidung herbeizuführen.

Solche *Entscheidungsreflexionen* sind nie hinreichend durchzuführen oder gar zu einem endgültigen Abschluss zu bringen, schon gar nicht im Schulalltag, wo häufig unter Zeitdruck Entscheidungen zu fällen sind. Lehrerinnen und Lehrer im Schulalltag müssen praktische Urteilskraft, also Erfahrung, Bildung, Takt und Routine, zumindest ansatzweise schon besitzen, um mitunter in ganz kurzer Zeit Entscheidungen treffen zu können. Eine solche geforderte praktische Ur-teilskraft entwickelt sich wie die beiden anderen Formen der Urteilskraft nur in langen Zeiträumen im Zusammenspiel von Erfahrung und Reflexion sowie von praktischen und theoretischen Studien, und die Entwicklung der praktischen Ur-teilskraft steht ebenfalls im Zusammenhang mit der Bereitschaft, das eigene Vor-verständnis immer wieder neu an den Dingen zu prüfen, sich von veränderten Si-tuationen etwas sagen zu lassen, das Erfahrene und Erlebte immer wieder vor dem Hintergrund ganz unterschiedlicher Problemhorizonte und im Blick auf ganz verschiedene Wertungsmaßstäbe zu reflektieren. In der universitären Lehrerbildung, vor allem in den schulpraktischen Studien, kommt es darauf an, die Basis für einen solchen umfassenden Übungsprozess zu legen. In den Schulpraktika und den begleitenden Lehrveranstaltungen können Sie erstmals üben, pädagogische Seins- und Sollensfragen aufeinander zu beziehen, reifliche Güterabwägungen vorzunehmen und schließlich Entscheidungen zu treffen, freilich in dem Bewusstsein der komplexen Bedingtheit dieser Entscheidungen.

Zwischenbilanz: Wie ein gerechter Richter, so muss auch ein guter Lehrer über drei Formen der Urteilskraft verfügen. Er muss fähig sein, in der Praxis auf der Basis wissenschaftlicher Kenntnisse Fälle zu identifizieren, er muss fähig sein, die individuellen Konstellationen der jeweiligen Situation zu erfassen und auf sie im Vergleich mit analogen Situationen zu reflektieren, und er muss im Spannungsverhältnis von Sein und Sollen Wahlentscheidungen treffen können. Wie ein Richter, so muss auch ein Lehrer nicht nur eine zweifache Diagnosefähigkeit besitzen, nämlich das Vermögen, Fälle zu identifizieren und Beispiele zu verstehen, sondern auch über die Fähigkeit verfügen, verantwortbare Entscheidungen herbeizuführen.

These 4: Schulpraktika lassen das Theorie-Praxis-Problem als Handlungsproblem erkennen und bieten erste Gelegenheiten, die pädagogische Handlungsfähigkeit zu üben.

In den Schulpraktika, vor allem in den Fachpraktika im Hauptstudium, soll nicht nur beobachtet, interpretiert, analysiert und reflektiert, sondern auch gehandelt werden. Insbesondere soll Ihnen die Möglichkeit eingeräumt werden, selbst oder gemeinsam geplante Unterrichtsstunden und Unterrichtseinheiten zu halten. Eigenes Unterrichten fördert nicht nur die schon angesprochenen Kompetenzen, es fördert also nicht nur das Bewusstwerden der eigenen subjektiven Theorie, es regt nicht nur zu theoretischen Studien an, es macht nicht nur auf Übersetzungsprobleme im Unterricht aufmerksam, es übt nicht nur die pädagogische Urteilskraft, das eigene Unterrichten gibt vielmehr auch Anstöße zur allerersten Entwicklung der eigenen pädagogischen Handlungsfähigkeit.

Bereits das eigene Planen einer Stunde oder Unterrichtsreihe macht Sie bekannt mit den Handlungsproblemen des Unterrichts, zum Beispiel damit, wie schwierig es ist, die Interessen und Vorstellungen der Schüler genau in Erfahrung zu bringen, motivierende Einstiege zu finden, die benötigte Zeit für einzelne Unterrichtsphasen im vorhinein abzuschätzen, mögliche Wirkungen von bestimmten Methoden und Medien auf eine spezielle Schülergruppe zu antizipieren und vor Beginn des Unterrichts die anzustrebenden Bildungs- und Lernziele mit der Angabe der Hilfsmittel bei einer möglichen Überprüfung zu bestimmen. Insbesondere aber die eigene Unterrichtspraxis lässt Sie die Handlungsprobleme des

Lehrers persönlich erleben und zeigt Ihnen, wie es ist, wenn man z. B. vor einer Klasse steht und sich alle Augen auf einen richten, wenn sich Schüler nicht so verhalten, wie man es erwartet hat, wenn man plötzlich Fragen gestellt bekommt, die man nicht beantworten kann, oder wie es ist, wenn man von einer Klasse akzeptiert wird, wenn es einem gelingt, Schüler für ein Thema oder Projekt zu begeistern, wenn man ihnen Zusammenhänge verständlich machen kann oder wenn es einem gelingt, ihnen emotionale Anstöße zu geben. Mit einem Wort: Sie haben im Praktikum die Gelegenheit, den Lehrerberuf von innen her zu erleben.

Natürlich ist der Zeitumfang der Praktika im Universitätsstudium zu kurz, um auch nur eine basale Handlungsfähigkeit aufzubauen. Das kann und soll unserer Vorstellung nach auch nicht die Aufgabe von Schulpraktika in der ersten, der universitären Phase der Lehrerbildung sein; aber von solchen Schulpraktika gehen immer auch schon Anstöße aus zum Aufbau einer eigenen Handlungsfähigkeit, einem Aufbau übrigens, der noch in einem Bezug mit den eigenen theoretischen Studien steht. Die Gefahr einer Loslösung der praktischen Ausbildung von der theoretischen Bildung, die nicht nur in der Forschung so häufig beklagt wird, dürfte mit einem engeren Bezug beider aufeinander zumindest geringer sein. Im neuen Modell der Lehrerbildung mit Schulpraktika als konstitutivem Element bereits in der ersten Phase stehen von Anfang an Theoriestudien, Urteilsbildung und Handlungskompetenzentwicklung in einem wechselseitigen Reflexionsverhältnis.

These 5: Schulpraktika geben Anstöße zu theoretischen Studien und Reflexionen.

Alle Ihre Erfahrungen aus den Schulpraktika führen Sie wieder zurück zum Theoriestudium. Die Aufklärung Ihrer eigenen subjektiven Theorie, die Beschäftigung mit den Dialogproblemen an Schulen, Fallanalysen, Beispielinterpretationen und Entscheidungsreflexionen und auch Ihr eigenes Unterrichten werfen sicherlich bei jedem von Ihnen eine Vielzahl von Fragen auf, die nicht in der Praxis selbst zu beantworten sind, sondern erneute fach- wie erziehungswissenschaftliche Studien erfordern. Dass sich die Fragen in Ihrer eigenen Auseinandersetzung mit der pädagogischen Praxis gebildet haben, hat vermutlich auch einen positiven Einfluss auf Ihre Studienmotivation.

Vor allem drei Richtungen stehen im Mittelpunkt Ihrer Studien. Empirisch-rationale Studien klären Sie (weiter) auf über die Gesetze und Regeln von Leben, Geschichte, Gesellschaft, Entwicklung, Lernen und Sozialisation und schaffen damit günstige Voraussetzungen für Ihre wissenschaftlichen Beobachtungen und Fallanalysen in Schule und Unterricht. In solchen Studien lernen Sie auch Methoden und Gütekriterien empirischer Forschung kennen, werden Sie Entwicklungs- und Überprüfungsformen von Theorien behandeln und die jeweiligen Entscheidungen und Annahmen thematisieren. Auf diese Weise bilden sich Vor-

aussetzungen, pädagogisches Handeln rational zu begründen, zu planen, durchzuführen und zu reflektieren. Natürlich gehören auch hier wie in den anderen
beiden Richtungen wissenschaftstheoretische Reflexionen zu den lehrerbilden-
den Studien und schaffen auf einer höheren Ebene die Voraussetzungen für ein
selbstbewusstes und selbstkritisches pädagogisch-wissenschaftliches Handeln.

Hermeneutische Studien lenken Ihren Blick auf die Geschichte und Individualität der Gegenstände und heben die Bedeutung der Formen von Sprache im Verstehensprozess hervor. Sie vermitteln Ihnen historisch-systematische Kenntnisse
und üben zugleich Ihren 'hermeneutischen Sinn', d. h. Ihr Verständnis für Sinn
und Bedeutung, für Geschichtlichkeit und Individualität, für Formen und Gestalten, für Kontinuitäten und Analogien. Hermeneutische Studien sind damit in
materialer wie formaler Hinsicht unverzichtbar in der Lehrerbildung. Sie informieren über die Tiefenstruktur sowie über die Vieldimensionalität und wirkungs-
geschichtlichen Zusammenhänge der Gegenstände und Praxisfelder, lassen ein
Verständnis des Anderen entstehen, helfen also Toleranz und Takt zu entwickeln,
und schaffen damit die Voraussetzungen für Verstehen, Dialog, Beispielinterpretationen und Handlungen in der grundsätzlich durch Heterogenität gekenn-
zeichneten Welt der Schule. Die Bedeutung des Lehrers, mit Heterogenität verantwortlich und sensibel umzugehen und darin auch den Schülerinnen und Schülern ein Vorbild zu sein, wird in Zukunft noch weiter zunehmen.

Auch Studien von Geschichte und Theorien des normativen Denkens gehören
zur wissenschaftlichen Lehrerbildung, ist pädagogisches Handeln doch grundsätzlich eine ziel- und zweckorientierte Praxis. Das Studium der wichtigsten
Wertsysteme, ethischen Prinzipien und Legitimationstheorien, die Untersuchung der jeweils tragenden Voraussetzungen, Begründungen, Implikationen,
geschichtlichen Horizonte und Probleme ist ebenfalls eine unverzichtbare Aufgabe in der Lehrerbildung. Ein solches Studium ermöglicht es dem Einzelnen,
die normativen Vorgaben der das Schulwesen tragenden Geschichtsmächte
nachzuvollziehen, und schafft die Voraussetzungen, die Entscheidung, wie wir
unser Können, d. h. unsere technischen Möglichkeiten, Einsichten und Einschätzungen, nutzen wollen. Eigenes pädagogisches Handeln normativ und
ethisch zu begründen und zu verantworten sowie Praxis im Horizont solcher Fragestellungen zu reflektieren wird durch ein solches Studium ermöglicht.

Das aber heißt: Auch Ihre theoretischen Studien können zuhöchst praxisrelevant
sein. Je gründlicher Sie diese Studien treiben, desto stärker strahlen sie auf Ihr
Handeln aus. So unterschiedliche Richtungen wie der Pragmatismus und der
Neuhumanismus haben denn auch übereinstimmend gesagt, dass gründliche
Studien, Studien, die in 'Fleisch und Blut' übergehen sollen (subjektive Theo-
rie), notwendig als praktische Studien angelegt sein müssen. Unsere wissen-
schaftlichen Studien sollen ein 'Wissenschaftstreiben' (Buck) sein, ein Tun, ein
Forschen, bei dem alle Kräfte beteiligt sind und eigene Probleme und Fragen ver-

handelt werden. Gerade unsere Praktika können ein solches aktives, forschendes Wissenschaftstreiben unterstützen, ermöglichen sie doch, auf Selbsterlebtes zurückzugreifen.

Nur im ständigen Hin und Her von Erfahrung und Reflexion, Reflexion und Erfahrung, nur durch ein ständiges Oszillieren zwischen Theorie und Praxis, Praxis und Theorie kann sich unsere Bildung als Lehrer verbessern. Abzuschließen ist dieser Bildungsprozess freilich nie; wir können nie damit fertig werden; wir sind immer nur auf dem Wege. Das Spannungsverhältnis von Theorie und Praxis kann aber von uns genutzt werden, um beide Seiten (Theorie und Praxis) sich steigern zu lassen und so die eigene Bildung immer weiter zu entwickeln.

Sie bekommen also, so lassen sich unsere Ausführungen zusammenfassen, vielseitige Aufklärungs- und Bildungsanstöße durch Ihre schulpraktischen Studien. Die Begegnung mit der Praxis bereits während des Universitätsstudiums hilft Ihnen, sich der eigenen subjektiven Theorie bewusst zu werden, vermittelt Ihnen Anregungen zu theoretischen Studien, öffnet Ihre Augen für die Verständnis- und Urteilsprobleme im Spannungsverhältnis von Theorie und Praxis und gibt Ihnen schließlich eine erste Gelegenheit, das Lehrerhandeln selbst einzuüben. Das Schulpraktikum verknüpft mithin in verschiedenen Hinsichten Theorie und Praxis: *Es gibt Anstöße zur Aufklärung von subjektiven (1.) und wissenschaftlichen Theorien (2.) sowie zum Üben des pädagogischen Verstehens (3.), Urteilens (4.) und Handelns (5.).* Es ist damit ein unverzichtbares Element der Lehrerbildung.

Literatur

Arendt, H.: Vita activa oder Vom tätigen Leben. Stuttgart 1960.

Aristoteles: Nikomachische Ethik. Übersetzt und Nachwort von F. Dirlmeier. Stuttgart 2001.

Blömeke, S. / Reinhold, P. / Tulodziecki, G. / Wildt, J. (Hg.): Handbuch Lehrerbildung. Kempten 2004.

Buck, G.: Hermeneutik und Bildung. Elemente einer verstehenden Bildungslehre. München 1981.

Gadamer, H.-G.: Theorie, Technik, Praxis. In: Gadamer, H.-G.: Über die Verborgenheit der Gesundheit. Aufsätze und Vorträge. Frankfurt/M. 1993, S. 11–49.

Herzog, W.: Reflexive Praktika in der Lehrerinnen- und Lehrerbildung. In: Beiträge zur Lehrerbildung. 3, 1995, S. 253–273.

Humboldt, W. v.: Werke in fünf Bänden. Flitner, A. / Giel, K. (Hg). Darmstadt 1960ff.

Plöger, W.: Der Fall Patricia – Anmerkungen zum Umgang mit Materialien aus der Einzelschulforschung. In: Engagement. Zeitschrift für Erziehung und Schule. 4, 1993, S. 382–392.

Terhart, E.: Pädagogisches Wissen. In: Zeitschrift für Pädagogik, 27, Beiheft, 1991, S. 129–141.

Wittenbruch, W.: Schulpraktikum. Ein Arbeitsbuch. Mit Beiträgen von R. Biermann und W. Werres. Stuttgart / Berlin / Köln / Mainz 1985.

KLAUS BEYER

6. Das Fachpraktikum

6.1 Aufgaben des Fachpraktikums

Die Zielsetzung des Fachpraktikums weist viele Gemeinsamkeiten mit dem Orientierungspraktikum (Allgemeinen Schulpraktikum) auf, was deshalb nicht überraschen kann, weil es in beiden Praktika um die Erkundung von Schule und Unterricht geht. Insofern kann das Fachpraktikum auf Ihren Erfahrungen aus dem Orientierungspraktikum aufbauen:

(a) Der schon im Orientierungspraktikum angebahnte Wechsel von der Schüler- zur Lehrerperspektive kann gefestigt und erweitert werden.

(b) Die eher *allgemeinen* Betrachtungen von Schule und Unterricht im Orientierungspraktikum sollten fortgesetzt werden und sind deshalb ein wichtiges Element auch des Fachpraktikums.

(c) Auch die *allgemeine* Berufsfelderkundung sollte eine Fortsetzung finden.

(d) Die kategoriengeleitete Beobachtung, Analyse, Beurteilung und Planung von Unterricht, in die das Orientierungspraktikum eingeführt hat, soll im Fachpraktikum gefestigt, vor allem aber differenziert und in der Komplexität der Erfassung von Unterricht gesteigert werden. Die erweiterten bildungstheoretischen, schulpädagogischen und allgemein-didaktischen Kenntnisse, die Sie durch Ihre bisherigen universitären Studien gewonnen haben, sollten dafür eine gute Basis bieten.

Neben der Aufgabe zur Elaboration der bereits im Orientierungspraktikum angebahnten Fähigkeiten kommen im Fachpraktikum weitere Aufgaben auf Sie zu: Während Sie im Orientierungspraktikum versucht haben, Schule und Unterricht eher unter *allgemeinen* Kategorien zu erkunden, die für *jede* Schule und *jeden* Unterricht bedeutsam sind, verlangt das Fachpraktikum von Ihnen darüber hinaus die Reflexion dessen, was Ihnen in Schule und Unterricht begegnet, aus der *spezifischen* Sicht Ihres Faches. Damit stellen sich Ihnen im Fachpraktikum weitere Aufgaben:

(e) Sie sollen die Schule aus der spezifischen Perspektive des Faches erkunden, in dem Sie Ihr Praktikum absolvieren (s. 6.4).

(f) Sie sollen die allgemeinen Kategorien der Beobachtung, Analyse, Beurteilung und Planung von Unterricht fachspezifisch im Hinblick auf Ihr Fach konkretisieren (s. 6.5). Für diesen theoriegeleiteten Zugriff auf Unterricht bieten sich zwei Verfahren an:

- Zum einen könnten Sie versuchen, die in den Kategorien aufgehobene Theorie und die Unterrichtspraxis dadurch in Beziehung zu setzen, dass Sie eine Unterrichtseinheit möglichst differenziert unter möglichst *vielen* Kategorien analysieren und beurteilen.
- Zum anderen könnten Sie *eine* theoretische Perspektive (z. B. Bedeutsamkeit der Unterrichtsziele für die Allgemeinbildung der Schülerinnen und Schüler, Schwierigkeitsgrad der Inhalte, Art der Lehrer-Schüler-Interaktion, Phasenfolge des Unterrichts) wählen, unter der Sie die verschiedenen Erscheinungsformen von Fachunterricht, die Sie im Praktikum erleben, analysieren und beurteilen.

Im Hinblick auf beide Verfahren sollten die erweiterten fachwissenschaftlichen und pädagogischen Kenntnisse und Fähigkeiten, die Sie durch Ihre bisherigen universitären Studien erworben haben, ein solides Fundament bieten.

(g) Neben den genannten Formen kategoriengeleiteter Fokussierung von Unterricht ist auch der umgekehrte Weg sinnvoll, nämlich nicht von theoretischen Konzepten, sondern vom Unterrichtsphänomen auszugehen und zu versuchen, dieses in seinen allgemeinen Merkmalen, aber auch in seiner Besonderheit zu erfassen und möglichst gut zu verstehen. Hierzu werden Sie einerseits überlegen müssen, welche der Ihnen bekannten Kategorien und Theorien für das Verständnis dieser Unterrichtssituation hilfreich sind. Sie werden aber auch erkennen, dass noch so viele theoretische Perspektiven die Besonderheit der konkreten Unterrichtssituation (z. B. einer stark emotional geführten Wertediskussion) nicht erfassen können: Um dieser Situation gerecht zu werden, reicht es nicht aus, z. B. wert-, interaktions- und entwicklungstheoretische Kenntnisse und die allgemeinen Kategorien der Unterrichtsbeobachtung, -analyse und -beurteilung heranzuziehen. Sie werden sich vielmehr bemühen müssen, die Einmaligkeit dieser Situation z. B. dadurch zu erfassen, dass Sie z. B. versuchen, sich in die beteiligten Personen (mit ihren Motiven, Gefühlen, ihrer Sprache, ihren Handlungen und Reaktionen) einzufühlen, die Einzigartigkeit der Unterrichtsatmosphäre zu erspüren, den spezifischen Kontext dieser konkreten Situation zu erfassen. Diese spezifisch *hermeneutische* Fähigkeit, Unterricht auch in seiner Besonderheit zu verstehen, können Sie nur in der Begegnung mit konkreter Praxis ausbilden. Die Schulpraktika bieten hierzu erste Gelegenheiten.

(h) Schließlich bietet Ihnen das Fachpraktikum die Gelegenheit, das Berufsfeld von Lehrerinnen und Lehrern Ihres Faches in seiner Spezifik zu erkunden und Ihre Berufswahlentscheidung, insbesondere Ihre Wahl des Unterrichtsfaches, noch einmal zu überprüfen.

Dem Fachpraktikum kommt deshalb eine besondere Bedeutung zu, weil Sie hier die Gelegenheit haben, Ihre Vorstellungen über und Erwartungen an den Unterricht in Ihrem Fach anhand der konkreten Praxis an Ihrer Praktikumsschule zu überprüfen. Sie sollten diese sonst im Studium nicht gegebene Chance nutzen, Theorie und Praxis in Beziehung zu setzen, indem Sie nicht nur Ihr Verständnis

Ihres Faches mit Ihren Praxiserfahrungen vergleichen, sondern darüber hinaus beides im Lichte der Ihnen bekannten fachwissenschaftlichen und schulpädagogischen (insbesondere bildungstheoretischen, allgemeindidaktischen und fachdidaktischen) Forschungsergebnisse reflektieren. Durch derartige Reflexionen erhalten Sie eine gute Möglichkeit, Ihr bisheriges Verständnis des Bildungsauftrags Ihres Faches und seiner Realisationsmöglichkeiten weiterzuentwickeln.

6.2 Tätigkeits- und Erfahrungsfelder

Das Fachpraktikum umfasst folgende Aufgaben:

(a) die Teilnahme am gesamten Schulleben, insbesondere auch die Teilnahme an einer Sitzung der Fachkonferenz, sofern diese in die Zeit Ihres Praktikums fällt, sowie die Teilnahme an außerunterrichtlichen Veranstaltungen (z. B. an Projekten, an Exkursionen)

(b) die Schulerkundung durch Beobachtung, Gespräche, Interviews, Studien zur Stellung und zu den Bedingungen des Faches an Ihrer Praktikumsschule

(c) die Erkundung der Praxis des Faches durch Unterrichtsbeobachtung, Gespräche, Interviews sowie durch eigenen Unterricht

(d) die Teilnahme an Betreuungsveranstaltungen (der Mentoren und Fachlehrer) und ggf. an Treffen der Praktikantengruppe einer Schule

(e) die Führung eines Praktikumstagebuchs

(f) die Erstellung eines Praktikumsberichts.

6.3   Vorbereitung des Fachpraktikums

6.3.1 Organisatorische Gesichtspunkte

Rechtzeitig vor Beginn des Praktikums sollten Sie den Kontakt zu der von Ihnen favorisierten bzw. der Ihnen zugewiesenen Schule herstellen (vgl. Kap. 2.1.2). Falls Sie die Schule selbst wählen können, sollten Sie darauf achten, dass Ihr Fach an dieser Schule in ausreichendem Maße auch mit einer hinreichenden Zahl von Grund- und Leistungskursen auf der Sekundarstufe II, vertreten ist. Wenn Sie in jedem Ihrer Fächer ein Fachpraktikum absolvieren müssen, empfiehlt es sich, für eines der Praktika die Schulform zu wählen, an der Sie nach Ende Ihres Studiums gern unterrichten würden, für das zweite Praktikum jedoch eine alternative Schulform, um einen Eindruck auch von dieser Schulform zu bekommen.

Ist dies der Fall, sollten Sie die Möglichkeit prüfen, Ihr Fachpraktikum gemeinsam mit anderen Fachstudenten an derselben Schule zu absolvieren, um untereinander Erfahrungen austauschen und wechselseitig im eigenen Unterricht hospitieren zu können. In der Forschung herrscht Einigkeit hinsichtlich der Forderung, schon im Lehramtsstudium unterschiedliche Formen der Einzel- und Gruppensupervision einzuüben. Gemeinsame Hospitationen im Unterricht von Lehrern Ihres Faches und wechselseitige Besuche von Praktikanten im eigenen Unterricht bieten hierzu gute Gelegenheiten.

Im ersten Kontakt mit der Schule sollten Sie schriftlich einen Zeitraum für Ihr Praktikum vereinbaren und sich möglichst auch schon die Klassen und Kurse nennen lassen, in denen Sie hospitieren und unterrichten werden.

Nach Herstellung der ersten Kontakte sollten Sie versuchen, in Gesprächen mit den jeweiligen Fachlehrern Informationen über die in den Klassen und Kursen zu behandelnden Themen und die Gelegenheiten zu eigenem Unterricht zu erhalten. Dadurch wird es Ihnen möglich, sich schon vor Beginn des Praktikums inhaltlich (erforderlichenfalls durch zusätzliche themenbezogene Studien) auf den bevorstehenden Unterricht einzustellen.

6.3.2 Vorbereitende erziehungswissenschaftliche, fachwissenschaftliche und fachdidaktische Studien

Wichtige inhaltliche Vorbereitungen für Ihr Fachpraktikum liegen bereits hinter Ihnen: Sie haben sich mit Hilfe Ihrer erziehungswissenschaftlichen und fachwissenschaftlichen Studien ein breiteres theoretisches Fundament verschafft, das Sie nun in eine Beziehung zur pädagogischen Praxis in Schule und Unterricht setzen können. Um dies mit Erfolg tun zu können, sollten Sie im Rahmen Ihres Lehramtstudiums zusätzlich möglichst intensive fachdidaktische Studien betreiben. Diese Studien sollen zwischen den *erziehungs- und fachwissenschaftlichen Theoriekenntnissen* und den *Anforderungen der Unterrichtspraxis* dadurch vermitteln, dass sie in die fachdidaktische Theoriebildung sowie in die Analyse und Planung des Fachunterrichts einführen. Mit ihren zugleich theoretischen wie praxisbezogenen Orientierungen sind die fachdidaktischen Lehrveranstaltungen in besonderer Weise geeignet, eine Basis für das Fachpraktikum zu legen, durch das Sie vor die Aufgabe gestellt werden, den Unterricht in Ihrem Fach *theoriegeleitet* zu beobachten, zu analysieren, zu beurteilen, zu planen und durchzuführen. Die zur Vorbereitung des Fachpraktikums geeigneten fachdidaktischen Veranstaltungen sind in den Vorlesungsverzeichnissen der meisten Hochschulen eigens ausgewiesen.

Neben der aktiven Teilnahme an fachdidaktischen Lehrveranstaltungen sind immer auch eigene Literaturstudien zur Didaktik Ihres Faches erforderlich. Es ist für Sie wichtig, sich auch selbständig in fachdidaktische Theorien und Konzeptionen einzuarbeiten und sich einen eigenen fachdidaktischen Horizont zu bilden.

6.3.3 Klärung des eigenen Vorverständnisses des Unterrichtsfachs

Neben den eher studienbezogenen Vorbereitungen Ihres Fachpraktikums sind einige grundsätzliche Vorüberlegungen erforderlich, durch die Sie unbedingt versuchen sollten, Ihr eigenes Vorverständnis des Schulfaches, in dem Sie Ihr Praktikum absolvieren wollen, und Ihre Beziehung zu diesem Fach zu klären. Dazu können Fragen wie die folgenden hilfreich sein:

- Welche Erfahrungen habe ich selbst mit dem Fach als Schüler gemacht? Was hat mich an dem Fach fasziniert? Welche Elemente des Faches waren mir eher lästig? Inwiefern hat sich mein Verhältnis zu dem Fach im Laufe der Schulzeit gewandelt?
- Was waren die ursprünglichen Gründe, die mich veranlasst haben, das Fach zu studieren, z. B.
  - weil ich mich durch den Unterricht eines bestimmten Fachlehrers habe beeinflussen lassen?
  - weil ich die Thematik des Faches für besonders interessant gehalten habe?
  - weil ich in dem Fach immer besonders leistungsfähig war?
  - weil ich durch das Elternhaus oder Freunde beeinflusst worden bin?
  - weil ich davon ausgegangen bin, dass ich in dem Fach aufgrund des Lehrermangels gute Berufsaussichten habe?
  - weil mir der Unterricht in dem Fach einen nicht zu großen Arbeitsaufwand (z. B. durch aufwendige Unterrichtsvorbereitungen oder umfangreiche Korrekturen) abzuverlangen schien?
  - weil ich das Fach für ein im Hinblick auf die Allgemeinbildung und die Persönlichkeitsentwicklung der Schüler besonders wichtiges Fach gehalten habe?
- Wie beurteile ich aus heutiger Sicht die Wahl dieses Faches?
- Welchen Stellenwert sollte das Fach innerhalb des schulischen Fächerspektrums haben?
- Welche Gründe kann ich zur Legitimation des Faches als eines Pflicht- bzw. Wahlpflichtfaches anführen?
- Worin besteht für mich aus meiner derzeitigen Sicht der Bildungsauftrag des Faches? Inwiefern kann das Fach helfen, die Fähigkeit der Schüler zu fördern, selbstbestimmt und verantwortungsbewusst zu handeln?
- Welche gesellschaftliche Bedeutung hat das Fach aus meiner Sicht?
- Welchen Lebensweltbezug weist das Fach auf?
- Worin besteht für mich die Spezifik des Faches, die dieses von anderen Unterrichtsfächern unterscheidet?
- Worin bestehen für mich die Hauptziele des Faches?
- Worin sehe ich die zentralen Inhalte des Faches?
- Zu welchen Fachwissenschaften weist das Unterrichtsfach Bezüge auf?
- Mit welchen Erwartungen der Schüler an den Fachunterricht habe ich zu rechnen?
- Welche Anforderungen stellt das Fach aus meiner derzeitigen Sicht an einen guten Fachlehrer?

- Wie beurteile ich vor Beginn des Fachpraktikums die Bedeutung meiner bisherigen fachwissenschaftlichen, erziehungswissenschaftlichen und didaktischen Studien für die Unterrichtspraxis im Fach?

Im Rahmen Ihrer Vorüberlegungen sollten Sie das Gespräch mit anderen Fachstudenten suchen, weil sich dadurch wichtige Perspektiven eröffnen, unter denen die Unterrichtspraxis im Fach immer wieder (und nicht nur im Fachpraktikum) reflektiert werden muss. Vielleicht lassen sich Ihre eigenen Vorüberlegungen auch im Rahmen einer das Praktikum vorbereitenden Fachdidaktik-Veranstaltung in einem größeren Kreis erörtern. Die von Ihnen bedachten Fragen und die Antworten auf diese Fragen sollten Sie in Ihr Praktikumstagebuch eintragen. Im Verlauf des Praktikums werden Sie dann immer wieder Gelegenheit haben, Ihre Antworten zu überprüfen und ggf. zu modifizieren.

Sie werden sich im weiteren Verlauf Ihres Studiums und Ihrer künftigen Unterrichtspraxis solche oder ähnliche Fragen vermutlich immer wieder stellen und sicherlich einige vor dem Hintergrund neuer Erfahrungen künftig anders beantworten. Das Fachpraktikum bietet eine gute Gelegenheit, sich diesen für das eigene Verständnis so wichtigen Grundfragen zu widmen. Wir empfehlen Ihnen, sich genügend Zeit für diese Vorüberlegungen zu nehmen. Denn die bildende Wirkung des Fachpraktikums hängt nicht zuletzt von der Intensität dieser Reflexionen ab.

6.4 Erkundung der Schule aus fachspezifischer Perspektive

Nachdem Sie Ihre Praktikumsschule im Orientierungspraktikum eher unter allgemeinen Gesichtspunkten erkundet haben, sollten Sie im Fachpraktikum „Ihre" Schule verstärkt aus der spezifischen Perspektive des eigenen Faches analysieren und beurteilen. Jede Schule hat eine bestimmte Geschichte mit bestimmten Fachtraditionen. An jeder Schule gibt es Fächer mit einem zentralen bzw. einem eher periphären Status und spezifische Bedingungen für den Fachunterricht. Deshalb ist es für das Verständnis des Unterrichts im eigenen Fach unverzichtbar, dass Sie sich die spezifische Stellung des Faches an Ihrer Praktikumsschule vergegenwärtigen. Dabei sollten Sie sich Fragen stellen wie:

a) Welche Stellung hat das Fach an der Schule in quantitativer Hinsicht?
   - Wie viele Fachlehrer unterrichten das Fach?
   - Auf welchen Schulstufen wird das Fach unterrichtet?
   - Welchen Status hat das Fach auf den verschiedenen Schulstufen (Pflichtfach, Wahlpflichtfach, Wahlfach, obligatorisches / mögliches Abiturfach)?
   - Wie viele Schüler wählen das Fach im Wahlpflichtbereich der Sekundarstufe I?
   - Wie viele Schüler wählen das Fach als Grund- und wie viele als Leistungskurs?
   - Wie groß sind die einzelnen Klassen und Kurse?
   - Wie viele Schüler werden insgesamt im Fach unterrichtet?

- Wie verteilen sich die Schüler im Wahlpflichtbereich nach Geschlechtern?
- Welche Entwicklungstendenz weist das Fach in den letzten Jahren auf (Ab- bzw. Zunahme der Schülerzahlen im Fach)?
- Mit welchen Fächern steht das eigene Fach im Wahlpflichtbereich in Konkurrenz?
- Wie schneidet das Fach bei der Wahl durch die Schüler im Vergleich mit den konkurrierenden Fächern ab?

b) Welche Stellung hat das Fach in qualitativer Hinsicht?

- Welche Tradition weist das Fach an der Schule auf?
- Welches Image besitzt das Fach an der Schule (bei der Schulleitung, im Kollegium, bei den Eltern, bei den Schülern)?
- Welche Bedeutung kommt dem Fach Pädagogik an der Schule im Rahmen des Schulprogramms und im Selbstverständnis der Praktikumsschule zu?
- Über welche Lehrbefähigungen für weitere Fächer verfügen die Fachlehrer?
- Welches Selbstverständnis des Faches ist an der Schule erkennbar?
- Welche Bedeutung hat das Fach innerhalb des Schulprofils?
- Welches Selbstwertgefühl ist bei den Lehrern des Faches im Hinblick auf ihren Unterricht und ihre Position an der Schule erkennbar?

c) Welchen Einfluss nimmt die Fachkonferenz auf das Fach?

- Wie beurteilen die Fachlehrer und die Fachkonferenz die geltenden Lehrpläne für das Fach?
- Hat die Fachkonferenz ein eigenes Verständnis von der Bildungsfunktion des Faches entwickelt?
- Ist das fachliche Bildungskonzept an den übergreifenden schulischen Bildungszielen orientiert?
- Ist das fachliche Bildungskonzept mit den Bildungskonzepten anderer Fächer koordiniert?
- Gibt es ein ausgearbeitetes schuleigenes Fachcurriculum?
- Wie werden die Bildungsstandards für das Fach von der Fachkonferenz beurteilt und ausgelegt?
- Für welche Lehr- und Arbeitsbücher hat sich die Fachkonferenz entschieden?
- Welche Festlegungen gibt es für den Unterricht in den einzelnen Jahrgangsstufen?
- Welche besonderen Beschlüsse hat die Fachkonferenz im Hinblick auf das Fach gefasst (z. B. Beginn des Fachunterrichts in welcher Jahrgangsstufe? Angebote im Wahlpflichtbereich? Profilbildung zusammen mit anderen Fächern)?
- Versucht die Fachkonferenz, Einfluss auf das Wahlverhalten der Schüler im Wahlpflichtbereich (z. B. durch Informationsveranstaltungen, Informationspapiere) zu nehmen?

d) Wie gut ist das Fach an der Schule räumlich und medial ausgestattet?

- Verfügt das Fach über eigene Fachräume in ausreichender Zahl?
- Sind für das Fach genügend technische Hilfsmittel (z. B. Mikroskope, Kartenständer, Kopierer, Stellwände, Projektoren, Werkbänke, Computer, Videokameras, Beamer) und Arbeitsmaterialien (z. B. Kopierpapier, Folien, Plastilin, Gips, Ton, Kanülen, Bunsenbrenner) vorhanden?
- Wie ist die Schule mit fachbezogener Literatur (z. B. Lehrbüchern, Nachschlagewerken, Fachzeitschriften, Fachbüchern) ausgestattet?

e) Welche Kooperationen des Faches bestehen an der Schule?

- Gibt es Kooperationen mit anderen Fächern (innerhalb / außerhalb des Aufgabenfeldes)?
- Kooperiert das Fach mit außerschulischen Instanzen (z. B. mit anderen Schulen, mit Betrieben, Vereinen, Hochschulen)?
- Werden Experten (ggf. Eltern) in den Unterricht einbezogen?

f) Wie erfolgt die Fortbildung der Fachlehrer?

- Welche inner- und außerschulischen Fortbildungsangebote gibt es für die Fachlehrer?
- Ist die Fortbildung verpflichtend oder der Initiative des einzelnen Fachlehrers überlassen?
- In welchem Maße werden die freiwilligen Fortbildungsangebote wahrgenommen?

6.5 Beobachtung, Analyse und Planung von Fachunterricht

Zu Beginn Ihres Fachpraktikums sollten Sie zusammen mit dem für die Praktika verantwortlichen Mentor und einzelnen Fachlehrern Ihren Stundenplan für Ihre anfänglichen Hospitationen (täglich drei bis vier Stunden) festlegen.

Auch wäre es günstig, schon früh mit anderen Praktikanten oder mit Referendaren an Ihrer Schule Kontakt aufzunehmen und gemeinsame Unterrichtsbesuche zu verabreden. Beziehen Sie in Ihre Absprachen auch einen regelmäßigen Erfahrungsaustausch über den gemeinsam besuchten Unterricht ein, am besten unmittelbar im Anschluss an die Stunden! Sinnvoll wäre es, wenn auch der Mentor, der jeweilige Fachlehrer und die Schüler an dem einen oder anderen Nachgespräch teilnehmen könnten.

Wie schon im Orientierungspraktikum sollten Sie den Unterricht auch zu Beginn Ihres Fachpraktikums zunächst eher ganzheitlich auf sich wirken lassen, ohne sich schon auf einzelne Beobachtungsgesichtspunkte (Kategorien) zu konzentrieren, und nur das registrieren, was Ihnen am Fachunterricht besonders auffällt. Dabei könnte es sich neben den im Kapitel 2.3.1.1 genannten allgemeinen Aspekten auch bereits um fachbezogene Eindrücke handeln, z. B. um

- die Nähe oder Distanz des Unterrichts zu Ihren bisherigen fachwissenschaftlichen Studien
- die inhaltliche Ausweitung des Unterrichts über das Spektrum Ihrer Fachwissenschaft hinaus
- die im Unterricht erfolgende Reduktion wissenschaftlicher Erkenntnisse
- den Zugriff der Schüler auf eine fachwissenschaftliche Theorie oder ein fachwissenschaftliches Modell
- das Ausmaß der Betroffenheit der Schüler durch die Thematik des Faches
- die Art der Erläuterung und Einübung fachspezifischer Methoden
- besondere sich aus der fachlichen Thematik ergebende Verständnisschwierigkeiten

• Anforderungen an den Lehrer, die sich aus der Spezifik des Faches ergeben.

Diese ersten Eindrücke sollten Sie schriftlich festhalten, in Gesprächen mit anderen Praktikanten und mit dem jeweiligen Fachlehrer erörtern sowie mit Eindrücken aus anderen Unterrichtsstunden vergleichen. Gerade durch den Vergleich der beobachteten Stunden können Sie auf wichtige Aspekte des Unterrichts in Ihrem Fach aufmerksam werden.

Zum Abschluss dieser Eingangsphase sollten Sie versuchen, in Ihrem Praktikumstagebuch zwei Stunden möglichst genau in ihrem Ablauf zu protokollieren und Ihre wesentlichen Eindrücke stichwortartig zu notieren.

Im Rahmen des Orientierungspraktikums haben Sie bereits versucht, sich in die kategoriengeleitete Analyse und Planung des Unterrichts einzuüben. Auf diesen Erfahrungen aufbauend, können Sie in der nächsten Phase Ihres Fachpraktikums versuchen, die Systematik und Komplexität Ihrer Beobachtungen und Beurteilungen von Unterricht zu steigern. Sie können sich dabei an dem im Kapitel 2.3.1.2 vorgestellten Kategoriensystem orientieren, das folgende Hauptkategorien enthält:

a) Was weiß ich bzw. kann ich über die *äußeren Bedingungen* des Unterrichts, die *Lerngruppe* und den *inhaltlichen Kontext* erfahren?

b) Welche *Ziele* leiten den Unterricht?

c) Welche *Inhalte* werden im Unterricht behandelt?

d) Welche *didaktischen Prinzipien* (z. B. Bezug zur Lebenspraxis, Bezug zur Wissenschaft, Problembezug) werden berücksichtigt?

e) Welche *Sozial-, Interaktions-, Arbeits- und Denkformen* (z. B. Gruppenarbeit, Diskussion, Fallstudie, induktives Denken) kommen zum Einsatz?

f) Welche *Medien* werden genutzt?

g) Wie ist der Unterricht *gegliedert*?

h) Wie und durch wen wird der Unterricht *gesteuert*?

i) Welche *Hausaufgaben* werden gestellt? Wie und durch wen wird der *Lernerfolg* überprüft?

k) Welche Beobachtungen lassen sich aus *sozialpsychologischer Sicht* zum Unterricht machen?

Dieses Kategoriensystem (und dessen Ausdifferenzierung; vgl. Kap. 2.3.1.3) ist *allgemeiner* Natur; d. h. einerseits, dass es auf alle Fächer, also auch auf Ihr Unterrichtsfach, angewendet werden kann und von Ihnen angewendet werden soll. Das heißt andererseits aber auch, dass das Kategoriensystem die *Spezifik* des Unterrichts in Ihrem Fach nicht erfassen kann. Darauf kommt es aber im Fachpraktikum in besonderer Weise an. Im folgenden stellen wir Ihnen deshalb Gesichtspunkte vor, die geeignet sind, die Ihnen bereits aus dem Orientierungspraktikum bekannten allgemein-didaktischen Kategorien zu konkretisieren und Ihren Blick auf die Spezifik Ihres Faches und dessen Beziehungen zum Bildungsauftrag von Schule und Unterricht zu lenken. Um Ihnen einen ständigen Wechsel zwischen den beiden Katalogen zu ersparen, haben wir die nicht fachspezifisch konkretisierten Kategorien noch einmal zusätzlich in die folgende Aufstellung aufgenommen.

Wie schon für das Orientierungspraktikum gilt auch für das Fachpraktikum, dass nicht alle im folgenden genannten Gesichtspunkte von Ihnen berücksichtigt werden können. Der Fragenkatalog soll Ihnen vielmehr

- einen Überblick über die verschiedenen Kategorien zur Beobachtung von Fachunterricht geben
- helfen, allmählich die Komplexität und Differenziertheit Ihrer Beobachtungen zu steigern
- Ihnen als Grundlage für die Planung des eigenen Fachunterrichts dienen.

Konzentrieren Sie sich deshalb bei Ihren Hospitationen zunächst immer nur auf die Ihnen am wichtigsten erscheinenden *Aspekte innerhalb einzelner Kategorien!* Dabei sollten Sie nicht vergessen, Ihre Beobachtungen kritisch-konstruktiv im Hinblick auf Ihr eigenes allgemeindidaktisches und fachdidaktisches Konzept zu reflektieren und nach jeder Stunde Überlegungen zu Alternativen zu dem beobachteten Unterricht anzustellen und diese zu begründen versuchen.

Im weiteren Verlauf Ihrer Hospitationen sollten Sie dann nach und nach versuchen, *gleichzeitig Aspekte aus mehreren Kategorien* zu berücksichtigen, Ihre Erkenntnisse zu protokollieren und die Beobachtungen in den verschiedenen Kategorien zueinander in Beziehung zu setzen. Gegen Ende Ihres Fachpraktikums sollten Sie den Versuch machen, wenigstens zwei Stunden möglichst komplex und differenziert zu erfassen und für eine dieser Stunden einen stichwortartig gehaltenen Stundenbericht anzufertigen und in Ihrem Praktikumstagebuch festzuhalten.

Kategoriensystem zur Beobachtung, Analyse, Beurteilung und Planung von Fachunterricht

a) *Informationen über die äußeren Bedingungen des Unterrichts, die Lerngruppe und den inhaltlichen Kontext*

- Unter welchen äußeren Bedingungen (z. B. Schulform, Jahrgangsstufe, Schülerzahl, Grund- bzw. Leistungskurs, Verfügbarkeit von Medien etc.) findet der Unterricht statt?
- Über welche allgemeinen und fachlichen Vorkenntnisse und Fähigkeiten verfügen die Schüler?
- Von welchen Einstellungen und Erwartungen der Schüler (gegenüber dem Fach insgesamt, gegenüber dem Thema der Reihe oder der Stunde) ist auszugehen?
- Wie ist die Leistungsmotivation der Schüler einzuschätzen? Gibt es besonders leistungsmotivierte und eher leistungsunwillige Schüler?

- Von welcher Arbeitshaltung der Schüler (z. B. Zielstrebigkeit, Konzentration, leichte Ablenkbarkeit, Disziplinlosigkeit) ist auszugehen?
- In welchem Ausmaß sind die Schüler zu selbständigem Arbeiten in der Lage?
- Handelt es sich um eine eher leistungshomogene oder eine eher leistungsheterogene Lerngruppe?
- Handelt es sich um eine eher leistungsstarke oder eine eher leistungsschwache Lerngruppe?
- Wie viele Schüler stammen aus sozial benachteiligten Verhältnissen? Wie wirkt sich dies auf den Unterricht aus?
- Wie viele Schüler mit einer Herkunft aus anderen Kulturen (Zahl, Herkunftsland, Beherrschung der deutschen Sprache) gibt es?
- Welche Unterschiede gibt es in den sozial-kulturellen Voraussetzungen der Schüler für den Zugriff auf die Fachthematik? Wie wirkt sich dies auf den Unterricht aus?
- Gibt es Schüler mit besonderen Verhaltensauffälligkeiten oder Lern-/ Leistungsproblemen?
- Welche Untergliederungen der Lerngruppe (z. B. Freundschaften, Cliquen) sind festzustellen?
- Welche subjektiven Theorien (Konstruktionen) der Schüler in Bezug auf die Fachthematik sind erkennbar?
- In welchem fachlichen und überfachlichen Kontext (Kursthema, Reihenthema, Zusammenhang mit bereits behandelten Inhalten und nachfolgenden Inhalten) steht die Stunde oder die Reihe?
- Welche Vorgaben des Fachlehrplans bzw. des schulinternen Fachcurriculums sind zu beachten?
- Welche situativen Bedingungen (z. B. neu zusammengestellte Klasse, 6. Stunde bei hochsommerlichen Temperaturen, Stunde im Anschluss an eine mehrstündige Klausur) sind gegeben?

b) Ziele der Stunde

- Welche materialen Unterrichtsziele (z. B. Kenntnis, Verständnis, Problemlösung) werden angestrebt? In welchem Zusammenhang stehen sie?
- Welche formalen Unterrichtsziele (z. B. Methodenkenntnis, Methodenbeherrschung) werden angestrebt? In welchem Zusammenhang stehen sie mit den inhaltlichen Zielen?
- Welche primär erzieherischen Ziele (z. B. Steigerung von Selbständigkeit, Selbstbewusstsein, Motivation, Sorgfalt, Ausdauer, Konzentration, Solidarität) werden angestrebt?
- In welchem Verhältnis stehen kognitive, soziale, emotionale, moralische, ästhetische, pragmatische Ziele zueinander?
- Welchen Abstraktionsgrad weisen die Ziele auf? Wie werden sie konkretisiert?
- Können die angestrebten Unterrichtsziele als spezifische Ziele des Faches gelten?
- Zum Erreichen welcher fachlichen Bildungsstandards soll die Unterrichtsstunde bzw. –reihe einen Beitrag leisten?

- Welche übergeordneten Bildungsziele werden angestrebt?
- Welche Bedeutung haben die fachlichen Ziele für das gegenwärtige und künftige Leben der Schüler?
- Welche Bedeutung haben die angestrebten Ziele für die Tradierung auch in Gegenwart und Zukunft bedeutsamer Einsichten, Einstellungen und Fähigkeiten?
- In welchem Zusammenhang stehen die in der Unterrichtseinheit angestrebten Ziele mit fachübergreifenden Zielen?
- Welche Funktion können die angestrebten fachlichen Ziele im Hinblick auf das leitende Bildungsideal (Fähigkeit zum selbstbestimmten und verantwortungsbewussten Handeln) übernehmen?
- Werden die angestrebten Ziele erläutert und vom Bildungsauftrag des Faches, des Aufgabenfeldes und des Unterrichts insgesamt her begründet? Wie lassen sie sich begründen?
- Wie hoch ist das Anforderungsniveau?
- Werden die Unterrichtsziele erreicht (Anhaltspunkte, vermutete Gründe für das Nichterreichen)?
- Auf welchen alternativen Wegen hätten die Ziele evt. erreicht werden können?

c) Inhalte des Unterrichts

- Welche Inhalte werden behandelt?
- Unter welchen Perspektiven lässt sich das Thema behandeln? Welche Perspektiven werden thematisiert?
- Sind die behandelten Inhalte für das Fach spezifisch?
- Sind die Inhalte im Rahmen des Faches zu behandeln, oder verlangen sie einen fachübergreifenden Zugriff? Werden Bezüge zu anderen Fächern hergestellt?
- Welche Felder und Probleme der Lebenswelt werden behandelt?
- Werden Lebenspraxis und Lebensweltprobleme in sachlich angemessener Weise reduziert?
- Welche subjektiven Konstruktionen (Theorien) der Schüler werden im Unterricht aufgegriffen (dargestellt, erläutert, geprüft)? Wie werden sie verarbeitet?
- Welche wissenschaftlichen Einsichten (Fakten, Theorien, Modelle) werden behandelt?
- Werden wissenschaftliche Theorien und Modelle in sachlich angemessener Weise reduziert?
- Werden wissenschaftliche Einsichten an geeigneten Fällen erläutert?
- Werden wissenschaftliche Theorien und Modelle im Unterricht in kritisch-konstruktiver Weise gewürdigt?
- Welche Funktion kommt der Thematisierung fachwissenschaftlicher Einsichten zu?
- Welchen Bezug weisen die behandelten wissenschaftlichen Einsichten zur Lebenspraxis auf?
- Welche wissenschaftlichen Verfahren werden behandelt (vorgestellt, erläutert, kritisch gewürdigt, angewandt)?

- Unter welchen Kriterien werden wissenschaftliche Fakten-, Verfahrens- und Theoriekenntnisse ausgewählt?
- Welche für das Fach wesentlichen allgemeinen Einsichten, Regeln, Prinzipien, Verfahren sollen (können) anhand der Inhalte gewonnen werden?
- Welche Einsichten, Regeln, Prinzipien, Verfahren von fachübergreifender Bedeutung sollen (können) anhand der fachlichen Inhalte gewonnen werden?
- Welche Bedeutung haben die fachlichen Inhalte für das gegenwärtige und künftige Leben der Schüler?
- Weist der Unterricht historische Bezüge auf? Wofür und wie werden sie genutzt?
- Welche Bedeutung haben die behandelten fachlichen Inhalte für die Tradierung kultureller Errungenschaften?
- Wird die Behandlung der fachspezifischen und fachübergreifenden Inhalte im Unterricht begründet? Wie lassen sie sich vom Bildungsauftrag des Unterrichts her begründen?
- Sind die fachlichen Inhalte den Schülern zugänglich zu machen? (Welchen Schwierigkeitsgrad weisen sie auf? Wie vertraut sind die Schüler mit den Inhalten? Welche inhaltlichen Anknüpfungsmöglichkeiten bestehen? Welche Motivationskraft besitzen die Inhalte?) Welcher Zugang wird gewählt?
- Welche besonderen Schwierigkeiten sind bei der Aneignung der fachlichen Inhalte zu erwarten bzw. haben sich bei der Aneignung ergeben?
- Bieten die fachlichen Inhalte für Schülerinnen und Schüler mit einem anderen kulturellen Hintergrund besondere Schwierigkeiten?
- Welche alternativen Inhalte wären bei gleicher Zielsetzung denkbar gewesen?

d) didaktische Prinzipien

- Inwiefern leistet der Unterricht einen Beitrag zum Allgemeinbildungsauftrag der Schule? (Prinzip „Allgemeinbildung")
- Ist im Unterricht das Bemühen um die Herstellung eines lernförderliches Unterrichtsklimas erkennbar? (Prinzip „Lernförderliches Klima")
- Versucht der Unterricht, den (kognitiven, emotionalen, motivationalen, sozialen, motorischen) Voraussetzungen auf Seiten der Schüler gerecht zu werden? (Prinzip „Schülerangemessenheit des Unterrichts")
- Werden Beziehungen zwischen dem fachlichen Stoff und der gegenwärtigen und künftigen Lebenswelt der Schüler hergestellt? Werden Erfahrungen der Lernenden aufgegriffen? (Prinzipien „Lebensweltbezug", „Erfahrungsbezug")
- Wird das im Unterricht vermittelte Fachwissen zu Lösung von Problemen herangezogen? (Prinzip „Problembezug")
- Versucht der Unterricht, Grundlagen für kompetentes Handeln der Schüler zu legen? (Prinzip „Handlungsbezug")
- Auf welche fachwissenschaftlichen Erkenntnisse und Verfahren nimmt der Unterricht Bezug? (Prinzip „Wissenschaftsbezug")
- Wird versucht, die Werturteilsfähigkeit der Schüler anhand fachlicher Inhalte zu fördern? (Prinzip „Wertbezug")

- Sind Versuche, die Selbsttätigkeit der Lernenden im Unterricht zu aktivieren, erkennbar? (Prinzip „Selbsttätigkeit")
- Werden allgemeine Einsichten (Begriffe, Prinzipien, Zusammenhänge, Regeln, Einstellungen, etc.) an den behandelten Fachinhalten herausgearbeitet? (Prinzip „exemplarisches Lehren und Lernen")
- Zeichnet sich der Unterricht durch Strukturiertheit und das Bemühen um Transparenz aus? (Prinzipien „Strukturiertheit" und „Transparenz")
- Wird der Versuch unternommen, den angestrebten Erfolg des Unterrichts festzustellen? (Prinzipien „Erfolgsorientierung" und „Erfolgskontrolle")

e) Sozial-, Interaktions-, Arbeits- und Denkformen

- In welchen Sozialformen (Frontalunterricht, Gruppenunterricht, Team-Teaching, Partnerarbeit, Einzelarbeit) vollzieht sich der Unterricht?
- In welchen Interaktionsformen (z. B. Lehrervortrag, Schülerreferat, Gespräch, Diskussion) vollzieht sich der Unterricht?
- In welchen Schülerarbeitsformen (z. B. Fallstudie, Planspiel, Rollenspiel, Projekt, Analyse, Interpretation, Darstellung, Erklärung, Experiment) vollzieht sich der Unterricht?
- In welchen Denkformen vollzieht sich der Unterricht (z. B. induktives, deduktives, divergierendes, konvergierendes, analytisches, synthetisches, vergleichendes, beurteilendes, bewertendes, dialektisches, hypothetisches Denken)?
- Werden wissenschaftliche Einsichten, Verfahren und Probleme verständlich dargestellt und erläutert?
- Wie werden Lebensweltprobleme bearbeitet (eher theoriegeleitet, eher vom Alltagswissen her?)
- Werden die Entscheidungen über die Sozial-, Interaktions-, Arbeits- und Denkformen begründet? Wie lassen sie sich begründen?
- Als wie selbstständig erweisen sich die Lernenden in ihrer Arbeit?
- Als wie effizient erweisen sich die verschiedenen Sozial-, Interaktions-, Denk- und Arbeitsformen?
- Wie selbstständig sind die Lernenden in der Erarbeitung, Beurteilung und Anwendung des fachlichen und fachübergreifenden Stoffes?

f) Medien

- Welche Medien (z. B. Lehrbuch, Arbeitsbuch, Arbeitsblätter, Kopien aus Büchern und Zeitschriften, Lexika, Atlanten, Tafel, Tageslichtprojektor, Dias, Videofilm, Mikroskop, Taschenrechner, Computer) kommen zum Einsatz?
- Genügen die im Unterricht eingesetzten Medien den fachlichen Ansprüchen?
- Kann der Medieneinsatz unter didaktisch-methodischer Perspektive als angemessen gelten?
- Ist der Medieneinsatz technisch gelungen?
- Welche Funktionen (z. B. Strukturierung des Unterrichtsprozesses, Präsentation von Materialien wie Texten, Statistiken, Modellen, Sammlung von Schülerbeiträgen, Ordnung von Schülerbeiträgen, Sicherung von Unterrichtsergebnissen) übernehmen die Medien?

- Werden Tafelbilder oder Folien im Unterricht gemeinsam mit den Schülerinnen und Schülern erstellt oder werden bzw. sind sie vom Lehrer allein angefertigt?
- Wird der Medieneinsatz begründet? Wie lässt er sich begründen?
- Als wie effizient erweist sich der Medieneinsatz?
- Als wie selbstständig erweisen sich die Lernenden im Umgang mit den Medien?

g) Gliederung des Unterrichts

- Wie ist der Unterricht (die Unterrichtsreihe, die Stunde) gegliedert? Weist er eine klare inhaltliche und zeitliche Strukturierung auf?
- Welche einzelnen Phasen (z. B. Einstieg, Erarbeitung, Ergebnissicherung, Einordnung, Anwendung, Übung, Metareflexion, Ausblick) des Unterrichts sind erkennbar?
- Ist ein für das Fach typischer Phasenaufbau des Unterrichts erkennbar?
- Wird der Aufbau des Unterrichts den Lernenden erklärt und begründet?
- Wird den Lernenden die Funktion der Stunde innerhalb der Unterrichtsreihe verdeutlicht?
- Wird explizit der Bezug zu vorangegangenen und kommenden Stunden hergestellt?
- Werden die Lernenden an der Planung des Unterrichts beteiligt bzw. hätten sie daran beteiligt werden können? Was erschwert eine Beteiligung?
- Erweist sich die Gliederung als zweckmäßig? Welche Alternativen hätten sich angeboten?

h) Steuerung des Unterrichts

- Wie und in welchem Ausmaß steuert der Lehrer den Unterrichtsablauf (z. B. durch Fragen, Instruktionen, Demonstrationen, Impulse, Schweigen)?
- Wie straff bzw. locker erfolgt die Steuerung durch den Lehrer?
- Sind die Darstellungen und Erklärungen des Lehrers klar, strukturiert und schülergemäß?
- Wie und in welchem Ausmaß steuern die Schüler den Unterrichtsablauf (z. B. durch Impulse, Anregungen, Initiativen, Fragen, Einwände, Problematisierungen, Kritik, Ablenkungsversuche, Passivität)?
- Welche Freiräume eröffnet der Lehrer für Initiativen und Mitgestaltungsmöglichkeiten der Schüler?
- Eröffnet oder erschwert der fachliche Stoff eher die Möglichkeiten der Schüler zur Einflussnahme auf den Unterrichtsablauf?
- Besteht eine ausgewogene Balance zwischen Zielstrebigkeit und Flexibilität der Steuerung?
- Versucht der Lehrer, die Selbsttätigkeit der Schüler und ihre Interaktion untereinander anzuregen?
- Werden vom Lehrer für das Fach typische Mittel der Steuerung des Unterrichts eingesetzt (z. B. ein bestimmter Typus von Fragen, Instruktionen, Impulsen)?
- Werden vom Lehrer eher offene oder eher engmaschige Fragen gestellt?

- Wie verhält sich der Lehrer nach einer von ihm selbst gestellten Frage?
- Wie verhält sich der Lehrer nach einer von einem Schüler gestellten Frage?
- Wie verhält sich der Lehrer nach einem Schülerbeitrag? (Gibt er sachbezogene, differenzierte, gerechte Rückmeldungen? Fragt er nach Begründungen für gegebene Antworten? Versucht er, Ursachen für fehlerhafte Antworten offen zu legen? Versucht er, Schülerantworten für die Weiterführung des Unterrichts zu nutzen? Vermeidet er das „Zurechtbiegen" von Schülerbeiträgen im Hinblick auf die eigene Planung?)
- Erkennt der Lehrer auftretende Lernschwierigkeiten? Gibt er bei Lernproblemen angemessene Hilfen?
- Welche für das Fach typischen Schwierigkeiten sind im Unterrichtsablauf zu erkennen?
- Trägt die Unterrichtsgestaltung unterschiedlichen Voraussetzungen auf Seiten der Schüler durch eine Differenzierung oder Individualisierung des Lernprozesses Rechnung?
- Versucht der Lehrer, möglichst alle Schüler am Unterrichtsgespräch zu beteiligen, oder orientiert er sich erkennbar an einer bestimmten Schülergruppe?
- Wie reagiert der Lehrer auf Verstöße von Schülern gegen Verhaltensstandards im Unterricht?
- Welche Besonderheiten des fachlichen Lehrens und Lernens werden in der Stunde / der Reihe erkennbar?

i) Hausaufgaben / Lernerfolgskontrolle

- Werden die letzten Hausaufgaben kontrolliert und für den Fortgang des Unterrichts genutzt?
- Welche neuen Hausaufgaben werden gestellt? Werden sie begründet?
- Welche Funktionen kommt den Hausaufgaben zu (z. B. Wiederholung des Unterrichtsstoffes, Einübung von Kompetenzen, Kontrolle des Lernerfolgs, Vorbereitung des weiteren Unterrichts)?
- Welche sonstigen Lernerfolgskontrollen (z. B. Beantwortung von Fragen, Tests, Klausuren) finden statt? Welche Alternativen hätten sich für die Hausaufgaben und Lernerfolgskontrollen angeboten?
- Durch wen erfolgt die Kontrolle (z. B. Selbstkontrolle der Schüler, wechselseitige Kontrolle der Schüler untereinander, Kontrolle durch den Lehrer)?
- Welche fachspezifischen und welche fachübergreifenden Kompetenzen werden eingeübt und überprüft?
- Welcher Kompetenzbereich wird überprüft (z. B. Fakten-, Modell-, Theoriekenntnis, Verständnis, Methodenkompetenz, Urteilskompetenz, Transferfähigkeit, Planungskompetenz, Organisationskompetenz, Entscheidungskompetenz, Handlungskompetenz)?
- Welches fachliche und überfachliche Anforderungsniveau (Umfang, Abstraktionsniveau, Differenziertheit, Komplexität, Schwierigkeit) haben die Hausaufgaben und Lernerfolgskontrollen?

- Werden die Hausaufgaben und Lernerfolgskontrollen den spezifischen und den fachübergreifenden Zielen des Faches gerecht?

- Sind für das Fach spezifische bzw. typische Formen von Hausaufgaben und Lerner-folgskontrollen erkennbar?

- Welche allgemeinen und welche fachspezifischen Beurteilungskriterien werden an-gelegt? Werden sie offen gelegt und begründet? Werden die Lernenden an der Festle-gung der Kriterien und an der Beurteilung beteiligt?

- Zu welchen Ergebnissen führt die Lernerfolgskontrolle? Werden die Unterrichtszie-le erreicht (Anhaltspunkte, Gründe für das Nichterreichen)?

- Welche interindividuellen Unterschiede sind im Hinblick auf das Erreichen der Ziele erkennbar? Wie sind die Unterschiede erklärbar? Auf welchen alternativen Wegen hätten die Ziele evt. in einem breiterem und höheren Maße erreicht werden können?

- Stehen Ergebnisse des Unterrichts und Unterrichtsaufwand in einem vernünftigen Verhältnis zueinander? Auf welchen alternativen Wegen hätten die Ziele evt. ökono-mischer erreicht werden können?

- In welcher Form (z.B. Ziffernnote, erreichte Punktzahl, differenzierter Kommen-tar) werden die Ergebnisse den Lernenden mitgeteilt?

- Inwieweit gibt die Lernerfolgsbeurteilung den Lernenden Hinweise für ihr weiteres Lernen?

- Wie reagieren die Lernenden auf die Lernerfolgsbeurteilung?

k) sozialpsychologische Aspekte

- In welchem zwischenmenschlichen Klima (z.B. harmonisch, entspannt, gereizt) fin-det der Unterricht statt? In welcher emotionalen Verfassung (z.B. locker, ausgegli-chen, ängstlich, aggressiv) befinden sich die einzelnen am Unterricht beteiligten Per-sonen?

- Ist ein für das Fach typisches Arbeitsklima (z.B. Engagement, Konzentration, Ziel-strebigkeit, Kooperation aller Beteiligten) erkennbar? Welche Merkmale weist es auf?

- Wird der Lehrer von den Schülern als Autorität (z.B. aufgrund seiner fachlichen und didaktisch-methodischen Kompetenz, seiner Ausstrahlung, Gerechtigkeit, Glaub-würdigkeit, Offenheit, Toleranz) respektiert?

- Besitzt der Lehrer den erforderlichen pädagogischen Takt (v.a. Empathie, Freund-lichkeit, Verständnis, Hilfsbereitschaft) im Umgang mit seinen Schülern? Respek-tiert er die Schüler in ihrer Individualität?

- Vermittelt der Lehrer den Schülern Vertrauen in ihre Leistungsfähigkeit? Erkennt er Leistungen in angemessener Weise an?

- Scheinen der Fachinhalt und die fachübergreifenden Aspekte das Interesse der Schüler zu finden? Arbeiten die Lernenden engagiert mit? Sind Motivationsproble-me erkennbar? Versucht der Lehrer, die Schüler zu motivieren?

- Welche Einstellungen der Schüler gegenüber dem Fach insgesamt sind erkennbar?

- Inwieweit werden individuelle Interessen und Stärken der Lernenden berücksich-tigt? Inwieweit erlaubt bzw. verwehrt das Thema die Berücksichtigung?

- Löst der Unterricht emotionale Betroffenheit bei den Schülern aus?
- Sind im Unterrichtsverlauf Phasen symmetrischer Kommunikation zwischen Schülern und Lehrer oder zumindest Bemühungen darum zu erkennen?
- Ist der Lehrer für Rückmeldungen (auch kritische Rückmeldungen) der Schüler offen?
- Welche Beziehungen der Schülerinnen und Schüler untereinander (z. B. Freundschaften, Rivalitäten) sind erkennbar? Wie wirken sie sich auf den Unterricht aus? Wie reagiert der Lehrer darauf?
- Wie wirkt sich das Verhältnis, das in der Lerngruppe zwischen Jungen und Mädchen besteht, auf den Unterricht aus?
- Inwieweit wirkt sich die Zugehörigkeit zu unterschiedlichen Kulturen auf den Unterricht aus?
- Inwieweit ist kooperatives und solidarisches Verhalten der Schüler untereinander erkennbar?
- Welche Konflikte werden erkennbar? Wie wird mit ihnen umgegangen?

Erfahrungsgestützte Hypothesen zum Fachunterricht

Bei der kategoriengeleiteten Beobachtung, Beurteilung und Planung einzelner Stunden werden Sie auf Phänomene stoßen, die Sie erwartet haben, aber auch auf Überraschendes und Problematisches. Dabei werden Sie sich die Frage stellen, inwieweit das, was Sie beobachten, für diese Einzelstunde spezifisch oder für das Fach insgesamt typisch ist. Einer Antwort auf diese Frage können Sie sich nur durch die Synopse und den Vergleich mehrerer Stunden zu nähern versuchen. Dabei sollten Sie sich allerdings vor vorschnellen Schlussfolgerungen hüten, weil Ihre Beobachtungsgrundlage relativ schmal ist und kein zuverlässiges Bild des Fachunterrichts an Ihrer Praktikumsschule oder gar des Fachunterrichts im allgemeinen ergibt. Insofern ermöglicht die Synopse eher erste vorsichtige Hypothesen (der Art: *„Aufgrund meiner Erfahrungen im Praktikum ..."*) u. a. zu den folgenden Aspekten des Unterrichts in Ihrem Fach:

(a) *Hypothesen zu den Schülern:*

- Mit welchen Voreinstellungen der Schüler gegenüber dem Fach ist *„aufgrund meiner begrenzten Erfahrungen im Praktikum"* zu rechnen?
- Welche Motive veranlassen die Schüler zur Teilnahme an einem Fach des Wahlpflichtbereichs?
- Welche Elemente des Unterrichts stoßen eher auf das Interesse der Schüler, welche werden von ihnen eher als lästig empfunden?
- Inwieweit erlaubt bzw. erschwert das Fach die Berücksichtigung individueller Interessen und Stärken der Schüler?
- In welchem Maße löst die Thematik des Faches Betroffenheit bei den Schülern aus?
- Welche subjektiven Theorien (Konstruktionen) der Schüler erleichtern, welche erschweren das Erreichen der Ziele des Faches?

- Vor welche besonderen Schwierigkeiten (z. B. mit der Fachterminologie, mit bestimmten Aufgabentypen) sehen sich die Lernenden im Fach gestellt?
- Welche besonderen Chancen bzw. Schwierigkeiten bietet das Fach für den Versuch, die Selbsttätigkeit der Schüler zu aktivieren?

(b) *Hypothesen zum Bezugsrahmen des Faches*

- Welche Bezüge zur näheren und weiteren Lebenswelt der Schüler sind im Fach erkennbar?
- Welche Problem- und Handlungsbezüge weist das Fach auf?
- Welche historischen Bezüge verlangt das Fach bzw. bieten sich im Fach an?
- Welche Bedeutung hat das Fach für die Tradierung kultureller Errungenschaften?
- Welche interkulturellen Bezüge verlangt das Fach bzw. bieten sich im Fach an?
- Zu welchen wissenschaftlichen Disziplinen weist das Fach Bezüge auf?
- Welche Bezüge weist das Fach zu anderen Fächern auf?

(c) *Hypothesen zu den Zielen und Chancen des Faches*

- Worin bestehen die spezifischen und die fachübergreifenden Ziele des Faches an der Praktikumsschule?
- Im Hinblick auf welche kognitiven, sozialen, emotionalen, moralischen, ästhetischen, pragmatischen Ziele ist das Fach besonders leistungsfähig?
- Welche Bedeutung hat der Fachunterricht im Hinblick auf das leitende Bildungsideal (Fähigkeit zum selbstbestimmten und verantwortungsbewussten Handeln)?
- Welchen Beitrag kann das Fach zur Ausbildung allgemeiner Studierfähigkeit leisten?
- Inwiefern wird das Erreichen der fachlichen und überfachlichen Ziele durch subjektive Theorien (Konstruktionen) der Schüler erleichtert bzw. erschwert?

(d) *Hypothesen zum Handlungsbezug des Faches*

- Welche Bezüge zur näheren und weiteren Lebenswelt der Schüler sind im Fachunterricht erkennbar?
- Welche Beiträge kann der Fachunterricht zur Ausbildung der Urteils-, Entscheidungs- und Handlungskompetenz der Schüler leisten?
- Welche Handlungsfelder und Handlungsprobleme eignen sich besonders für die Ausbildung der Fähigkeit zum praxisbezogenen Denken und verantwortungsbewussten Handeln?
- Inwiefern kann das Fach zur Reflexion der gesellschaftlich-politischen Bedingungen menschlichen Handelns beitragen?
- Welche Beiträge kann das Fach zur Ausbildung der Werturteilsfähigkeit und eines Netzes moralischer Prinzipien durch die Schüler als zentraler Voraussetzungen ihres moralischen Handelns leisten?

(e) *Hypothesen zum Wissenschaftsbezug des Faches*

- Welche fachwissenschaftlichen Erkenntnisse und Verfahren besitzen eine besondere Bedeutung für den Unterricht im Fach und über das Fach hinaus?

- Welche wissenschaftlichen Paradigmen kommen im Fach vor allem zur Sprache?

- Erfolgt durchgängig eine kritische Reflexion von Wissenschaft, oder gibt es eher Tendenzen zur kritiklosen Hinnahme oder gar zur Verifizierung wissenschaftlicher Theorien (z. B. durch Wirklichkeitsausschnitte, die in der Darstellung zuvor so „zurechtgetrimmt" wurden, dass sich bei Ihrer Bearbeitung die Theorie bestätigt?

- Werden wissenschaftliche Theorien und Modelle in ausreichendem Maße im Hinblick auf ihre Bedeutung für die Lebenspraxis reflektiert?

- Welchen Beitrag kann das Fach zur Einübung in wissenschaftliche Methoden leisten?

- Welche Beiträge kann das Fach zur Einführung in die wissenschaftstheoretische Reflexion leisten?

- Welche Beiträge kann das Fach zur Vermittlung allgemeiner Studierfähigkeit leisten?

(f) *Hypothesen zur didaktisch-methodischen Gestaltung des Faches*

- Welche allgemein-didaktischen Prinzipien lassen sich im Fach eher leicht, welche eher unter Schwierigkeiten berücksichtigen?

- Wie lassen sich im Fach Theorie und Praxis in Beziehung setzen?

- Welche Methoden und Arbeitsformen sind für das Fach typisch?

- Zeichnet sich das Fach durch typische Beschreibungs- und Erklärungsmuster aus?

- Gibt es für das Fach typische Mittel der Steuerung des Unterrichts?

- Welche Bedeutung kommt dem Üben und Anwenden im Fach zu?

- Gibt es für das Fach spezifische bzw. typische Hausaufgaben, Lernerfolgskontrollen und Beurteilungskriterien?

- Gibt es einen für das Fach typischen Phasenaufbau des Unterrichts?

- Wie ist die mediale Situation im Fach zu beurteilen?

- Vor welche besonderen Schwierigkeiten (z. B. mit der Fachterminologie, mit bestimmten Aufgabentypen, mit der Komplexität der Probleme) sehen sich die Lernenden im Fach gestellt?

- Inwieweit erlaubt bzw. erschwert das Fach die Berücksichtigung individueller Interessen und Stärken der Schüler?

- Bietet das Fach besondere Möglichkeiten bzw. Schwierigkeiten für den Versuch, die Selbsttätigkeit der Schüler zu aktivieren?

- Gibt es ein für das Fach typisches Arbeitsklima?

Ihre Hypothesen sollten Sie unter der Frage, ob sie ein zutreffendes Bild des Fachunterrichts an der Schule ergeben oder korrekturbedürftig sind, möglichst mit anderen Praktikanten und mehreren Fachlehrern besprechen und zusammen mit den Ergebnissen der Gespräche in Ihrem Praktikumstagebuch festhalten. Diese Aufzeichnungen können dann später zur Auswertung des Fachpraktikums z. B. in einem fachdidaktischen Kolloquium herangezogen werden.

6.6 Eigener Unterricht im Fach

Im Fachpraktikum sollten Sie alle sich Ihnen bietenden Gelegenheiten zu eigenem Unterricht nutzen. Dazu sind rechtzeitige Absprachen erforderlich, wie sie im Kapitel 2.3.2 zum eigenen Unterricht im Orientierungspraktikum erläutert und begründet worden sind. Bei der Auswahl der Klassen und Kurse sollten Sie auf eine möglichst breite Streuung (unterschiedliche Schulstufen, sowohl Grund- als auch Leistungskurse) achten.

Für die Planung Ihres Unterrichts können Sie auf die Planungsanregungen zum Orientierungspraktikum (Kap. 2.3.2.1) zurückgreifen. Im Folgenden geben wir Ihnen zusätzlich einige Hinweise, die insbesondere für das Fachpraktikum von Bedeutung sind:

- Sie sollten bei der Planung bedenken, dass der Fachunterricht nicht lediglich auf das Berufsleben oder ein wissenschaftliches Hochschulstudium vorzubereiten hat, sondern immer dem Bildungsauftrag verpflichtet ist, den Schüler bei der Ausbildung seiner Fähigkeit zum selbstbestimmten und verantwortlichen Handeln zu unterstützen. Natürlich können Ihre wenigen Unterrichtsversuche nur einen minimalen Beitrag zu diesem Ziel des Unterrichts leisten. Um diesen minimalen Beitrag sollten Sie sich jedoch bemühen und ihn den Schülern deutlich werden lassen.

- Zu diesem Zweck empfiehlt sich die Überlegung, inwieweit Ihre Planung durch Rückgriffe auf die Ihnen bekannten allgemeindidaktischen und fachdidaktischen Konzeptionen gestützt werden kann.

- Durch solche Rückgriffe auf didaktische Modelle können Sie auch die sich aus Ihrer überwiegend fachwissenschaftlichen Sozialisation an der Hochschule ergebende Gefahr verringern, Ihren Fachunterricht – insbesondere auf der Sekundarstufe II – als eine universitäre Veranstaltung „en miniature" zu planen. Versuchen Sie vielmehr, wissenschaftliche Komponenten so auszuwählen und so weit zu reduzieren, wie dies für den Zweck des Unterrichts, die Urteils-, Entscheidungs- und Handlungskompetenz der Schüler zu fördern, möglich und sinnvoll ist!

- Der Fachunterricht läuft leicht Gefahr, Lebensweltphänomene in unzulässiger Weise so zu reduzieren, dass sie im Rahmen des Faches behandelt werden können. Versuchen Sie stattdessen, wo sich dieses anbietet, der Komplexität der Phänomene dadurch Rechnung zu tragen, dass Sie die über die Grenzen Ihres Faches hinausreichenden Aspekte zumindest andeuten und Bezüge zu anderen Fächern herstellen (lassen)!

- Eine weitere Gefahr des Fachunterrichts besteht darin, dass er die Lebenswirklichkeit auf das verkürzt, was sich aus Sicht der zuständigen Fachwissenschaft über sie aussagen lässt. Wenn in Ihrem Unterricht Einsichten und Verfahren der Bezugswissenschaft(en) Ihres Unterrichtsfaches zu thematisieren sind, sollten Sie deshalb bei Ihrer Planung bedenken, dass auch diese immer nur einen perspektivisch verkürzten Zugriff auf die Wirklichkeit darstellen.

- Der Fachunterricht tendiert nicht selten dazu, fachwissenschaftliche Einsichten in unkritischer Weise zu vermitteln. Versuchen Sie diese Gefahr in Ihrem Unterricht zu vermeiden, indem sie den Schülern Gelegenheit geben, die erworbenen wissenschaftlichen Kenntnisse einer kritischen Reflexion zu unterziehen und deren perspektivische Verkürzungen zu erkennen.

- Solche Verkürzungen können den Schülern vor allem dadurch deutlich werden, dass die zu behandelnden wissenschaftlichen Theorien und Modelle zu anderen Theorien/ Modellen in Beziehung gesetzt werden.

- Bei Ihrer Planung sollten Sie überlegen, ob und wie das von den Schülern in Ihrem Unterricht zu erwerbende Fachwissen für die handlungsbezogene Reflexion der Lernenden fruchtbar gemacht werden kann. Durch einen vielseitigen Handlungsbezug können Sie am ehesten den erforderlichen Lebensweltbezug Ihres Unterrichts herstellen und sicherzustellen versuchen, dass das Wissen der Schüler nicht „totes Wissen" bleibt, sondern zum flexibel verfügbaren Orientierungs- und Handlungswissen wird.

- Unter dieser Zielsetzung ist es allerdings erforderlich, dass Ihr Unterricht sich nicht mit der Aneignung oberflächlicher Fachkenntnisse durch die Schüler zufriedengibt, sondern ein gründliches Durcharbeiten des Stoffes erfolgt, damit dieser wirklich verstanden wird.

- Um eine bessere Verankerung des in Ihrem Fachunterricht zu Lernenden im Langzeitgedächtnis der Schüler und dessen bessere Abrufbarkeit sicherzustellen, sollten Sie sich um ein Höchstmaß an Transparenz bemühen, indem Sie die Schüler vor Beginn über die Ziele, die Thematik und die in Ihrem Unterricht geplanten Arbeitsformen informieren (Abweichungen von diesem Prinzip sind nur dann geboten, wenn Ihr Unterricht auf die Schüler überraschende Einsichten zielt, die Sie nicht durch Vorab-Informationen vorwegnehmen wollen). Zum Abschluss des Unterrichts sollten Sie dann in einer Metareflexionsphase zusammen mit den Schülern noch einmal die Struktur des Lernprozesses nachzeichnen und abschließend möglichst viele Bezüge des in Ihrem Unterricht erworbenen Fachwissens zu den Lebenserfahrungen der Schüler und zu dem von ihnen früher bereits Gelernten herstellen lassen.

In Ihrer Stundenplanung sollten Sie ferner die Ihnen aus der Unterrichtsbeobachtung bereits vertrauten Kategorien und deren Zusammenhang beachten. Alle von Ihnen zu treffenden Planungsentscheidungen sollten Sie begründen und daraufhin überprüfen, ob sie miteinander verträglich sind und ein auf die konkreten Unterrichtsbedingungen abgestimmtes und in sich stimmiges Unterrichtskonzept ergeben.

Ihre Planung sollten Sie stichpunktartig fixieren und nach Möglichkeit mit anderen Praktikanten oder mit Referendaren besprechen. Auf jeden Fall empfiehlt es sich, Ihre Planung rechtzeitig dem zuständigen Fachlehrer vorzulegen und sich von diesem in fachlicher und didaktisch-methodischer Hinsicht beraten zu lassen. Ihre endgültige Planung sollten Sie (wiederum stichpunktartig) in einem schriftlichen Unterrichtsentwurf festhalten.

Bei der Durchführung des Unterrichts sollten Sie sich an Ihrem Entwurf orientieren, dabei aber offen genug sein, um auf Initiativen von Schülern eingehen und auf unerwartete Ereignisse reagieren zu können. Falls die Möglichkeit besteht, Ihren Unterricht von anderen Praktikanten oder Referendaren beobachten zu lassen, sollten Sie solche Gelegenheiten nutzen, aber in mindestens zwei Stunden ohne Gegenwart dritter Personen (auch ohne Gegenwart eines Fachlehrers; vgl. Kap. 2.3.2.2) unterrichten.

Im Anschluss an jeden Unterrichtsversuch sollten Sie den tatsächlichen Verlauf des Unterrichts mit Ihrem Plan vergleichen und sich ggf. nach Gründen für aufgetretene Abweichungen fragen. Sie sollten, möglichst im Gespräch mit anderen Praktikanten oder mit Referendaren, reflektieren, was Ihnen bereits als gelungen gilt und was Sie noch für verbesserungsbedürftig halten. Falls der Fachlehrer an Ihrem Unterricht teilgenommen hat, sollten Sie ihm Ihre Einschätzung des Unterrichts erläutern und ihn unbedingt nach seinem Urteil sowie nach Verbesserungsmöglichkeiten für Ihren künftigen Unterricht fragen.

6.7 Abschließende Reflexionen

Wirkliche Bildungsbedeutung kommt Ihren in den Hospitationen und in den Unterrichtsversuchen gemachten Erfahrungen erst dadurch zu, dass sie von Ihnen unter der Frage reflektiert werden, welche Konsequenzen sich aus ihnen für Ihr Verständnis Ihres Unterrichtsfaches und für Ihre Selbsteinschätzung im Hinblick auf Ihre künftige Lehrtätigkeit als Fachlehrer(in) ergeben. Diese Frage sollte Sie das gesamte Praktikum hindurch begleiten und in einer abschließenden Reflexionsphase nochmals eigens bearbeitet werden. Dabei sollten Sie u. a. noch einmal diejenigen Fragen bedenken, die Sie sich bereits vor Beginn des Fachpraktikums gestellt haben, und Ihre damaligen Antworten mit Ihren jetzigen Antworten vergleichen. Wir haben diese Fragen in entsprechend veränderter Form in den folgenden Katalog von Anregungen für Ihre Selbstreflexion integriert:

- Was hat mich im Verlaufe des Praktikums am meisten überrascht?
- Welche Elemente des Fachunterrichts fand ich eher reizvoll, welche waren mir eher lästig?
- Inwiefern hat sich mein Verständnis des Faches durch das Fachpraktikum bestätigt oder verändert?
- Haben sich meine Argumente zur Legitimation des Faches als eines Pflicht- bzw. Wahlpflichtfaches durch das Praktikum verändert?
- Beurteile ich die Bedeutung des Faches innerhalb des schulischen Fächerspektrums jetzt anders als vor Beginn des Praktikums?
- Verstehe ich den Bildungsauftrag des Faches jetzt besser als vor Beginn des Praktikums?
- Wie beurteile ich jetzt die gesellschaftliche Bedeutung des Faches?
- Habe ich im Praktikum neue Bezüge des Faches zur Lebenswelt erkannt?
- Wie verstehe ich jetzt den Allgemeinbildungsauftrag des Faches?
- Hat sich meine Sicht auf die Spezifik des Faches geändert?
- Worin bestehen für mich jetzt die Hauptziele des Faches?
- Worin sehe ich nach den Erfahrungen im Praktikum die zentralen Inhalte des Faches?
- Haben sich im Praktikum Bezüge zu weiteren Fachwissenschaften ergeben?
- Welche Konzepte und Ausformungen von Fachunterricht an der Praktikumsschule finden meine Zustimmung, welche halte ich eher für problematisch?

- Wie beurteile ich jetzt nach Ende des Fachpraktikums die Bedeutung meiner bisherigen fach- und erziehungswissenschaftlichen Studien für die Unterrichtspraxis im Fach?

- Hat sich durch das Praktikum meine Sicht der Anforderungen an einen guten Fachlehrer geändert?

- Inwiefern hat das Praktikum mein eigenes Selbstverständnis als Lehrer(in) und mein Berufsethos verändert?

- Über welche der von einem Fachlehrer benötigten Kompetenzen verfüge ich bereits in einem gewissen Maße, bei welchen sind noch größere Defizite vorhanden?

- Welche Konsequenzen sollte ich aus dieser selbstkritischen Kompetenzanalyse für meine weitere theoretische und praktische Ausbildung ziehen? Welche inhaltlichen Schwerpunkte sollte ich im weiteren Studium setzen? Was sollte ich (ggf.) in meinem zweiten Fachpraktikum ändern?

- Haben sich durch das Fachpraktikum meine Entscheidung, Lehrer zu werden, und die Wahl gerade dieses Unterrichtsfaches bestätigt?

Zu Ihrer Selbstreflexion sollten Sie auch die im abschließenden Kapitel 9 enthaltenen Anregungen heranziehen, durch die Sie die hier im Vordergrund stehende fachliche Perspektive um wichtige Gesichtspunkte ergänzen können.

6.8 Praktikumsbericht

In aller Regel ist von Ihnen am Ende des Fachpraktikums ein Praktikumsbericht über Ihre Erfahrungen in den drei Erfahrungsfeldern des Praktikums (Schule, Unterrichtshospitation und eigener Unterricht) anzufertigen. Das von Ihnen geführte Praktikumstagebuch sollte dafür eine geeignete Grundlage bilden. Der Bericht sollte folgende Bestandteile enthalten:

1. Deckblatt (Name der Hochschule, Institut, Titel: „Bericht über das Praktikum im Fach …", Ihren Namen und Ihre Anschrift, Ihre Studienfächer, Ihre Semesterzahl, das Abgabedatum)

2. Inhaltsverzeichnis

3. Angaben zur Schule (Name, Anschrift, Schulform, Ansprechpartner / Mentor), zum Zeitraum (Beginn, Ende) des Praktikums, zu den Unterrichtshospitationen und zu eigenen Unterrichtsversuchen

4. Beschreibung der quantitativen und qualitativen Situation des Faches an der Schule

5. Beschreibung einer Unterrichtsstunde (möglichst differenziertes kategoriengeleitetes Hospitationsprotokoll aus der Endphase des Praktikums)

6. Ergebnisse der Analyse und Beurteilung von Fachunterricht unter *einer* ausgewählten Perspektive

7. Charakterisierung einer kurzen Unterrichtsszene in ihren allgemeinen und fachspezifischen Merkmalen

8. Kennzeichnung des Fachunterrichts, wie er sich Ihnen in den Hospitationen dargestellt hat

9. Ein eigener Stundenentwurf

10. Erfahrungsbericht über den eigenen Unterricht
11. Abschließende Reflexionen zum Praktikum
12. Katalog von Fragen für ein Kolloquium zur Auswertung des Fachpraktikums
13. Literaturverzeichnis
14. Erklärung über die selbständige Abfassung des Praktikumsberichts.

In dem Bericht sollten Sie versuchen, Ihre Erfahrungen in der Schul- und Unterrichtspraxis darzustellen, zu erläutern und im Rückgriff auf fach- und erziehungswissenschaftliche Studien kritisch zu würdigen. Erst durch die theoriefundierte Auseinandersetzung mit Ihren Erfahrungen unter der Frage, wie diese Ihr Selbstverständnis als Lehrer(in) beeinflussen, kann das Praktikum den beabsichtigten Fortschritt in Ihrem Bildungsprozess bewirken. Zugleich können diese praxisbezogenen Reflexionen eine Basis bilden, auf der Sie sinnvoll nach Konsequenzen für Ihre weiteren Theoriestudien fragen können.

Im übrigen gelten die Hinweise zum Praktikumsbericht für das Orientierungspraktikum (Textgestaltung, Zitierung, bibliographische Angaben, Anonymisierung) in Kap. 2 auch für das Fachpraktikum.

Literatur

Beyer, K. (Hg.): Planungshilfen für den Fachunterricht. Die Praxisbedeutung der wichtigsten allgemein-didaktischen Konzeptionen (mit Beiträgen von E. Terhart, W. Plöger, W. Klafki, K. Schaller, K. Reich, L. Huber, L. Wigger). Baltmannsweiler 2004.

Klafki, W.: Studien zur Bildungstheorie und Didaktik. Weinheim / Basel (erg. Auflage) 1975.

Klafki, W.: Neue Studien zur Bildungstheorie und Didaktik. Beiträge zur kritisch-konstruktiven Didaktik. Weinheim [4]1994.

Kron, F. W.: Grundwissen Didaktik. München [3]2000.

Meyer, M. A. / Plöger, W. (Hg.): Allgemeine Didaktik, Fachdidaktik und Fachunterricht. Weinheim / Basel 1994.

Peterßen, W. H.: Handbuch Unterrichtsplanung. Grundfragen, Modelle, Stufen, Dimensionen. München [9]2000.

Peterßen, W. H.: Lehrbuch Allgemeine Didaktik. München [6]2001.

Plöger, W.: Allgemeine Didaktik und Fachdidaktik. München 1999.

Schulz, W.: Unterricht. Analyse und Planung. In: Heimann, P. / Otto, G. / Schulz, W.: Unterricht. Analyse und Planung. Hannover 1965, S. 13–47.

ferner:

- Bildungsstandards, Richtlinien, Lehrpläne für das Fach
- Literatur zur Einführung in die fachdidaktische Theoriebildung

KLAUS BEYER

7.   Das Auslandspraktikum

7.1   Vorbemerkungen

Wenn immer möglich, sollten Sie im Rahmen Ihres Studiums mindestens ein Praktikum im Ausland absolvieren. Dafür spricht nicht nur die zunehmende Europäisierung und Globalisierung, sondern auch die Tatsache, dass man im Ausland Lebenserfahrungen sammeln kann, die sich zum Teil erheblich von den Erfahrungen im eigenen Land unterscheiden und deshalb Gelegenheit bieten, das eigene Selbst- und Weltverständnis zu überprüfen und ggf. zu modifizieren. Für Sie, die Sie sich in einem Lehramtsstudium befinden, ist es darüber hinaus wichtig, das Bildungssystem, das Bildungsverständnis und die Bildungsrealität einer anderen Gesellschaft kennenzulernen. Sie erhalten so Gelegenheit, Vergleiche mit dem deutschen Bildungssystem anzustellen und dadurch Ihr eigenes Bildungsverständnis weiterzuentwickeln.

Allerdings sollten Sie Ihr Auslandspraktikum möglichst erst nach einem Schulpraktikum in Deutschland absolvieren, zum einen, weil es Ihnen sicher leichter fallen dürfte, Ihre ersten Praxiserfahrungen mit Schule und Unterricht im eher vertrauten Rahmen des deutschen Bildungswesens zu machen, zum anderen, weil Ihnen erst durch die genauere Kenntnis der Schul- und Unterrichtswirklichkeit an einer deutschen Schule substantielle Vergleiche mit der Bildungssituation an der ausländischen Schule möglich werden.

7.2 Vorbereitung des Praktikums

Bei Ihren Überlegungen, ob Sie ein Auslandspraktikum absolvieren wollen, wird sicher die Frage eine Rolle spielen, welche Länder für Sie überhaupt in Frage kommen. Bei der Beantwortung dieser Frage werden Ihre Sprachkenntnisse insofern eine entscheidende Rolle spielen, als Sie sicher sein müssen, nicht nur dem Unterricht in der Landessprache folgen, sondern selbst in der Fremdsprache unterrichten zu können. Dies sollte für Sie, wenn Sie moderne Fremdsprachen studieren, eher kein Problem sein. Anders sieht die Situation bei allen anderen Studierenden aus. Selbst als Germanistikstudent(in) sollten Sie sich bewusst sein, dass Sie nicht nur Deutschunterricht verfolgen und selbst in deutscher Sprache abhalten werden, sondern in der Lage sein müssen, mit den Schülern, der Schulleitung, den Lehrern in deren Sprache zu kommunizieren. Erforderlichenfalls sollten Sie rechtzeitig vor einem Auslandspraktikum zusätzliche Sprachstudien in der Sprache Ihres Gastlandes betreiben. Wenn Sie ein

Land bevorzugen, dessen Sprache Sie nicht oder nur unzureichend beherrschen, sollten Sie ein Praktikum an einer deutschen Auslandsschule in Erwägung ziehen. Aber auch in diesem Fall empfiehlt sich zumindest ein Einstieg in die Sprache des Gastlandes, um sich im Umfeld der Schule einigermaßen zurechtfinden und z. B. Medienberichte einigermaßen verstehen zu können.

Neben Ihrer Sprachkompetenz gibt es weitere Kriterien, an denen Sie Ihre Wahl orientieren können: Es lohnt sich die Überlegung, ob Sie nicht ein Land wählen sollten,

- das eine gewisse Affinität zu Ihren Studienfächern aufweist, wie dies beim Studium der alten Sprachen (Gelegenheit zum Besuch von historischen Stätten und Museen in Italien oder Griechenland) oder moderner Fremdsprachen (Möglichkeiten zu sprachlichen und landeskundlichen Studien) der Fall ist
- von dem Sie z. B. aus fachdidaktischen Veranstaltungen wissen, dass dort ein anderes Verständnis Ihres Faches und seiner Didaktik besteht
- das bei internationalen Leistungsvergleichen besonderes gut abgeschnitten hat
- für das Sie sich, aus welchen Gründen auch immer, besonders interessieren
- das Ihnen interessante berufliche Perspektiven als Lehrer bietet.

Haben Sie sich für ein Land entschieden, sollten Sie versuchen, so viele Informationen wie möglich über das Land, dessen Gesellschaft und insbesondere dessen Bildungssystem zu bekommen. Dazu können Erkundigungen bei der Botschaft oder einem Konsulat des Landes ebenso hilfreich sein wie eigene Studien von Literatur und einschlägigen Dokumentationen. Beim DAAD und ggf. einem für Auslandsstudien beauftragten Mentor der Hochschule, an der Sie studieren, können Sie nach vom Gastland angebotenen Praktikumsplätzen für ausländische Studierende sowie nach möglichen Stipendien für Auslandsstudien fragen, in deren Rahmen Sie dann auch Ihr Schulpraktikum absolvieren können.

Anhand dieser Informationen können Sie Ihr Praktikum genauer planen. Sie können eine bestimmte Region, Kommune oder sogar schon eine konkrete Schule (vgl. Kap. 2.1.2) in Aussicht nehmen und die Dauer Ihres Praktikums im Ausland festlegen. Dabei werden finanzielle Gesichtspunkte eine nicht unerhebliche Rolle spielen. Falls diese nicht dagegen sprechen, sollten Sie ein längeres Praktikum über ein halbes oder sogar ein ganzes Jahr in Erwägung ziehen, weil die Eingewöhnung im Gastland und der Gastschule einige Zeit benötigt und sich ein wirkliches Verständnis des ausländischen Bildungssystems und der schulischen Wirklichkeit erst sehr allmählich herausbildet. Falls Sie sich für ein nicht zu weit entferntes Gastland entschieden haben, ist die Möglichkeit eines Kurzbesuchs zur Kontaktaufnahme mit der Schule und zur Regelung der Unterkunft zu bedenken.

Parallel zu den eher organisatorischen Vorbereitungen sollten Sie allgemein- und fachdidaktische Studien (didaktische Konzeptionen, Richtlinien, Lehrpläne, fachdidaktische Literatur, Lehrbücher) zur didaktischen Konzeptionierung des

Unterrichts im allgemeinen und Ihrer Fächer im besonderen in Ihrem Gastland betreiben, um sich frühzeitig auf die Situation einzustellen, die Sie in Ihrem Praktikum vorfinden werden.

7.3 Erkundung des ausländischen Bildungssystems

In der ersten Phase Ihres Auslandsaufenthalts geht es darum, Ihre Vorinformationen über das Bildungs- und Schulsystem des Gastlandes zu überprüfen und zu präzisieren. Dabei sollten Sie u. a. folgende Aspekte beachten:

- zentrale, föderale, lokale Verantwortlichkeiten für das Bildungswesen
- Stufung des Bildungswesens und der Bildungsabschlüsse
- Differenzierung des Schulsystems (parallele Schulformen in einer Bildungsstufe)
- Träger von Schulen (z. B. Staat, Kommunen, freie Träger)
- starker Einfluss des Staates und anderer Schulträger vs. Autonomie der Schulen
- Schulgeld vs. Schulgeldfreiheit, Lehrmittelfreiheit, Stipendien
- Fächerkanon
- Halbtagsschulen, Ganztagsschulen, Internatsschulen
- Bildungsstandards und Kompetenzstufenmodelle
- zentrale Lernstanderhebungen und Prüfungen
- Abschlüsse, Berechtigungen in den einzelnen Schulen
- Ausbildung, Bezahlung und Berufschancen der Lehrer.

Ergänzend sollten Sie zu erkunden versuchen, wie das Bildungssystem Ihres Gastlandes durch die an Ihrer Schule Tätigen (Schulleitung, Lehrer, Schüler), in der Ihnen zugänglichen schulpädagogischen Literatur und durch die Medien beurteilt wird. Auf der Basis dieser Informationen und im Vergleich mit dem deutschen Bildungssystem können Sie sich dann ein allerdings noch sehr vorläufiges eigenes Urteil zu bilden versuchen. Die Ergebnisse Ihrer Erkundungen und Ihr Urteil sollten Sie in Ihrem Praktikumstagebuch festhalten.

7.4 Erkundung der ausländischen Schule

Ihre Beurteilung des Bildungssystems des Gastlandes wird in nicht geringem Maße von den Eindrücken beeinflusst werden, die Sie in Ihrer Praktikumsschule gewinnen. Sie sollten deshalb versuchen, sich ein möglichst präzises Bild von dieser Schule und dem Leben in ihr zu machen, indem Sie u. a. (vgl. auch die Fragen zur Schulerkundung in Kapitel 2.2) folgende Faktoren zu erkunden suchen:

- Schulform, Schulstufen, Größe der Schule, Lage der Schule, Ausstattung der Schule, Größe der Klassen

- Stellung der Schule im Bildungssystem des Landes
- Träger der Schule, Finanzierung der Schule (Mittel des Trägers, des Staates, Schulgeld, Stipendien)
- Einfluss des Schulträgers und der Schulaufsicht auf innerschulische Entscheidungsprozesse
- Leitungsstruktur, Gremien, Mitbestimmungsmöglichkeiten
- Fächerangebot, Fächerstruktur
- Eingangsvoraussetzungen, Abschlüsse, Berechtigungen
- Formen der Differenzierung und Individualisierung, Selektionsverfahren, Förderungsmaßnahmen
- Schülerklientel: soziale Zusammensetzung, Stipendiaten, kulturelle Homogenität bzw. Heterogenität
- Geschichte der Schule, Schultraditionen
- Schulprogramm, Bildungsverständnis, pädagogische Konzepte, Hauscurricula
- Gestaltung des Schullebens außerhalb des Unterrichts
- Schulklima, Klima im Kollegium, Identifikation von Schülern und Lehrern mit der Schule
- Kooperation innerhalb des Kollegiums
- Außenkontakte der Schule
- Beurteilung der Schule durch Lehrer und Schüler.

Anhand dieser Faktoren sollten Sie in der Lage sein, sich ein recht genaues Bild von Ihrer Schule zu machen und dieses mit dem Bild zu vergleichen, das Sie in Ihrer Schülerzeit und in Ihrem Praktikum an einer deutschen Schule gewonnen haben. Wesentliche Unterschiede sollten Sie in Ihrem Praktikumstagebuch notieren und auf Ihr eigenes Schulverständnis hin reflektieren.

7.5 Erkundung des Unterrichts an der ausländischen Schule

Durch Ihre Hospitationen (möglichst nicht nur in Ihren eigenen Fächern) sollten Sie versuchen, ein möglichst differenziertes Bild von der Gestaltung des Unterrichts an Ihrer Praktikumsschule zu gewinnen (vgl. auch die Fragen zur Unterrichtserkundung in Kapitel 2.3.1), und dabei vor allem auf Unterschiede zum Unterricht in den Ihnen bekannten deutschen Schulen achten, z. B. Unterschiede

- im Selbstverständnis der Fächer (Bildungsziele, gesellschaftliche Funktion, Tradierung kultureller Errungenschaften)
- hinsichtlich der Ziele, Prinzipien, Inhalte, Methoden, Medien
- in der Aufbereitung des Lernstoffs durch den Lehrer
- im Steuerungsverhalten des Lehrers
- in der Lernbereitschaft und im Lernverhalten der Schüler

- im Anforderungsprofil und Anforderungsniveau des Unterrichts

- im Ausmaß der inhaltlichen Ausrichtung des Unterrichts auf das Gastland

- im Ausmaß der den Schülern zugestandenen und der von ihnen erwarteten Selbständigkeit

- in der Zulassung von und der Aufforderung zur kritischen Reflexion von Unterrichtinhalten und der Unterrichtsführung durch den Lehrer

- in den Mitbestimmungsmöglichkeiten der Schüler

- im Verhältnis von Lehrern und Schülern und in der Unterrichtsatmosphäre.

Die Ihnen auffallenden Unterschiede sollten Sie notieren, auf mögliche Ursachen hin reflektieren und einer kritisch-konstruktiven Beurteilung unter der Frage unterziehen, was Sie aus Ihrer Unterrichtsbeobachtung an der ausländischen Schule für die Gestaltung Ihres eigenen Unterrichts in Deutschland lernen können.

7.6 Eigener Unterricht

Im eigenen Unterricht werden Sie sich weitgehend an die an Ihrer Schule üblichen Praktiken zu halten haben. Wenn diese von den unsrigen abweichen, sollten Sie nicht versuchen, Ihre in Deutschland gewonnenen Vorstellungen von Unterricht einfach auf den Unterricht Ihrer Praktikumsklasse zu übertragen. Die Schüler könnten irritiert reagieren und den Erfolg Ihres Unterrichts dadurch gefährden. Allerdings können Sie versuchen, in Absprache mit dem Lehrer und den Schülern, in einer kürzeren Unterrichtseinheit zu demonstrieren, wie Sie in Deutschland unterrichten würden, und die Reaktionen der Schüler und des Lehrers darauf zu registrieren, zu erfragen und zu diskutieren.

Neben der Berücksichtigung der in Kapitel 2.3.2 gegebenen Hinweise zum eigenen Unterricht sollten Sie besonders auf Unterschiede bei der Unterrichtsdurchführung gegenüber Ihrem Unterricht in einer *deutschen* Klasse achten, z. B. Unterschiede

- in den Unterrichtsbedingungen, die Ihnen den Unterricht erleichtern bzw. erschweren

- im Verhalten der Schüler Ihnen gegenüber

- in der Rezeption und Verarbeitung des Lernstoffes durch die Schüler

- in der Reaktion der Schüler auf die von Ihnen eingesetzten Unterrichtsmethoden

- in den im Unterricht aufgetretenen Lern- und Verständnisschwierigkeiten

- in der Reflexions- und Argumentationsfähigkeit der Schüler.

7.7 Rück- und Ausblick

Wirklichen Gewinn können Sie aus Ihrem Auslandspraktikum nur dann ziehen, wenn Sie die von Ihnen gemachten Erfahrungen noch einmal auf Ihre Bedeutung für Ihr Verständnis von Bildung, Schule und Unterricht sowie für Ihr Selbstverständnis als Lehrer(in) reflektieren. Dazu können neben den in Kapitel 9 enthaltenen Hinweisen auch die folgenden Fragen hilfreich sein:

- Welche Anregungen habe ich für eine Reform des deutschen Bildungswesens erhalten?
- Inwiefern hat sich mein Verständnis von der Funktion und Organisation von Schule sowie von der Gestaltung des Schullebens durch das Praktikum geändert?
- Welche Anregungen haben sich im Praktikum für ein erweitertes bzw. verändertes Verständnis der Funktion meiner Unterrichtsfächer ergeben?
- Welche Anregungen habe ich für den eigenen Unterricht in meinen Fächern erhalten?
- Inwiefern hat sich mein Verständnis als Lehrer(in) durch das Praktikum geändert?

Schließlich könnte Ihnen das Praktikum Anlass zu der Überlegung geben, ob Sie Ihr Studium partiell (für ein oder mehrere Semester) im Ausland absolvieren sollten.

7.8 Praktikumsbericht

Auch für das Auslandspraktikum ist ein Praktikumsbericht anzufertigen. Dabei sind die Hinweise zum Praktikumsbericht in Kapitel 2.4 zu beachten.

KLAUS BEYER

8. Das außerschulische Praktikum

8.1 Vorbemerkungen

In einigen Bundesländern besteht die Möglichkeit, anstelle eines der vorgesehenen Schulpraktika ein sogenanntes „Außerschulisches Praktikum" (ASP) zu absolvieren. Wir selbst empfehlen Ihnen jedoch, dieses Praktikum nicht *anstelle*, sondern *in Ergänzung* zu den Schulpraktika in Ihren beiden Unterrichtsfächern zu absolvieren. Nach unserer Auffassung ist es nicht ratsam, ein Fachpraktikum durch ein Außerschulisches Praktikum zu ersetzen, weil Sie vor allem über das Fachpraktikum den erforderlichen Bezug Ihrer theoretischen Studien zur Praxis des von Ihnen studierten Faches herstellen können. Dieser Bezug unterscheidet sich jedoch in den einzelnen Fächern nicht unerheblich. Deshalb nähme der Verzicht auf ein Fachpraktikum dem Studium in diesem Fach seinen Bezugspunkt in der Schulpraxis.

Unsere Empfehlung bedeutet jedoch nicht, dass wir dem außerschulischen Praktikum weniger Bedeutung beimessen. Ganz im Gegenteil sind wir der Auffassung, dass Sie ein solches Praktikum unbedingt ableisten sollten, und zwar vor allem aus folgenden Überlegungen heraus:

- Das ASP gibt Ihnen Gelegenheit, die Welt außerhalb der Schule und insbesondere die im Berufsleben, evt. auch die in der Berufsausbildung gestellten Anforderungen wenigstens ausschnittweise kennenzulernen. Ohne ein solches Praktikum besteht die Gefahr, dass Ihre Aufmerksamkeit sich zu einseitig auf die Institution Schule richtet, in der Sie als Schüler gelernt haben, auf die hin Sie studieren und in der Sie später beruflich tätig sein werden. Im ASP können Sie vorübergehend aus dem „Ghetto" der schulischen Welt ausbrechen und Erfahrungen mit einem Leben außerhalb der Schule sammeln, das sich in seinen Anforderungen z. T. erheblich vom Leben in der Schule unterscheidet.

- Dies ist für Sie besonders wichtig, weil Sie sich im Unterricht vor die Aufgabe gestellt sehen, Ihre Schüler für die Bewältigung der künftig auf sie zukommenden Lebenspraxis zu qualifizieren und deshalb möglichst viele Brücken vom Unterricht zur außerschulischen Wirklichkeit zu schlagen. Dies wird Ihnen um so eher gelingen, je besser Sie die Anforderungen kennen, die das Leben außerhalb der Schule stellt.

- Zudem bekommen Sie durch das ASP die Chance, Ihren Blick für die Funktion von Schule und Unterricht im gesellschaftlichen Kontext zu schärfen: Sie können an einem Lebensausschnitt in exemplarischer Weise lernen, welche Bedeutung der Schule für das außerschulische Leben zukommt, welche Erwartungen an die Schule gerichtet werden und wie auf dem schulischen Lernen außerhalb der Schule aufgebaut wird. Andererseits können Sie auch erfahren, wie Schule von außen beurteilt wird, welche Leistungen anerkannt und welche Defizite beklagt werden.

- Schließlich können Sie, falls Sie Ihre Praktikumsstelle entsprechend wählen (vgl. 8.2), außerschulische pädagogische Praxis (z. B. in der Lehrlingsausbildung, in der Schulung von Mitarbeitern) erleben und ggf. von dieser lernen.

8.2 Vorbereitung des außerschulischen Praktikums

Mit der Planung eines außerschulischen Praktikums sollten Sie sehr frühzeitig beginnen. An erster Stelle sollte die Überlegung stehen, welche Institution (welche Organisation, welcher Verband, welcher Betrieb) sich dafür anbietet. In Frage kommen im Hinblick auf Ihr Lehramtsstudium zwei Varianten oder deren Kombination:

- entweder eine Institution, die eine gewisse *inhaltliche Affinität* zu Ihrem fachwissenschaftlichen Studium aufweist wie z. B. eine Chemie-Firma für Chemiestudenten, ein Museum oder eine Galerie für Kunststudenten, ein Literatur- oder Zeitungsverlag für Studierende der Germanistik, ein ausländisches Kulturinstitut für Studierende moderner Fremdsprachen, ein archäologisches Museum oder ein Grabungsprojekt für Studierende der alten Sprachen und Historiker, ein Meinungsforschungsinstitut für Mathematiker und Sozialwissenschaftler usw.

- oder eine Institution, in der Sie Gelegenheit erhalten, sich mit außerschulischer *pädagogischer Praxis* vertraut zu machen; das Spektrum reicht von der betrieblichen Lehrlingsausbildung über Maßnahmen der innerbetrieblichen oder außerbetrieblichen Weiterbildung bis hin zur Arbeit in außerschulischen pädagogischen Einrichtungen wie Jugendorganisationen, Einrichtungen des Kinderschutzbundes, Jugendtreffs, Jugendclubs, Jugendcafés, Institutionen der Jugendpflege und Jugendgerichtsbarkeit usw.

- Besonders empfehlenswert ist – in Kombination der beiden Varianten – die Wahl einer Institution, die (a) inhaltlich einem Ihrer Studienfächer nahesteht und in der (b) zugleich pädagogische Aspekte eine besondere Rolle spielen. Zu denken ist z. B. an Kinder- und Jugendbuchabteilungen von Buchhandlungen und Bibliotheken für Germanisten, an Lehrwerkstätten für Studierende naturwissenschaftlich-technischer Disziplinen, an Einrichtungen politischer Bildung für Sozialwissenschaftler und Politologen, an sozialpädagogische Einrichtungen für Pädagogikstudenten usw.

Haben Sie eine Auswahl der für Sie in Frage kommenden Institutionen getroffen, sollten Sie zu der von Ihnen bevorzugten Einrichtung *Kontakt aufnehmen und die Möglichkeiten zu einem Praktikum sondieren.* Dabei sollten Sie darauf achten, dass Sie nicht lediglich (z. B. als Urlaubsvertretung) einen festen und eng umgrenzten Arbeitsbereich übernehmen müssen, sondern Gelegenheit erhalten, sich einen Überblick über die Arbeit in dieser Institution zu verschaffen. Falls dies nicht möglich ist, sollten Sie sich an eine andere Einrichtung wenden. Zum Abschluss der Sondierungsphase sollten Sie eine Entscheidung für eine Einrichtung treffen und sich das Praktikum sowie den vorgesehenen Zeitraum von der Institution schriftlich bestätigen lassen.

Neben den *organisatorischen* Vorbereitungen sollten Sie sich auch *inhaltlich* auf Ihr Praktikum einstellen, indem Sie sich über die Institution, in der Sie Ihr Praktikum absolvieren wollen, informieren, sei es über das Internet, sei es über andere Informationsquellen wie Broschüren mit Selbstdarstellungen der Institution, sei es über Gespräche mit Angehörigen der Institution. Auf diese Weise können Sie sich schon vorab etwas auf das auf Sie zukommende Arbeitsfeld und die internen und externen Bedingungen, unter denen dort gearbeitet wird, vorbereiten und vielleicht aufgrund der so gewonnenen Informationen gezielter um den Einsatz in denjenigen Tätigkeitsfeldern der Institution bitten, die für Sie aus Sicht Ihres Lehramtsstudium besonders interessant sind.

Zur inhaltlichen Vorbereitung zählt auch, dass Sie sich ausreichend Zeit zu der Überlegung nehmen, was Sie von Ihrem Praktikum in der gewählten Einrichtung *erwarten*. Dabei kann die Beantwortung der folgenden Fragen hilfreich sein:

- Welche Kenntnisse habe ich zur Zeit über die Institution?
- Warum habe ich gerade diese Institution gewählt?
- In welcher Beziehung steht die Arbeit in dieser Institution zu meinem Fachstudium?
- Welche Einsichten erwarte ich mir von dem Praktikum im Hinblick auf mein Fachstudium?
- In welcher Beziehung steht die für mein Praktikum gewählte Institution zum Unterricht in meinen Fächern?
- Auf welche pädagogisch bedeutsamen Aspekte werde ich voraussichtlich in der Institution treffen?

Ihre Überlegungen sollten Sie in Ihrem Praktikumstagebuch festhalten, z. B. unter der Überschrift: „Was ich mir von meinem Praktikum in der _____ (Institution) erwarte".

8.3 Erkundung der Institution

Bei Beginn Ihres Praktikums sollten Sie sich, falls dies nicht schon bei der ersten Kontaktaufnahme geschehen ist, einen Betreuer nennen lassen, der Ihr Praktikum anleitet und an den Sie sich Ihrerseits, wenn Sie Fragen haben, wenden können. Durch diesen sollten Sie sich einen Überblick über die Institution und deren Tätigkeitsbereiche geben lassen, bevor – möglichst gemeinsam – das Programm für die erste Phase Ihres Praktikums festgelegt wird. In dieser sollten Sie versuchen, sich selbst einen Eindruck von den verschiedenen Arbeitsfeldern zu verschaffen, indem Sie nacheinander in verschiedenen Abteilungen Gast sind. Auf diese Weise bekommen Sie Gelegenheit, die Institution zunächst in ihrer Aufgabenbreite und in ihren unterschiedlichen Funktionen kennenzulernen.

Für Ihre Erkundung können wir Ihnen keine fertige Liste von Kategorien vorgeben, weil sich die verschiedenen Institutionen durch ihre Strukturen und Funktionen erheblich unterscheiden. Sie müssen deshalb selbst die Gesichtspunkte finden, die für diesen Betrieb oder diese Organisation von besonderer Bedeutung sind. Die folgenden Kategorien können Ihnen deshalb nur relativ abstrakte Hinweise auf mögliche Beobachtungsaspekte geben, die Sie selbst präzisieren und ergänzen müssen:

- Name, Anschrift, Lage, Sparte, Größe (Mitarbeiterzahl, Geschäftsvolumen) der Institution
- Rechtsstatus, Träger (Besitzverhältnisse), Finanzierung
- Einflüsse externer Institutionen: z. B. des Trägers, der Muttergesellschaft, der Gewerkschaft, des Arbeitgeberverbandes
- Untergliederungen, Tätigkeitsfelder
- Aufgabenstruktur: Funktionen, Bezug der Funktionen aufeinander, Koordination der Funktionen
- Funktionskontrollen: Arbeitsrichtlinien, Qualitätssicherung, Gratifikationen / Sanktionen
- Kooperation mit anderen Institutionen, Mitgliedschaften in Interessenvereinigungen
- Personalstruktur: Leitungspositionen, Mitarbeiter-Hierarchien, Teilzeitbeschäftigte, Auszubildende
- Interessenvertretung, Mitbestimmungsmöglichkeiten der Mitarbeiter
- Einstellungsvoraussetzungen: Alter, Ausbildung, Qualifikationen
- Vergütungen: Löhne, Gehälter, Zulagen
- (Aus-)Bildungsprozesse: inner- und außerbetriebliche Aus- und Weiterbildung (Ziele, Inhalte, Methoden, Bedingungen, Abschlüsse)
- Aufstiegsmöglichkeiten: Kriterien für Beförderungen, Höhergruppierungen
- besondere Arbeitsbedingungen
- Betriebsklima, Identifizierung der Mitarbeiter mit dem Betrieb, innerbetriebliche Solidarität
- Beurteilung der Institution durch Leitungspersonal, Mitarbeiter, Kunden.

8.4 Erkundung des Arbeitsalltags

Nachdem Sie sich einen Überblick über die Institution verschafft haben, sollten Sie versuchen, sich in einem (falls möglich: pädagogisch ausgerichteten) Arbeitsbereich für die restliche Zeit Ihres Praktikums kontinuierlich an der dort geleisteten Arbeit zu beteiligen. Auf diese Weise können Sie die alltägliche Praxis in einem außerschulischen Lebensbereich in einer ziemlich authentischen Weise und in einer Komplexität erleben, wie dies durch eine bloß theoretische Beschäftigung mit der Welt außerhalb der Schule nicht möglich ist. Zwar nehmen Sie als Praktikant(in) aufgrund Ihrer nur relativ kurzen Gastrolle immer einen Sonderstatus gegenüber den in der Institution dauerhaft beruflich Tätigen ein, Sie können aber über einen gewissen Zeitraum den Alltag der dort arbeitenden Menschen beobachten und sich durch die eigene Mitarbeit ein Bild davon machen,

- welche Aufgaben in diesem Lebensbereich bestehen
- unter welchen realen Bedingungen die Aufgaben erledigt werden müssen
- auf welche Weise versucht wird, die Aufgaben zu bewältigen
- welche Schwierigkeiten und Konflikte sich dabei ergeben
- wie auftretende Konflikte geregelt werden
- welchen Erfolg die geleistete Arbeit hat.

Ihr Bild von der in der Institution geleisteten Arbeit wird an Präzision gewinnen, wenn Sie häufiger Fragen zu Ihnen unklaren Vorgängen stellen und Gespräche mit den in der Institution Arbeitenden über deren Tätigkeit sowie Ihre eigenen Eindrücke von dieser Tätigkeit führen. Im Hinblick auf Ihre künftige Unterrichtspraxis sollten Sie bei Ihrer Erkundung des Arbeitsalltags ein besonderes Augenmerk auf pädagogische Aspekte legen, indem Sie einerseits die in der Institution anzutreffende pädagogische Praxis beobachten, analysieren und beurteilen und sich andererseits fragen, in welchem Verhältnis das Lernen in der Schule zu der in der Institution geleisteten Arbeit steht. Unter diesem pädagogischen Fokus kann sich die Auseinandersetzung mit z. B. folgenden Fragen lohnen:

- In welcher Weise werden in der Institution pädagogische Aufgaben im weitesten Sinne (z. B. Aus- und Weiterbildungsaufgaben, Führungsaufgaben) wahrgenommen?
- Welche Ziele verfolgt die pädagogische Arbeit in der Institution? Welche Erfolgskontrollen gibt es?
- Wie unterscheidet sich die pädagogische Arbeit in der Institution von der pädagogischen Praxis in der Schule?
- Vor welche besonderen Probleme sieht sich die pädagogische Arbeit in der Institution gestellt?
- Wie ist die pädagogische Arbeit in der Institution zu beurteilen? Wie ließe sie sich evtl. verbessern?
- Welche Anregungen lassen sich aus der pädagogischen Praxis in der Institution für die Ausgestaltung schulischen Unterrichts gewinnen?
- Gibt es eine Zusammenarbeit bei der Wahrnehmung pädagogischer Aufgaben mit externen Instanzen (z. B. mit berufsbildenden Schulen, Weiterbildungsinstituten)? Wie gestaltet sich die Zusammenarbeit?
- Inwieweit legt schulisches Lernen die erforderlichen Grundlagen für die Ausbildung bzw. die Arbeit in dieser Institution?
- Wie wird die schulische Bildung von der Leitung der Institution und den Mitarbeitern einerseits sowie von den Auszubildenden andererseits beurteilt? Sind die Beurteilungen zutreffend?

- Welche Erwartungen werden aus der Institution heraus an die Schulbildung gerichtet? Wie werden sie begründet? Kann bzw. sollte die Schule die Erwartungen erfüllen?

8.5 Auswertung des Praktikums: Rückblick und Ausblick

Während und insbesondere nach Abschluss des Praktikums sollten Sie versuchen, die von Ihnen gemachten Erfahrungen aufzuarbeiten, indem Sie z. B. folgende Fragen zu beantworten versuchen:

- Haben sich meine Erwartungen an das ASP bestätigt? Welche neuen Erfahrungen habe ich gemacht? Was hat mich am meisten überrascht?
- Welche Elemente der außerschulischen Lebenswelt, die mir im Praktikum begegnet ist, finden meine Zustimmung, welche halte ich eher für problematisch?
- Welche Erkenntnisse habe ich über die Anforderungen der außerschulischen Lebenswelt durch das ASP gewonnen?
- Inwiefern hat sich durch das Praktikum mein Verständnis des Verhältnisses von Schule und Berufswelt verändert?
- Wie beurteile ich die Leistungen von Schule und Unterricht vor dem Hintergrund der im Praktikum gemachten Erfahrungen?
- Wie können Schule und Unterricht die Schüler besser auf die Anforderungen der außerschulischen Lebenswelt vorbereiten?
- Verstehe ich den Bildungsauftrag meiner Fächer jetzt anders als vor Beginn des Praktikums?
- Haben sich meine Argumente zur Legitimation meiner Fächer durch das ASP verändert?
- Beurteile ich die Bedeutung meiner Fächer innerhalb des schulischen Fächerspektrums jetzt anders als vor Beginn des Praktikums?
- Wie beurteile ich jetzt die gesellschaftliche Bedeutung des Faches?
- Habe ich im Praktikum neue Bezüge des Faches zur Lebenswelt erkannt?
- Welche Anregungen habe ich durch das Praktikum für den Unterricht in meinen Fächern gewonnen?
- Eignet sich diese oder eine vergleichbare Institution für den Versuch, den Praxisbezug schulischen Unterrichts zu vergrößern (z. B. durch Praktika für Schüler, durch Betriebsbesichtigungen und Betriebserkundungen, durch Vorträge von und Diskussionen mit Angehörigen der Institution, durch Unterstützung schulischer Projekte durch den Betrieb oder die Organisation, durch Informationen, die die Berufswahlentscheidung von Schülern unterstützen können)?
- Wie beurteile ich nach Ende des Praktikums die Bedeutung meiner bisherigen Studien für meine künftige Unterrichtspraxis?
- Welche Konsequenzen sollte das ASP für die Ausgestaltung meines weiteren Studiums haben?

Ihre Erfahrungen und die daraus von Ihnen gezogenen Folgerungen sollten Sie möglichst mit anderen Studierenden besprechen und in allgemein- und fachdidaktischen Lehrveranstaltungen unter der Frage diskutieren, welche Konsequenzen sich daraus für den schulischen Bildungsauftrag insgesamt und den Auftrag Ihrer Fächer ergeben.

8.6 Praktikumsbericht

Am Ende des Praktikums ist von Ihnen ein Praktikumsbericht über Ihre Erfahrungen in der von Ihnen gewählten Institution anzufertigen. Diesen Bericht können Sie durch die Eintragung von Tages- und Wochenberichten in Ihr Praktikumstagebuch während des Praktikums vorbereiten. Dabei können Sie sich an den in den Abschnitten 8.2 – 8.4 zusammengestellten Gesichtspunkten orientieren, ohne dass Sie sich jedoch buchstabengetreu an die dort vorgegebenen Beobachtungsvorgaben halten müssten: Nicht alle dort angesprochenen Beobachtungen werden in Ihrem Praktikum möglich sein; andere für Sie wichtige Aspekte werden dort nicht enthalten sein. Ihr Bericht soll die von Ihnen tatsächlich erlebte Wirklichkeit beschreiben, beurteilen, bewerten und eventuelle Verbesserungsvorschläge unterbreiten. Die Auswertung der einzelnen Tages- und Wochenberichte können Sie dann zusammen mit Ihren abschließenden Reflexionen am Ende des Praktikums in den Praktikumsbericht integrieren.

Der Bericht sollte folgende Bestandteile enthalten:

1. Inhaltsverzeichnis
2. Angaben zur Institution (Name, Anschrift, Ansprechpartner / Betreuer) und zum Zeitraum (Beginn, Ende) des Praktikums
3. Kennzeichnung der Institution, in der Sie Ihr Praktikum abgeleistet haben (s. 8.3)
4. Bericht über Ihre Erkundung der alltäglichen Arbeit in der Institution unter besonderer Berücksichtigung pädagogischer Aspekte (s. 8.4)
5. Bericht über die eigenen Tätigkeiten in der Institution
5. Abschließende Reflexionen zum Praktikum (s. 8.5)
6. Katalog von Fragen für ein universitäres Kolloquium zur Auswertung des Praktikums
7. Erklärung über die selbständige Abfassung des Praktikumsberichts.

In dem Bericht sollten Sie versuchen, Ihre Erfahrungen darzustellen, zu erläutern und möglichst theoriegeleitet (im Rückgriff auf Ihre fachwissenschaftlichen und erziehungswissenschaftlichen Studien) kritisch zu würdigen. Dabei sollten Sie immer die Begrenztheit Ihrer Erfahrungen bedenken und deshalb die Frage ihrer Generalisierbarkeit mit der gebotenen Zurückhaltung beantworten. Dieselbe Vorsicht ist bei der Entwicklung von Vorschlägen zur Verbesserung der erlebten Praxis erforderlich.

Erst wenn Sie sich theoriefundiert mit Ihren Praxiserfahrungen anhand der Frage auseinandersetzen, welchen Einfluss diese Erfahrungen auf Ihr Verständnis des Bildungsauftrags von Schule haben, kann das ASP wirklich bildende Kraft entfalten. Zugleich bietet diese Auseinandersetzung eine Basis, auf der Sie sinnvoll nach Konsequenzen Ihres Praktikums für die folgenden Theoriestudien innerhalb Ihres Lehramtsstudiums fragen können.

Im übrigen gelten auch für diesen Praktikumsbericht die entsprechenden Hinweise zum Orientierungspraktikum (allgemeine Angaben, Textgestaltung, Anonymisierung; s. Kap. 2.4).

Literatur

Beck, J. / Ipfling, H.-J. / Kupser, P. (Hg.): Das Betriebspraktikum für Schüler und Lehrer. Konzepte – Erfahrungen – Arbeitshilfen. Bad Heilbrunn 1984.

Bojanowski, A. / Dedering, H.: Betriebspraktische Studien für Lehrerstudenten aller Fachrichtungen. In: Dedering, H. (1996) (Hg.): Handbuch zur arbeitsorientierten Bildung. München / Wien 1986, S. 881–895.

Czenskowsky, T. / Rethmeier, B. / Zdrowomyslaw, N.: Praxissemester und Praktika im Studium. Qualifikation durch Berufserfahrung. Berlin 2001.

Dedering, H. / Feig, G.: Betriebspraktische Studien für Studierende aller Fachrichtungen. Kassel 2001.

Hauss, G.: Lernziele im Praxissemester. Ein Leitfaden für Studierende, Praxisausbildnerinnen, Praxisausbildner und Dozierende an Fachhochschulen für Soziale Arbeit. Bern 2001.

IPTS: Hinweise zum Wirtschaftspraktikum für Oberstufenschüler und zum Lehrerbetriebspraktikum. Kiel 1987.

Rekus, J. (Hg.): Schule und Wirtschaft. Auf der Suche nach einem neuen Verhältnis. Münster 2004.

KLAUS BEYER / RAINER WISBERT

9. Anregungen zur Selbstreflexion während und nach Abschluss des Praktikums

Die Schulpraktika geben Ihnen Gelegenheit, die Institution besser kennenzulernen, in der Sie später beruflich tätig sein wollen. Sie gewinnen Einsichten über die Organisation der Schule und deren gesellschaftliche Einbindung. Sie bekommen Kontakte zu den in dieser Institution arbeitenden Menschen, können sie bei ihrer Arbeit beobachten und lernen, deren Beziehungen zueinander besser zu durchschauen. Sie gewinnen Eindrücke von dem pädagogischen Konzept der Schule, vom Schulleben in dieser Schule, von der Verantwortung der Lehrer ihren Schülern gegenüber, von der Art, wie verschiedene Lehrer diese Verantwortung in ihrem Unterricht wahrnehmen, und von den Problemen, vor die sie sich dabei gestellt sehen. Diese Beobachtungen und vor allem die Erfahrungen, die Sie bei der Planung, Durchführung und Auswertung Ihres eigenen Unterrichts machen, sollten Sie während und nach Abschluss ihrer Praktika zum Anlass nehmen, Ihre persönliches Verständnis von Schule und Unterricht einer kritischen Reflexion zu unterziehen. Denn in den Praktika erfahren Sie nicht nur etwas über die Berufswelt des Lehrers, sondern immer auch etwas über sich selbst, Ihr eigenes Ich, Ihre Begabungen und Berufserwartungen. Ihre konkreten Erfahrungen sollten Sie zum Anlass nehmen, sich Ihres eigenen Standpunktes bewusst zu werden.

In diesem Zusammenhang sollten Sie auch Ihre Berufswahlentscheidung noch einmal ernsthaft überprüfen, indem Sie sich fragen, ob Sie sich der Aufgabe, Schüler verantwortungsvoll zu unterrichten, wirklich gewachsen fühlen und ob Ihnen die Wahrnehmung dieser Aufgabe die Befriedigung verschafft, die Sie benötigen, wenn Sie sich dauerhaft in Ihrem Beruf wohl fühlen wollen.

(1) Zunächst sollten Sie u. a. anhand der folgenden Fragen überlegen, inwiefern sich Ihr Bild von Schule und Unterricht durch das Praktikum verändert hat:

- Was hat mich im Verlaufe des Praktikums am meisten überrascht? Was hat mich besonders beeindruckt? Welche Erwartungen haben sich bestätigt, welche erfüllten sich nicht?

- Welchen Ausformungen des Schulkonzepts, der Organisation von Schule, des Schullebens und des Unterrichts an meiner Praktikumsschule kann ich zustimmen, welche halte ich eher für problematisch?

- Hat sich durch das Praktikum meine Sicht der Anforderungen an eine gute Schule, einen guten Lehrer und guten Unterricht geändert?

- Verstehe ich den Erziehungs- und Bildungsauftrag von Schule und Unterricht jetzt anders als vor Beginn des Praktikums?

- Wie sollte meiner Meinung nach die „Schule der Zukunft" aussehen?
- Welche pädagogischen Ziele sollte die Schule vorrangig verfolgen?
- Inwiefern hat sich mein Verständnis des Bildungsauftrags meiner Fächer und ihrer Stellung im schulischen Fächerspektrum durch das Praktikum bestätigt oder verändert?
- Vor welche pädagogische Verantwortung und vor welche vorrangigen Aufgaben sehe ich mich als Lehrer(in) gestellt?

(2) Die letzte Frage nach der Verantwortung eines Lehrers leitet über zu der Überlegung, ob Sie glauben, dieser Verantwortung gerecht werden zu können, und ob Sie deshalb bei Ihrer Entscheidung, Lehrer zu werden, bleiben sollten. Die folgenden Fragen könnten für die Überprüfung dieser Entscheidung hilfreich sein und Ihnen auch Gesichtspunkte für gemeinsame Überlegungen im Freundeskreis liefern:

- Habe ich mich während des Praktikums wohl gefühlt? (Warum? Warum nicht?) Sind die Ursachen eher in der Praktikumschule, bei den Fachlehrern, bei den Schülern oder eher in der eigenen Person zu suchen?
- Welche Aufgaben und Tätigkeitsfelder des Lehrers erscheinen mir reizvoll, welche sagen mir eher nicht zu?
- Interessieren mich am Lehrerberuf eher die fachlichen (fachwissenschaftlichen) oder eher die pädagogischen Aufgaben?
- Welches Verhältnis habe (hatte) ich zu den Schülern? Kann ich (nach den Erfahrungen aus dem Praktikum) mit Schülern umgehen? Macht mir dieser Umgang eher Spaß, oder fällt er mir eher schwer? Kann ich besser mit jüngeren oder mit älteren Schülern umgehen?
- Wo liegen meine eigenen Stärken und Schwächen im Umgang mit den Schülern? Sind diese Schwächen eher grundsätzlicher Art, oder besteht die Aussicht, diese durch Übung zu beseitigen?
- Glaube ich, als Lehrer zur Realisierung wenigstens einiger meiner Vorstellungen von einer idealen Schule einen Beitrag leisten zu können?
- Inwieweit glaube ich, mich meinem Ideal von einem idealen Lehrer annähern zu können?
- Über welche der von einem Lehrer benötigten Kompetenzen verfüge ich bereits in einem gewissen Maße, bei welchen sind noch größere Defizite vorhanden?
- Welche Verantwortung übernehme ich als Lehrer? Glaube ich, dieser Verantwortung gerecht werden zu können?
- Von welchen Motiven habe ich mich bei meiner ursprünglichen Entscheidung für ein Lehramtsstudium leiten lassen? Reichen diese Motive für eine verantwortliche Berufsentscheidung wirklich aus? Haben sich die Motive durch die Praktikumserfahrungen verändert?
- An welcher Schulform und in welcher Jahrgangsstufe würde ich später gern unterrichten?
- Soll ich nach den im Praktikum gemachten Erfahrungen bei meiner Entscheidung für ein Lehramtsstudium bleiben?

(3) Das Praktikum sollten Sie ferner zum Anlass nehmen, nach Konsequenzen aus Ihren Praktikumserfahrungen für die Fortführung Ihres Lehramtsstudiums zu fragen, z. B.:

- Soll ich weiter auf das von mir gewählte Lehramt hin studieren oder aufgrund meiner Erfahrungen (z. B. im Umgang mit Schülern unterschiedlichen Alters, Schülern mit besonderen Stärken oder Handicaps) oder meiner besonderen fachlichen Interessen besser das Lehramt wechseln?
- Befriedigt mich der Unterricht in den von mir studierten Fächern so, dass ich sie wirklich unterrichten möchte, oder sollte ich eine Umwahl vornehmen?
- Wie beurteile ich jetzt nach Ende des Praktikums die Bedeutung meiner bisherigen fachwissenschaftlichen und erziehungswissenschaftlichen Studien für meine künftige Unterrichtspraxis?
- Wie kann ich den Theorie-Praxis-Bezug in meinem weiteren Studium verstärken?
- Worin sehe ich nach den Erfahrungen, die ich im Praktikum und in den fachdidaktischen Studien gemacht habe, die zentralen Ziele und Inhalte meiner Fächer? Welche Schwerpunkte sollte ich deshalb im weiteren Studium setzen?
- Welche bildungstheoretischen und didaktischen Studien sollte ich vorrangig betreiben, um mein Selbstverständnis als künftiger Lehrer weiterzuentwickeln?

Solche Reflexionen, die Ihre Perspektive von den praktischen Studien zurück zu den theoretischen Studien an der Hochschule lenken, sollten Ihnen Anstöße geben zu einer bewussteren Gestaltung Ihrer weiteren fach- und erziehungswissenschaftlichen Studien. Dabei sollten Sie sich immer von der Frage leiten lassen: Was ist entscheidend, damit ich meiner künftigen Verantwortung als Lehrer gerecht werden kann?

(4) Zum Abschluss Ihrer Überlegungen sollten Sie sich mit der Frage befassen, ob Sie nicht weitere Praktika während Ihres Studiums absolvieren sollten, sei es in Form weiterer Kurzpraktika in Blockform, sei es als studienbegleitendes Langpraktikum, in dem Sie über ein Halbjahr am Unterricht einer Klasse / eines Kurses teilnehmen. Durch zusätzliche Praktika erhalten Sie nicht nur genauere Einblicke in Ihr künftiges Arbeitsfeld, sondern auch die Möglichkeit, den Theorie-Praxis-Bezug innerhalb Ihrer Lehrerausbildung weiter zu stärken. Und noch ein – im Hinblick auf die Arbeitsmarktsituation – nicht zu unterschätzender Gesichtspunkt: Durch mehrere Praktika an derselben Schule können Sie einen engeren und evt. künftig nützlichen Kontakt zu dieser Schule herstellen.

(5) Für die in diesem Kapitel angeregten Überlegungen sollten Sie sich ausreichend Zeit nehmen und möglichst das Gespräch mit anderen Studierenden suchen. Aufrichtige und vertrauensvolle Gespräche können helfen, Ihren Selbsterkenntnisprozess zu fördern und sich Ihres persönlichen Standpunktes in und gegenüber Ihrem eigenen Bildungsprozess bewusster zu werden. Dass unsere Anregungen diesen Prozess unterstützen können, ist die Hoffnung, die wir mit der Publikation dieses Bandes verbinden.

Planungshilfen für den Fachunterricht

Die Praxisbedeutung der wichtigsten allgemein-didaktischen Konzeptionen
Mit Beiträgen u. a. von E. Terhart, W. Plöger, W. Klafki, K. Schaller, K. Reich, L. Huber, L. Wigger. Hrsg. von **Klaus Beyer**.
2004. VI, 250 Seiten. Kt. ISBN 3896768670. € 19,—

Um Fachunterricht systematisch planen zu können, ist für jeden Lehrer ein Bildungskonzept unverzichtbar, das es ihm ermöglicht, die von ihm zu treffenden Planungsentscheidungen zu begründen und zu koordinieren. Begründete Vorstellungen vom Bildungsauftrag des Unterrichts liefert die Allgemeine Didaktik mit ihren Theorien, Modellen und Konzepten. An ihnen muß sich jede Unterrichtsplanung – ob auf der Ebene der konkreten Planung der nächsten Unterrichtsreihe durch den Lehrer oder auf der Ebene fachdidaktischer Theoriebildung – abarbeiten, wenn sie einen Fachunterricht entwerfen will, der sich als funktionaler und integraler Bestandteil eines Unterrichts erweist, der am Bildungsanspruch schulischen Unterrichts festhält.

Da die allgemein-didaktischen Konzeptionen jedoch notwendigerweise auf einem Abstraktionsniveau formuliert sind, das eine unmittelbare Umsetzung in Planungsentscheidungen verhindert, versucht der vorliegende Band, eine Brücke zur Unterrichtspraxis zu schlagen. Dazu werden

- zunächst die wichtigsten allgemeindidaktischen Modelle (Kritisch-konstruktive Didaktik, Kommunikative Didaktik, Konstruktivistische Didaktik) und didaktischen Prinzipien (Wissenschaftsorientierung, Handlungsorientierung) durch namhafte Schulpädagogen und Didaktiker vorgestellt
- dann jeweils die Leistungen und Grenzen sowie die mit dem Modell verbundenen Probleme herausgearbeitet
- und schließlich konkrete Fragen zusammengestellt, die jeder Lehrer bei der Planung seines Unterrichts im Hinblick auf sein Fach beantworten sollte.

Adressaten:

- Lehrer und Referendare aller Schulfächer, die ihren Unterricht systematisch von einem allgemein-didaktischen Konzept unter Berücksichtigung der wichtigsten didaktischen Prinzipien planen wollen
- Lehramtsstudenten, die sich mit den bedeutendsten allgemein-didaktischen Konzeptionen und deren Konsequenzen für den Unterricht vertraut machen wollen und sich eine Hilfestellung für ihre Unterrichtsplanung in den schulpraktischen Phasen des Studiums erwarten
- Fachdidaktiker, die Hinweise auf diejenigen Fragen erwarten, die von jeder Fachdidaktik zu beantworten sind

 Schneider Verlag Hohengehren
Wilhelmstr. 13; D-73666 Baltmannsweiler

Neuerscheinungen Januar 2006

LehrerSein

Pädagogik für die Praxis. Von **Udo W. Kliebisch** und **Roland Meloefski**
2006. 256 Seiten. Kt. ISBN 3834000213. € 19,80

LehrerSein ist ein praktisches Arbeitsbuch für Lehramtsanwärterinnen und Lehramtsanwärter aller Schulformen; das Buch kann außerdem in der Fortbildung der Berufserfahrenen genutzt werden. Die Inhalte des Buches beziehen sich auf eine zeitgemäße Pädagogik, die einerseits den schülerorientierten Lehr-/ Lernprozess, andererseits auch das Selbstbild und das Selbst-Management der Lehrperson im Blick hat.

LehrerSein bezieht sich auf alle relevanten Bausteine der Lehrertätigkeit: Das Buch vermittelt konkretes Handlungswissen für die Planung, Durchführung und Reflexion von Unterricht; es hilft bei der Gestaltung von Hospitationen und bei der Prüfungsvorbereitung. Zahlreiche Arbeitsanregungen – teils als offene Aufgaben oder Fragen formuliert – dienen zur Auseinandersetzung mit allen wichtigen Berufsanforderungen der Lehrerinnen und Lehrer. Für die Seminararbeit lassen sich z. B. durch Zusammenstellen von Arbeitsanregungen leicht Rahmenthemen finden.

Gespräche führen – leicht gemacht

Gesprächserziehung in der Schule. Von **Silke Traub**
2006. 194 Seiten. Kt. ISBN 3834000205. € 18,–

Gesprächserziehung in der Schule ist notwendig und wichtig, da der Austausch von Informationen zwischen Menschen – eben Kommunikation – heute wie in Zukunft einen hohen Stellenwert besitzen wird. Das vorliegende Buch soll Hilfen geben, wie bei Lernenden mehr Gesprächsfähigkeit und -bereitschaft entwickelt werden kann und welche Wege und Möglichkeiten es gibt, im Unterricht verstärkt Gespräche zu führen und zu initiieren.

Im Mittelpunkt steht die Durchführung und Analyse eines Gesprächstrainings mit einer siebten Klasse und die Darstellung verschiedener Gesprächsformen.

Der Aufbau des Buches ermöglicht ein schrittweises Nachvollziehen der einzelnen Kapitel und fordert zum Nachahmen heraus.

Die Beschreibung des Gesprächstrainings und das Vorstellen der verschiedenen Materialien unterstützt die Durchführung einer eigenen Gesprächserziehung. Somit hilft das als Arbeitsbuch konzipierte Werk erste Wege einer Gesprächserziehung zu gehen.

 Schneider Verlag Hohengehren
Wilhelmstr. 13; D-73666 Baltmannsweiler